"十四五"时期国家重点出版物出版专项规划项目(重大出版工程)

中国工程院重大咨询项目

国际化绿色化背景下国家区域食物安全可持续发展战略研究丛书

综 合 卷

国际化绿色化背景下国家区域食物安全可持续发展战略研究

中国工程院"国际化绿色化背景下国家区域食物安全可持续发展战略研究"
项目研究组 编

科学出版社

北 京

内 容 简 介

本书是中国工程院重大咨询项目"国际化绿色化背景下国家区域食物安全可持续发展战略研究"的研究成果，是该项目成果系列丛书的综合卷，其内容是整套丛书的综合。全书分为综合报告和课题研究报告两部分。综合报告综合分析了我国区域食物安全现状、国际化绿色化背景下区域食物安全面临的主要问题、区域食物安全供求变化及趋势、我国区域食物安全保障应对国际化绿色发展潜力分析、国际化绿色化区域食物安全可持续发展战略构想、推进协调保障重大工程与提高国际化绿色化背景下区域食物安全保障水平以及相关的政策建议。课题研究报告针对我国东北、华北、华中、东南沿海、西北、西南地区的区域食物安全进行了详细论述，并就现代农业转型发展与食物安全供求趋势研究进行了讨论。

本书可为农业主管部门制定产业政策提供参考，也可为农业生产主体了解我国食物可持续发展趋势、制定食物可持续发展策略等提供借鉴。

图书在版编目（CIP）数据

国际化绿色化背景下国家区域食物安全可持续发展战略研究/中国工程院"国际化绿色化背景下国家区域食物安全可持续发展战略研究"项目研究组编. —北京：科学出版社，2024.6

（国际化绿色化背景下国家区域食物安全可持续发展战略研究丛书. 综合卷）

"十四五"时期国家重点出版物出版专项规划项目（重大出版工程）

中国工程院重大咨询项目

ISBN 978-7-03-076971-8

Ⅰ.①国… Ⅱ.①中… Ⅲ.①粮食安全–研究–中国 ②绿色农业–农业发展–研究–中国 Ⅳ.①F327

中国国家版本馆 CIP 数据核字（2023）第 220603 号

责任编辑：马　俊　付　聪 / 责任校对：张小霞
责任印制：肖　兴 / 封面设计：刘新新

科学出版社 出版
北京东黄城根北街 16 号
邮政编码：100717
http://www.sciencep.com

北京建宏印刷有限公司印刷
科学出版社发行　各地新华书店经销

*

2024 年 6 月第 一 版　　开本：787×1092 1/16
2024 年 6 月第一次印刷　印张：16 3/4
字数：397 000

定价：268.00 元

（如有印装质量问题，我社负责调换）

"国际化绿色化背景下国家区域食物安全可持续发展战略研究"项目研究组

顾 问

宋 健　徐匡迪　周 济　潘云鹤　沈国舫

组 长

刘 旭

副组长

邓秀新　尹伟伦　盖钧镒

成 员

陈温福　康绍忠　陈剑平　山 仑　荣廷昭　朱有勇
宋宝安　刘广林　李召虎　梅旭荣　姚江林　万 忠
曾玉荣　吴普特　郑有良　陈代文　上官周平　黄季焜
王济民　吴伯志　高中琪　左家和　王东阳　王秀东

项目办公室

高中琪　左家和　黄海涛　张文韬　鞠光伟　王 波
宝明涛　宋莉莉　闫 琰　韩昕儒　王浩闻　王 庆

丛书序

食物安全既是一个经济问题，更是一个重要的社会问题，事关国民经济发展和社会稳定大局。近些年我国的粮食连续增产，为保障国家粮食安全和食物安全，支撑经济社会发展提供了有力保障。但与此同时，我国生态环境承载压力在不断加大，耕地水资源的约束也越来越紧，农业环境污染比较突出，耕地质量下降，生产成本上升，灾害风险加大。面对资源、市场、气候、生态等各方面的挑战，实施新形势下国家粮食安全战略势在必行。2015年《中共中央 国务院关于加快推进生态文明建设的意见》明确要求，"协同推进新型工业化、信息化、城镇化、农业现代化和绿色化"，从而形成新型工业化、城镇化、信息化、农业现代化和绿色化"五化"协同发展的战略推进格局。绿色化成为我国现代化建设的重要内涵，自然也成为农业现代化的重要遵循。"绿起来"同时也成为我国新阶段食物安全发展的新目标和新遵循。同时，加入世贸组织近20年来，我国农业全面对外开放的格局基本形成，我国农业与世界市场的关联程度日益增强，对我国农业产生了深刻的影响。

面对经济新常态和国际发展新形势，如何在国际化和绿色化背景下，充分发挥自然禀赋优势和市场决定性作用，促进资源、环境和现代生产要素的优化配置，加快推进形成人口分布、食物生产布局与资源环境承载能力相适应的耕地空间开发格局，就成为保障我国食物安全的关键问题。

2016年1月至2019年3月，中国工程院开展了"国际化绿色化背景下国家区域食物安全可持续发展战略研究"重大咨询项目研究。项目在自然资源可持续利用原则指导下，以地理位置、地貌、气候、经济、农业与农作制的综合相似性为依据（分东北、华北、华中、东南沿海、西北、西南六个研究区域），结合经济社会发展重大区域（"一带一路"、京津冀和长江经济带）战略布局及产业效率效益引导，对我国区域食物安全可持续发展战略分专题进行系统深入研究。

项目对我国食物生产能力、消费水平、贸易情况及食物生产对环境影响情况进行了整体分析，并对我国区域食物在生产区域格局、区域自给率、各品种消费区域特征及粮食区域供需及流通格局进行了研究，发现如下问题：一是绿色化背景下我国区域食物安全面临着农产品国际竞争力不足的状况；二是资源环境约束日益趋紧，各区域面临不同模式资源环境制约绿色发展的现状；三是西部地区基础设施薄弱；四是区域食物安全协同发展存在利益协调机制不健全、协同调控机制不完善的问题。在此基础上，对我国区域食物安全保障应对国际化绿色化发展的资源、经济、环境及科技潜力进行了分析，为国际化绿色化区域食物安全可持续发展提出全国层面及各区域的战略构想和相关政策建议。

研究认为，我国粮食生产区域格局呈现生产重心由南向北、由东西部向中部转移；各区域食物自给率不均，呈现东北、华北、华中地区较高，西南、东南地区较低的特征；谷物各品种消费区域特征明显，稻谷消费主要集中于华东、中南和西南地区，玉米消费主要集中在中南、华东和西南地区，小麦消费主要集中于华东、中南和华北地区；中国粮食主产区和主销区位置变迁，由历史上的"南粮北调"变为"北粮南运"，三种类型粮食流通区域基本形成，六大跨省物流通道保障区域产销平衡。

研究提出了国际化绿色化区域食物安全可持续发展的战略构想，为确保实现区域粮食安全、食物质量安全、生态环境安全、农业竞争力提升和农民持续增收提供了重要决策依据。全国层面战略主要包括区域大食物安全战略、区域产业融合战略、区域统筹协调发展战略、区域绿色可持续战略、区域国际化开放战略及农业品牌提升战略六大战略，各区域重点战略主要如下：东北地区为"保护黑土地，推进'粮经饲'三元结构和农牧结合"；华北地区为"发展水资源短缺条件下的适水农业"；华中地区为"走资源集约、资本集约、技术集约和规模经营发展道路"；东南沿海地区为"发展特色农业、精品农业、开放农业和三产融合新业态"；西南地区为"生态屏障、适度发展"；西北地区为"退耕还林还草、调整产业结构"。

"国际化绿色化背景下国家区域食物安全可持续发展战略研究丛书"是众多院士和多部门多学科专家、企业工程技术人员及政府管理者辛勤劳动和共同努力的结果，在此向他们表示衷心的感谢，特别感谢项目顾问组的指导。

希望本丛书的出版，对深刻认识国际化绿色化背景下我国食物安全面临的新挑战和新机遇，强化各区域食物安全保障能力，确保国家食物安全起到积极的作用。

"国际化绿色化背景下国家区域食物安全
可持续发展战略研究"项目研究组
2021 年 11 月 23 日

前　言

粮食是关系国计民生的特殊商品，也是重要的战略物资。我国粮食连年丰产的同时面临着资源、市场、气候、生态等各方面的挑战，实施新形势下国家粮食安全战略势在必行。本研究在国际化绿色化背景下，将我国划分成六个区域，分析如何充分发挥自然禀赋优势和市场决定性作用，促进资源、环境和现代生产要素的优化配置，形成人口分布、粮食生产布局与资源环境承载能力相适应的粮食生产格局。

研究认为，从全国食物生产能力看，改革开放以来，我国食物总量供需基本平衡。一方面，食物综合生产能力稳步提高，居民营养健康状况得到改善；另一方面，在国际化背景下，外贸依存度提高，大宗农产品贸易全部转为净进口。农业面源污染问题严重，绿色发展面临挑战。从区域食物安全情况看，生产区域格局发生变化，生产重心由南向北、由东西部向中部转移；区域食物自给率不均，东北、华北、华中地区较高，西南、东南沿海地区较低；粮食区域供需不平衡加剧，流通格局发生重大改变。研究认为，目前我国在国际化绿色化背景下面临的区域食物安全问题主要有以下几个方面。①农产品国际竞争力不足、资源环境约束绿色发展日益趋紧等问题普遍存在。②各区域面临着不同的资源环境制约，包括东北地区黑土地流失严重、地下水资源过度开发和地表径流利用不足并存；华北地区地下水漏斗问题严重，适水农业发展严重滞后，农业规模严重超过了水资源承载能力；华中地区化肥农药的施用量不断加大，土地污染严重；西南地区灾害多，耕地少，生态脆弱，开发受制约；西北地区受自然环境制约，干旱缺水严重。③西部地区基础设施薄弱的局面没有得到根本改观。④食物安全区域间协同发展问题仍然存在。

研究认为，从趋势上看，东北地区口粮、谷物、粮食和食物均供大于求，2035 年预计可调出谷物 4891.0 万 t。华中地区主要食物产量增长较快，玉米和奶类需求将大幅增加，口粮和奶类可以大量调出。东南沿海地区食物供不应求，粮食自给率降至 40% 以下，粮食缺口将在 2035 年达到 4665 万 t，水产品基本自给自足。西南地区食物供求紧平衡，口粮从净调出区变为净调入区，非粮食食物供给大幅增加，马铃薯和水果可以大量调出。西北地区食物总体供大于求，粮食自给率呈下降趋势，需大量外调，蔬菜、水果和奶类可大量调出。从资源潜力上看，我国耕地资源南减北增，总量基本持平，但区域间差异大，耕地数量有限，耕地质量以中等为主，提升难度大，生产力提升空间非常有限，确保食物安全潜力不容乐观。同时，"水减粮增"矛盾突出，水资源的缺乏已经成为粮食作物生产的制约性因素，我国粮食安全的可持续性受到巨大威胁。从应对国际化冲击经济潜力上看，国家和地方农业政策资金支持力度越来越大，农业生产保障技术资源积累速度较快，但是我国农业劳动力数量减少，有效劳动投入不足。从区域食物安全保障环境潜力上看，农业环境污染问题突出，防治难度较大；生态脆弱区环境承载能力有限。从区域食物保障绿色发展科技支撑潜力上看，科技创新支撑农业可持续发展的动力不断增强，农业科技进步贡献率区域差异巨大，粮食增产科技优势明显。

研究认为，我国食物保障能力的总体目标如下。①食物供给保障能力稳步提高。到2020年、2035年，我国谷物总产量分别达到5.56亿t、6.08亿t，播种面积分别降至0.913亿hm²、0.907亿hm²，单产分别增至6405kg/hm²、7170kg/hm²；2020年、2035年粮食总产量分别达到6.17亿t、6.72亿t，播种面积分别降至1.09亿hm²、1.05亿hm²，单产分别增至5895kg/hm²、6750kg/hm²；到2020年、2035年，肉类总产量将达到8199万t、9850万t，蛋类总产量分别为3284万t、3700万t，奶类总产量分别为5438万t、6846万t。未来园艺作物、经济作物总产出保持持续增长态势，面积基本稳定或有所缩减，主要依靠单产提升实现总量增加，供求基本平衡，产品自给有余。②产品质量安全水平全面提升。到2020年，粮食生产全部达到无公害及以上标准，20%～40%的粮食生产达到绿色食品标准，10%～20%的粮食生产达到有机食品标准。到2035年，全面建成供给稳定、产品高端、运转高效、标准健全、体系完备、监管到位的粮食数量质量安全保障体系。③科技支撑与物质装备水平显著提升。增强科技对食物增产增收的支撑能力，到2035年，良种覆盖率达到98%；农业科技入户率、农业信息化覆盖率均达到100%；农业科技进步贡献率提升到70%。农机装备水平逐步增强，2035年农机总动力达到20亿kW。④资源环境可持续发展水平明显提高。逐步提升耕地产出水平和化肥农药投入资源的利用效率，到2035年，水产粮食单产达到2.0kg/m³；粮食单产达到6750kg/hm²；农田有效灌溉率达到65%，农作物秸秆综合利用率达到90%，规模化养殖废弃物综合利用率提升至85%，农业水功能区水质达标率达到90%，农膜回收利用率达到100%，废弃农药包回收率达到80%。为实现以上目标，应制定并遵守三大机制，即粮食安全"红线"与区域生产"底线"双线约束机制，中央政府顶层再配置再平衡机制，食物主产区与主销区协作共赢机制。

研究提出了解决现阶段我国区域食物安全面临的主要矛盾的五大战略：①区域大食物安全战略；②区域全产业链融合战略；③区域统筹协调

发展战略；④区域绿色可持续战略；⑤区域国际化开放战略。

研究提出了提高国际化绿色化背景下区域食物安全保障水平的协调保障工程：①农业科技创新驱动工程；②"一带一路"国际科技合作示范工程；③三产融合发展工程（全产业链建设工程）；④东北黑土地水土保护工程；⑤华北超采区地下水监控工程；⑥华中地区耕地重金属污染修复综合治理工程；⑦东南沿海地区中高端优质农产品提升与生态农业工程；⑧西南地区农业设施化机械化建设工程；⑨西北地区耕地质量保育工程。

研究提出的政策建议有：①落实各级政府食物安全保障及环境保护双责任；②合理规划和统筹区域重大专项资金；③培育新型经营主体，确保食物生产的人力资本投入；④以质量兴农带动现代农业发展；⑤加强合作，充分发挥"一带一路"共建国家食物安全保障的政策优势；⑥创新推进适水、节水的水资源政策，落实绿色协调发展理念；⑦落实专项治理行动，加快土壤治理和修复。

本研究持续时间为 2016 年 1 月至 2019 年 3 月，书稿中涉及的数据等内容截止时间为 2020 年，在编辑出版过程中有部分更新。综合报告部分数据均以当时国家统计局公布的数据进行预算，后续预测、目标数据均以综合报告数据为准。

目 录

丛书序
前言

综合报告

一、我国区域食物安全现状 ··· 3
 （一）农业发展取得的成就及面临的挑战 ·· 3
 （二）食物安全整体格局 ··· 3
 （三）区域食物安全变动趋势 ··· 5
二、国际化绿色化背景下区域食物安全面临的主要问题 ···························· 10
 （一）区域食物安全中存在的共性问题 ··· 10
 （二）食物安全存在的主要区域性问题 ··· 11
 （三）食物安全区域间协同发展存在的主要问题 ······························ 14
三、区域食物安全供求变化及趋势 ·· 15
 （一）食物供需变化趋势 ·· 15
 （二）具体预测 ·· 16
四、我国区域食物安全保障应对国际化绿色发展潜力分析 ······················· 25
 （一）资源潜力分析 ··· 25
 （二）经济潜力分析 ··· 27
 （三）环境潜力分析 ··· 28
 （四）科技潜力分析 ··· 29
五、国际化绿色化区域食物安全可持续发展战略构想 ······························ 30
 （一）指导思想 ·· 30
 （二）基本原则 ·· 30
 （三）发展机制的构建 ··· 31
 （四）发展战略 ·· 34
 （五）发展目标 ·· 38
六、推进协调保障重大工程，提高国际化绿色化背景下区域
  食物安全保障水平 ··· 46
 （一）农业科技创新驱动工程 ··· 46
 （二）"一带一路"国际科技合作示范工程 ······································ 46

（三）三产融合发展工程（全产业链建设工程） ……………… 47
　　（四）东北地区黑土地水土保护工程 …………………………… 47
　　（五）华北地区超采区地下水监控工程 ………………………… 47
　　（六）华中地区耕地重金属污染修复综合治理工程 …………… 48
　　（七）东南沿海地区中高端优质农产品提升与生态农业工程 … 48
　　（八）西南地区农业设施化机械化建设工程 …………………… 49
　　（九）西北地区耕地质量保育工程 ……………………………… 50
七、政策建议 …………………………………………………………… 52
　　（一）落实各级政府食物安全保障及环境保护双责任 ………… 52
　　（二）合理规划和统筹区域重大专项资金 ……………………… 52
　　（三）培育新型经营主体，确保食物生产的人力资本投入 …… 52
　　（四）以质量兴农带动现代农业发展 …………………………… 53
　　（五）加强合作，充分发挥"一带一路"共建国家食物安全
　　　　　保障的政策优势 ………………………………………… 53
　　（六）创新推进适水、节水的水资源政策，落实绿色协调发展理念 … 53
　　（七）落实专项治理行动，加快土壤治理和修复 ……………… 54

课题研究报告

第1章　东北地区食物安全可持续发展战略研究 …………………… 57
　　1.1　东北地区食物安全基本形势 ………………………………… 57
　　1.2　东北地区食物安全可持续发展战略构想 …………………… 63
　　1.3　东北地区农业重点发展的优势产业 ………………………… 65
　　1.4　东北地区食物安全可持续发展战略措施 …………………… 75
　　1.5　重大工程 ……………………………………………………… 81
第2章　华北地区食物安全可持续发展战略研究 …………………… 84
　　2.1　研究背景 ……………………………………………………… 84
　　2.2　华北地区农村社会经济及农业发展现状总体分析与判断 … 84
　　2.3　华北地区农业水资源承载力研究 …………………………… 105
　　2.4　新时期华北地区农业发展趋势与功能定位 ………………… 112
　　2.5　华北地区水资源短缺条件下适水型农牧结构调整 ………… 117
　　2.6　华北地区水资源短缺条件下节水型种植结构与模式优化 … 120
　　2.7　华北地区小麦生产及其调整可行性研究 …………………… 130
　　2.8　华北地区食物安全可持续发展战略 ………………………… 134
　　2.9　关于京津冀一体化背景下地下水严重超采区发展适水农业的
　　　　建议 …………………………………………………………… 145
第3章　华中地区食物安全可持续发展战略研究 …………………… 147
　　3.1　华中地区食物安全现状 ……………………………………… 147
　　3.2　华中地区食物生产的资源潜力 ……………………………… 148

  3.3 华中地区食物安全面临的问题 ·· 149
  3.4 华中地区食物安全可持续发展战略构想 ···························· 151
  3.5 重大工程 ·· 154
  3.6 政策建议 ·· 156

第 4 章 **东南沿海地区食物安全可持续发展战略研究** ···················· 162
  4.1 东南沿海地区食物安全现状与态势分析 ·························· 162
  4.2 东南沿海地区食物安全可持续发展分析 ·························· 164
  4.3 东南沿海地区食物安全可持续发展战略思路 ·················· 165
  4.4 东南沿海地区食物安全可持续发展战略路径与科技工程 ···· 167
  4.5 促进东南沿海地区食物安全的政策建议 ·························· 172

第 5 章 **西北地区食物安全可持续发展战略研究** ····························· 177
  5.1 西北地区食物安全现状 ·· 177
  5.2 西北地区食物安全面临的问题 ·· 179
  5.3 西北地区食物安全供求变化及其潜力分析 ······················ 181
  5.4 西北地区食物安全的潜力 ·· 183
  5.5 西北地区农业水资源与粮食安全的关系 ·························· 184
  5.6 西北地区食物安全可持续发展战略构想 ·························· 191
  5.7 重大工程 ·· 196
  5.8 政策建议 ·· 201

第 6 章 **西南地区食物安全可持续发展战略研究** ····························· 203
  6.1 西南地区食物生产现状与供需趋势分析 ·························· 203
  6.2 西南地区食物安全存在的问题 ·· 205
  6.3 西南地区食物安全的潜力 ·· 212
  6.4 西南地区食物安全可持续发展战略构想 ·························· 217
  6.5 重大工程 ·· 218
  6.6 政策建议 ·· 221

第 7 章 **现代农业转型发展与食物安全供求趋势研究** ···················· 224
  7.1 引言 ·· 224
  7.2 全球背景下我国农业结构调整和食物安全 ······················ 226
  7.3 农产品的比较优势及现代农业转型 ·································· 231
  7.4 农业生产方式转变及现代农业转型 ·································· 235
  7.5 农产品供需趋势与未来农业结构调整和食物安全 ·········· 242
  7.6 现代农业转型与食物安全战略重点和政策建议 ·············· 250

主要参考文献 ·· 253

综合报告

一、我国区域食物安全现状

(一) 农业发展取得的成就及面临的挑战

改革开放以来，特别是党的十八大以来，党中央、国务院不断加大强农惠农富农政策力度，带领广大农民群众凝心聚力、奋发进取，农业发展取得显著成效。一是农业综合生产能力迈上新台阶。粮食连年增产，产量连续三年超过12 000亿斤①。肉蛋奶、水产品等"菜篮子"产品丰产丰收、供应充足，农产品质量安全水平稳步提升，现代农业标准体系不断完善。二是农业物质技术装备达到新水平。农田有效灌溉面积占比、农业科技进步贡献率、主要农作物耕种收综合机械化率分别达到52%、56%和63%，良种覆盖率超过96%，现代设施装备、先进科学技术支撑农业发展的格局初步形成。三是农业适度规模经营呈现新局面。以土地制度、经营制度、产权制度、支持保护制度为重点的农村改革深入推进，家庭经营、合作经营、集体经营、企业经营共同发展，多种形式的适度规模经营比例明显上升。四是农业产业格局呈现新变化。农产品加工业与农业总产值之比达到2.2∶1，电子商务等新型业态蓬勃兴起，发展生态友好型农业逐步成为社会共识。五是农民收入实现新跨越。农村居民人均可支配收入达到11 422元，增幅连续六年高于城镇居民收入和国内生产总值增幅，城乡居民收入比缩小到2.73∶1。

"十三五"时期，农业发展的内外部环境更加错综复杂，农业发展面临严峻挑战。一是在居民消费结构升级的背景下，部分农产品供求结构性失衡的问题日益凸显。优质化、多样化、专用化农产品发展相对滞后，大豆供需缺口进一步扩大，部分农产品库存过多，确保供给总量与结构平衡的难度加大（陈锡文，2016）。二是在资源环境约束趋紧的背景下，农业发展方式粗放的问题日益凸显。工业"三废"和城市生活垃圾等污染向农业农村扩散，耕地数量减少、质量下降，以及地下水超采、投入品过量使用、农业面源污染问题加重，农产品质量安全风险增多，推动绿色发展和资源永续利用十分迫切（韩俊，2016）。三是在国内外农产品市场深度融合的背景下，农业竞争力不强的问题日益凸显。劳动力、土地等生产成本持续攀升，主要农产品国内外市场价格倒挂，部分农产品进口逐年增多，传统优势农产品出口难度加大，我国农业大而不强、多而不优的问题更加突出（韩长赋，2012）。

(二) 食物安全整体格局

1. 食物生产能力逐步增强，质量安全水平稳定提升

我国粮食生产整体呈现产量持续上升、单产不断提高的趋势。我国粮食产量从1978

---

① 1斤=500g，下同。

年的3.05亿t增加到2017年的6.18亿t,增长了1.03倍,粮食作物单产从每公顷2527.3kg增加到5506kg,增长了近1.18倍。同期,糖料产量增加了3.8倍,油料产量增加了5.7倍,蔬菜产量增加了2.2倍[①],肉类产量增加了近7.0倍[②],奶制品产量增加了近40.0倍,水产品产量增加了13.9倍,水果产量增加了43.7倍(图1),其中动物产品(包括肉、蛋、奶和水产品)产量年均增长达到7.1%。随着质量安全监控力度不断加大,我国食用农产品质量安全状况正在逐年改善,抽检总体合格率连续多年稳定在95%以上,保持了总体平稳、持续向好的态势。2017年农业部例行监测信息显示,全年蔬菜、水果、茶叶、畜禽产品和水产品合格率分别为97.0%、98.0%、98.9%、99.5%和96.3%。

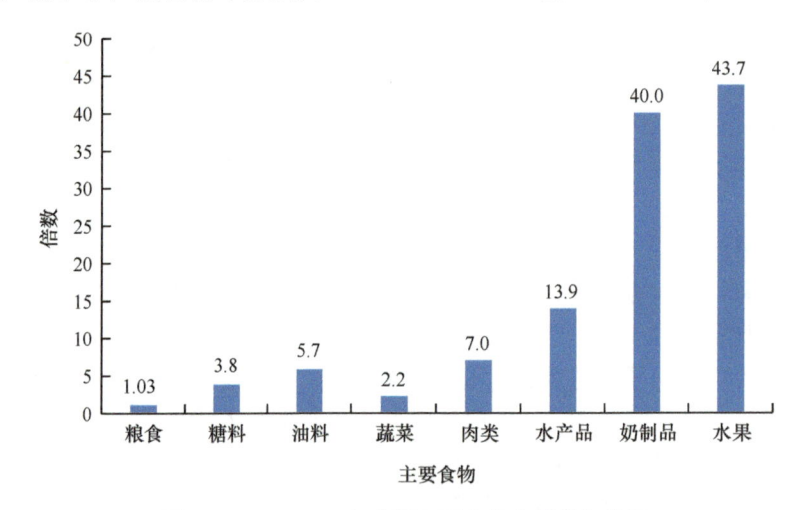

图1 1978～2017年我国主要食物产量增加倍数
根据国家统计局数据资料计算

2. 食物消费水平进一步提高,居民营养状况明显改善

食物生产带动了农民增收和生活水平的改善。随着居民收入水平的提高和恩格尔系数的降低,城乡居民膳食结构进一步改善,2016年城镇居民人均消费粮食(原粮)111.9kg、食用植物油11kg、蔬菜107.5kg、肉类29kg、禽类10.2kg、水产品14.8kg、蛋类10.2kg、奶类16.5kg、干鲜瓜果58.1kg;农村居民人均消费粮食(原粮)157.2kg、食用植物油10.2kg、蔬菜91.5kg、肉类22.7kg、禽类7.9kg、水产品7.5kg、蛋类8.5kg、奶类6.6kg、干鲜瓜果36.8kg(图2)。整体来看,我国居民营养水平已居发展中国家前列。据项目研究组调研,2013年全国人均每日摄入热量9271.3kJ、蛋白质67.0g、脂肪84.3g,每日热量、脂肪摄取量达到推荐量标准。低体重、生长迟缓等营养不良疾病的发病率明显下降。居民健康水平不断提高,人均预期寿命10年来增加了3.4岁。按照年人均纯收入2300元的国家贫困标准,截至2017年末,全国农村贫困人口从2012年末的9899万人减少至3046万人,累计减少6853万人;贫困发生率从2012年末的10.2%下降至3.1%,累计下降7.1个百分点。

[①]2017年蔬菜产量与1995年的比较。
[②]2017年肉类产量与1995年的比较。

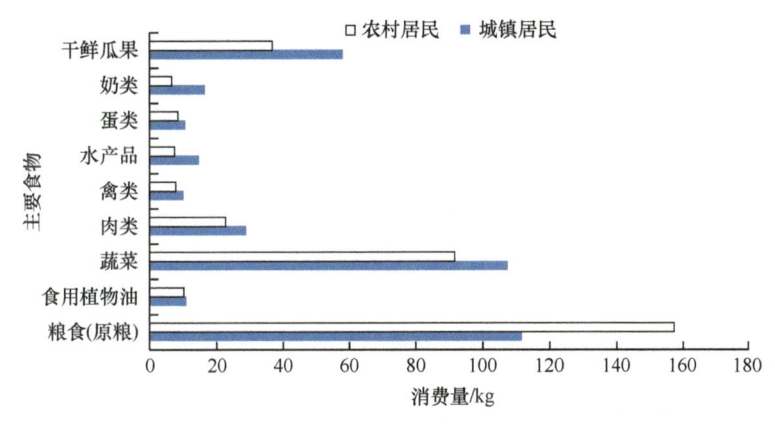

图 2 2016 年城镇居民、农村居民人均主要食物消费量
根据国家统计局数据资料计算

3. 大宗农产品全面转为净进口，农产品贸易以东部地区为主

我国加入世界贸易组织以来，农产品贸易持续快速发展，贸易格局显著变化。2017年，外贸依存度超过 20%（农产品贸易额与农业产值之比）。近年来，大豆、棉花、植物油进口量继续保持高位，糖料、乳制品进口量大幅增加的同时，主要粮食作物全部转为净进口（刘旭，2013）。大多数产品进口量增加不是由于国内供给不足而是由于国内外价格差所致。分区域看，我国农产品贸易仍以东部地区为主，西部地区名列第二位。2017 年，东部地区农产品出口额占全国农产品出口额的比例为 68.1%，进口额占全国农产品进口额的比例为 81.7%。东部地区前五大出口农产品分别为水产品、蔬菜、畜产品、水果和饮品类，五大进口农产品分别为食用油籽、畜产品、谷物、水产品和食用植物油。

4. 农业内源性环境污染问题突出，农用化肥、农药施用强度仍然较大

当前，我国以约占世界 8%的耕地面积消费了约 35%的世界化肥消费量，过量和不合理的化肥施用造成了我国严重的农业面源污染。我国是农药生产和使用大国，使用量居世界首位，由于有害生物的抗药性不断增加，加之农民施用农药的粗放性，农药使用量继续加大。农药施用总量从 20 世纪 50 年代初的几乎为零增加到 2015 年的 178.5 万 t。

（三）区域食物安全变动趋势

以地理区位、地貌、气候、经济、农业类型与农作制度等综合相似性为依据，同时考虑数据的可获得性，项目研究组将全国划分为 6 个不同区域，分别为东北地区、华北地区、华中地区、东南沿海地区、西北地区、西南地区。其中，东北地区包括黑龙江、吉林、辽宁和内蒙古（东四盟）；华北地区包括北京、天津、河北、河南、山东，以黄淮海为主；

华中地区包括江苏、安徽、江西、湖北、湖南，以长江中下游为主；东南沿海地区包括上海、浙江、广东、福建、海南；西北地区包括山西、陕西、内蒙古（除东四盟）、宁夏、甘肃、新疆、青海；西南地区包括云南、贵州、广西、四川、重庆、西藏。

1. 生产区域格局发生变化，生产重心由南向北、由东西部向中部转移

（1）南北方、东中西部粮食作物生产布局变化

1978年以来，我国南北方粮食生产布局发生了明显变化，"北粮南运"成为粮食生产南北布局的新特征。北方粮食产量于2005年全面超过南方粮食产量（图3）。这种生产格局变化的主要原因是20世纪90年代以来粮食生产重心逐步由气候和水分条件相对较好、经济比较发达、以水稻为主的南方粮区向气候和水分条件相对较差、经济相对欠发达、以小麦和玉米为主的北方粮区推移。

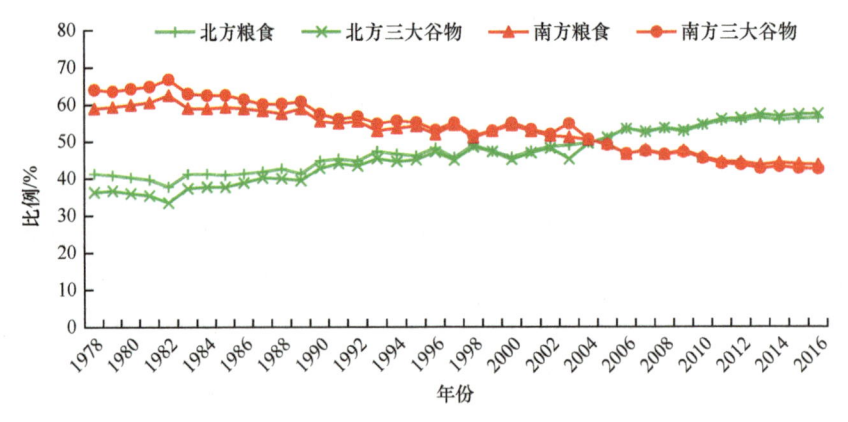

图3 1978～2016年我国南北方粮食和三大谷物产量占全国各自产量比例的变化
根据国家统计局数据资料计算

与此同时，东部、中部和西部地区粮食生产布局也发生了明显变化，表1展示了东部、中部、西部地区粮食生产比例的动态变动情况。东部比例下降明显，中部比例提高较快。

表1 1978～2016年东部、中部和西部地区粮食与三大谷物产量占全国各自产量的比例

年份	粮食产量占全国粮食产量的比例/%			三大谷物产量占全国三大谷物产量的比例/%		
	东部地区	中部地区	西部地区	东部地区	中部地区	西部地区
1978	38.46	36.90	24.65	37.06	38.02	32.38
1980	37.98	35.78	26.24	37.47	36.26	29.78
1985	36.96	38.44	24.60	36.57	39.23	34.02
1990	34.92	40.05	25.03	34.88	40.68	36.06
1995	35.70	39.16	25.14	36.22	39.87	34.42
2000	32.69	39.40	27.90	33.80	39.79	33.44

续表

年份	粮食产量占全国粮食产量的比例/%			三大谷物产量占全国三大谷物产量的比例/%		
	东部地区	中部地区	西部地区	东部地区	中部地区	西部地区
2005	29.98	42.25	27.76	31.26	43.06	36.54
2010	28.61	44.97	26.42	29.52	46.37	40.91
2015	27.28	46.17	26.55	27.92	48.02	42.77
2016	27.62	45.60	26.78	28.40	47.36	41.89

注：根据国家统计局资料计算。由于数据修约，表中部分同一年相同类别不同区域的数据加和不为100%，后同

（2）6个区域粮食作物生产布局变化情况

1978年，我国6个区域粮食作物产量最多的是华中地区，然后依次是华北地区、西南地区、东南沿海地区、东北地区和西北地区，各区域粮食产量占全国粮食总产量的比例分别为27.27%、19.91%、18.00%、13.35%、12.24%和8.95%。随着改革开放的推进，各个区域粮食生产情况发生了巨大的变化，说明我国的粮食生产布局发生了很大改变（图4）。

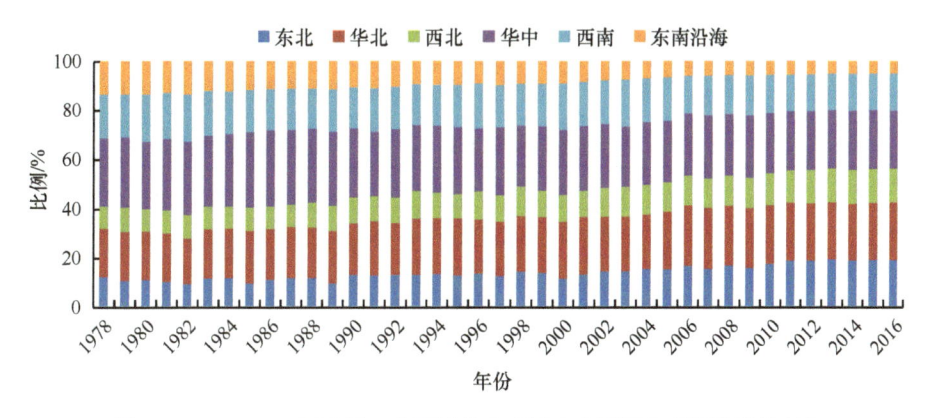

图4 1978～2016年我国6个区域粮食产量占全国粮食产量比例的变化
根据国家统计局数据资料计算

从华中地区来看，2016年华中地区粮食产量占全国粮食总产量的比例为23.58%，仍是我国粮食产量最高的区域。从华北地区来看，2016年华北地区粮食产量占全国粮食总产量的比例为23.30%。从东北地区来看，1978～2016年东北地区粮食产量的年均增长率为3.09%，2016年东北地区粮食产量占全国粮食总产量的比例达到19.27%。从西南地区来看，1978～2016年西南地区粮食产量占全国粮食总产量的比例从18.00%降至15.20%。从西北地区来看，1978～2016年西北地区粮食产量的年均增长率达到3.02%，占全国粮食总产量的比例也从8.95%上升至13.72%。从东南沿海地区来看，1978～2016年东南沿海地区的粮食产量占全国粮食总产量的比例从13.55%降至4.93%。

2. 区域食物自给率不均，东北、华北、华中地区较高，西南、东南沿海地区较低

区域食物安全是国家食物安全的组成部分。我国各区域食物生产格局发生变化，区域食物安全态势各有不同，区域食物安全状况差异较大。本研究把食物分为4个层次，一是口粮，包括稻谷和小麦；二是谷物，包括稻谷、小麦和玉米；三是粮食，包括谷物、大豆和马铃薯（马铃薯按照5∶1折为粮食）；四是食物，包括粮食、蔬菜、水果、肉类、蛋类、奶类和水产品。2016年，本研究测算了各区域口粮、谷物和粮食的产需缺口和自给率（表2）。可以看出，我国区域4个层次的食物自给率分布不均，东北、华北、西北地区较高，华中、西南、东南沿海地区较低。从口粮看，口粮自给率由高到低排序为东北地区＞华中地区＞华北地区＞西南地区＞西北地区＞东南沿海地区，其中西南、西北、东南沿海地区自给率小于1；从谷物看，谷物自给率由高到低排序为东北地区＞华北地区＞西南地区＞华中地区＞西北地区＞东南沿海地区，除东北地区外，其他地区谷物自给率均小于1；从粮食看，粮食自给率由高到低排序为东北地区＞西南地区＞西北地区＞华中地区＞华北地区＞东南沿海地区，除东北地区外，其他地区粮食自给率均小于1；从食物看，食物自给率由高到低排序为华北地区＞西北地区＞东北地区＞华中地区＞西南地区＞东南沿海地区，其中华中、西南、东南沿海地区食物自给率小于1。

表2 2016年我国各区域口粮、谷物、粮食和食物自给率 （%）

区域	口粮自给率	谷物自给率	粮食自给率	食物自给率
东北地区	114.6	148.4	119.6	100.7
华北地区	103.8	94.0	75.0	112.5
华中地区	105.1	88.6	75.8	86.7
东南沿海地区	62.6	47.3	38.0	59.8
西北地区	74.9	82.8	76.5	106.8
西南地区	99.2	93.5	80.3	84.6

3. 粮食区域供需不平衡加剧，流通格局发生重大改变

自然资源与经济发展的不匹配（魏后凯和刘同山，2017），导致我国粮食主产区和主销区位置变迁，由历史上的"南粮北调"变为"北粮南运"。至2008年，北方粮食生产已全面超越南方，北方粮食生产面积和产量分别占全国粮食生产面积和产量的54.79%和53.44%，南方粮食生产面积与产量占全国粮食生产面积和产量的份额分别减至45.21%和46.56%。我国粮食区域供需格局发生变化，出现了生产更加集中、产销加剧分化的局面，这种分化使得原省内和地区内部的产销衔接转化为跨省、跨地区的产销平衡，最终导致区域性粮食流通格局由"南粮北运"向"北粮南运"的转变，并且这一格局在进一步增强。

3个类型的粮食流通区域基本形成，六大跨省物流通道保障区域产销平衡。目前，

全国已经形成3个类型的粮食流通区域：粮食净输出地区，包括东北地区和黄淮海地区；稻谷输出地区和玉米输入地区，既是稻谷输出地区，又是玉米输入地区，包括长江中下游地区（湖北、湖南、江西、江苏北部和安徽南部）；粮食净输入地区，包括东南沿海地区、华南地区、京津地区。我国重点建设了多条主要跨省粮食物流通道，来保障区域间粮食产销平衡。其中，3条粮食流出通道为东北地区（内蒙古部分地区、辽宁、吉林、黑龙江）粮食（玉米、大豆和稻谷）流出通道、黄淮海地区（河北、河南、山东、安徽）小麦流出通道、长江中下游地区（四川、湖北、湖南、江西、安徽、江苏）稻谷流出通道，汇集了全国13个粮食主产省区的粮食；4条粮食流入通道为华东沿海主销区粮食流入通道、华南主销区粮食流入通道、长江中下游玉米流入通道和京津主销区粮食流入通道。

二、国际化绿色化背景下区域食物安全面临的主要问题

（一）区域食物安全中存在的共性问题

1. 农产品普遍国际竞争力不足

当前我国积极推动新型开放型经济的发展，正在主动融入并适应全球经贸规则。在农业供给侧结构性改革中，国家也积极倡导利用好国内国外两个市场、两种资源，取长补短，以更好地提升农产品国际竞争力。2013年提出的"一带一路"倡议，2015年年底生效的和尚在谈判中的一系列自贸协定，使得我国在食物生产的质量和价格上提高国际竞争力成为一项十分紧迫的任务。

（1）成本和价格普遍不具有竞争力

近年来，我国农业生产成本持续上涨，农产品价格刚性上升。在不断抬高的农业生产成本"地板"、逼近极限的价格和补贴政策"天花板"以及持续扩大的国内外农产品价差的共同作用下（党国英，2016），尽管我国实现了粮食连年增产，并在2015年达到了创纪录的6.21亿t，但这种增产是通过高投入、高成本的方式取得的，难以实现随行入市、顺价销售。一方面，粮食库存高企。我国政策性小麦库存约4000万t，稻谷库存也同样丰盈。另一方面，农产品进口规模快速增加。以谷物为例，据中国海关数据，2015年1~11月，谷物进口量达3057.28万t，远超2015年同期出口规模（3.52万t）。价格与成本双重挤压，一定程度上导致了当前的"高产量、高库存、高进口"困境，这种不可持续的发展状态表明我国农业结构不合理，不具有竞争力，需要考虑优化生产结构，生产更符合需求的、有生产效率的产品。

（2）品质竞争力仍然不高

除了价格成本普遍高于国际市场外，我国优质高端农产品需求量大，国内产品还不能满足需求，品质竞争力不足。以粮食作物为例，为补充国内高端需求，进口的小麦品种主要有加拿大硬质红春麦、澳大利亚硬质白麦、美国硬红冬麦和美国软红冬麦等，用于制作高端糕点。国外小麦品种只要在第一次使用前做一次指标测定，随后即可按照固定配方长期使用，而不必担心面粉质量会发生变化，从这一点看国产优质小麦对进口小麦的替代能力仍有待提高。泰国常规稻品种占98%以上，优质品种以茉莉香米（KDML）为代表；日本水稻食用品质注重食味，如其越光米淀粉含量16%左右，黏性大、口味好；国内大米品质研究相对落后，特别是优质专用型、重大病虫害高抗型、水肥资源高效利用型等优异育种材料短缺。

2. 资源环境约束绿色发展日益趋紧

尽管科技贡献率在农业领域逐年提高，但是农业发展长期靠拼资源、拼投入的粗放增长方式并没有得到根本改变，导致农业资源过度开发，生态环境不堪重负。农业生产过程中过度依赖农药、化肥等投入品投入，大水、大肥、多药等造成土壤地力下降，给农产品质量安全带来隐患。由于我国农业资源短缺，开发过度，面源污染严重，局部地区存在农药残留、重金属超标等现象，粮食、蔬菜等农产品质量安全问题越来越突出。东北地区黑土层厚度下降，黑土有机质含量减少；华北平原地下水过量开采后形成了一系列深、浅层地下水位降落漏斗；我国南部地区受镉、汞、铜、锌等重金属污染的耕地多达 1.5 亿亩[①]。每年受重金属污染的粮食达 1200 万 t，农业生态系统破坏严重。不断增加的化肥、农药、农膜使用量以及乱烧乱扔农业废弃物，使农业农村环境受到严重污染。

（二）食物安全存在的主要区域性问题

1. 各区域面临不同模式资源环境问题制约绿色发展

尽管全国各地的农业生产都面临着资源环境压力日益加大的问题，但是各个区域所面临的资源环境问题各有不同。

（1）东北地区黑土地流失严重、地下水资源过度开发和地表径流利用不足并存

为确保食物的高品质提供，对水资源的合理有效利用十分重要。然而，目前东北地区的水资源存在开发过度与开发不足并存的问题。西辽河已超过水资源的承载力，浑河、太子河水资源开发利用超过 80%；而黑龙江干流、绥芬河、乌苏里江、鸭绿江等水资源开发利用程度仅 10%左右，额尔古纳河仅为 3.6%。

东北地区黑土地流失严重且保护动力不足。根据水利部松辽水利委员会的统计数据，东北平原耕地黑土层已由开垦初期的 80~100cm 下降到 20~30cm，每年流失的黑土层厚度为 1cm 左右，而形成这一厚度的黑土大约需要三四百年时间，流失速度数百倍于成土速度。2010~2012 年的第一次全国水利普查显示，东北黑土区侵蚀沟道已达 295 663 条，水土流失严重。以黑龙江垦区为例，垦区下辖 9 个管理局 112 个国有农牧场，有 73 个农牧场存在水土流失，水土流失面积达 9080km²，占垦区土地总面积的 16.39%，且水土流失面积呈逐年扩大趋势。而目前水土流失治理率仅为 58.4%。另外，吉林黑土区每年流失表层土壤平均可达 0.3~0.7cm，耕地的犁底层深度已由 20 世纪 80 年代的 20cm 左右下降到 13cm。同时耕层有机质数量和质量下降，有机质含量以平均每年 0.1%的速度下降，基本降至"临界点"，导致土壤生物学特征退化，作物病虫害发生率提高，十分不利于食物的高质量生产。

---

① 1 亩≈0.0667hm²，下同。

（2）华北地区地下水漏斗问题严重

适水农业发展严重滞后，农业规模严重超过了水资源承载能力，导致大范围地下水位降落漏斗等生态环境问题（李政通等，2018）。华北平原灌溉节水技术已研究推广30多年，但是并没有改变地下水资源继续恶化的现状，节水技术效应明显低于用水强度增加效应，甚至出现了"越节水越缺水"的怪象。作物种植结构逐步单一化，蔬菜、小麦、果树等需较多灌溉水的作物种植比例持续增加，这主要是由于农业没有"适水"发展的原因。目前，华北平原农业规模远超过水资源可承载力，严重威胁区域灌溉农业的可持续发展，并带来一系列生态环境问题。

（3）华中地区化肥、农药污染严重

近年来，华中地区为保证粮食的稳产增产，不断加大化肥、农药的施用量，对土壤的污染较为严重。华中地区测土配方施肥技术推广覆盖率未达到90%以上、化肥利用率未达到40%，化肥、农药施用量也未实现零增长。2015年华中地区化肥施用量达到1382万多吨、农药使用量达到52万多吨，农用塑料薄膜使用量达到42万多吨。而化肥、农药的大量或者过量使用会造成土壤板结、肥力下降，耕地质量整体下降，土壤的结构和性质也会出现很大程度的改变，高产田逐年减少，中低产田不断增加。化肥、农药等的有效使用对于提高粮食产量来说具有很大的推动作用，但同时也带来一定的负面作用。过量使用化肥极易使庄稼倒伏，而庄稼一旦出现倒伏，就必然导致粮食减产，威胁华中地区的粮食安全；过量使用化肥还会使庄稼抗病虫害能力减弱，易遭病虫侵染，继而会增加防虫害的农药用量，直接威胁食品安全。另外，农田大量使用的单元素化肥，其养分不能被作物有效地吸收利用，从而导致超量使用化肥，而超量使用化肥会使果蔬生产性状低劣，并且容易腐烂，不宜存放。

（4）西北地区受自然环境制约，干旱缺水严重

西北地区主要面临的资源约束是资源性缺水和工程性缺水。西北地区水资源总量占全国水资源总量的10%左右，且省份间水资源占有量的差异显著，其中宁夏、山西、甘肃水资源占有量占全国水资源总量的比例不足1%，表现出严重的资源性缺水。资源性缺水和工程性缺水并存，用水粗放和管理无序导致水资源过度利用和不合理利用，放大了匮乏的水资源对产业发展的制约作用；生态与环境资源开发利用过度而有效保护不足，生态脆弱、环境恶化趋势无明显好转，水土质量下降，化肥、农药、农膜等污染加重，区域可持续发展面临挑战。近年，西北地区有效灌溉率指数呈下降趋势，既限制了化肥等投入品的利用效率，也较大程度地制约了西北地区农业经营效率与发展水平的提高。

（5）西南地区灾害多、耕地少，生态脆弱，开发受制约

自然灾害严重。西南地区对粮食安全产生重大影响的主要自然灾害有干旱、洪涝、低温等，常年受灾面积达629.42万 hm²，占西南地区耕地总面积的27.71%。例如，2009~2013年，西南地区受灾面积达到1000万 hm²以上，两成以上的农作物受到影响。

山多耕地少，耕地质量差。西南地区除西藏外，其余省（区、市）地貌均以山地和丘

陵为主，两种地貌面积占西南地区国土面积的85%以上。西南地区国土总面积占全国国土总面积的26.8%，但耕地面积仅占西南地区国土面积的9.6%，占全国耕地总面积的18.2%，耕地面积比例与国土面积比例不协调。西南地区优等地、高等地、中等地、低等地分别占西南地区总耕地面积的比例为0.17%、19.78%、76.62%和3.43%，中等地和低等地的比例高达80.05%，土地生产力低。

喀斯特地貌和石漠化成为西南地区社会经济发展和食物安全的极大障碍。 西南地区除西藏外，其余5省（区、市）均有喀斯特地貌广泛分布，正好形成了以贵州为中心的西南喀斯特集中分布区，包括湘西、鄂西，喀斯特出露总面积达到54万km^2，是世界上三个喀斯特集中分布区中出露面积最大，喀斯特发育最强烈，景观类型最多，生态环境最复杂，人地矛盾最尖锐的地区。喀斯特区是典型的生态脆弱区，土壤稀少、浅薄、零星，基岩裸露率高，植被一旦被破坏，生态系统即濒于崩溃。近几十年来，喀斯特区人口严重超载，生存压力破坏了生态环境，水土流失严重，土地生产力退化，形成了喀斯特石漠化，几乎丧失了人类生存条件。目前，贵州石漠化面积占全省土地总面积的28.4%，云南石漠化面积达到10.2%，广西石漠化面积占9.7%，重庆石漠化面积占10.9%。

西南地区是我国重要的生态屏障，大量的生态环境建设和保护限制了对土地资源的开发利用。 西南地区除广西外，其余5省（区、市）均处于长江、珠江等一系列河流上游，地貌起伏大，山高坡陡，降雨量大，对两江中下游地区的生态安全有着至关重要的作用。西南地区在建设生态屏障方面投入了大量人力、物力和财力，实施了一大批生态环境建设工程，森林覆盖率逐年增加，为构建西南生态屏障作出了重要贡献，但这同时也制约了土地资源的开发利用。

2. 西部地区基础设施薄弱的局面没有得到根本改观

一方面，西北、西南地区财政支农的实际力度相对降低，较低的投入水平是制约西部地区现代农业发展水平提升的共性瓶颈。 长期的低水平投入导致包括西北、西南地区在内的西部地区产业基础设施建设欠账较多，使得该地区本就不容乐观的生产条件进一步恶化。西北地区农田水利基础设施薄弱，高效节水灌溉率低，有效灌溉率近年有下降趋势；适合山地、旱地的小型实用机械发展尚无显著突破，农业机械投入及机耕比例无明显提高，阻碍了高效率生产要素对低效率生产要素的有效替代；高标准农田规划建设面积占耕地比例不足，中低产田改造力度不大，特别是西南地区，中低产田比例达到80%，较大限度地制约了该地区农业产出效率的提高。西南地区机耕率低于全国平均水平。2015年西南地区的农业机械总动力为11 513.3万kW，在全国占比12.4%；总农业柴油使用量为191.9万t，在全国占比9.5%；总农业排灌机械保有量为410.9万kW，在全国占比4.7%。

另一方面，西部地区农业科技发展正处于起步阶段，基础薄弱、发展滞后、体系不全。 农业物联网尚未实现规模量产，信息化对现代农业发展的支撑作用尚未充分显现；现代种业自主创新能力不足、农技推广体系不健全、科技成果转化率和技术到位率不高等问题影响该地区旱作节水农业可持续发展能力的提升；以农业示范园区和农业科技园区为主要载体的科技示范体系，在新技术、新品种、新模式、新产业示范推广、产业提升、农民增收方面发挥了重要作用，但示范的面积、推广的区域有限，产生的效果显示度较低，区域适宜性现代农业创新发展模式及示范效应亟待加强，应通过总结与探索区域发展创新经验，进一步发挥示范基地引领产业发展的作用。

（三）食物安全区域间协同发展存在的主要问题

1. 利益协调机制不健全扩大食物安全区域间不平衡

粮食主产区与主销区利益分配不合理，主产区粮食增产不增收。 当前种粮比较效益下降，粮食价格倒挂、粮食补贴机制不合理等原因，致使粮食主产区和主销区利益分配不均。粮食主产区提供了我国 80% 的商品粮，在目前直补资金来源结构下，粮食主产区生产的粮食越多，对我国粮食安全作出的贡献越大，地方政府所承担的补贴资金负担就越重；而主销区生产粮食少，补贴负担就相对较小。但粮食主产区承担的补贴资金在粮食外调时就转移到了销区。所以目前的粮食补贴资金来源造成了主产区承担主销区粮食安全成本的现实，造成了利益分配不均衡的现象。

2. 种粮比较效益差放大区域食物安全发展利益差距

主产区粮食连年增产，但是种粮的比较收益却在逐年下降，部分粮食价格下降，造成了增产不增收现象，农民种粮积极性受损。 例如，在玉米生产方面，吉林是玉米最主要的产区，但在 2016~2017 年玉米价格下跌，出现了农民在玉米上的收入未能与产量成正比地增长，反而下降的情况。另外，大宗农副产品生产存在质量不高，名优产品少；一般性品种多，专用品种少；初级产品多，精深加工产品少的现状，导致农产品供给结构与市场需求结构不相适应。再加上农产品流通环节不畅，大量积压，造成价格下跌。这些都制约了农民生产积极性，也放大了区域食物安全发展利益差距。

3. 协同调控机制不完善凸显区域间食物安全保障矛盾

南方大量进口。 由于价格、品质都缺乏竞争力，东北、华北地区粮食主产区的玉米、小麦等大宗农产品无法满足东南沿海、华中地区等主销区居民对农产品消费升级的需求，导致"国粮入库，洋粮入市"的局面。

北方大量入库。 2011~2020 年，玉米增产成为东北地区粮食增产的主要拉动力，玉米产量占东北地区粮食产量的比例保持在 60% 以上。然而，生产发展方式转变、要素成本增加等原因，导致玉米生产成本不断攀升，市场竞争力不强。饲用、食用和工业加工用的玉米采用同一类或同一个玉米品种（杂交种）混种、混收、混储，直接影响了玉米的商品质量，降低了玉米等级，使玉米无法满足市场消费升级的需求。

三、区域食物安全供求变化及趋势

总体来看，2016～2035 年我国可以实现"口粮绝对安全，谷物基本自给"的底线要求，能够为 2020 年全面建成小康社会和 2035 年基本实现社会主义现代化提供保障。2035 年，预计我国食物总体自给率为 92.2%，口粮、谷物和粮食自给率将分别为 97.6%、96.0% 和 79.8%，主要畜产品和水产品的自给率大致保持在 90% 以上。

（一）食物供需变化趋势

1. 东北地区

作为中国最大"粮仓"，口粮、谷物、粮食和食物均供大于求。供给方面，至 2035 年，东北地区食物产量不断增加，玉米、肉类和奶类增幅较大。需求方面，东北地区玉米、肉类和奶类需求将大幅增加。总体来看，2035 年，东北地区的食物自给率将达到 100.7%，口粮、谷物和粮食自给率将分别达到 114.6%、148.4% 和 119.6%。预计东北地区 2035 年可调出谷物 4891.0 万 t，需调入蔬菜 2695.4 万 t。

2. 华北地区

食物供需总体供大于求，可以大量调出蔬菜和口粮，但谷物和粮食存在供需缺口。供给方面，至 2035 年，华北地区食物产量不断增加，玉米、肉类和奶类增幅较大。需求方面，华北地区玉米、肉类和奶类需求将大幅增加。总体来看，2035 年，华北地区的食物自给率将达到 112.5%，其中，口粮自给率将达到 103.8%，蔬菜自给率将达到 162.4%；谷物和粮食自给率将分别为 94.0% 和 75.0%。预计华北地区 2035 年可调出口粮 294.2 万 t，可调出蔬菜 11 012.3 万 t，需调入玉米 1272.2 万 t、大豆 4031.2 万 t。

3. 华中地区

食物供需总体紧平衡，口粮和奶类可以大量调出。供给方面，华中地区主要食物产量均呈增长趋势，其中，玉米、肉类和水产品增长迅速。需求方面，华中地区玉米和奶类需求将大幅增加。总体来看，华中地区的食物供求呈紧平衡态势，口粮和奶类可以大量调出，玉米需要大量调入。预计在 2035 年，华中地区食物自给率为 86.7%，其中，口粮自给率达到 105.1%，奶类自给率达到 150.0%，玉米自给率仅为 38.7%。预计在 2035 年，华中地区可调出口粮 598.0 万 t，可调出奶类 672.6 万 t，需调入玉米 2378.6 万 t。

4. 东南沿海地区

食物供不应求，粮食自给率降至 40%以下，粮食缺口将在 2035 年达到 4665 万 t，水产品基本自给自足。 未来，东南沿海地区粮食产量将保持稳定，肉类、奶类和水产品产量预计会大幅增加。随着居民收入水平的提高、膳食结构的不断完善、健康生活理念的加强，东南沿海地区稻谷需求将不断下降，奶类需求将快速增长。总体来看，东南沿海地区食物将呈供不应求的态势，预计 2035 年食物自给率为 59.8%，粮食自给率仅为 38.0%，奶类自给率仅为 9.7%，水产品基本自给自足。预计 2035 年，东南沿海地区水产品自给率将达到 99.8%。

5. 西南地区

食物供求紧平衡，口粮从净调出区变为净调入区，非粮食食物供给大幅增加，马铃薯和水果可以大量调出。 供给方面，西南地区的口粮供给将小幅下降，肉类、奶类、水产品等非粮食食物供给将大幅增加。需求方面，西南地区食物需求呈平稳增长的趋势。总体来看，未来西南地区食物供求呈紧平衡态势，2035 年，西南地区食物自给率将达到 84.6%；口粮自给率将从 2020 年的 100.4%降至 99.2%；粮食自给率将为 80.3%，供给缺口为 2469.6 万 t；水果可以调出 578.9 万 t。

6. 西北地区

食物总体供大于求，粮食自给率呈下降趋势，需大量外调，蔬菜、水果和奶类可大量调出。 供给方面，西部地区将呈现口粮供给稳中下降，肉类和奶类增长速度相对较快的趋势。需求方面，口粮需求量呈下降趋势，玉米、肉类、奶类和蛋类的需求量呈快速增长趋势。总体来看，西北地区口粮自给率呈下降趋势，蔬菜、水果和奶类可大量调出。2035 年，西北地区食物自给率将达到 106.8%；口粮自给率为 74.9%，缺口将达到 701.7 万 t；蔬菜、水果和奶类分别可调出 1298.4 万 t、2648.6 万 t 和 406.6 万 t。

（二）具体预测

1. 东北地区

（1）供给方面

2020 年和 2035 年东北地区口粮总产量将分别达到 3523.5 万 t 和 3465.6 万 t(表 3)。若考虑东北地区农业供给侧结构性改革的重大影响，稻谷生产将进一步扩大，2030 年东北稻谷播种面积可能达到 1 亿亩，总产量达到 4700 万 t。

2020年和2035年东北地区谷物总产量将分别达到12 709.7万t和15 001.4万t。其中，玉米仍然保持东北地区第一大作物的地位，玉米产量将从2020年的9186.3万t增至2035年的11 535.8万t，增幅达到25.6%。

2020年和2035年东北地区食物总产量将分别达到22 664.9万t和26 025.2万t。其中，2035年东北地区肉类和奶类总产量将较2020年有较大幅度增长，增幅分别为20.1%和32.1%；蛋类和水产品的增幅也将分别达到12.7%和13.5%；蔬菜和水果的增幅相对较小，分别为3.7%和7.1%。

（2）需求方面

2020年和2035年东北地区食物总需求量将分别达到23 203.1万t和25 841.2万t（表3）。其中，2035年玉米、肉类和奶类的需求量将分别达到7086.0万t、733.2万t和538.5万t，分别比2020年增长28.6%、23.2%和28.7%；蔬菜和水果的需求量将分别比2020年微幅增长3.6%和6.8%。

（3）供求平衡方面

2035年东北地区的食物自给率将达到100.7%，除小麦、大豆、其他粮食、蔬菜和水果外，其余食物自给率均大于100%，可以供给国内其他地区或者适量出口。其中，奶类自给率将达到253.3%，可调出825.6万t；蛋类自给率将达到192.9%，可调出320.4万t；稻谷、玉米、肉类和水产品的自给率超过120%，分别可以调出752.3万t、4449.7万t、527.6万t和129.7万t（表3）。

2. 华北地区

（1）供给方面

2020年和2035年华北地区口粮总产量将分别达到8098.7万t和7977.9万t（表4）。其中，小麦产量预计从2020年的7409.1万t降至2035年的7298.3万t，降幅为1.5%。

2020年和2035年华北地区谷物总产量将分别达到13 850.8万t和15 200.1万t。其中，玉米产量将从2020年的5752.0万t增至2035年的7222.2万t，增幅达到25.6%。

2020年和2035年华北地区食物总供给量将分别达到56 626.6万t和60 696.5万t。其中，肉类和奶类的增长相对较快。肉类产量将在2020年达到1928.6万t，2035年增至2317.3万t，增长20.2%；奶类产量将在2020~2035年增长31.7%，达到2035年的1595.1万t。与此同时，蔬菜和水果的增长相对较慢，2035年产量分别达到28 650.6万t和9288.1万t，分别较2020年增长3.6%和6.8%。

（2）需求方面

2020年和2035年华北地区口粮总需求量将分别达到7769.5万t和7683.7万t（表4）。其中，稻谷需求量将在2035年达到801.2万t，较2020年增长0.2%；小麦需求量将在2035年达到6882.5万t，较2020年下降1.3%。

2020年和2035年华北地区谷物总需求量将分别达到14 372.9万t和16 178.1万t。其中，随着养殖业规模的扩张和工业需求的不断扩大，玉米消费量将从 2020 年的 6603.5 万 t 增至 2035 年的 8494.4 万 t，增幅达到 28.6%。

2020 年和 2035 年华北地区食物总需求量将分别达到 49 551.8 万 t 和 53 961.7 万 t。其中，肉类和奶类消费量增速较快。肉类消费量将从 2020 年的 1399.3 万 t 增加到 2035 年的 1724.0 万 t，增幅为 23.2%；奶类消费量将从 2020 年的 1541.2 万 t 增加到 2035 年的 1983.6 万 t，增幅为 28.7%。

（3）供求平衡方面

总体来看，华北地区的食物生产可以满足本地区食物需求，部分食物还将产生较多的剩余，可用于满足食物相对匮乏地区的需求。华北地区的食物自给率将分别在 2020 年和 2035 年达到 114.3% 和 112.5%（表 4）。其中，2035 年华北地区小麦自给率将达到 106.0%，可调出 415.8 万 t；蔬菜自给率将达到 162.4%，可调出 11 012.3 万 t；肉类和蛋类自给率将分别达到 134.4% 和 125.3%，分别可调出 593.2 万 t 和 310.2 万 t。2035 年稻谷需调入 121.6 万 t；玉米自给率将下降至 85%，需调入 1272.2 万 t；大豆供需缺口达到 4031.2 万 t；奶类供需缺口为 388.5 万 t。

3. 华中地区

（1）供给方面

2020 年和 2035 年华中地区口粮总产量将分别达到 12 509.4 万 t 和 12 371.7 万 t（表 5）。从产量规模来看，稻谷产量预计从 2020 年的 9529.7 万 t 降至 2035 年的 9442.1 万 t，降幅为 0.9%；小麦产量预计从 2020 年的 2979.7 万 t 降至 2035 年的 2929.6 万 t，降幅为 1.7%。

2020 年和 2035 年华中地区谷物总产量将分别达到 13 708.5 万 t 和 13 874.4 万 t。其中，玉米产量将从 2020 年的 1199.1 万 t 增至 2035 年的 1502.8 万 t，增幅达到 25.3%。

2020 年和 2035 年华中地区食物总供给量将分别达到 43 952.3 万 t 和 46 118.4 万 t。其中，肉类、奶类和水产品的增长相对较快。肉类产量将在 2035 年达到 2368.5 万 t，较 2020 年增长 20.1%；奶类产量在 2020~2035 年增长 13.2%，达到 2035 年的 2016.5 万 t；水产品产量将从 2020 年的 1780.7 万 t 增至 2035 年的 2016.5 万 t，增幅为 13.2%。

（2）需求方面

2020 年和 2035 年华中地区口粮总需求量将分别达到 11 791.6 万 t 和 11 773.7 万 t（表 5）。其中，稻谷需求量基本保持稳定；小麦需求量将在 2035 年达到 2649.1 万 t，较 2020 年下降 1.2%。

2020 年和 2035 年华中地区谷物总需求量将分别达到 14 809.0 万 t 和 15 655.1 万 t。其中，随着养殖业规模的扩张，玉米消费量将从 2020 年的 3017.4 万 t 增至 2035 年的 3881.4 万 t。

2020 年和 2035 年华中地区食物总需求量将分别达到 49 866.7 万 t 和 53 212.3 万 t。其中，肉类、奶类和水产品消费量增速较快。肉类消费量将从 2020 年的 1930.3 万 t 增

表3 东北地区食物供求预测结果

		稻谷	小麦	玉米	大豆	其他粮食	蔬菜	水果	肉类	蛋类	奶类	水产品	口粮	谷物	粮食	食物
供给/万t	2016年	3 394.0	170.0	9 144.3	589.1	484.5	4 027.6	1 307.9	991.8	556.3	1 009.5	629.2	3 564.0	12 708.3	13 781.8	22 304.1
	2020年	3 354.3	169.2	9 186.3	664.4	487.2	4 149.9	1 349.3	1 049.7	590.3	1 032.5	631.9	3 523.5	12 709.7	13 861.3	22 664.9
	2035年	3 321.1	144.5	11 535.8	778.5	490.3	4 302.3	1 444.9	1 260.8	665.2	1 364.2	717.5	3 465.6	15 001.4	16 270.3	26 025.2
需求/万t	2016年	2 612.5	459.4	5 348.8	2 155.6	735.7	6 553.1	2 751.8	561.8	288.1	385.3	507.6	3 071.9	8 420.6	11 311.9	22 359.6
	2020年	2 564.4	461.3	5 508.6	2 475.8	760.5	6 752.1	2 837.9	595.1	305.7	418.4	523.1	3 025.7	8 534.3	11 770.6	23 203.1
	2035年	2 568.8	455.6	7 086.0	2 668.8	828.2	6 997.8	3 031.7	733.2	344.8	538.5	587.8	3 024.3	10 110.4	13 607.4	25 841.2
净调出/万t	2016年	781.5	−289.4	3 795.6	−1 566.5	−251.2	−2 525.6	−1 443.9	430.0	268.2	624.2	121.6	492.1	4 287.7	2 470.0	−55.5
	2020年	789.9	−292.1	3 677.6	−1 811.3	−273.4	−2 602.2	−1 488.6	454.6	284.6	614.0	108.8	497.8	4 175.4	2 090.7	−538.2
	2035年	752.3	−311.1	4 449.7	−1 890.3	−337.9	−2 695.4	−1 586.7	527.6	320.4	825.6	129.7	441.3	4 891.0	2 662.9	184.1
自给率/%	2016年	129.9	37.0	171.0	27.3	65.9	61.5	47.5	176.5	193.1	262.0	124.0	116.0	150.9	121.8	99.8
	2020年	130.8	36.7	166.8	26.8	64.1	61.5	47.5	176.4	193.1	246.8	120.8	116.5	148.9	117.8	97.7
	2035年	129.3	31.7	162.8	29.2	59.2	61.5	47.7	172.0	192.9	253.3	122.1	114.6	148.4	119.6	100.7

注：修约造成数据的小数略有差别，后同

表4 华北地区食物供求预测结果

		稻谷	小麦	玉米	大豆	其他粮食	蔬菜	水果	肉类	蛋类	奶类	水产品	口粮	谷物	粮食	食物
供给/万t	2016年	698.4	7 313.6	5 725.9	95.9	540.4	26 833.7	8 435.4	1 822.2	1 290.6	1 184.5	1 264.0	8 012.0	13 737.9	14 374.2	55 204.5
	2020年	689.6	7 409.1	5 752.0	107.6	544.8	27 647.9	8 698.7	1 928.6	1 368.7	1 210.9	1 268.6	8 098.7	13 850.8	14 503.2	56 626.6
	2035年	679.5	7 298.3	7 222.2	122.7	550.5	28 650.6	9 288.1	2 317.3	1 537.5	1 595.1	1 434.6	7 977.9	15 200.1	15 873.2	60 696.5
需求/万t	2016年	814.8	6 940.3	6 411.8	3 355.1	741.4	16 517.6	8 155.2	1 320.9	1 025.6	1 419.1	1 067.7	7 755.1	14 166.9	18 263.4	47 769.5
	2020年	799.8	6 969.7	6 603.5	3 853.5	766.7	17 019.1	8 410.4	1 399.3	1 088.4	1 541.2	1 100.4	7 769.5	14 372.9	18 993.1	49 551.8
	2035年	801.2	6 882.5	8 494.4	4 153.9	835.2	17 638.3	8 984.7	1 724.0	1 227.3	1 983.6	1 236.4	7 683.7	16 178.1	21 167.2	53 961.7
净调出/万t	2016年	−116.4	373.3	−685.9	−3 259.2	−201.0	10 316.1	280.3	501.3	265.0	−234.6	196.2	256.9	−429.0	−3 889.2	7 435.0
	2020年	−110.2	439.4	−851.5	−3 745.9	−221.8	10 628.8	288.3	529.2	280.4	−330.3	168.2	329.3	−522.2	−4 489.9	7 074.8
	2035年	−121.6	415.8	−1 272.2	−4 031.2	−284.8	11 012.3	303.4	593.2	310.2	−388.5	198.2	294.2	−978.0	−5 294.0	6 734.9
自给率/%	2016年	85.7	105.4	89.3	2.9	72.9	162.5	103.4	137.9	125.8	83.5	118.4	103.3	97.0	78.7	115.6
	2020年	86.2	106.3	87.1	2.8	71.1	162.5	103.4	137.8	125.8	78.6	115.3	104.2	96.4	76.4	114.3
	2035年	84.8	106.0	85.0	3.0	65.9	162.4	103.4	134.4	125.3	80.4	116.0	103.8	94.0	75.0	112.5

加到 2035 年的 2378.2 万 t，增幅为 23.2%；奶类消费量将从 2020 年的 1044.1 万 t 增加到 2035 年的 1343.9 万 t，增幅为 28.7%；水产品消费量将从 2020 年的 1999.6 万 t 增加到 2035 年的 2246.8 万 t。

（3）供求平衡方面

总体来看，华中地区的食物呈现供小于求的趋势，但口粮生产不仅完全可以满足本地区食物需求，还可以向其他区域调出。华中地区的食物自给率将分别在 2020 年和 2035 年达到 88.1% 和 86.7%（表5）。其中，2035 年华中地区口粮自给率将达到 105.1%，可调出 598.0 万 t（其中稻谷为 317.4 万 t）。但 2035 年华中地区玉米自给率仅为 38.7%，供给缺口为 2378.6 万 t；大豆、蔬菜和水果的供给缺口也将分别达到 2613.0 万 t、1476.6 万 t 和 1351.1 万 t。

4. 东南沿海地区

（1）供给方面

2020 年和 2035 年东南沿海地区口粮（主要为稻谷）总产量将分别达到 2393.2 万 t 和 2363.5 万 t；谷物总产量将分别达到 2528.8 万 t 和 2532.4 万 t（表6）。在严格的耕地保护制度限制下，东南沿海地区耕地面积减少幅度将下降，在农业扶持政策、良种良法、先进适用技术、适宜耕作制度、设施条件改善等措施的制定和推广应用的条件下，稻谷等谷物单产可能会不断提高，产量将基本保持稳定。

2020 年和 2035 年东南沿海地区食物总产量将分别达到 18 915.1 万 t 和 20 039.0 万 t。其中，蔬菜的种植面积和产量将保持稳定增长的势头，2020 年产量可达到 8511.1 万 t，2035 年将达到 8821.3 万 t；2020 年水果总产量可达到 3872.0 万 t，2035 年将达到 4137.1 万 t，东北地区仍然是我国最重要的水果产区；在捕捞产量进一步削减的趋势下，东南沿海地区水产品产量仍将保持稳定增长，至 2035 年水产品总产量可达 2828.4 万 t。随着经济的发展，畜禽养殖的环保要求越来越高，增加肉类产出需要提高规模化、生态化养殖水平，走全绿色化、清洁化生产道路，2035 年肉类总产量可达 983.9 万 t，奶类总产量达 101.3 万 t，蛋类总产量达 122.0 万 t。

（2）需求方面

2020 年和 2035 年东南沿海地区食物总需求量将分别达到 31 158.3 万 t 和 33 532.2 万 t（表6）。随着居民收入水平的提高、膳食结构的逐渐完善、健康生活理念的加强，2035 年东南沿海地区玉米、肉类和奶类的需求量将在 2035 年分别达到 1577.8 万 t、2229.5 万 t 和 1039.5 万 t，分别比 2020 年增加 28.6%、23.2% 和 28.7%。受食物消费升级影响，稻谷需求量将基本稳定在 3450 万 t 左右。

（3）供求平衡方面

总体来看，2020 年和 2035 年东南沿海地区的食物自给率分别为 60.7% 和 59.8%（表6），呈现供不应求局面，但不同食物间差异较大。2020 年和 2035 年，东南沿海地区的粮食自

表 5 华中地区食物供求预测结果

		稻谷	小麦	玉米	大豆	其他粮食	蔬菜	水果	肉类	蛋类	奶类	水产品	口粮	谷物	粮食	食物
供给/万 t	2016 年	9 641.6	2 942.3	1 194.2	228.7	528.1	17 901.3	4 628.8	1 862.9	662.2	1 773.6	1 773.6	12 583.9	13 778.1	14 535.0	43 137.4
	2020 年	9 529.7	2 979.7	1 199.1	257.0	532.0	18 444.8	4 774.0	1 971.6	702.9	1 780.7	1 780.7	12 509.4	13 708.5	14 497.6	43 952.3
	2035 年	9 442.1	2 929.6	1 502.8	296.2	536.4	19 115.7	5 101.8	2 368.5	792.4	2 016.5	2 016.5	12 371.7	13 874.4	14 707.0	46 118.4
需求/万 t	2016 年	9 279.8	2 671.3	2 929.8	2 349.7	747.0	19 283.9	5 857.1	1 822.1	662.1	961.4	1 940.3	11 951.2	14 881.0	17 977.8	48 504.6
	2020 年	9 109.0	2 682.6	3 017.4	2 698.8	772.5	19 869.4	6 040.4	1 930.3	702.6	1 044.1	1 999.6	11 791.6	14 809.0	18 280.3	49 866.7
	2035 年	9 124.6	2 649.1	3 881.4	2 909.2	841.6	20 592.3	6 452.9	2 378.2	792.3	1 343.9	2 246.8	11 773.7	15 655.1	19 405.9	53 212.3
净调出/万 t	2016 年	361.7	271.0	−1 735.6	−2 121.0	−218.9	−1 382.6	−1 228.3	40.8	0.1	812.2	−166.6	632.7	−1 102.9	−3 442.8	−5 367.2
	2020 年	420.7	297.1	−1 818.2	−2 441.8	−240.4	−1 424.8	−1 266.4	41.3	0.3	736.6	−218.9	717.8	−1 100.5	−3 782.7	−5 914.4
	2035 年	317.4	280.5	−2 378.6	−2 613.0	−305.1	−1 476.6	−1 351.1	−9.8	0.1	672.6	−230.3	598.0	−1 780.7	−4 698.9	−7 093.8
自给率/%	2016 年	103.9	110.1	40.8	9.7	70.7	92.8	79.0	102.2	100.0	184.5	91.4	105.3	92.6	80.8	88.9
	2020 年	104.6	111.1	39.7	9.5	68.9	92.8	79.0	102.1	100.0	170.5	89.1	106.1	92.6	79.3	88.1
	2035 年	103.5	110.6	38.7	10.2	63.7	92.8	79.1	99.6	100.0	150.0	89.7	105.1	88.6	75.8	86.7

表 6 东南沿海地区食物供求预测结果

		稻谷	小麦	玉米	大豆	其他粮食	蔬菜	水果	肉类	蛋类	奶类	水产品	口粮	谷物	粮食	食物
供给/万 t	2016 年	2 383.2	38.3	135.3	60.8	424.6	8 260.3	3 754.4	774.0	100.4	72.1	2 497.5	2 421.6	2 556.8	3 042.2	18 500.9
	2020 年	2 354.6	38.3	135.6	68.2	429.2	8 511.1	3 872.6	819.1	106.8	74.2	2 505.7	2 393.2	2 528.8	3 026.2	18 915.1
	2035 年	2 329.2	34.3	168.9	77.6	435.1	8 821.3	4 137.1	983.9	122.0	101.3	2 828.4	2 363.5	2 532.4	3 045.0	20 039.0
需求/万 t	2016 年	3 508.2	330.0	1 191.0	1 617.5	580.4	13 265.3	4 293.5	1 708.2	436.4	743.7	2 447.5	3 838.2	5 029.2	7 227.1	30 121.7
	2020 年	3 443.6	331.4	1 226.6	1 857.8	600.2	13 668.1	4 427.9	1 809.6	463.1	807.6	2 522.4	3 775.0	5 001.6	7 459.5	31 158.3
	2035 年	3 449.5	327.3	1 577.8	2 002.6	653.8	14 165.4	4 730.2	2 229.5	522.3	1 039.5	2 834.2	3 776.8	5 354.6	8 011.1	33 532.2
净调出/万 t	2016 年	−1 125.0	−291.7	−1 055.7	−1 556.7	−155.8	−5 005.0	−539.1	−934.2	−336.1	−671.6	50.0	−1 416.6	−2 472.4	−4 184.9	−11 620.8
	2020 年	−1 088.7	−293.1	−1 091.0	−1 789.6	−171.0	−5 157.0	−555.9	−990.5	−356.3	−733.5	−16.7	−1 381.8	−2 472.8	−4 433.4	−12 243.2
	2035 年	−1 120.3	−293.0	−1 409.0	−1 925.0	−218.8	−5 344.1	−593.1	−1 245.7	−400.3	−938.1	−5.8	−1 413.3	−2 822.2	−4 966.0	−13 493.1
自给率/%	2016 年	67.9	11.6	11.4	3.8	73.2	62.3	87.4	45.3	23.0	9.7	102.0	63.1	50.8	42.1	61.4
	2020 年	68.4	11.6	11.1	3.7	71.5	62.3	87.4	45.3	23.1	9.2	99.3	63.4	50.6	40.6	60.7
	2035 年	67.5	10.5	10.7	3.9	66.5	62.3	87.5	44.1	23.4	9.7	99.8	62.6	47.3	38.0	59.8

给率预计分别为40.6%和38.0%，缺口分别为4433.4万t和4966.0万t。2035年水产品的自给率将达到99.8%，基本维持自给自足，是该区域最有竞争优势的技术、资金密集型产品之一，但面临捕捞资源下降和远洋渔业限制问题。2035年东南沿海地区的奶类和大豆自给率将不足10%，其中奶类需调入938.1万t，大豆缺口为1925.0万t。

5. 西南地区

（1）供给方面

2020年和2035年西南地区口粮总供给量预计分别为4871.2万t和4812.5万t（表7）。其中，西南地区的稻谷供给总量呈小幅下降趋势，2035年供给总量预计为4215.5万t，较2020年下降1.0%；小麦2035年总供给量预计为597.0万t，较2020年下降2.6%。

2020年和2035年西南地区谷物供给预计分别达到7301.9万t和7861.9万t，主要是由于玉米供给量的增加。其中，2035年玉米供给总量将达到3049.4万t，较2020年的2430.7万t增长25.5%。

2020年和2035年西南地区食物总供给量将分别达到30 265.7万t和32 247.9万t。其中，西南地区的肉类、奶类和蔬菜水果的供给能力将进一步增强。由于草食类家畜饲养受到重视，肉类和奶类产量将在2035年分别达到2216.1万t和243.6万t，分别较2020年增长20.1%和34.7%；蔬菜和水果的产量也将在2035年分别达到13 933.9万t和4727.1万t，分别较2020年增长3.6%和6.8%。

（2）需求方面

2020年和2035年西南地区口粮总需求量将分别达到4850.5万t和4853.6万t；谷物需求量将分别达到7612.0万t和8405.9万t（表7）。其中，玉米需求量将从2020年的2761.6万t增至2035年的3552.4万t。

2020年和2035年西南地区食物总需求量将分别达到35 319.6万t和38 111.0万t。其中，肉类消费量将从2020年的2002.1万t增加到2035年的2466.7万t，水产品消费量将从2020年的758.0万t增加到2035年的851.7万t，蛋类和奶类的消费量将分别从2020年的409.4万t和722.5万t增加到2035年的461.7万t和929.9万t，蔬菜消费量将从2020年的16 141.3万t增加到2035年的16 728.5万t，水果消费量将从2020年的3883.1万t增加到2035年的4148.3万t。

（3）供求平衡方面

总体来看，西南地区的食物自给率将在2020年和2035年分别达到85.7%和84.6%（表7）。其中，2035年西南地区口粮自给率将从2020年的100.4%降至99.2%，从净调出区变为净调入区；2035年西南地区玉米自给率仅为85.8%，供给缺口为503.0万t；2035年西南地区水果自给率达到114.0%，可以调出578.9万t；肉类和水产品的自给率将在2035年分别达到89.8%和88.7%，但奶类2035年的自给率仅为26.2%。

6. 西北地区

（1）供给方面

2020年和2035年西北地区口粮总供给量分别为2116.9万t和2094.2万t（表8）。其中，小麦供给量将从2020年的1839.5万t降至2035年的1823.1万t，降幅为0.9%。

2020年和2035年西北地区谷物总供给量分别达到5467.7万t和6300.7万t。其中，玉米供给量将在2035年达到4206.5万t，较2020年增长25.5%。

2020年和2035年西北地区食物总供给量将分别达到24 270.6万t和26 417.5万t。其中，蔬菜和水果供给量增量较大。2035年西部地区蔬菜和水果的供给量分别为9963.4万t和6646.5万t，分别较2020年增长350.6万t和423.1万t。肉类和奶类供给量的增幅较大。肉类供给量将从2020年的585.5万t增加至2035年的703.1万t，增幅为20.1%；2020年和2035年西北地区奶类供给量分别为1159.0万t和1525.4万t，增幅为31.6%。

（2）需求方面

2020年和2035年西北地区口粮总需求量将分别达到2826.1万t和2795.9万t（表8）。2020年和2035年西北地区谷物总需求量将分别达到6565.8万t和7606.5万t，增长15.9%。其中，玉米需求量增长最快，从2020年的3739.7万t增加至2035年的4810.6万t，增幅达到28.6%。

2020年和2035年西北地区食物总需求量将分别达到22 498.7万t和24 735.0万t。其中，肉类和奶类的需求量呈快速增长趋势。2035年西北地区肉类和奶类的需求量将分别达到912.2万t和1118.9万t，分别较2020年增长23.2%和28.7%。

（3）供求平衡方面

总体来看，西北地区的食物自给率将分别在2020年和2035年达到107.9%和106.8%（表8）。但西北地区2035年口粮自给率将降至74.9%，缺口将达到701.7万t。2035年西北地区奶类和水果自给率均将超过130%，分别可调出406.6万t和2648.6万t；蔬菜自给率将达到115%，可调出1298.4万t。

表 7　西南地区食物供求预测结果

		稻谷	小麦	玉米	大豆	其他粮食	蔬菜	水果	肉类	蛋类	奶类	水产品	口粮	谷物	粮食	食物
供给/万t	2016年	4 308.9	606.3	2 420.1	263.8	1 809.1	13 047.9	4 290.2	1 743.1	263.8	176.1	663.4	4 915.2	7 335.3	9 408.3	29 592.8
	2020年	4 258.2	613.0	2 430.7	296.9	1 826.1	13 444.2	4 424.5	1 844.8	280.2	180.8	666.3	4 871.2	7 301.9	9 424.9	30 265.7
	2035年	4 215.5	597.0	3 049.4	344.3	1 848.5	13 933.9	4 727.1	2 216.1	316.6	243.6	755.8	4 812.5	7 861.9	10 054.7	32 247.9
需求/万t	2016年	4 566.6	366.4	2 681.4	909.6	2 656.0	15 665.6	3 765.3	1 889.9	385.8	665.2	735.5	4 933.0	7 614.4	11 180.1	34 287.4
	2020年	4 482.5	367.9	2 761.6	1 044.8	2 746.5	16 141.3	3 883.1	2 002.1	409.4	722.5	758.0	4 850.5	7 612.0	11 403.3	35 319.6
	2035年	4 490.2	363.3	3 552.4	1 126.2	2 992.1	16 728.3	4 148.3	2 466.7	461.7	929.9	851.7	4 853.6	8 405.9	12 524.3	38 111.0
净调出/万t	2016年	−257.7	239.9	−261.3	−645.8	−846.9	−2 617.7	524.9	−146.8	−122.0	−489.1	−72.1	−17.8	−279.1	−1 771.8	−4 694.5
	2020年	−224.3	245.1	−330.9	−747.8	−920.4	−2 697.1	541.4	−157.3	−129.2	−541.6	−91.7	20.8	−310.2	−1 978.4	−5 053.9
	2035年	−274.7	233.7	−503.0	−781.9	−1 143.7	−2 794.6	578.9	−250.6	−145.1	−686.2	−95.8	−41.0	−544.0	−2 469.6	−5 863.0
自给率/%	2016年	94.4	165.5	90.3	29.0	68.1	83.3	113.9	92.2	68.4	26.5	90.2	99.6	96.3	84.2	86.3
	2020年	95.0	166.6	88.0	28.4	66.5	83.3	113.9	92.1	68.4	25.0	87.9	100.4	95.9	82.7	85.7
	2035年	93.9	164.3	85.8	30.6	61.8	83.3	114.0	89.8	68.6	26.2	88.7	99.2	93.5	80.3	84.6

表 8　西北地区食物供求预测结果

		稻谷	小麦	玉米	大豆	其他粮食	蔬菜	水果	肉类	蛋类	奶类	水产品	口粮	谷物	粮食	食物
供给/万t	2016年	281.4	1 814.5	3 335.8	51.7	848.2	9 329.4	6 034.8	553.3	221.6	1 133.7	73.5	2 095.9	5 431.7	6 331.6	23 678.0
	2020年	277.4	1 839.5	3 350.8	57.7	855.3	9 612.8	6 223.4	585.5	235.3	1 159.0	73.9	2 116.9	5 467.7	6 380.7	24 270.6
	2035年	271.1	1 823.1	4 206.5	64.1	864.4	9 963.4	6 646.5	703.1	266.0	1 525.4	84.0	2 094.2	6 300.7	7 229.2	26 417.5
需求/万t	2016年	364.9	2 457.5	3 631.2	240.5	1 373.1	8 114.4	3 628.7	698.9	296.9	800.4	202.7	2 822.5	6 453.6	8 067.3	21 809.3
	2020年	358.2	2 467.9	3 739.7	276.3	1 420.0	8 360.8	3 742.3	740.4	315.0	869.3	208.9	2 826.1	6 565.8	8 262.0	22 498.7
	2035年	358.8	2 437.1	4 810.6	297.8	1 546.9	8 665.0	3 997.9	912.2	355.2	1 118.9	234.7	2 795.9	7 606.5	9 451.2	24 735.0
净调出/万t	2016年	−83.6	−643.0	−295.4	−188.8	−524.9	1 215.0	2 406.1	−145.6	−75.2	333.3	−129.2	−726.5	−1 021.9	−1 735.7	1 868.7
	2020年	−80.8	−628.4	−388.9	−218.6	−564.7	1 252.0	2 481.1	−154.8	−79.7	289.7	−135.0	−709.2	−1 098.1	−1 881.3	1 771.9
	2035年	−87.8	−614.0	−604.0	−233.7	−682.5	1 298.4	2 648.6	−209.1	−89.3	406.6	−150.7	−701.7	−1 305.8	−2 222.0	1 682.5
自给率/%	2016年	77.1	73.8	91.9	21.5	61.8	115.0	166.3	79.2	74.7	141.6	36.3	74.3	84.2	78.5	108.6
	2020年	77.4	74.5	89.6	20.9	60.2	115.0	166.3	79.1	74.7	133.3	35.4	74.9	83.3	77.2	107.9
	2035年	75.5	74.8	87.4	21.5	55.9	115.0	166.3	77.1	74.9	136.3	35.8	74.9	82.8	76.5	106.8

四、我国区域食物安全保障应对国际化绿色发展潜力分析

乡村振兴，产业兴旺是重点，生态宜居是关键。为此，应尊重自然规律，科学合理利用资源进行生产，这样既能获得稳定的农产品供给，又能很好地保护和改善生态环境。我国幅员辽阔，自然资源和环境的区域差异很大，就农业生产而言，南方水多地少，自然条件相对优越；北方水少地多，自然条件相对较差；东部人多地少，水土光热自然条件优越；西部人少地多，生态环境脆弱。然而，经济结构和发展水平等因素造成了农业生产与自然条件分布格局上的不匹配现象，并产生了一系列资源与生态环境问题。比如，粮食流向格局由历史上的"南粮北运"逆转为"北粮南运"，导致北方地区水资源的过度利用，使区域水资源承载力不平衡状况进一步加剧。随着人民生活水平的提高及对农产品需求的改变，资源环境的压力将进一步加大。

（一）资源潜力分析

1. 耕地资源尚能保障谷物安全，但其后续支撑能力有待提高

从耕地数量空间分布情况来看，耕地资源主要呈现北多南少、中西部多东部少的空间格局。北方耕地资源在数量上比南方地区多 15%左右，中西部地区分布着我国 70%的耕地资源，水热条件良好的东部地区只分布着 30%的耕地资源。我国南方降水丰沛，水资源丰富；北方地区气候干旱，水资源匮乏。耕地资源重心的北进中移使我国粮食生产的重心随之变化。这种格局的变化是以过量消耗北方地表水和地下水资源为代价的。长此以往，这种格局的变化将加剧北方地区水土匹配的矛盾，使北方粮食生产的安全性下降，我国粮食安全的可持续性受到巨大威胁（朱晶和晋乐，2017）。从耕地质量等级来看，我国耕地以中等质量为主，中等耕地约占全国耕地总量的 55%，而优等耕地仅约占 27%，差等地约占 18%，优等耕地比例小，生产力提升难度大，而中等耕地，尤其是差等耕地在目前的技术水平下，生产力提升空间也非常有限。耕地数量的有限性和耕地质量的稳定性，对日益增长的粮食需求造成阻碍。

分区域来看，东北地区、华北地区、华中地区和西南地区是我国耕地资源主要分布区，耕地面积占全国耕地总面积的 70%以上（其中，优质耕地约占 30%，中等质量耕地约占 60%，八等地及以下耕地仅占 10%），其他两区耕地面积占比不足 30%。①东北地区优等耕地占比最大，其一等地至三等地面积占其耕地总面积的比例为 43.11%，主要分布在松嫩-三江平原农业区；中等质量耕地面积占比达 55.36%，主要分布在松嫩-三江平原农业区、辽宁平原丘陵农林区和大小兴安岭丘陵区等；差等耕地比例较小，其中质量最差的土地为八等地。因此，东北地区是我国重要的优质耕地资

源分布区。②华北地区以中等质量耕地为主，优等耕地偏少，主要分布在燕山-太行山山麓平原、黄淮平原和冀鲁豫低洼平原；中等耕地主要分布在黄淮平原、冀鲁豫低洼平原、山东丘陵地带。生产力低下的八等地至十等地主要分布在山东丘陵地带与滨海盐碱土地区。③华中地区耕地资源较为丰富，耕地面积始终维持在占全国耕地面积的17%左右，绝大多数土地上都有深厚的土层和营养元素含量丰富的土壤，具有优越的粮食生产条件，江汉平原、洞庭湖平原、鄱阳湖平原、江淮平原都是全国性的商品粮生产基地。华中地区水田资源丰富，水田面积占全国水田面积的比例始终维持在40%左右，在全国具有举足轻重的地位。④西南地区是我国第四大耕地资源区。耕地资源优良，优等耕地主要分布在四川盆地农林区，中等耕地主要分布在四川盆地农林区和黔桂高原山地区，在川滇高原山地农林牧区也有一定分布。⑤东南沿海地区耕地资源紧张，上海、浙江、广东快速工业化、城镇化使耕地流失严重，而福建山地丘陵占85%以上，农业发展的资源与环境基础薄弱，耕地少，后备耕地资源有限，此外海南农业发展中耕地资源硬约束日益加剧。⑥西北地区是我国农业发展潜力较大的地区，分布着大量的农牧业后备资源，西北旱区半干旱区土地面积和草原面积辽阔，人均耕地2.4亩，是全国人均耕地水平的1.8倍。西北地区是我国粮食生产的战略后备区和畜牧业生产的主产区，具有明显的后发优势。同时，丰富的秸秆资源和种草潜力为畜牧业发展提供了较为有利的基础条件。

2. 水土资源分布不匹配，"水减粮增"矛盾突出

我国南方拥有的水资源量占全国水资源量的81%，北方水资源量仅占19%，而耕地资源相反，南方耕地资源占比35.2%，北方耕地资源占比64.8%，水土资源分布不匹配。1990~2008年从北方调入南方的粮食总量年平均为2689万t。粮食生产需要消耗大量的水，自1990年以来，随"北粮南运"而调到南方的水量呈现持续增加态势，2008年为523.5亿m³，2010年和2011年分别达到774.9亿m³和752.8亿m³（李颖明，2007），相当于"南水北调"东、中线调水总量（278亿m³）的2.7~2.8倍。

不同区域水资源开发利用存在差异。根据《2011年中国水资源公报》，我国水资源开发利用率为26.3%，北方地区已超过50%，其中松花江区42.1%、西北诸河区45.1%、辽河区50.6%、黄河片区54.7%、淮河片区73.8%、海河片区123.9%。我国北方一些区域的水资源开发已超过合理利用的程度，致使河流断流、湖泊湿地萎缩甚至消失、地下水水位下降、海水入侵，造成了严重后果。①东北地区水资源开发过度与开发不足并存。西辽河已超过水资源承载力，浑河、太子河水资源开发利用超过80%。黑龙江干流、绥芬河、乌苏里江、鸭绿江等水资源开发利用程度仅10%左右，额尔古纳河仅为3.6%，致使入境水量17.50亿m³，而出境水量高达789.91亿m³。②华北平原是我国粮食主产区和主要农产品生产基地，但水资源严重短缺。华北地区为满足农业生产需求而大量开采地下水，导致地下水漏斗大面积出现，严重影响到未来农业的发展。华北平原冬小麦-夏玉米一年两熟制周年耗水量700~900mm，而降水量500~

700mm，周年缺水 200～300mm，降水满足率大约为 70%，其中冬小麦季降水的满足率为 25%～45%，夏玉米季降水满足率为 90%以上。从水资源的角度来看，"北粮南运"难以为继。③华中地区水资源丰富。华中地区不仅有大量的河流水可用于灌溉，而且降水也比较充沛。华中五省地势平坦、水资源充足，耕地主要由水田构成，是我国水稻种植的主要区域。④西南地区雨量丰富，年平均降雨量 1000～1300mm，但由于地理位置和海拔的变化，局部差异大，少雨和多雨地区雨量相差可达 3 倍之多，气候灾害频繁且有加重趋势，食物生产损失严重。⑤东南沿海地区水资源丰富，农业受春季多雨、夏季高温、台风、暴雨和冬季低温影响的可能性较大，受季风影响较为显著，农业气象灾害频繁发生。⑥西北地区水资源短缺问题严重。西北绿洲区多年降水量小于 350mm，春玉米需水量 500～600mm，缺水 150mm 以上。西北旱作区降水量 350～500mm，春玉米耗水量 400～550mm。西北地区旱作冬小麦耗水量 300～450mm，而同期降水量 200～350mm。西北灌区冬小麦耗水量 300～450mm，而同期降水量 150～300mm。

（二）经济潜力分析

1. 国家和地方农业政策支持力度越来越大

党和国家一直对农业、农村和农民工作高度重视，出台了一系列利民惠民和帮扶"三农"发展的政策。2004 年开始进行各种农业补贴，2005 年开始全面取消农业税，2006 年开始推进农业保险试点，2007 年开始推进社会主义新农村建设。进入 21 世纪以来，我国连续多年出台中央一号文件来关注"三农"工作，促进现代农业发展。不同区域经济发展水平差异较大。经济发展水平较高的东南沿海、华中等地区在不断加大支持"三农"力度后，农业生产活力得到进一步激发。华中地区农业财政支出呈现跨越式增长，由 2007 年的 654.21 亿元增加至 2015 年的 3436.45 亿元，8 年时间内增长了近 4.3 倍，同期，华中五省农业财政支出占全国农业财政支出的比例基本维持在 20%左右。与此相对，2007～2015 年西北地区经济发展水平相对落后，脆弱的生态环境制约了该地区的农牧业生产，农田单位面积产量和草原载畜能力下降，农牧民收入增长缓慢。

2. 技术资源积累速度较快

近年来，我国农业生产物资装备水平和机械化程度有了极大提高。农用机械是农业生产基础设施建设的重要组成部分，也是农业技术的重要实现方式。2005～2015 年，华中五省的农业机械总动力呈现不断增加的趋势，由 2005 年的 14 147.65 万 kW 增长至 2015 年的 24 029.48 万 kW，10 年间增长了 69.85%，同时华中五省农业机械总动力占全国农业机械总动力的比例也始终维持在 1/5 左右。

3. 劳动力资源丰富，但农业劳动力流失严重

农业劳动力是进行农业生产的主体，也是影响粮食生产稳定的重要因素之一。中国的粮食生产特别是水稻种植工序复杂，是需要依靠大量劳动力精耕细作的生产模式。随着城镇化、工业化进程加快，人口增速下降及老龄化现象日趋明显，大量农村劳动力转移到工业和服务业就业，农业劳动力的整体质量不断降低且流失严重。

（三）环境潜力分析

1. 农业环境污染问题突出，防治难度较大

工业"三废"和城市生活污染物向农业农村扩散，镉、汞等重金属不断向农产品产地环境渗透，带来土壤重金属超标等问题，也导致全国土壤主要污染物超标率达16.1%。农业内源性污染加剧，延伸到污染水体、大气等农业外部环境。目前，化肥利用率仅为33%，农药利用率为35%，秸秆综合利用率74%，农膜回收率不足60%，畜禽粪污有效处理率仅为42%。海洋富营养化严重，赤潮年均灾害面积超过1.4万km^2，绿潮影响面积达3万km^2，渔业水域生态恶化。农村垃圾收集处理率只有35%，村庄污水处理率仅为9%。农业农村环境污染呈现局部向整体蔓延态势，直接影响了农产品质量安全和人民群众身体健康。近年来，我国畜禽养殖发展迅速，已成为世界上最大的肉、蛋生产国。然而，与畜禽养殖业快速发展不相称的是，我国集约化养殖水平并不高，目前以小规模集约化畜禽养殖场占绝对主导地位，养殖场环境管理水平不高，配套设施不完善，加之种植业与养殖业脱节，导致大量畜禽粪便未经处理便直接排入环境中，畜禽粪便中含有的大量未被消化吸收的有机物质、动物生长激素及抗生素等便成为环境的主要污染源。第一次全国污染源普查资料显示，我国畜禽养殖业粪便产生量2.43亿t，尿液产生量1.63亿t；排放化学需氧量（COD）1268.26万t、总氮102.48万t、总磷16.04万t、铜2397.23t、锌4756.94t。在农业污染源中，畜禽养殖业COD排放量约占农业源COD排放量的96%，畜禽养殖业是农业污染的最大行业。

2. 生态脆弱区环境承载能力有限

西北地区和西南地区生态环境相对脆弱，资源环境承载力有限，农业基础设施相对薄弱。随着全球气候变化的加剧，西北地区、西南地区出现大面积连年干旱，是我国干旱灾害最为频发的地区。干旱是两个区域影响范围最广、持续时间较长、出现频繁、危害较重的自然灾害，对农作物生长的影响严重。西部地区干旱风蚀造成土地退化，导致土壤更加瘠薄，水资源更为短缺；农田基本建设及水利设施的必要投入压力及投入成本上升；农牧业投入产出效率下降，经济发展困难，压力增大。

（四）科技潜力分析

1. 科技创新支撑农业可持续发展的动力不断增强

农业科技是提高我国食物生产综合能力和食物保障的战略支撑，也是我国粮食与食物行业发展方式转变、推动粮食与食物产业结构升级、促进粮食与食物可持续发展的重大战略着力点（吴普特等，2010）。科技进步是农业生产力增长的主要驱动力。生物技术、信息技术快速发展并不断更新升级，先进农机具及其使用技术、物联网、分子育种等在农业生产中广泛应用，雨养农业、节水农业、生态农业、循环农业等技术模式加快推广普及，为农业可持续发展提供了前所未有的技术支撑。目前，华中地区已经拥有实力比较雄厚的农业科技力量，具有相对领先的农业科技优势。华中地区拥有大批的农业高等院校、农业高职院校和农业职业中学，每年可培养许多农业技术人才。华中地区已初步形成了一条以农业高等院校、农业科研机构为农业科技源头，以农业合作经济组织、农业龙头企业、农业高科技企业为主体的农科教、产学研结合的现代农业发展新路子。

2. 农业科技进步贡献率提升空间大

2015年，我国农业科技进步贡献率为56%，主要农作物良种基本实现全覆盖，主要农作物耕种收综合机械化率为63.8%，森林覆盖率为21.66%，我国农业发展已经进入更加依靠科技进步的新阶段（闫琰等，2016）。到2020年，我国农业科技进步贡献率达到60%，主要农作物耕种收综合机械化率达到71%。科研基础条件是支撑科研工作的重要平台。在全国农业科技平台的行政区域分布中，华北地区农业科研机构的科技条件平台数量最多，占科技条件平台总数的34%，其他依次是华东地区（20%）、中南地区（18%）、西南地区（16%）、东北地区（7%）、西北地区（5%）。未来，国家将会继续加大农业科技基础条件平台建设的资金投入，从而推动农业科技进步，这必将给农业生产和食物安全带来巨大的促进作用。

2015年农业科技在西北地区农业增产中的贡献率约为35%，全国农业科技在农业增产中的贡献率为56%，世界上农业发达国家贡献率在65%以上。通过近些年的科技创新，西北地区已形成一批在农业生产实践上产生明显效益的"硬技术"，如地膜覆盖技术、中低产田改造技术、防治水土流失和风蚀沙化技术等，可显著提高粮食产出能力，一般玉米、小麦单产增产幅度在40%以上。这些技术成果大规模、大范围地推广应用，将明显提高西北地区的农业综合生产能力，这也是提高耕地粮食生产能力的根本途径。据西北农林科技大学的研究结果，黄土高原典型的高产区每毫米降水可生产粮食1.3kg以上，小麦和玉米等单产潜力可为现有实际单产水平的2~3倍，这充分显示了西北地区未来农业生产的潜力。

五、国际化绿色化区域食物安全可持续发展战略构想

(一) 指导思想

深入贯彻习近平新时代中国特色社会主义思想，深入贯彻党的十九大、十九届二中全会和十九届三中全会精神，牢固树立新发展理念，落实高质量发展要求，紧紧围绕统筹推进"五位一体"总体布局和协调推进"四个全面"战略布局，准确把握新时代我国社会主要矛盾和区域食物安全的变化特征，坚持因地制宜、产能为本、保障安全、绿色优先、创新驱动、农民主体的方针，以发挥区域资源禀赋和产业比较优势为基础，以优化农业生产力布局、推进农业结构调整、壮大优势特色产业、培育提升农产品品牌、构建农业对外开放新格局为重点任务，确保实现区域粮食安全、食物质量安全、生态环境安全、农业竞争力提升和农民持续增收，努力走出一条具有中国特色的区域食物安全可持续发展道路，为加快实现农业农村现代化、全面建成小康社会和全面建设社会主义现代化国家提供坚实保障。

(二) 基本原则

1. 坚持底线管理原则

进一步完善粮食安全省长责任制，明确地方政府维护国家粮食安全的"底线"责任，稳住本省（区、市）口粮生产，保总量、提质量，切实承担起保障本地区粮食安全的主体责任。引入第三方评估机制，量化粮食安全省长责任制考核指标，客观、公正、独立地作出评价，坚持结果导向，以科学严格的方法和高度负责的态度，全面评估各省（区、市）人民政府落实粮食安全省长责任制情况。

2. 坚持比较优势原则

在优化粮食生产资源布局时，应充分考虑区域比较优势，综合考虑粮食和其他产业的发展目标，在优势产区发展优势作物，补齐资源短板，发挥资源优势。我国地域广阔，区域资源环境、社会经济与科技条件和粮食生产的机会成本差异很大，所以各个区域在粮食生产方面存在明显的比较优势差异。整体来看，水稻生产的比较优势区在南方，包括东南沿海地区、长江中下游地区和西南地区，而东北地区已逐步发展成为新兴的水稻生产优势区。小麦生产的比较优势区在北方，包括冀鲁豫区、青藏区、京津区和黄土高原区，其中，冀鲁豫优势区的地位继续强化，而青藏区、京津区和黄土高原优势区地位逐步弱化。玉米生产的比较优势区在北方，包括东北地区、冀鲁豫区、京津区、黄土高原区和西北地区，其中，西北地区和黄土高原区优势地位进一步强化，而东北地区、冀鲁豫区和京津区优势地位趋于弱化。

3. 坚持区域分工原则

立足区域资源禀赋，综合考虑产业基础、市场条件及生态环境等方面因素，进一步优化农业生产力区域布局和产业结构。因地制宜地采取有选择、差别化的区域特色食物安全发展路径与扶持政策。加强部门间、区域间联合协作，调动各方积极性，统筹利用资金、技术、人才等各类资源，建立分工明确、共商共建、共享共赢的良好机制，努力形成推动区域食物可持续发展的合力。

4. 坚持提质增效原则

不断改善农业基础设施条件，加快农业结构调整，加快农业科技创新，扎实推进农业供给侧结构性改革，努力提高食物供给体系的质量和效率。大力发展农产品加工业，提高产品附加值，推进果菜茶有机肥替代化肥，加快创新农业发展方式，发展休闲农业等融合新业态，拓展农业多种功能，实现食物高效生产的同时，不断提高比较效益。

5. 坚持生态绿色原则

坚守水资源红线和生态保护红线，优化食物生产布局，提高规模化集约化水平，确保国家食物安全和主要农产品有效供给。牢固树立生态文明理念，因地制宜，立足资源环境可承载能力和环境可容纳能力，适度有序开展农业资源休养生息，提升农业多种功能，全面推动绿色化发展，推动高效节水的生产方式。分区施策，针对区域特点，有保有压推动结构调整，有禁有促推进布局优化，在区域挖掘潜力确保食物生产的同时，实现农业资源永续利用、促进生态环境保护建设。

6. 坚持创新驱动原则

大力推进农业科技创新和农村体制机制改革，释放改革新红利，着力增强创新驱动发展新动力，推动农业供给侧结构性改革步伐。扩大农业对外开放，激活主体，激活要素，激活市场，调动各方力量投身区域食物安全发展。以科技创新引领和支撑区域食物安全，以人才汇聚推动和保障区域食物安全，构建创新驱动的食物安全可持续发展支撑体系。

▎（三）发展机制的构建

1. 粮食安全"红线"与区域生产"底线"双线约束机制

（1）粮食安全"红线"保障机制

粮食安全是食物安全的重点，也是食物安全的"红线"。通过"北方稳定性增长、南方恢复性增长、西部适度性增长、全国均衡性增长"总体布局的科学调整,确保"谷物基本自给、口粮绝对安全"。

资源环境承载适度的前提下,稳定北方粮食保障功能。生态环境保护优先条件下,适当放缓谷物增长态势,着力缓解水资源紧缺压力,为农业生态系统恢复和农业生产能力稳定提升腾出空间。

适当发挥南方经济比较优势,恢复南方本区域食物自给保障能力水平。重点通过耕地平整改造、土地股份合作和小型化农机作业等措施,保持现有播种面积不变,努力提高单产、增加总产。同时,进一步明确江苏、浙江、广东、福建等南方传统产粮区的粮食增产要求,尽快落实粮食生产功能区划定工作,强化这类地区的粮食生产责任,增大地方财政对粮农的收益支持和农业公共投入,确保本地区粮食耕地不占用、粮食播种面积不缩减、粮食生产能力有提升。

开创多模式发展,拓展西部农业大食物保障功能。我国西部农业多为旱作农业和绿洲农业,在不破坏生态环境、适度科学开发前提下,以高效利用降水资源为核心,大力推行高效旱作节水、覆膜及双垄沟播等技术,提高谷物单产,促进粮食生产适度增长。

(2)区域生产"底线"约束机制

东北地区:保护东北黑土地资源,加快推进耕地轮作休耕制度试点,建设节水供水重大水利设施,适度扩大水稻生产面积,提升玉米品质,确保玉米产能,适当压缩玉米生产面积,以轮作的形式适度发展大豆生产,发展生猪产业,稳固饲料基地建设,推进草食畜牧业发展。

华北地区:围绕"节水优先"和确保"口粮绝对安全"两大战略重点,加强主要农产品产能优化布局、高光效育种、抗逆优质小麦新品种、适水种植、节水灌溉、控水提效、种养结合等关键技术协同创新,建立与水资源相匹配的种植制度"红绿灯"和节水保粮模式,保障该区域粮食安全和水资源安全,促进农业绿色发展。

华中地区:基本建立以高标准农田为基础、以粮食生产功能区和重要农产品生产保护区为支撑的产能保障格局,加快推进耕地重金属污染修复综合治理工程,实现口粮产量稳定在 1.2 亿 t 以上、谷物产量稳定在 1.35 亿 t 以上,实现主要畜产品缓慢增长、水产品快速增长,实现口粮供求盈余。

东南沿海地区:确立"稳定基本供给、转变结构增加总量"的目标,确保口粮自给率保持在 60%以上,粮食自给率保持在 35%以上,肉类自给率保持在 40%以上,水产品自给有余。

西南地区:以保护长江上游生态屏障和可持续发展为前提,稳定水稻、小麦和青稞生产,扩种马铃薯和杂粮杂豆,扩大优质油菜生产,适度调减云贵高原非优势区的籽粒玉米面积,改种为优质饲草,利用好草山草坡,发展草食畜牧业,确保粮食自给率稳定在 80%左右,果、蔬、畜禽、奶蛋等其他食物产量稳中有升,实现食物供给总体供需平衡。

西北地区:巩固退耕还林还草成果,实施农业综合节水、耕地质量保育、草畜产业能力提升等重点工程,保障良好生态,确保区域粮食安全、畜产品自给有余。

2. 中央政府顶层再配置再平衡机制

（1）建立主产区中央一般性转移支付增长机制

强化财政政策协调区域食物生产的功能，对粮食和畜牧大县加大转移支付力度，完善一般性转移支付增长机制，支持食物生产大县发展。建立粮食直补总额同国家财政收入总额互动增长，直补水平同农资价格协调联动的机制，形成合理的农业生产资料补贴体系，维护农资价格的基本稳定。加快推进粮食生产功能区划定，加大对功能区财政资金支持力度，做强做实粮食生产功能区。发挥粮食补贴政策与其他农业支持政策的配合作用，探索有益于食物生产效率提升的制度与工程试点。

（2）完善主产区利益补偿

扩大食物生产大县奖励额度，制定差异化、制度化的动态变动方案，稳定、提升大县生产积极性。优化财政奖补支出的结构，加大财政资金支持力度，引导资金优先投向粮食生产功能区高标准农田、水利、道路等农业基础设施建设，以及所在县（市、区）的农村公共事业改善、高产高效新技术新品种研发和推广、生产标准化和产业化发展等领域。通过政策性金融机构和国有商业银行，提高对产粮大县县域经济发展中企业和个人的信贷支持。干部选拔任用机制方面，将食物主产区有突出贡献的主管领导纳入优先任用条件。

（3）设立全国新型青年高素质农民种粮专项资金

建议农业农村部、财政部联合省级政府设立新型青年高素质农民种粮大户专项资金，扶持新型青年农民创业，形成一批现代化的青年种粮大户队伍，促进我国粮食生产的规模化、标准化经营。

3. 食物主产区与主销区协作共赢机制

（1）构建主产区与主销区政府购销合作机制

鼓励食物产销区政府间签订产销合作协议，开展食物购销合作。主产区政府可以与销区政府签订主要农产品销售协议（合同），主产区政府组织农户、新型经营主体进行定向生产。同等条件下，丰收年景，销区优先到合作产区采购粮食，解决产区粮食销售问题；歉收年景，产区优先保证合作销区粮食需求，解决销区粮源问题。此外，依托当前对口帮扶制度构架，鼓励政府间积极开展合作，实现食物安全的区域协作共赢。

（2）探索建立多元化市场化产销合作模式

鼓励主销区企业到粮食主产区开展订单生产、订单收购，或者委托主产区粮食企业与农户签订粮食收购订单。产区和销区各类市场主体直接开展粮食购销贸易、联营，以及代收、代储、代销等多形式、多层次、多领域的产销合作。通过合资、合作、参股等方式共同组建跨区域的粮食收储、加工和经营企业，发展长期稳定的产销合作关系。对在政府间签订的协议框架范围内开展合作的企业，给予双向政策支持和优惠。

（四）发展战略

1. 基本判断

新时代我国区域食物安全面临的主要矛盾不是总量问题，更多的是结构性矛盾问题，是食物供给质量效益与市场竞争力不足的问题；不是短期内生产能力不足的问题，更多的是农业农村资源环境压力巨大和长期发展不可持续的问题；不是局部性单一性的问题，更多的是区域间食物发展不平衡不充分的问题。

2. 总体战略

一是实施区域大食物安全战略。适应现代社会食物消费观念新变化与国家营养健康指导标准，逐步确立新型大食物安全观，以提升质量营养为核心，着眼于区域居民食物营养健康以及膳食结构合理搭配的多样化需求，加快构建以确保口粮绝对安全为基础、区域优势食物特色开发的区域现代食物产业体系，深入推进农业绿色化、优质化、特色化、品牌化，调整优化农业生产力布局，推动农业由增产导向转向提质导向，变食物基本保障型发展为优质供给型发展，强化区域优质食品供应保障能力，促进区域食物生产、消费与营养和健康的协调发展。

二是实施区域产业融合战略。大力开发农业多种功能，延长产业链、提升价值链、完善利益链，打造区域农村产业融合发展新载体新模式，推动要素跨界配置和产业有机融合，打造种养加一体化的区域产业协同体系和一二三产业深度融合的区域农村产业融合体系，推动区域种养业与产后加工、流通、营销、电商等环节相衔接，支持主产区农产品就地加工转化增值，健全农产品产销稳定衔接机制，推动休闲农业、乡村旅游、创意农业、特色文化产业等新产业新业态发展，实现区域一二三产业和食物全产业链条融合增值。

三是实施区域统筹协调发展战略。以粮食生产功能区、重要农产品保护区、特色农产品优势区"三区"划定为主体，立足各区域农业资源禀赋和比较优势，明确不同区域食物发展定位与主攻方向，推动生产要素在空间和产业上优化配置，加快形成区域特色鲜明、产业分工合理、产业体系完备的现代食物区域协调发展新格局。东北地区重点提升粮食生产能力，依托"大粮仓"打造粮肉奶综合供应基地。华北地区着力稳定粮油和蔬菜、畜产品生产保障能力，发展节水型农业。华中地区切实稳定粮油生产能力，优化水网地带生猪养殖布局，大力发展名优水产品生产。东南沿海地区加快发展现代畜禽水产和特色园艺产品，发展具有出口优势的水产品养殖。西北、西南地区加快调整产品结构，限制资源消耗大的产业规模，壮大区域特色产业。

四是实施区域绿色可持续战略。牢固树立和践行"绿水青山就是金山银山"理念，严守生态保护红线，发挥区域资源利用效率和生产潜力优势，统筹山水林田湖草系统治理，加大生态环境保护与修复力度，扩大华北地下水超采区综合治理范围，推进重金属污染耕地防控和修复，加大东北黑土地保护力度，实施流域环境和近岸海域综合治理。推广农业绿色生产方式，加强农业面源污染防治，实现投入品减量化、生产清洁化、废弃物资源化、产业模式生态化，推动形成资源利用高效、生态系统稳定、产地环境良好、产品质量安全的区域现代食物绿色发展新格局。

五是实施区域国际化开放战略。合理利用国内、国外"两个市场"与"两种资源"，充分发挥区域比较优势参与国际经济分工，提高我国农产品国际竞争力。实施特色优势农产品出口提升行动，扩大高附加值农产品出口。加强与"一带一路"共建国家的农业合作，积极支持有条件的农业企业"走出去"。建立健全我国农产品贸易政策体系，积极参与全球粮食安全治理和农业贸易规则的制定，加大粮食定价的国际话语权，促进形成更加公平合理的农业国际贸易秩序，加快构建开放合作、互惠共赢的区域现代食物国际化发展新格局。

六是实施农业品牌提升战略。全面推进质量兴农、绿色兴农、品牌强农，切实夯实产业质量基础，加强农业绿色发展，推进标准化生产，强化质量监管，推进质量变革、效率变革、动力变革，提升农业优质化、绿色化、品牌化发展水平。大力发展绿色、有机、地理标志等优质特色农产品，增加绿色优质农产品供给。加强产地环境保护和治理，做好农产品质量安全追溯管理。支持建设一批地理标志农产品保护基地，培育以区域公用品牌、企业品牌、大宗农产品品牌、特色农产品品牌为核心的农业品牌格局。发展多种形式适度规模经营，充分发挥其在质量兴农、绿色兴农、品牌强农方面的引领作用，提高农业质量效益和竞争力。

3. 分区重点战略

（1）东北地区发展战略——保护黑土地，推进粮经饲三元结构和农牧结合

东北地区是我国重要的商品粮和畜牧业生产基地，也是农业资源禀赋最好、粮食生产潜力最大的地区。东北地区食物安全可持续发展的总体战略定位是做好保障国家食物安全的后盾和"压舱石"，核心战略问题是解决黑土地保护和水资源优化配置问题，以粳稻产业、玉米产业、大豆产业、畜牧产业、特色产业为重点发展的优势产业，加快本区域农业结构调整，构建粮经饲协调发展的三元结构，推进农牧结合，发展循环农业。粮食作物要稳定东北稻区粳稻生产，确保国家口粮绝对安全；调减非优势区籽粒玉米，增加优质食用大豆、薯类和杂粮杂豆生产；经济作物要优化品种品质和区域布局，采取多种方式恢复和扩大传统优质大豆、花生生产；饲料作物要扩大种植面积，以养带种发展青贮玉米、饲料油菜和苜蓿等优质牧草，大力培育现代饲草料产业体系。抓住国家引导南方水网地区生猪养殖向环境容量大的东北玉米主产区转移的机遇，借助发达地区的资金、技术、管理和市场发展生猪、肉蛋鸡生产，大力发展牛、羊等草食畜牧业，提升养殖业在农业产值中的占比。全面推进实施高标准基本农田建设工程、东北黑土地水土保护工程、现代农业示范区建设工程、节水供水重大水利建设工程、耕地轮作休耕制度试点工程、农产品出口示范区建设工程、优质农产品加工提升工程、农业科技创新驱动工程等八大重大工程建设。

（2）华北地区发展战略——发展水资源短缺条件下的适水农业

华北地区是我国最重要的"粮仓"之一，具有政治、科技、文化、经济、区位优势。随着京津冀一体化战略推进和区域城市化建设加快，水资源短缺是制约华北地区食物可持续发展的关键战略问题，华北地区食物安全可持续发展的战略核心是协调作物生产-水资源-生态环境的关系，发展水资源短缺条件下的适水农业。在保障国家食物安全赋予的区域发展需求条件下，充分考虑华北地区京津冀都市圈发展和农业水资源可利用量的硬约束，抓住适水发展一条主线，对华北地下水严重超采区粮食和蔬菜生产基地进行重新定位，依靠科技创新、政策与制度创新双轮驱动，突出节水提质增效、耕地功能拓展、农业结构调整、绿色循环发展、产业竞争力提升五大战略重点，优化布局华北超采区地下水监控、首都水源涵养区生态建设、大清河流域山水林田湖综合整治、冬小麦提质增效、华北种养业绿色升级、名优产品标准化与品牌化建设、京津冀都市圈现代农业发展建设、国家现代农业科技创新中心建设八大战略工程。

（3）华中地区发展战略——走资源集约、资本集约、技术集约和规模经营发展道路

华中地区在全国口粮生产中占有十分重要的地位，是国家重要的商品粮生产基地，尤其是稻谷和小麦的产量明显要高于其他地区。华中地区食物安全可持续发展的战略重点是以确保耕地面积尤其是水田面积不减为前提，以实现口粮、淡水水产品、蔬菜三类食物较大幅度增长为目标，解决食物安全问题的"一点两面三结合"。"一点"即确保食物产量和品质安全；"两面"即一要把农民组织起来，二要发展现代农业科技；"三结合"即产量增长和环境污染控制相结合、食物增产和保障小农户生计相结合、工程措施和政策措施相结合。基本建立以高标准农田为基础、以粮食生产功能区和重要农产品生产保护区为支撑的产能保障格局；基本构建粮经饲统筹、农林牧渔结合、种养加一体、一二三产业融合的现代农业产业体系；基本稳定农业灌溉用水总量，基本实现化肥、农药使用量零增长，以及畜禽粪便、农作物秸秆、农膜资源化利用目标；全面推进畜禽粪便有机肥生产利用与种养渔循环农业工程、高标准稻田建设工程、"良种培育"建设工程、耕地重金属污染修复综合治理工程、新型经营主体培育工程、山区小型农业机械研发推广工程等六大重大工程建设。

（4）东南沿海地区发展战略——发展特色农业、精品农业、开放农业和三产融合新业态

东南沿海地区是我国经济最发达的地区，也是国家食物安全保障的脆弱地区。东南沿海地区食物可持续发展战略的核心是立足自身条件，扬长避短，充分挖掘潜力，大力发展特色农业、精品农业、开放农业和三产融合新业态，打造国家食物安全多样化拓展的示范区、精品农产品产业化开发的领航区、国家农业"走出去"的前沿区以及促进东中西部区域产销合作的重要地区。树立大食物观战略，在保证粮食生产最低供给率的基础上，抓好水稻、甘薯、马铃薯等三大粮食作物生产，扶持蛋、奶产业，

稳定生猪产业，提升果园和森林食品产业，提升渔业生产能力；同步实施三产融合发展战略、全绿色化、生态化战略，高附加值可持续发展战略，科技支撑战略，以及全球化战略等重点战略，全面推进植物种质资源与现代育种工程，优质农产品与生态农业工程，大数据精细化农场管理工程，食物消费结构调整促进工程，三产融合发展工程，农田生态系统生物多样性挖掘、保护与利用，基于高附加值的农产品精深加工，基于环保型的绿色化、工厂化畜禽生产，海洋生物资源可持续开发利用，以及森林及林下食品工程等十大工程建设。

（5）西南地区发展战略——生态屏障、适度发展

西南地区农业资源丰富，类型复杂多样。西南地区食物安全的可持续发展，不仅是保障国家总体食物安全的重要组成部分，而且关系到边疆稳定、民族团结、生态建设等多个方面的国家重大战略。西南地区在支撑国家食物安全可持续发展的战略定位中主要肩负以下战略任务。第一，总体任务是生态屏障、适度发展。把肩负长江上游生态屏障的功能放在首要战略位置，在此基础上，因地制宜、适度发展该区域的优势食物产业，确保该区域食物消费的主体需求。第二，社会任务是保边维稳、民族和谐。优先照顾和保障少数民族对不同类型食物生产和消费的需求，确保民族和谐，维护边疆稳定。第三，经济任务是提质、增效、致富。以农区农牧结合为重点，发展种养加一体化产业，统筹适度规模经营与特色分散协调发展，确保该区域农民收益，加快致富。第四，数量任务是总量基本自足、动态平衡。食物生产总量能满足区域消费需求，确保口粮的主体自足，不同类型和结构的产品之间存有差异，有进有出。第五，贸易任务是跨境合作、双向平衡。利用共建"一带一路"的机遇和毗邻东南亚的区位优势，实现我国，特别是我国西南地区与东南亚国家联盟（以下简称东盟）在农业贸易上的双向平衡。为此，推进建立西南农业基因资源研究与利用重点实验室或工程中心、建立中国-东南亚农业产业国际科技合作示范基地、建立西南地区特色农业产业研究中心、实施西南丘陵山地农业基础设施建设工程、实施适应西南地区特点的农业设施化机械化建设工程、实施西南地区食物安全绿色化建设工程等六大工程建设。

（6）西北地区发展战略——退耕还林还草、调整产业结构

西北地区是种植业、畜牧业等农业生产模式多元化比较突出的区域，是我国重要的粮食生产战略后备产区和农畜产品生产基地。西北地区食物安全可持续发展战略是以退耕还林还草、调整产业结构为中心，以推进区域农业产业布局优化、农业综合节水、耕地质量保育、草畜产业能力提升为重点，开展区域统一规划，依据黄土高原区、西北干旱区和青藏高原区三个小区划分，建设西北食物安全保障体系；调整西北地区农业产业布局，实施优势农业产业发展战略；强化退耕还林还草生态工程建设，保障西北地区食物综合生产能力；建立以草地农业为基础的食物安全保障体系，实现区域间优势互补，保障我国食物安全；实施农业节水利用发展战略，形成不同区域稳产、高效的现代农业节水利用发展模式，组织实施耕地质量保育与提升工程、西北优势农业产业竞争力提升工程、农业节水与高效利用能力提升工程三大重点工程建设，全面提升区域农业综合生产能力。

（五）发展目标

1. 总体目标

食物供给保障能力稳步提高。到 2020 年、2035 年，我国食物总供给量分别达到 19.67 亿 t、21.15 亿 t。其中，粮食产量分别达到 6.17 亿 t、6.72 亿 t；肉蛋奶及水产品的总产量分别达到 2.38 亿 t、2.82 亿 t（表 9）；未来园艺作物、经济作物总产出保持持续增长态势，面积基本稳定或有所缩减，主要依靠单产提升实现总量增加，供求基本平衡，产品自给有余。

表 9 我国食物供给保障能力总目标

指标名称	单位	2020 年目标值	2035 年目标值
谷物播种面积	亿 hm^2	0.913	0.907
粮食播种面积	亿 hm^2	1.09	1.05
谷物单产	kg/hm^2	6405	7170
粮食单产	kg/hm^2	5895	6750
谷物产量	亿 t	5.56	6.08
粮食产量	亿 t	6.17	6.72
肉类产量	万 t	8199	9850
蛋类产量	万 t	3284	3700
奶类产量	万 t	5438	6846
水产品产量	万 t	6927	7837
食物产量	亿 t	19.67	21.15

产品质量安全水平全面提升。到 2020 年，粮食生产全部达到无公害及以上标准，20%~40%的粮食生产达到绿色食品标准，10%~20%的粮食生产达到有机食品标准。到 2035 年，全面建成供给稳定、产品高端、运转高效、标准健全、体系完备、监管到位的粮食数量、质量安全保障体系。

科技支撑与物质装备水平显著提升。增强科技对食物增产增收的支撑能力，到 2020 年、2035 年，良种覆盖率分别达到 90%、98%；农业科技入户率、农业信息化覆盖率均达到 100%；农业科技进步贡献率分别提升到 65%、70%；农机装备水平逐步增强，2020 年、2035 年农机总动力应分别达到 13 亿 kW、20 亿 kW。

资源环境可持续发展水平明显提高。逐步提升耕地产出水平和化肥农药投入资源的利用效率，到 2020 年、2035 年，每立方米水产粮食产量分别达到 1.8kg、2.0kg；粮食单产应分别达到 5895kg/hm^2、6750kg/hm^2；农田有效灌溉率分别达到 60%和 65%；农药利用率与化肥利用率逐步提高，2020 年、2035 年应分别达到 40%、45%，农作物秸秆综合利用率应分别达到 80%、90%。规模化养殖废弃物综合利用率分别提升至 75%、85%，农业水功能区水质达标率大幅提高，应分别达到 80%、90%；农膜回收利用率分别达到 80%、100%，废弃农药包回收率分别达到 50%、80%。

2. 分区目标

（1）东北地区发展目标

东北地区食物安全可持续发展的目标是，充分发挥东北地区良好的资源和生态优势，在已有的技术和装备基础上，结合新一轮振兴东北老工业基地的战略部署，积极构建现代化农业发展的产业体系、生产体系、经营体系，着力提高农业生产，尤其是食物供应的规模化、集约化、专业化、标准化水平和可持续发展能力。到2020年，通过在食物安全领域推进供给侧结构性改革，使得食物的供给结构更加优化，农业与二三产业交叉融合的现代产业体系基本形成，优质食物的供给能力有效提升，农业综合效益和市场竞争能力显著增强。到2035年，把东北地区建设成为以优质玉米、大豆、水稻为主的保障国家粮食安全稳定的核心商品粮大区，以牛肉、奶牛、生猪为主的畜产品生产大区，以食品工业为主的农副产品加工大区，以及名副其实的生态建设示范区域，成为粮牧工一体化的商品生产基地，以适应全面确保东北地区食物安全和帮助实现我国其他地区食物安全的需求。东北地区食物安全可持续发展目标详见表10。

表10 东北地区食物安全可持续发展目标

类别	指标名称	单位	2020年目标值	2035年目标值
食物供给保障	稻谷产量	万t	3 354	3 321
	小麦产量	万t	169	145
	玉米产量	万t	9 186	11 536
	口粮产量	万t	3 524	3 466
	谷物产量	万t	12 710	15 001
	粮食产量	万t	13 861	16 270
	肉类产量	万t	1 050	1 261
	蛋类产量	万t	590	665
	奶类产量	万t	1 033	1 364
	水产品产量	万t	632	718
	水果产量	万t	1 349	1 445
	蔬菜产量	万t	4 150	4 302
	食物产量	万t	22 665	26 025
	口粮自给率	%	117	115
	谷物自给率	%	149	148
	粮食自给率	%	118	120
	食物自给率	%	98	101
产品质量安全	无公害产品产量比例	%	90	100
	绿色农产品产量比例	%	20	30
	有机产品产量比例	%	10	20
科技支撑和物质装备	良种覆盖率	%	90	98
	农业科技进步贡献率	%	65	70
	农作物耕种收综合机械化水平	%	75	85

续表

类别	指标名称	单位	2020 年目标值	2035 年目标值
资源环境可持续发展	化肥利用率	%	40	45
	农药利用率	%	40	45
	农田有效灌溉率	%	60	65
	农膜回收利用率	%	80	100
	农作物秸秆综合利用率	%	80	90
	规模化养殖废弃物综合利用率	%	75	85

（2）华北地区发展目标

华北地区食物安全可持续发展的目标是，在控制地下水采补平衡和保障食物供应的基础上，以提高产业竞争力为核心，实现更高质量、更有效率、更加安全地可持续发展，使农业真正成为具有竞争力、能够富民的绿色可持续产业。从中长期看，华北地区食物安全可持续发展的总体目标是，到 2020 年基本形成技术装备先进、经营规模适度、一二三产业融合、数量质量效益并重、地下水下降速度缓解、生态环境良好的现代农业发展新格局；到 2035 年初步形成食物供给保障有力、资源利用高效、地下水采补平衡和生态系统稳定的可持续农业发展格局。华北地区食物安全可持续发展目标详见表 11。

表 11 华北地区食物安全可持续发展目标

类别	指标名称	单位	2020 年目标值	2035 年目标值
食物供给保障	稻谷产量	万 t	690	680
	小麦产量	万 t	7 409	7 298
	玉米产量	万 t	5 752	7 222
	口粮产量	万 t	8 099	7 978
	谷物产量	万 t	13 851	15 200
	粮食产量	万 t	14 503	15 873
	肉类产量	万 t	1 050	1 261
	蛋类产量	万 t	1 929	2 317
	奶类产量	万 t	1 369	1 538
	水产品产量	万 t	1 211	1 595
	水果产量	万 t	8 699	9 288
	蔬菜产量	万 t	27 648	28 651
	食物产量	万 t	56 627	60 697
	口粮自给率	%	104	104
	谷物自给率	%	96	94
	粮食自给率	%	76	75
	食物自给率	%	114	113
产品质量安全	无公害产品产量比例	%	95	100
	绿色农产品产量比例	%	65	80
	有机产品产量比例	%	10	25

续表

类别	指标名称	单位	2020年目标值	2035年目标值
科技支撑和物质装备	良种覆盖率	%	85	95
	农业科技进步贡献率	%	55	65
	农作物耕种收综合机械化水平	%	85	95
资源环境可持续发展	化肥利用率	%	40	50
	农药利用率	%	40	50
	农田有效灌溉率	%	70	85
	农膜回收利用率	%	50	85
	农作物秸秆综合利用率	%	80	95
	规模化养殖废弃物综合利用率	%	85	95

（3）华中地区发展目标

华中地区食物安全可持续发展的目标是，区域粮食安全得到有效保障，农产品供给体系质量和效率显著提高，华中地区的农业竞争力进一步增强，农民生活达到全面小康水平，美丽宜居乡村建设迈上新台阶。到 2035 年，华中地区农产品供给保障能力稳步提高，农业综合生产能力稳定在较高水平，口粮和肉类自给，粮食单产力争全国主产区第一；生产经济效益显著提升，华中地区农业基础设施和生产技术条件显著改善，农业经济效益大幅提高，农林渔业增加值有所增长，农民人均纯收入进一步增加；科技与物质装备水平显著提升，可持续发展水平显著提升。华中地区食物安全可持续发展目标详见表 12。

表 12 华中地区食物安全可持续发展目标

类别	指标名称	单位	2020年目标值	2035年目标值
食物供给保障	稻谷产量	万 t	9 530	9 442
	小麦产量	万 t	2 980	2 930
	玉米产量	万 t	1 199	1 503
	口粮产量	万 t	12 509	12 372
	谷物产量	万 t	13 709	13 874
	粮食产量	万 t	14 498	14 707
	肉类产量	万 t	1 972	2 369
	蛋类产量	万 t	703	792
	奶类产量	万 t	1 781	2 017
	水产品产量	万 t	1 781	2 017
	水果产量	万 t	4 774	5 102
	蔬菜产量	万 t	18 445	19 116
	食物产量	万 t	43 952	46 118
	口粮自给率	%	106	105
	谷物自给率	%	93	89
	粮食自给率	%	79	76
	食物自给率	%	88	87

续表

类别	指标名称	单位	2020年目标值	2035年目标值
产品质量安全	无公害产品产量比例	%	95	100
	绿色农产品产量比例	%	30	40
	有机产品产量比例	%	20	30
科技支撑和物质装备	良种覆盖率	%	50	55
	农业科技进步贡献率	%	63	68
	农作物耕种收综合机械化水平	%	73	78
资源环境可持续发展	化肥利用率	%	40	45
	农药利用率	%	40	45
	农田有效灌溉率	%	60	65
	农膜回收利用率	%	80	85
	农作物秸秆综合利用率	%	87	90
	规模化养殖废弃物综合利用率	%	90	95

注：受数据所限，粮食不包括除大豆外的豆类和除马铃薯外的薯类

（4）东南沿海地区发展目标

东南沿海地区食物安全可持续发展的目标是，到2020年和2035年，粮食自给率分别为41%和38%，水产品实现基本自给；建设完善农产品质量安全追溯管理系统，切实提升农产品质量安全保障水平；建设一批园艺产品标准化生产基地、一批符合动物防疫条件及环境保护要求的畜禽标准化规模养殖场（小区）、一批水产健康养殖示范场及一批"菜篮子"产品产地批发市场；建设一批农产品大型储备冷库、农产品产地田头冷库，完善域外粮食产区与市内粮食主销区的水运主干通道和关键节点；加强农产品出口示范基地建设，提升农业区域合作水平；建成与公共安全风险相匹配、应急管理全过程覆盖和全社会共同参与的食品安全应急保障体系。东南沿海地区食物安全可持续发展目标详见表13。

表13 东南沿海地区食物安全可持续发展目标

类别	指标名称	单位	2020年目标值	2035年目标值
食物供给保障	稻谷产量	万t	2 355	2 329
	小麦产量	万t	38	34
	玉米产量	万t	136	169
	口粮产量	万t	2 393	2 364
	谷物产量	万t	2 529	2 532
	粮食产量	万t	3 026	3 045
	肉类产量	万t	819	984
	蛋类产量	万t	107	122
	奶类产量	万t	74	101
	水产品产量	万t	2 506	2 828
	水果产量	万t	3 872	4 137
	蔬菜产量	万t	8 511	8 821

续表

类别	指标名称	单位	2020年目标值	2035年目标值
食物供给保障	食物产量	万t	18 915	20 039
	口粮自给率	%	63	63
	谷物自给率	%	51	47
	粮食自给率	%	41	38
	食物自给率	%	61	60
产品质量安全	无公害产品产量比例	%	95	100
	绿色农产品产量比例	%	30	40
	有机产品产量比例	%	20	30
科技支撑和物质装备	良种覆盖率	%	95	98
	农业科技进步贡献率	%	60	70
	农作物耕种收综合机械化水平	%	75	80
资源环境可持续发展	化肥利用率	%	40	45
	农药利用率	%	40	45
	农田有效灌溉率	%	60	65
	农膜回收利用率	%	80	98
	农作物秸秆综合利用率	%	80	90
	规模化养殖废弃物综合利用率	%	85	90

注：受数据所限，粮食不包括除大豆外的豆类和除马铃薯外的薯类

（5）西南地区发展目标

西南地区食物安全可持续发展的目标是，到2020年，西南地区食物安全可持续发展取得积极成效，食物供给总体产销平衡，果、蔬、畜禽、蛋奶等其他来源食物的产量稳中有升。以绿色、优质、高效的生产方式转变取得积极进展，化肥农药使用量实现零增长；土地适度规模经营比例达到50%。粮经饲三元结构比例得到优化；种养结合成为农业产业发展的主体，规模化养殖废弃物综合利用率达75%；产业多元发展和一二三产业的融合格局基本形成。农产品质量安全水平不断提高，一批具有竞争力的特色产业和品牌的影响力在国内外的竞争力得到提升。到2035年，西南地区食物安全可持续发展取得稳定成效，区域食物供给总体产需平衡，口粮基本自给，绿色、优质畜禽产品部分外调，其他优质、绿色食物来源多样性更加丰富。土地适度规模经营比例达到55%。粮食生产能力从农业基础设施和科技支撑两个关键方面得到有效保障。绿色、优质、高效的生产方式转变取得显著进展，绿色综合措施广泛应用于动植物病虫防控和土壤地力培育等关键领域；农业环境突出问题治理取得稳定成效，规模化养殖废弃物综合利用率达80%。对外农业贸易竞争力进一步提升和巩固。西南地区食物安全可持续发展目标详见表14。

表 14　西南地区食物安全可持续发展目标

类别	指标名称	单位	2020 年目标值	2035 年目标值
食物供给保障	稻谷产量	万 t	4 258	4 216
	小麦产量	万 t	613	597
	玉米产量	万 t	2 431	3 049
	口粮产量	万 t	4 871	4 813
	谷物产量	万 t	7 302	7 862
	粮食产量	万 t	9 425	10 055
	肉类产量	万 t	1 845	2 216
	蛋类产量	万 t	280	317
	奶类产量	万 t	181	244
	水产品产量	万 t	13 444	13 934
	水果产量	万 t	4 425	4 727
	蔬菜产量	万 t	14 035	20 190
	食物产量	万 t	30 266	32 248
	口粮自给率	%	100	99
	谷物自给率	%	96	94
	粮食自给率	%	83	80
	食物自给率	%	86	85
产品质量安全	无公害产品产量比例	%		
	绿色农产品产量比例	%	60	85
	有机产品产量比例	%		
科技支撑和物质装备	良种覆盖率	%	96	100
	农业科技进步贡献率	%	55	75
	农作物耕种收综合机械化水平	%	60	80
资源环境可持续发展	化肥利用率	%	40	50
	农药利用率	%	40	50
	农田有效灌溉率	%	55	60
	农膜回收利用率	%	80	85
	农作物秸秆综合利用率	%	85	90
	规模化养殖废弃物综合利用率	%	75	80

注：受数据所限，粮食不包括除大豆外的豆类和除马铃薯外的薯类

（6）西北地区发展目标

西北地区食物安全可持续发展的目标是，通过实施西北地区创新驱动发展战略，全面推行促进产业升级发展的关键核心技术，动态优化农业产业结构，切实转变生产经营方式，稳步提升农业综合生产能力，确保西北地区口粮的安全供给，并通过丝绸之路经济带的国际化实现区域食物供需平衡；改善农业基础设施，增强科技支撑能力，改善水土资源的利用效率，持续提高农业和农民收入；基本形成产业优势显著、产业体系完善、技术装备先进、组织方式优化、供给保障有力、综合效益明显的新格局；主要农产品优

势区基本实现农业现代化,到 2035 年,使西北地区食品安全治理能力、食品安全水平、食品产业发展水平和人民群众满意度明显提升。西北地区食物安全可持续发展目标详见表 15。

表 15　西北地区食物安全可持续发展目标

类别	指标名称	单位	2020 年目标值	2035 年目标值
食物供给保障	稻谷产量	万 t	277	271
	小麦产量	万 t	1 840	1 823
	玉米产量	万 t	3 351	4 207
	口粮产量	万 t	2 117	2 094
	谷物产量	万 t	5 468	6 301
	粮食产量	万 t	6 381	7 229
	肉类产量	万 t	586	703
	蛋类产量	万 t	235	266
	奶类产量	万 t	1 159	1 525
	水产品产量	万 t	74	84
	水果产量	万 t	6 223	6 647
	蔬菜产量	万 t	9 613	9 963
	食物产量	万 t	24 271	26 418
	口粮自给率	%	75	75
	谷物自给率	%	83	83
	粮食自给率	%	77	76
	食物自给率	%	108	107
产品质量安全	无公害产品产量比例	%	95	100
	绿色农产品产量比例	%	10	20
	有机产品产量比例	%	5	15
科技支撑和物质装备	良种覆盖率	%	96	98
	农业科技进步贡献率	%	60	68
	农作物耕种收综合机械化水平	%	65	70
资源环境可持续发展	化肥利用率	%	40	45
	农药利用率	%	40	45
	农田有效灌溉率	%	60	65
	农膜回收利用率	%	80	100
	农作物秸秆综合利用率	%	80	90
	规模化养殖废弃物综合利用率	%	75	85

注:受数据所限,粮食不包括除大豆外的豆类和除马铃薯外的薯类

六、推进协调保障重大工程，提高国际化绿色化背景下区域食物安全保障水平

（一）农业科技创新驱动工程

鉴于农业科技创新具有基础性、公益性、社会性和区域性的特点，必须建立以财政资金为主导的稳定可持续的科技投入机制。除加强地方财政科技投入外，建议国家设立国家农业实验室、地区重大农业科技专项，重点支持优质品种选育、耕地保护与地力提升、水资源开发与利用及农产品质量安全检测等关键技术创新重大科技项目的联合攻关。

东北地区重点加强东北粳稻、大豆等常规品种选育，黑土地保护和地力提升。华北地区要加强抗逆优质小麦的品种选育、适水种植、节水灌溉、控水提效等关键技术协同创新。同时，华北地区面向华北地区粮食安全和农业可持续发展重大技术需求，面向国际农业科技前沿，依托北京国际科技创新中心建设和雄安新区建设，整合区域内的科技资源，建立立足华北、服务全国、面向世界的农业科技创新中心和成果展示转化基地，成为国家可以倚重、有国际吸引力的农业科技创新中心。华中地区要加强耕地重金属和有机污染防治、水土保持、土地整治、耕地质量调查监测与评价技术，以及建立耕地质量监测体系等研究。东南沿海地区着力加强农田面源污染与土壤污染的综合防治，动植物病虫害防治和生态高效种养殖技术，化肥减量与替代增效技术，以及农药减施与绿色防控、营养健康食品研发理论和创制关键技术及装备研究。西南地区加强农业生物多样性保护、生物资源的可持续利用、特色生物资源食物化利用与发掘等重大科学问题的研究及技术的工程化研发。西北地区重点培育节水旱作农业，加强对中低产田的改良与退化耕地的生态修复。

（二）"一带一路"国际科技合作示范工程

立足境外技术需求和广阔市场，结合我国推进"一带一路"倡议的外交重点，建设"一带一路"国际科技合作示范工程，推动我国西南地区农业科技向东南亚转移，为确保我国西南地区食物安全可持续发展奠定良好的国际市场基础；将我国西北地区与中亚五国食物产业统筹考虑，将水资源作为重点考虑因素，优化调整我国西北地区适水型的产业结构和种植结构，为我国西北地区与中亚五国食物虚拟水贸易工程的实施奠定基础；我国东北地区将提高农产品质量和国际竞争力，把扩大各类食物产品对东北亚各国的出口份额作为东北地区农业发展战略的重要部分；我国东南沿海地区在"一带一路"倡议的指引下，鼓励海外捕捞基地建设、渔业企业海外并购，以实现从单一的远洋捕捞向全产业链、多元化综合经营的延伸。

（三）三产融合发展工程（全产业链建设工程）

因地制宜推进休闲农业、农业旅游发展，开发、拓展和提升农业的多种功能。一是按照区域化布局、专业化生产和规模化经营的要求，充分挖掘、生产具有地域特色的农产品，打造出一种或几种具有地区特色的主导优质农产品，并逐步将其培育成为全国乃至全球一流的品牌农产品。二是挖掘不同地域农产品品牌的历史、地理、传统、风俗等文化资源，形成独具特色文化的中高端农产品品牌，通过寻找品牌传统文化与现代文化的结合点，实现农产品与消费者之间的情感沟通，培育中高端农产品品牌的知名度和美誉度。三是加快构建乡村旅游、住宿、特色餐饮、文化创意等供应链综合服务和交易平台，完善供应链体系，提升农村一二三产业融合服务的供给质量和效率。

（四）东北地区黑土地水土保护工程

我国东北黑土区是世界上仅有的三大黑土区之一，分布在黑龙江、吉林、辽宁和内蒙古（呼伦贝尔）等地区，面积约 103 万 km^2。东北黑土区是我国粮食主产区和重要的商品粮基地，粮食产量占全国粮食总产量的 1/5 以上，商品粮产量占全国商品粮总产量的 2/3，是名副其实的"北大仓"。黑土地资源是我国粮食产量和质量的重要基础，在保障粮食安全、建设生态文明和发展绿色经济中具有举足轻重的战略地位。然而，由于不合理的耕种制度和不断增强的生产活动，黑土区农田生态环境不断恶化，黑土地加速退化，生产能力明显下降。

（五）华北地区超采区地下水监控工程

一是实施分区治理策略。科学划定地下水超采区、禁采区和限采区范围，制定并完善南水北调受水区地下水压采方案，启动并严格执行南水北调受水区自备井关停行动。二是运用经济杠杆治理超采区地下水开采。进一步完善水价形成机制，加大地下水水资源费和水费的征收力度。运用经济杠杆引导用水户优先使用当地地表水、再生水等水源。加大地下水水资源费的征收力度，严格执行水资源费征收标准。拓宽地下水超采区治理和保护投资渠道，建立长效、稳定的地下水超采区治理和保护投入机制。利用遥感等手段监测评估，建立事后考核补助制度，积极探索"以奖代补"支持政策，确保整体压采效果。三是建立和完善地下水监控系统。针对目前地下水无序开采、机井取水没有计量的问题，对压采试点区 53 个县（市、区）筛选 100 眼左右具有代表性、观测条件好的农业机井建设地下水监测网络和站点，通过划定农业用水总量红线和单位面积耗水强度红线，建立地下水监测系统，安装智能灌溉计量设施，严格控制农业用水量，实现对地下水开采总量和强度的实时监控。四是探索以电控水、以电折水测量方法。全面开展"以电折水"试验观测，开展农用机井每度电开采量观测试验以及采集数据信息，在机井不同工况条件下，通过对机井进行单位时间内开采量和耗电量的试验观测，获取其每度电抽水量参数及其变化范围，制定县域以电折水参数表，研发"电-水换算"应用系统。

（六）华中地区耕地重金属污染修复综合治理工程

以湖南省为重点区域，推行耕地重金属污染修复综合治理工程。在重金属污染源头，首先关停并转移涉重污染采矿企业。在重金属含量超标耕地，按照超标程度，分类实施重金属污染治理措施。在重度污染地区，实行耕地退耕造林或者改稻为草工程。具体而言，在重金属污染管控区开展休耕试点。在休耕基础上，种植对重金属吸附能力较强的树种或者草类植物，然后对植物进行回收，集中无害化处理。这一措施实施的重点区域包括湘江流域（湘潭、娄底、衡阳和郴州等市）和资江流域（益阳市和邵阳市）。在轻中度污染区，实施以农艺技术为主的修复治理，改种低积累水稻、玉米等粮食作物和经济作物。同时，完善土壤改良配套设施，建设有机肥、钝化剂等野外配制场所，配备重度污染区农作物秸秆综合利用设施设备。被镉、铅、铜、锌等重金属污染的水稻土通常通过控制灌水条件，特别是抽穗灌浆期保持淹水状态，使土壤处于还原状态，可以减少水稻、糙米中镉、铅的含量。由于重金属的硫化物溶解度很小，因此，在含硫较少的土壤中，可适当施用石膏等含硫物质，以促进重金属元素的沉淀，降低重金属污染对作物的危害。

（七）东南沿海地区中高端优质农产品提升与生态农业工程

围绕创新、协调、绿色、开放、共享的发展理念，优质农产品与生态农业工程，污染农田生态修复与安全生产，面源污染控制，美丽乡村环境综合治理，以及生物多样性保护与利用，开展农业生产系统建构与平衡机理研究，重点支持农田面源污染与土壤污染综合防治技术研究、动植物病虫害防治和生态高效种养殖技术研究、化肥减量与替代增效技术研究、农药减施及绿色防控技术研究，实施渔场修复振兴技术研究与模式创新，推动农业生态、林业生态和渔业生态发展，加快建设农业绿色发展科技支撑体系，满足中高端农产品供应需求。

一是实施绿色化污染治理与循环农业工程。将环境与健康作为优先发展的领域，注重替代化学品的农业生物技术、生物肥料与农药的开发；加速发展生物综合防治技术和新型农药的研发；注重植物抗性诱导因子的开发并应用到植物病害的防治实践；注重畜禽水产营养代谢及其调控、动物环境控制及其饲养技术、动物排泄物无害化增值处理方法研究、动物养殖过程疾病控制和健康养殖标准制定。

二是发展生态环境质量安全科技，综合运用生物、物理和化学方法修复污染土壤与水体。研发农作物节水及农药和肥料减量施用技术，特别是土壤污染和水质污染的生物修复技术，加强低山丘陵水源区水土流失型面源污染治理，保障水环境安全；加强森林和湿地生态系统功能，促进技术研究。集成推广农业废弃物循环利用技术，研发高效低毒农（兽）药，防控动植物重大疫病，强化生态循环农业模式及其关键生产技术创建和研发，创新低碳农业耕作方式，加强生态农业模式与关键技术研发，发展绿色、低碳农业。

三是实施营养和保健功能食品的科技研发。加强提升必需氨基酸（赖氨酸、色氨酸）、维生素（维生素 A、维生素 E）、微量元素（Fe、Ca、Zn、Se 等）、抗氧化物质（多酚、黄酮、胡萝卜素、花色素）、不饱和脂肪酸等含量的科技研发；通过生物技术（如动植物"生物强化"育种技术）和非生物技术（如施肥灌溉技术和饲养管理技术等）生产富含某些营养素的特色食品；随着基因组学和蛋白质组学的发展，具有保健功能的食品科技将成为农业科技新的发展方向。

四是建立农产品质量安全过程控制技术体系。构建农产品生产全程质量控制技术。从新品种的选育到播种、收获、加工、包装、销售等全部环节严格执行一系列的中高端农产品生产标准，建立从源头治理到最终消费的监控体系；加快研发食品安全关键检测技术的创新和应用；建立危险性快速评估技术体系，实现生产者管控安全风险"一揽子解决"。制定农产品质量安全标准。推进名特优农产品的选育、生产与精深加工。实施农产品产后预冷和冷链运输，加强仓储设施建设。

五是开展渔场修复与海洋"蓝色粮仓"建设。围绕渔场修复振兴，以及确保粮食供给和安全的要求，开展渔场海洋环境修复治理，在设施装备、良种良法、岛礁渔业、健康养殖、循环水养殖、生境修复以及绿色加工等方面加强共性关键技术攻关，着力打造一批新技术、新装备、新模式和重大产品，形成产业链完整的"蓝色粮仓"产业集群，培育"蓝色粮仓"创新、创业核心团队，建成若干重大粮仓。

（八）西南地区农业设施化机械化建设工程

西南地区因其特殊的地理条件，种植业和养殖业的规模化和设施化机械化水平及程度相对较低，严重影响了生产效率和产品安全质量。因此，建议实施适应西南区域地理、气候等特点的农业设施化机械化建设工程。一是加大对规模种养企业（大户）设施设备的帮扶力度，提高设施设备的补助标准，对欠发达地区的规模化种养企业（大户）要重点帮扶；在农业机械购置补贴中增加对畜禽养殖饲料加工机械，饮水、供饲机械，消毒及粪污处理机械等的支持比例，扩大畜禽养殖补贴类别；畜禽类养殖机械购置补贴享受农业机械购置补贴同等待遇。二是加大对畜禽养殖污染治理的财政支持力度，养殖污染治理机械纳入农用机械补贴，并提高补贴比例，确保规模养殖场三废治理达标。三是强化发展设施农业的政策保障，加大对种养设施设备税费、信贷、保险等的政策支持。四是强化种养设施设备研究技术创新平台建设，设立种养设施设备研发专项，针对不同区域特色、不同种养模式、不同生产规模等，以节能型、生态型专项研究不同规模、类型的标准化设施设备，提高适应性和配套性，降低设施投入成本；研究制定相关设施设备在适用性、安全性和可靠性方面的评价标准和技术规范。五是加强农机管理人才、农机科技人才、农机技能人才三支队伍的建设。

（九）西北地区耕地质量保育工程

一是制定耕地合理轮作规划，重点培育节水旱作农业，实现耕地质量自然修复。为了发挥西北地区的自然禀赋优势和市场的决定性作用，促进资源、环境和现代生产要素的优化配置，提高农业资源利用率，必须加大粮食生产结构调整力度，重点培育节水旱作农业。实行合理轮作，扩大豆科绿肥作物面积，减少高耗水作物（玉米）种植面积，推广推行农作休系生产统筹管理；有规划地实行耕地休耕，让耕地自我休养生息；加快耕地粮食生产向粮草兼顾结构转型。二是加强耕地质量培育，控制耕地外来污染。西北地区当前耕地资源存在利用不当及土壤污染问题。建议今后着力做好：推进保护性耕作，增加耕作层厚度，提高土壤有机质含量和耕地基础地力；推广测土配方施肥和水肥一体化技术，控施化肥特别是磷肥；严格控制工矿企业废弃物排放、堆积，阻控重金属和有机物污染，做好矿产开发地的复垦工作；重点控制农膜残留，推广地膜残留农艺防治技术和地膜回收再利用技术；重点改良盐碱化及沙化等障碍土壤。三是实施科技创新驱动的耕地质量提升示范工程。强化对单项农业技术的功能提升与完善；强化集成研究，形成综合性的耕地质量适应性调控技术体系；加大对中低产田改良与退化耕地的生态修复；增加基本农田水利建设与节水农业技术推广的投入。同时，实施西北耕地保育与质量提升示范工程，以盐碱地改良修复、占补平衡耕地、地膜污染防治、秸秆肥料化利用、畜禽粪污无害化处理等为实施重点，以生态产能建设为核心，着力提升耕地内在质量。四是促进生产生态平衡，完善耕地质量政策支持体系。加大政府对新型经营主体的补贴与补助；完善农业生态补偿政策；健全与完善水资源分配与水权管理制度；构建以经济激励为核心的耕地保护制度，全方位设计耕地保护的利益驱动机制。

各区域重大工程汇总情况见表 16。

表 16　区域重大工程汇总表

区域	重大工程
东北地区	1. 高标准基本农田建设工程 2. 东北黑土地水土保护工程 3. 现代农业示范区建设工程 4. 节水供水重大水利建设工程 5. 耕地轮作休耕制度试点工程 6. 农产品出口示范区建设工程 7. 优质农产品加工提升工程 8. 农业科技创新驱动工程
华北地区	1. 华北超采区地下水监控工程 2. 首都水源涵养区生态建设工程 3. 大清河流域山水林田湖综合整治工程 4. 冬小麦提质增效工程 5. 华北种养业绿色升级工程 6. 名优产品标准化与品牌化建设工程 7. 京津冀都市圈现代农业工程 8. 中关村国家现代农业科技创新中心建设工程

续表

区域	重大工程
华中地区	1. 畜禽粪便有机肥生产利用与种养渔循环农业工程 2. 高标准稻田建设工程 3. "良种培育"建设工程 4. 耕地重金属污染修复综合治理工程 5. 新型经营主体培育工程 6. 山区小型农业机械研发推广工程
东南沿海地区	1. 动植物种质资源与现代育种工程 2. 优质农产品与生态农业工程 3. 大数据精细化农场管理工程 4. 食物消费结构调整促进工程 5. 三产融合发展工程（全产业链建设工程） 6. 农田生态系统生物多样性挖掘、保护与利用 7. 基于高附加值的农产品精深加工 8. 基于环保型的绿色化、工厂化畜禽生产 9. 海洋生物资源可持续开发利用 10. 森林及林下食品工程
西南地区	1. 建立西南农业基因资源研究与利用重点实验室或工程中心 2. 建立中国-东南亚农业产业国际科技合作示范基地 3. 建立西南地区特色农业产业研究中心 4. 实施西南丘陵山地农业基础设施建设工程 5. 实施适应西南地区特点的农业设施化机械化建设工程 6. 实施西南地区食物安全绿色化建设工程
西北地区	1. 耕地质量保育工程 2. 食物安全与丝路经济带虚拟水工程

七、政策建议

我国主要食物的成本、价格和品质竞争力普遍不强。同时，资源环境约束偏紧，农业资源过度开发与科技利用不足并存。党的十九大报告提出，实施乡村振兴战略。乡村振兴的首要任务是确保食物安全。应将食物安全战略融入乡村振兴的具体工作，为实现产业兴旺、生态宜居、乡风文明、治理有效、生活富裕这一目标，调整和优化各项政策措施。

（一）落实各级政府食物安全保障及环境保护双责任

为了实现"绿水青山就是金山银山"和区域食物安全可持续发展，建立中央、省、市、县、乡五个层级政府部门环境保护和食物安全双责任制刻不容缓。在完善已有"米袋子"省长负责制和"菜篮子"市长负责制基础上，制定各级政府环境保护和食物安全双责任制，进一步明确各级政府对环境保护和食物安全的责任和义务。建议在行政手段与经济措施相结合的基础上，制定完善的评价指标体系，通过利益补偿机制坚决落实环境保护与食物安全责任制。同时，将区域食物安全可持续发展和环境保护与污染治理作为各级政府工作目标责任制考核的重要内容，切实解决区域间产粮区与工业区的财政反差，使粮食主产区和生态屏障区真正得到可持续发展的政策实惠。

（二）合理规划和统筹区域重大专项资金

为了保障和加强中央和地方财政对科技和农业自然资源（水、土）的投入，应引导金融资本、社会资本、工商资本投向农业资源、环境治理和生态保护，构建多元化投入机制，制定系统的区域农业重大专项资金整体框架，统筹安排中央和地方的财政资金以及各类非公资本，合理分配各区域重大项目和工程的资金支持规模，明确资金使用方向和办法以及项目工程评估方法。确保财政资金落实到位，监督有据可依，保障资金投入确实有效益产出。财政支持政策减少和取消对农产品价格的直接补贴干预，转向对农业资源、环境保护和治理的支持是借鉴国际经验，适应农业发展大趋势和落实新发展理念的重要举措。

（三）培育新型经营主体，确保食物生产的人力资本投入

新型经营主体在推进乡村振兴、建设现代食物生产体系、带动小农户发展等方面发挥着越来越重要的引领作用。应从实施新型农业经营主体培育工程、支持新型经营主体参与"两区"建设、支持食物产品初加工和生产性服务业发展、开展信贷支农行动、实

施食物生产大灾保险试点等方面入手，着力培育一批示范家庭农场、示范合作社和示范农业产业化联合体，使这些示范主体能够成为规范运营、标准化生产和带动农民的标杆和骨干，也成为我国食物安全的中流砥柱。

（四）以质量兴农带动现代农业发展

党的十九大报告首次提出实施乡村振兴战略。实施乡村振兴战略，产业兴旺是基础，促进现代农业高质量发展，质量兴农是重要抓手，以此带动农业发展方式转变，积极构建现代农业产业体系。首先，可以通过整建制的方式推进标准化绿色生产，确保农产品品质稳定在较高水平。出台包括农业投入品、生产技术、流通渠道和加工储存等多个方面的标准化规范和指导意见，确保每个环节都有章可循；以颁发认证、品牌推荐、销售奖励等方式调动和发挥生产大户、合作社等新型经营主体的积极性和示范作用；鼓励有影响力的生产大户、合作社、农业企业出台特色行业标准或企业标准。其次，完善市场机制，建立"优质优价"商业信用体系，激励生产中高端农产品（刘乃郁和韩一军，2017）。应针对优质农产品品种不足、产品结构不合理、流通成本高、品牌效应差、市场不规范等影响生产者积极性和市场流通的问题，采取以消费需求引导生产、高认证标准低认证费用、引入销售奖励和违规处罚等方式，以"有供有求""有高有低""有奖有罚"的理念确保优质农产品的价格能够准确反映消费者的效用及生产者的成本和合理利润。

（五）加强合作，充分发挥"一带一路"共建国家食物安全保障的政策优势

为了自然资源的修复和永续利用，充分利用"一带一路"共建国家的农业资源优势，实现区域食物安全可持续发展。鉴于国际政治、经济等的不确定性，海外投资风险较大。鼓励华南、西南和西北地区充分利用我国目前对东南亚和中亚地区的技术优势和资金优势，大力开展小商品和技术出口与农牧业产品进口的交换贸易，规避风险。建立边境农业自由贸易区，降低农牧业产品交易成本，针对进口量较大的食物类农产品，在国外建立相应的生产基地，保证我国进口农产品的数量和质量。当地政府设立跨境农业合作项目综合服务中心，开展跨境农业合作项目的法律咨询、技能培训、保险担保、文化交流等综合服务。鼓励建立稳定的产销关系，积极推广现货交易、专业批发、订单购销、网上交易等新型跨境贸易交易方式，实现市场交易方式的多元化和现代化，以资源换空间，确保区域食物安全。鼓励粮食企业在海外投资，帮助解决当地粮食问题，改善全球粮食供给情况。

（六）创新推进适水、节水的水资源政策，落实绿色协调发展理念

为了充分发挥华北地区的粮仓作用和西北地区生态安全屏障作用，应大力发展适

水、节水工程和技术，构建适水、节水型绿色循环种养模式。坚持节水优先、适水种养、差别用水、谁受益谁补偿的原则，促进水资源严重短缺地区节水和适水农业的发展。调整目前的节水限采补贴政策，把节水限采补贴用于提高农艺节水技术的标准化、模式化和规模化，高效节水灌溉技术与农艺节水技术紧密结合，提高农业节水工程质量标准，健全农业节水技术服务体系，通过提高农业水利用效率促进区域食物安全可持续发展。尽快启动适水、节水农业科技专项，研发高效、低成本的水量控制与监测系统，构建节水、适水食物种植结构和熟制，培育资源节约型食物新品种，研发不同区域标准化的绿色高效节水、适水技术，创建具有区域特点的分布式水肥药一体化管理模式，加强规模化示范应用。加快探索水价和水权改革及节水补偿机制，从管理体制上促使节水技术应用主体形成主动节水的积极性，实现科技创新和利益双驱动，确保区域食物安全可持续发展。

（七）落实专项治理行动，加快土壤治理和修复

东北与华中地区都是国家粮食主产区，为了实现"藏粮于地"的发展战略，应加大对东北黑土地的保护力度和对华中重金属污染土壤的治理力度。把土壤修复和污染治理与循环农业有机结合，开展耕地重金属污染与修复综合治理。对重金属污染源头，依法关停并转涉重污染排放企业，按照超标程度，分类实施重金属污染治理措施。在重度污染地区实行退耕、休耕。在轻中度污染区实施以农艺技术为主的修复治理，改种其他经济作物。在东北典型黑土区，改革耕作制度，促进农牧结合，促进粮豆、粮草等农作物合理轮作。推广施用有机肥与使用秸秆全量翻压还田、秸秆全量覆盖、水肥一体化等先进适用耕作技术，培肥地力，严防土壤侵蚀和流失。重点研发农业化学品替代技术、生物肥料与农药以及动物排泄物无害化处理方法，实现生态循环、绿色环保、高效的食物安全可持续发展。

课题研究报告

第1章　东北地区食物安全可持续发展战略研究

1.1　东北地区食物安全基本形势

1.1.1　东北地区在国家食物安全中的地位

东北地区是我国一个比较完整且相对独立的自然地理区域，面积为我国三大平原之首。该地区属温带大陆性季风气候，雨热同季，水文气候自成体系，是我国农业资源禀赋较好，粮食增产潜力最大的地区，现已成为我国重要的商品粮和牧业生产基地。现今东北地区是我国粮食增长最快、贡献最大的区域，已成为确保国家食物安全的"天下粮仓"和粮食市场的"稳定器"。

1.1.2　国际化背景下食物安全面临的挑战

2007～2008年爆发的国际粮食危机，促使粮食种植面积全球性扩张，导致近些年来全球粮食价格持续弱势运行。2020年受新冠肺炎疫情集中暴发，以及部分国家因天气、虫害等问题导致粮食减产的影响，国际粮价呈现总体波动上涨趋势。但根据联合国粮食及农业组织（FAO）预测，2020～2021年全球粮食供需总体上仍然宽裕（全球谷物产量将达到27.6亿t，消费量达到27.4亿t，均增长2%左右），并不支撑粮食价格长期大涨。我国粮食年产量已经连续五年稳定在6.5亿t以上，粮食产量、库存量和进口量几乎是"三量齐增"，国家核心农业支持政策——"托市收购"难以为继。2020年，国际粮价虽有所上涨，使国内外粮价倒挂现象有所减缓，但是国际粮价仍低于国内粮价。以玉米价格为例，目前进口玉米到岸完税价每吨比国产玉米低500元左右，显然，进口玉米更为优惠。国内外粮价倒挂仍会维持在一定水平，我国依旧有粮食进口的动力。因此，以数量增长和高自给率为基本内涵的粮食安全认知，失去了对我国粮食和农产品问题的解释力。农业的主要问题已由数量不足转变为结构性矛盾，突出表现为阶段性供过于求和供给不足并存，矛盾主要方面在供给侧，即消费者需要的农产品没有生产或生产数量不足，消费者不需要的农产品又生产过多。此外，在加快构建以国内大循环为主体、国内国际双循环相互促进的新发展格局下，中国不仅要立足构建国内粮食安全的大循环，同时还应充分利用国际资源和国际市场打通重要农产品供需的国内国际双循环。因此，东北地区作为国家粮食生产核心区，在国际化绿色化背景下，应重新思考区域食物安全问题。

1.1.3 东北地区食物安全的现状分析

1. 东北地区食物生产

口粮从 2005 年的 2351.9 万 t，增加至 2017 年的 4229.3 万 t，增加了 79.8%，年均增速 5.2%，这一增长主要由稻谷贡献，其间稻谷年均增长率为 5.5%，小麦平均增速为 2.3%。东北地区口粮构成中，稻谷占比超过 90%，2015~2017 年连续 3 年稻谷在东北地区口粮中的比例甚至超过 95%。

谷物、豆类和薯类产量从 2005 年的 9396.1 万 t，逐步增加到 2017 年的 16 135.3 万 t，共增加了 71.7%，年均增速 4.8%，其间谷类、豆类和薯类的年均增速分别是 5.9%、–0.5%、5.9%。作为我国重要的商品粮生产核心区，东北地区粮食产量占全国粮食总产量的比例从 2005 年的 19.4% 提高到 2019 年的 24.8%（图 1-1）。

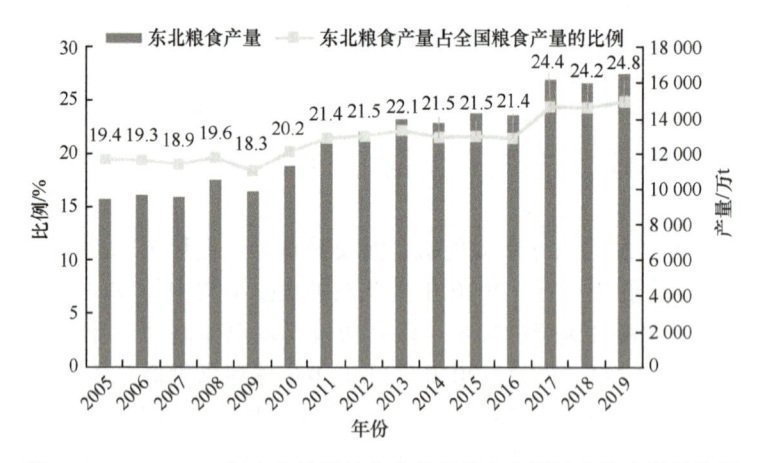

图 1-1 2005~2019 年东北地区粮食产量及其占全国粮食总产量的比例

东北地区蔬菜产量总体呈波动下降的态势，由 2005 年的 4363.8 万 t 增加至 2007 年峰值时的 4659.9 万 t，后下降至 2019 年的水平（图 1-2）。

图 1-2 2005~2019 年东北地区蔬菜产量

与蔬菜类似，东北地区水果生产由 2005 年的 1099.1 万 t 增加至 2013 年峰值时的 1561.1 万 t，后下降至 2017 年的 1206.8 万 t，至 2017 年增加了 9.8%。

受 2018 年非洲猪瘟疫情的冲击，2019 年东北地区的肉类食物共生产 991.7 万 t，比 2005 年的 1046.1 万 t 减少了 54.4 万 t，较 2018 年下降 31.1 万 t，同比下降 3%，其中，猪肉产量的下降尤为明显，同比下降 11%（表 1-1）。2005~2018 年，东北地区的肉类产品产量一直稳定在 1000 万 t 左右，波动不明显，2019 年又下降到 1000 万 t 以下。

表 1-1　2005~2019 年东北地区肉类产品产量

肉类产品	产量/万 t										
	2005 年	2010 年	2011 年	2012 年	2013 年	2014 年	2015 年	2016 年	2017 年	2018 年	2019 年
猪肉	532.8	517.8	520.7	550.7	563.8	585.9	565.2	553.9	569.6	535.3	476.4
牛肉	177.1	156.1	156.2	159.6	159.7	162.2	160.9	165.5	144.5	146.8	154.5
羊肉	49.6	56.6	56.3	56.4	57.0	60.0	60.3	66.9	68.6	63.2	64.7
禽肉	279.2	244.3	253.4	267.6	263.8	257.7	278.1	275.5	273.8	274.8	293.1
肉类	1046.1	986.5	997.2	1045.0	1055.4	1078.3	1074.7	1090.7	1058.1	1022.8	991.7

2005~2019 年东北地区水产品产量整体呈现波动上升的趋势，其中，2019 年水产品产量为 551.2 万 t，比 2005 年的 485.0 万 t 增加了 13.6%。2019 年东北地区禽蛋类产品共生产 585.7 万 t，比 2005 年的 460.4 万 t 增加了 27.2%。2005~2019 年东北地区奶类产品生产总体呈现波动中缓慢增长的态势，其中，2019 年奶类产品产量为 820.7 万 t，比 2005 年的 705.9 万 t 增加了 16.3%，年均增加 1.1%。

2. 食物流通

1）物流方面

东北地区是"北粮南运"最主要的流出地。我国目前粮食生产越来越向 13 个粮食主产区（主要位于北方地区）集中，而且进一步向东北地区和冀鲁豫地区集中。调出粮食的省份主要集中在东北地区。东北地区粮食除了供本地使用外，大部分销往华东、华南和华北等粮食主销地区。目前，我国粮食调出省（区）只有 5 个，东北地区就占了 3 个。

粮食运输成本高、外运能力不足。东北地区虽然是全国最大的粮食生产基地和商品粮来源区，但目前粮食外运主要依靠铁路，粮食运输压力较大。我国铁路物流成本较高，占整个销售成本的比例在 30%~35%，而发达国家的这一比例在 20%~25%，且漏洒率不到 1%，较我国国内粮食铁路物流方式漏洒率低 3%~4%。

2）收购方面

国家对玉米临时收储制度进行了改革。在东北三省和内蒙古自治区将玉米临时收储政策调整为"市场化收购"加"补贴"的新机制。粮食生产者将按市场价格出售玉米，各类市场主体自主入市收购，市场化收购成为解决玉米收购问题和高库存问题的主要渠道。

3）加工方面

受农业的弱质性特征和体制机制积弊的困扰，近年来东北地区部分农产品加工业一直徘徊不前，主要表现在发展速度缓慢、经营运转困难、效益明显下滑等方面。

3. 食物消费

1）农村居民与城镇居民的食物消费结构

2019 年东北地区城镇居民人均消费谷物 114.6kg、粮食 131.0kg，水果、蔬菜、水产品、禽蛋、奶类和肉类人均消费量分别为 75.9kg、103.7kg、12.0kg、12.5kg、18.0kg、32.9kg（图 1-3）。2019 年东北地区农村居民人均消费谷物 145.0kg、粮食 158.1kg，水果、蔬菜、水产品、禽蛋、奶类和肉类的人均消费量分别为 38.3kg、78.3kg、5.4kg、8.6kg、7.6kg、23.5kg。

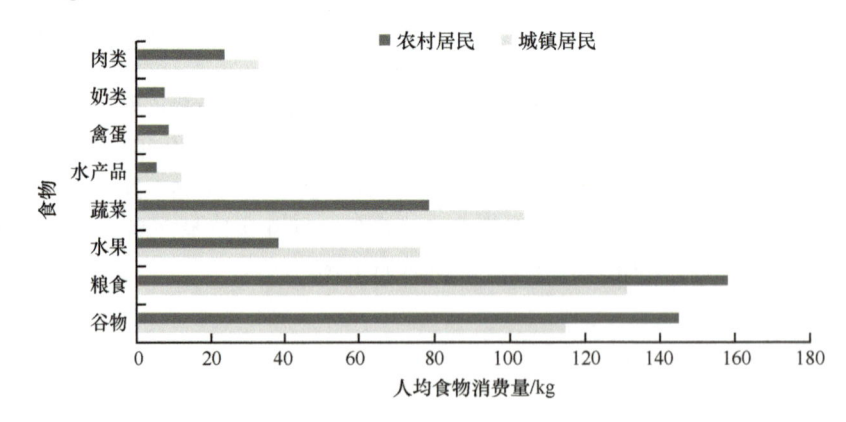

图 1-3　2019 年东北地区农村居民和城镇居民人均食物消费量比较

2）东北地区主要食物的总体消费情况

2019 年东北地区共消费粮食 1706.60 万 t，其中，消费谷物 1531.17 万 t（表 1-2）。2019 年东北地区蔬菜消费量较大，消费量为 1193.32 万 t。2019 年东北地区水果、肉类、奶类、禽蛋和水产品消费量分别为 720.13 万 t、347.75 万 t、158.27 万 t、137.76 万 t 和 122.20 万 t。

表 1-2　2019 年东北地区主要食物的总体消费情况

区域	消费量/万 t							
	谷物	粮食	水果	蔬菜	水产品	禽蛋	奶类	肉类
辽宁	509.55	579.64	294.82	471.27	64.94	57.57	66.56	149.18
吉林	357.34	389.56	146.45	289.47	19.59	30.40	27.47	65.25
黑龙江	501.16	552.57	219.47	338.45	32.42	39.49	43.33	91.91
内蒙古（东四盟）	163.12	184.83	59.39	94.13	5.25	10.30	20.91	41.41
东北地区	1531.17	1706.60	720.13	1193.32	122.20	137.76	158.27	347.75

1.1.4 东北地区食物供求变化趋势分析

1. 不同区域食物供求变化趋势

1）东北分区域粮食的供求变化趋势

2010年、2015年、2018年，东北各区域粮食及谷物方面的生产（供给）都远大于需求。吉林、黑龙江和内蒙古（东四盟）的粮食及谷物自给率都较高，其中黑龙江的粮食及谷物自给率（此处按照生产为需求的倍数计）在2018年更是分别达到13.7倍和13.6倍的水平（表1-3）。

表1-3　2010～2018年东北地区不同区域粮食及谷物的供求变化

区域		粮食			谷物		
		供给/万 t	需求/万 t	自给率/倍	供给/万 t	需求/万 t	自给率/倍
辽宁	2010 年	1765.4	663.4	2.7	1611.8	544.3	3.0
	2015 年	2002.5	574.4	3.5	1873.9	516.0	3.6
	2018 年	2192.5	573.9	3.8	2131.6	504.5	4.2
吉林	2010 年	2842.5	425.0	6.7	2654.1	348.7	7.6
	2015 年	3647.0	345.3	10.6	3538.9	317.6	11.1
	2018 年	3632.7	385.7	9.4	3533.8	353.8	10.0
黑龙江	2010 年	5012.8	598.2	8.4	4284.8	490.7	8.7
	2015 年	6324.0	524.8	12.1	5765.6	475.6	12.1
	2018 年	7506.8	547.1	13.7	6747.6	496.2	13.6
内蒙古（东四盟）	2010 年	1646.1	184.3	8.9	937.1	151.2	6.2
	2015 年	2256.7	181.4	12.4	1984.7	167.3	11.9
	2018 年	2618.2	183.0	14.3	2346.9	161.5	14.5

2）东北分区域其他重要食物的供求变化趋势

东北地区水果和蔬菜供应较为充足。辽宁的水产品自给率较高，东北其他省区水产品供给基本也能满足需求。禽蛋供给不断增加，供需较为稳定，能够满足当地消费需求。奶类食物生产量有所上升。肉类产量有所波动，在满足自身需要的同时还有较大盈余。

总的来看，东北地区的不同食物基本上均供大于求，尤其是谷物和粮食生产的优势十分明显。但东北地区内部不同区域的食物供求差异较大，如辽宁在水产品和禽蛋、黑龙江与内蒙古（东四盟）在粮食和奶类产品、吉林在粮食和肉类产品的供给非常充足，而这些地区在其他食物上的优势不甚明显，甚至只能勉强满足当地需求。

2. 东北地区食物供求具体预测

东北地区食物供求具体预测详见综合报告。

1.1.5 东北地区食物安全存在的问题

1. 开放型经济发展亟须提升农产品竞争力

东北地区生产了我国大部分粮食，其他食物供给数量也相对盈余，然而品质和结构方面尚待提高和优化。因此，我国开放型经济发展对农业竞争力提出的高标准、高要求需要东北地区积极参与农业国际竞争，并不断提高食物的质量和品质。

2. 玉米产量高但竞争力不强

玉米产量占整个东北地区粮食产量的60%以上。然而，由于生产发展方式转变、要素成本增加等原因，导致玉米生产成本不断攀升，市场竞争力不强。饲用、食用和工业加工用的玉米混种、混收、混储，直接影响了玉米的商品质量，降低了玉米等级，从而使种植玉米的农民收入减少。牧业发展较慢，就地就近转化能力不强；玉米加工业发展缓慢，产品种类不多，加工工艺落后，导致玉米产品档次不高，市场竞争力不强，而且给生态环境带来的污染较严重。

3. 农产品加工业发展持续放缓

东北地区在食物的供给方面大多是初级的，食品加工行业发展持续缓慢，长此以往将难以跟上消费者对高品质、多样化的食物消费的需求，也十分不利于农民增收。

4. 水资源开发过度与不足并存

目前，东北地区的水资源存在开发过度与开发不足并存的问题。一是西辽河已超过水资源的承载力，黑龙江干流、绥芬河、乌苏里江、鸭绿江等水资源开发利用程度仅10%左右，额尔古纳河仅为3.6%。二是部分区域大型水利调度工程缺位，致使辽河流域水资源开发利用程度高于北部松花江流域，辽河流域水资源利用率也高于松花江流域。三是地下水资源开发利用过度。东北地区灌溉用水是河流和水库的地表水及打井获取的地下水，灌溉用水导致地下水过度利用。四是灌排工程不配套。灌排基础设施装备不足、设计标准低、不配套、工程老化破损严重，导致东北地区灌溉水有效利用系数仅为0.47。

5. 黑土地水土流失与保护问题

黑土地水土流失问题依然严峻，东北平原耕地黑土层流失速度数百倍于成土速度。

耕层有机质数量和质量下降，基本降至"临界点"，导致土壤生物学特征退化，作物病虫害发生率提高，十分不利于食物的高质量生产。黑土地保护成效慢且动力不足。目前我国黑土地保护有了阶段性成效，但土壤有机质仍未看出明显的积极变化。黑土地保护是一个长期、持续的过程，并非一朝一夕就能见到成效。农民和地方政府保护黑土地的动力不足，缺乏积极性。

1.2 东北地区食物安全可持续发展战略构想

东北地区拥有丰富的农业资源，生产了大量的农产品和食物，尤其是粮食、肉类、奶类和水产品等食物。当前的食物安全任务不仅仅是提供数量充足的农产品，更是要满足新的食物安全内涵，即不仅满足人们维持生活的需要，更要注重追求食物健康营养以及膳食结构的合理搭配，还要注重生态和资源保护的可持续食物安全供给，同时力争在国际化的环境下确保这一目标的实现。因此，在新的食物安全内涵下，在国际化绿色化的大背景下，为保证东北地区食物安全，并进一步为我国其他地区的食物安全做好后盾和"压舱石"，新形势下东北地区必须走国际化的、绿色的食物安全可持续发展道路。

1.2.1 指导思想

全面贯彻党的"三农"工作方针，深化供给侧结构性改革，推动区域协调发展，牢固树立并自觉践行创新、协调、绿色、开放、共享的发展理念，以市场需求为导向，以转变农业发展方式为主线，以调结构、创品牌、增效益为主攻方向，坚持走产出高效、食品安全、资源节约、环境友好的食物安全可持续发展道路，加快形成结构更加合理、保障更加有力的食品及精深加工产品的供给体系，使东北地区在确保自身食物营养安全的基础上，为我国其他地区的食物有效和高品质供给提供有力支撑。

1.2.2 基本原则

1. 资源永续利用和环境保护的原则

资源永续利用和环境保护的核心是在确保食物安全的过程中杜绝资源的浪费和对环境的污染，杜绝以牺牲生态环境为代价的食物供给。应当时刻坚持生态友好、绿色发展。立足各地农业资源承载力和环境容量，发展资源匹配较好的主导产品和支柱产业。大力发展绿色有机的食物，减少过度消耗资源和投入化学品，促进生产生态协调。

2. 因地制宜发挥区域比较优势原则

因地制宜发挥区域优势，要求食物的供给结构安排与区域特色、资源及环境相协调。

在供给各类食物的过程中，一些"龙头企业"为了追求经济效益，一般会根据自己掌握的市场信息引导基地和农户及时调整农产品生产结构，但由于企业对区域资源优势、区位条件缺乏全面正确的认识，对区域市场需求信息了解或分析不够，存在着区域农产品结构趋同、主导产品不能发挥资源及区位优势、产品缺乏市场竞争力等问题。

3. 科技为先和教育为本相结合原则

科技与教育事业的发展是实施区域可持续食物安全战略的根本保证。在确保区域食物安全的过程中，要想做到节约资源、降低消耗和增加效益，就得要求企业和农户具有较高的科技素质和技能。实施可持续食物安全战略必须注重对农民及农业产业经营者的科技文化知识的培训教育，提高他们的科学文化素质，并在此基础上加大食物安全过程中的科技投入。

4. 市场导向与政府推动相协调原则

在实现可持续食物安全的目标过程中，应当充分发挥市场机制的作用，尊重经济规律，增强食物生产经营主体的主导地位，并增强食物生产经营主体改善食物质量和品质的责任意识，激发食物生产经营主体在供应多样化、高品质食物方面的内生动力和活力。同时，要更好地发挥政府作用，强化组织领导和协调服务，营造良好的食物安全供给环境。

5. 坚持供给改善与农民增收的原则

抓住制约食物安全供给提质增效、品牌建设、转型升级的关键问题，提高食物供给结构的适应性和灵活性。把稳定提高粮食产能和促进农民增收作为确保东北地区食物安全的基本底线，因地制宜，重点调减非优势区玉米和低端农产品的生产；发挥比较优势，扩大市场紧缺、潜在需求大的食物产品生产，以此促进农业增产增效，农民增收。

1.2.3 发展目标

充分发挥东北地区良好的资源和生态优势，在已有的技术和装备基础上，结合新一轮振兴东北老工业基地的战略部署，积极构建现代化农业发展的产业体系、生产体系、经营体系，着力提高农业生产尤其是食物供应的规模化、集约化、专业化、标准化水平和可持续发展能力，将东北地区建设成为我国农业现代化的高水平示范基地，使现代农业成为确保区域食物安全的重要产业支撑。

1. 2025 年目标

到 2025 年，通过在食物安全领域推进供给侧结构性改革，实现食物的供给结构更加优化，农业与二三产业融合发展的现代产业体系基本形成，优质食物的供给能力有效提升，农业综合效益和市场竞争能力显著增强。

第一，有效供给明显增加，中高端食物消费品比例增加，尤其是在现有资源优势的基础上，加大供应奶类、肉类、水果等高品质食物。

第二，创新能力明显提高，农业科技进步贡献率达到70%以上，农作物良种覆盖率达到95%以上，畜禽良种覆盖率达到90%以上，水产养殖良种覆盖率达到75%以上，农业标准化覆盖率达到85%以上，现代农业方面取得较大进展。

第三，质量效益明显改善，主要食物的质量安全合格率稳定在97%以上，农业节本增效成效显著；农产品的综合加工率达到75%以上；农村常住居民人均可支配收入增长与经济发展同步。

2. 2030 年目标

大力发展农业基础设施建设，全面提高农业综合生产能力，发展优质、高产、安全的现代农业，建立起标准化的生产技术体系和基于信息网络技术的新型技术推广体系，降低农业生产成本，提高农业投入效率，大力发展绿色生态有机农业，增强东北地区农畜产品的质量和国际竞争力。

争取到 2030 年，把东北地区建设成为以优质玉米、大豆、水稻为主的保障国家粮食安全稳定的核心商品粮大区，以牛羊肉、奶牛、生猪和禽类为主的畜禽产品生产大区，以食品工业为主的农副产品加工大区和名副其实的生态建设示范区域，成为农牧工一体化的商品生产基地，以适应全面确保东北地区食物安全和协助实现我国其他地区食物安全的需求。

1.3 东北地区农业重点发展的优势产业

1.3.1 粳稻产业

确保粮食安全的核心是口粮，口粮供给的重点是稻米，稻米供给的关键是粳稻。东北地区是我国最大优质粳稻主产区，千方百计稳定东北粳稻生产，加快形成对东南亚籼米的品质优势和日韩粳米的成本优势，有利于提高粳稻产业竞争力、促进粳稻产业可持续发展、确保口粮绝对安全。

1. 发展粳稻生产的重要性和必要性

东北地区发展水稻生产，有利于确保口粮绝对安全，有利于保护国内水稻产业，有利于促进温光水资源充分利用，有利于保护黑土地、改善区域生态环境，有利于促进农民就业增收。

1）确保口粮绝对安全

我国稻米消费已从吃饱向吃好阶段过渡。东北粳米适口性好、香软滋润，越来越受到消费者青睐，消费区域迅速扩大，特别是中东部经济发达地区，粳米消费增长更快。

2）保护国内稻米产业

随着国内大米价格水平显著高于国际市场，我国开始大量进口越南、巴基斯坦的低价籼米。而粳米生产成本较高，生产国和出口国主要是经济发达国家，我国可以通过发展粳稻生产形成对东南亚籼米的品质差异优势，来提高我国稻米产业竞争力。

3）实施稻米"一带一路"倡议

欧洲常年进口一部分大米用于消费，或作为中餐馆的主食，或作为西餐的佐料，欧洲市场大米的售价较高。实施稻米"一带一路"倡议，面向俄罗斯和中亚国家推动粳稻科技走出去；面向东亚和欧洲推动粳稻市场走出去，可有力促进我国悠久的农耕文明特别是稻文化的传播与弘扬。

4）促进温光水土资源充分利用

相关研究与水稻生产实践表明，盐碱地种植水稻具有以水压盐、改良土壤的作用，从而促进了耕地资源的充分利用。

5）改善区域生态环境

稻田生态系统作为地球上最主要的人工湿地，在涵养水源、调节温度、净化水质等方面的生态作用十分显著。对改善区域生态环境、治理面源污染和推进生态文明建设均具有重要意义。

6）符合农业绿色化发展方向

该区域稻米生产具有得天独厚的优势。一是该区域属温带大陆季风气候，冬季漫长寒冷，害虫越冬困难，使用农药少。二是东北平原黑土带土壤肥沃，化肥用量少。东北稻区平均氮肥用量远低于全国其他粳稻产区。因此，有利于绿色优质米生产。

7）促进农民就业增收

粳稻消费需求的增加带动了粳米市场价格，粳稻的比较效益要明显优于其他粮食作物，有利于促进农民就业增收，有利于加工企业提高效益。

2. 粳稻产业现状与趋势

1）东北粳稻生产形势

改革开放以来，随着人们生活水平不断提高，粳米消费需求快速增长，促进了粳稻生产稳步发展。东北稻区随着20世纪80年代中期以后旱育秧、旱育稀植等技术的引进和大面积推广，解决了粳稻生产中有效积温不足的问题，促进粳稻种植面积迅速扩大。辽宁、吉林、黑龙江三省粳稻种植面积从1978年的1329万亩迅速扩大至1992年的2666万亩，2002年达到4180万亩；粳稻亩产从1978年的304kg提高至1997年的462kg；总产量则于1983年、1991年和1997年分别跃上500万t、1000万t和1500万t三个台阶。2003年以来，东北地区黑龙江、吉林、辽宁三省的粳稻种植面积从3499万亩迅速扩大至2015年的6682万亩，增幅达91.0%；总产量从2003年的1512.4万t增加到2015年的3297.5万t，占全国粳稻总产量的45.4%。

2）东北稻米加工企业的发展趋势

2004年粮食流通市场全面放开后，国家开始实施稻谷最低收购价格政策，当年东北水稻最低收购价格为每50kg 75元，从2008年开始最低收购价格标准连续7年提高，2014年提高至每50kg 155元。据国家粮食局（现国家粮食和物资储备局）流通部门统计，2015年全国有统计的大米加工企业8500多家，其中东北就有2000家以上，广泛分布于各主产省和主销区。由于脱壳后运输成本较低，粳稻一般在产区粗加工后以大米形式运往销区，销区再按照口粮及工业用粮要求进行相应的精加工。

3）东北粳稻消费市场的拓展

改革开放以来，随着国民经济快速发展和人民生活水平不断提高，肉、蛋、奶等消费逐年增加，居民特别是城镇居民直接用于口粮消费的稻谷数量明显减少。2015年，全国居民人均稻谷原粮消费142kg，比改革开放初期减少50kg左右。但我国粳稻消费主要用作口粮，几乎不会用作加工和饲料粮，因此粳稻消费量呈现稳定增长趋势。

3. 粳稻产业发展的竞争力分析

1）东北粳稻与大豆、玉米收益比较

2004~2015年期间，辽宁粳稻的亩均总产值、亩均净利润和成本利润率分别平均比玉米高出598.9元、257.6元和19.3个百分点；分别比大豆高出739.5元、244.9元和10.9个百分点。吉林粳稻的亩均总产值、亩均净利润和成本利润率分别平均比玉米高出416.2元、232.8元和27.8个百分点；分别比大豆高出631.5元、214.7元和16.3个百分点。黑龙江粳稻的亩均总产值、亩均净利润和成本利润率分别平均比玉米高出480.1元、133.7元和4.7个百分点，分别比大豆高出695.7元、227.3元和17.1个百分点。

2）东北粳稻与日本粳稻的成本收益比较

2007~2013年，东北粳稻亩均总成本为964.5元。同期，日本粳稻生产亩均总成本为6953.5元，是我国的7.21倍。

4. 粳稻发展的制约因素分析

1）粳稻生产发展的资源约束

耕地数量减少，质量下降，低产田比例较高。

水资源利用率低，持续发展存在较大隐患。东北特别是黑龙江省尽管"三江"流域水资源丰富，但新建或改善水利设施投入很大，需要长期投入。

地理位置偏远，储运成本高。东北地区为主要的稻米生产区和调出区，但销区较为分散，较大的销区既有北京、天津等北方大城市，也有上海、浙江、广东、福建等东南沿海销区，运输距离远、成本高。

2）消费需求的市场约束

根据发达国家在经济发展中的经验，稻米消费的变化趋势，并非不断增加或是长期稳定不变，而是在达到中等收入阶段之后，人均稻米消费量开始稳步下降。国内很多学者都从不同角度进行了分析研究，尽管方法、数值不尽相同，但基本一致认为稻米人均口粮消费将逐年下降，但粳米在口粮消费中的比例将稳定增加。

3）东北粳稻产业发展的科技约束

无论是品种选育还是配套技术研发，国家对粳稻科技研发的投入水平低于籼稻（表1-4）。国内从事籼稻品种选育和技术研发的力量明显强于粳稻。东北粳稻产量潜力大、米质优、商品率高，内销外贸前景十分广阔。随着国内外稻米市场对东北大米的需求日益增加，北方粳稻品种选育目标主要是培育适合不同生态条件的优质超级粳稻品种，注意耐寒性、抗病性和广适性相结合，提高北方粳稻生产潜力。

表1-4 2011~2015年国家及地方水稻品种审定情况

年份	审定品种总数/个	粳稻品种/个	占审定水稻品种的比例/%	杂交粳稻/个	占审定粳稻品种的比例/%
2011	415	72	17.3	9	12.5
2012	400	101	25.3	17	16.8
2013	421	108	25.7	14	13.0
2014	486	122	25.1	13	10.7
2015	487	112	23.0	14	12.5

注：数据来源于中国水稻产业发展报告

5. 粳稻发展战略

1）基本思路

秉承创新、协调、绿色、开放、共享的发展理念，落实国家"一带一路"倡议，推进农业供给侧结构性改革，提供适销对路的稻米产品，提高稻米产品的质量、效益和竞争力。大力发展优质粳稻生产，逐步提高粳稻生产和消费比例，形成对东南亚籼稻生产的品质优势和对日韩粳稻生产的成本优势，促进水稻产业可持续发展。

2）发展战略

东北粳稻区域内土壤肥沃，水源丰富，水质好，昼夜温差大，有利于稻米品质形成，适宜发展优质食用粳稻。

主攻方向： 一是开发利用界江界河水资源，实施跨流域引调水工程，减少"井灌稻"

面积。二是加强耐低温、耐盐碱、抗稻瘟病的优质高产粳稻品种的选育，大力发展大中棚育秧和机插秧技术，推广智能化育秧、激光平地、全程机械化、控制灌溉等标准化生产技术。三是加强农田基础设施建设，改善生产条件，加快中低产田改造，进一步提高粳稻生产水平及抵御自然灾害的能力，促进均衡增产。四是充分利用生态优势，发展绿色生态稻米，为国内市场提供优质、安全稻米。五是积极发展稻米产业，扶持和培育一批大米加工龙头企业，创建一批稻米名优品牌。积极开拓国际市场，争取多出口。

3）依靠科技创新发展

优先推进优质、稳产、轻简型粳稻新品种的选育，大力研发节本省工、生态环保型生产技术，不断推进播种、种植、田管、收获、加工，以及秸秆等副产品综合利用的农业机械研发与推广应用，提高水稻科技供给能力，提高水稻科技竞争力和产业竞争力。

新品种选育。加强适宜当地温光水土资源优势的粳稻新品种培育，兼顾常规粳稻和杂交粳稻品种的选育，重点加强优质、稳产、轻简型粳稻新品种的选育。要通过加强耐冷性、耐热性粳稻品种的选育，拓展高纬度和低纬度粳稻发展空间。重点选育耐低温、耐盐碱、抗稻瘟病的粳稻品种。

高产高效生产技术研发与集成。加强种植模式、育秧技术、肥水管理技术创新，重点是研发节本省工、生态环保型生产技术，研发从播种、田管到收获，再到烘干、加工的全程机械化管理技术，推进粳稻生产全程机械化。加快肥水药减施技术的研发与推广应用。

生物与非生物灾害防控与预警。加强病虫害防控技术、设备研究与应用，重点加强远程病虫害防控技术、航空植保技术研究；加强灾害性气候预警和防范，重点加强低温冷害防控。

产后加工与品牌创建。加强粳米精深加工和综合利用，将粳稻"吃干榨尽"。加强精品品牌创建和推广。

"走出去"发展战略。落实国家"一带一路"倡议，面向俄罗斯和中亚国家，推动粳稻科技走出去；面向东亚和欧洲，推动东北稻米市场走出去；积极实施大米援助，推动大米外交战略。

6. 措施与建议

1）深化粳稻发展的战略性认识

着眼保障口粮安全和保护国内水稻产业，有步骤、主动性推进粳稻产业发展。着眼"一带一路"倡议，推进中亚、中东欧、东南亚、俄罗斯（远东地区）等地发展粳稻生产，开发欧洲大米市场。

2）加大政策扶持力度

制定并完善东北粳稻"北粮南运"政策，粳稻市场稳定政策，粳稻进出口贸易政策，以及粳稻科技、市场"走出去"的扶持政策等。

3）加强粳稻发展基础设施建设

加强东北稻区基础设施建设，特别是三江平原水利设施及"北粮南运"物流设施建设。

4）培育与升华稻米文化

作为我国农耕文明的最典型代表，稻文化博大精深。学习日本、韩国对稻文化的重视，加强稻米文化建设，积极宣传水稻人、水稻景、米产品，提高国产大米的社会认同度。在"一带一路"共建国家弘扬并传播中国农耕文明，尤其是稻文化、米文化。

1.3.2 玉米产业

1. 发展现状

近年由于价格拉动，农民种植玉米的收益不断提升，东北地区玉米的种植面积与产量也不断增加。到 2017 年，东北地区玉米种植面积达 1526.15 万 hm^2（约 2.3 亿亩），总产量达到 10 438.9 万 t（表 1-5），在全国占比分别为 40.3%和 36%。

人们对玉米的消费由口粮消费为主转向饲料转化消费、工业加工品消费为主的多方向、多领域。饲料专用型玉米、加工专用型玉米、口粮用优质玉米（如普通加工型、鲜食型、糯玉米、爆裂玉米）等专用玉米生产发展有了一定基础。

2. 存在的主要问题

食用、饲用和工业加工用的玉米采用同一类型或同一个玉米品种（杂交种），加上混种、混收、混储，直接影响了玉米的商品质量，降低了玉米等级，从而减少了种植玉米农民的收入；农田基础设施落后，抗灾能力不强。种植玉米的农田大多数基本没有灌溉设施，抗灾害能力弱，玉米产量年际之间波动较大；玉米生产全程机械化程度有待提高；玉米为"饲料之王"，但东北地区牧业发展缓慢，就地就近转化能力不强，玉米生物质转化数量有限，大量的玉米秸秆白白浪费掉，玉米籽粒积压严重；玉米加工业发展缓慢，产品种类不多，加工工艺落后，产品档次不高，市场竞争力不强，加工业给生态环境带来的污染较严重。

3. 问题的原因分析

一是农业劳动力弱质化。农业青壮年劳动力多数外出务工，留在农业内部的劳动力多为老弱人员。

二是生产规模小。据实地调研，种植玉米的农户玉米种植规模多在 10~30 亩，有不少农户甚至仅种植几亩，而种植大户占比较低。

三是社会化综合服务水平有待提高。拥有先进农机具和配套设备，可为农民提供玉米生产全程高水平农机服务的农机专业合作社或农机大户比较少；种子、化肥、农药和除草剂等农用物资供应商生产性服务功能有待提高；科技服务、信息服务到位率有待提高。

表1-5 2005~2017年东北地区各区域玉米产量

产量/万t

区域	2005年	2006年	2007年	2008年	2009年	2010年	2011年	2012年	2013年	2014年	2015年	2016年	2017年
辽宁	1 340.3	1 211.5	1 167.8	1 189.0	963.1	1 150.5	1 360.3	1 423.5	1 563.2	1 170.5	1 403.5	1 465.6	1 789.4
吉林	1 815.0	1 984.0	1 800.0	2 083.0	1 810.0	2 004.0	2 339.0	2 578.8	2 775.7	2 733.5	2 805.7	2 833.0	3 250.8
黑龙江	1 379.5	1 453.5	1 568.5	1 822.0	1 920.2	2 324.4	2 675.8	2 887.9	3 216.4	3 343.4	3 544.1	3 127.4	3 703.1
内蒙古（东四盟）	763.4	795.3	865.5	972.7	748.9	838.6	1 222.1	1 379.3	1 655.7	1 710.5	1 797.0	1 718.0	1 695.6
东北地区	5 298.1	5 444.3	5 401.8	6 066.7	5 442.1	6 317.5	7 597.2	8 269.5	9 211.0	8 957.9	9 550.3	9 144.0	10 438.9

注：数据来源于相应省（自治区）的统计年鉴农业部分

四是农民组织化程度偏低，运转质量不高。农民专业合作社与流通型龙头企业/加工型龙头企业联合开展玉米产业化经营，共同开拓"两个市场"、利用"两种资源"的能力较弱，开展"产学研"合作获得高水平科技支撑的能力有待提高。

五是国际市场玉米价格走低。由于国际市场玉米价格走低，我国南方市场进口较多玉米及玉米加工副产品，导致东北玉米失去市场竞争力，库存积压严重。

4. 发展途径

1）厘清发展思路

转变玉米生产发展方式，以专用化、多样化的"两个市场"需求为导向，让市场在资源配置中起决定性作用；以提高质量和降低成本为核心，在努力改善农业生产条件、建设高标准农田的基础上，实现专用品种进行专门化生产、收储和加工，发展订单生产。大力发展畜牧业，加强农牧结合、种养加一体、一二三产业融合发展，增强玉米的就地就近转化能力，与玉米的工业加工协调配合，推进玉米产业化经营。

2）明确发展目标

确保东北地区玉米生产实现可持续发展，为国家粮食安全作出应有的贡献。不断提高东北地区玉米的市场竞争力和农民的经济收入。在增强玉米就地转化能力的基础上，提高东北地区玉米在"两个市场"上的占有率，尤其要增强在我国南方市场上抵御国外玉米的冲击能力。

3）发展途径

- 建设高标准农田。
- 解决好农业用水的水资源开发。
- 构建新型农业生产经营主体。
- 加快社会化综合服务体系建设，提高服务水平。
- 提高劳动者素质。
- 改革耕作制度。
- 着力推进玉米产业化经营。
- 玉米专门化种植与加工。
- 生物质资源综合利用。
- 玉米果穗轴生料培植香菇。
- 玉米秸秆制作生物炭。
- 玉米秸秆资源化综合利用。

4）玉米产能预测

东北地区为玉米优势产区。2019年玉米总产量为10 904.3万t，平均单产447kg/亩，播种面积约为24 404.5万亩（图1-4）。结合实地考察和调研，该地区玉米生产处于追求数量增长、经营较粗放的阶段。在国际化绿色化背景下，东北地区农业供给侧结构性改革中，玉米生产转向高质量发展时期，玉米产业发展潜力巨大。由于玉米兼具粮食、饲料和工业原料作物功能，具有多样化的市场需求及较大幅度的生产波动性，我们只直观地预测了东北地区粒用玉米产能。

图 1-4　2005～2019 年东北地区玉米播种面积变化情况

1.3.3　大豆产业

东北地区是大豆的生态适宜区，也是我国最大的大豆主要产区，大豆播种面积和产量均占全国的一半。2015 年，东北地区大豆总产量下降到 535 万 t，播种面积下降到 4300 万亩，分别占全国大豆总产量和播种面积的 39% 和 38%。目前，我国大豆供需缺口进一步扩大，每年进口量超 8000 万 t，恢复大豆种植迫在眉睫。

1.3.4　畜牧产业

1. 草食家畜

1）肉羊

内蒙古东四盟是国家肉羊生产的优势产区。国家还着力推进肉羊生产向农区转移。东北地区农区广阔，又因符合肉羊分布特点，所以东北地区大多数区域都宜发展肉羊产业（表 1-6）。

表 1-6　2005～2017 年东北地区羊肉产量

区域	产量/万 t												
	2005 年	2006 年	2007 年	2008 年	2009 年	2010 年	2011 年	2012 年	2013 年	2014 年	2015 年	2016 年	2017 年
辽宁	7.1	6.4	7.0	7.3	7.8	7.9	7.9	7.9	8.1	8.9	8.5	8.7	6.9
吉林	4.2	4.1	4.4	3.5	3.7	3.8	3.9	4.1	4.2	4.5	4.8	4.8	4.9
黑龙江	11.3	9.7	10.4	10.5	11.6	12.2	11.8	12.1	11.9	11.9	12.4	12.9	12.9
内蒙古（东四盟）	27.0	28.3	31.5	30.9	31.6	32.7	32.7	32.2	32.8	34.7	34.7	40.5	43.9
合计	49.6	48.5	53.3	52.2	54.7	56.6	56.3	56.3	57.0	60.0	60.4	66.9	68.6

东北地区发展肉羊产业要抓好如下几个关键环节。

一是稳固饲料基地建设。通过农牧结合与专门化的饲料基地相结合的途径，保证肉羊生长所需要的青饲料、粗饲料和精饲料的均衡供应。

二是建设科学合理的羊群结构。基础母羊在整个羊群所占比例在65%以上。

三是利用多胎率高的母羊与优质品种肉用种公羊进行经济杂交。在产业化经营的生产环节，饲养和育肥二元杂交和三元杂交肉羊，才能确保羊肉品质好，产肉率高。才能形成规模化、产业化。

四是坚持当年羔羊当年出栏。充分利用羔羊前期生长快、长肉快的特点，生产出优质羔羊肉。

五是严格防疫。

六是肉羊加工厂要引进先进加工生产线和冷藏设备，确保羊肉优质。

七是建立起强有力的科学营销体系。

2）奶牛和肉牛

东北地区是奶牛和肉牛主产区。肉牛主产区与玉米主产区分布基本重合。奶牛是家畜中对饲料转化效率最高的家畜。通过就地就近转化，东北地区大量的玉米秸秆、花生秧、大豆秸、豆荚皮、苜蓿、谷草、稻草、麦秸、杂粮杂豆秸秆等，配以适当比例的青饲料和精饲料，东北地区每年可产出大量的牛奶、牛肉和羊肉（表1-7）。

表1-7　2005～2017年东北地区牛肉产量

区域	产量/万t												
	2005年	2006年	2007年	2008年	2009年	2010年	2011年	2012年	2013年	2014年	2015年	2016年	2017年
辽宁	42.2	35.3	38.2	37.7	40.2	41.6	42.0	43.2	43.2	42.8	40.3	41.6	25.1
吉林	51.0	45.0	47.6	40.0	41.8	43.2	43.4	45.0	45.1	46.0	46.5	47.1	38.1
黑龙江	54.1	31.0	33.2	32.6	36.8	39.0	39.3	39.7	39.7	40.6	41.6	42.5	43.9
内蒙古（东四盟）	29.8	31.8	34.5	32.2	31.2	32.3	31.4	31.7	31.6	32.9	32.5	34.3	37.4
合计	177.1	143.1	153.5	142.5	150.0	156.1	156.1	159.6	159.6	162.3	160.9	165.5	144.5

2. 杂食家畜

东北地区是生猪养殖的优势产区，各类规模化养猪场比较成熟，养猪专业大户的养殖经验比较丰富（表1-8）。养猪业面对的最大、最难解决的问题是养猪业的波动性，以及因波动产生的"猪周期"现象。问题产生的原因有两个方面：一方面，宏观上产、销数量的信息不对称；另一方面，微观上养殖场没有稳固的饲料基地，导致猪肉价格随粮价的涨跌而波动。解决问题的途径是加强生产和市场监管。加强市场与生产形势分析预测，及时向生产系统发出准确信息通报，避免"猪周期"现象的发生。家庭牧场与专业合作社要建立稳固的饲料基地。

表 1-8　2005～2017 年东北地区猪肉产量

区域	产量/万 t												
	2005 年	2006 年	2007 年	2008 年	2009 年	2010 年	2011 年	2012 年	2013 年	2014 年	2015 年	2016 年	2017 年
辽宁	191.2	189.3	191.0	210.0	218.8	228.4	225.9	230.2	233.6	240.3	227.1	219.2	220.9
吉林	108.2	109.4	96.4	104.6	113.2	119.8	122.0	132.7	136.3	140.4	136.0	130.6	136.2
黑龙江	177.1	99.5	93.0	98.4	111.3	118.9	122.5	135.8	142.4	153.7	150.6	151.7	159.3
内蒙古（东四盟）	56.3	60.2	65.3	55.9	49.4	50.7	50.3	52.0	51.4	51.6	51.5	52.4	53.2
合计	532.8	458.4	445.7	468.9	492.7	517.8	520.7	550.7	563.7	586.0	565.2	553.9	569.6

1.3.5　特色产业

1. 设施农业

2010 年设施农业突破了寒地弱光照、−28℃条件下的关键技术，建立了亩产果菜 25 000kg 的栽培技术体系，使保护地生产向北推进 300km，加速了该区域设施农业的发展。2015 年东北地区仅辽宁设施农业面积就达 583.91 万亩，居全国首位（占全国设施农业面积的 18.33%）。大大提高了复种指数，显著增加了农民收益，形成东北区域农业特色产业。

2. 其他特色产业

东北地区特种经济动物（梅花鹿、马鹿、驯鹿、貂、狐等）、药用植物（人参等）和食用菌类等适合该区域特色产业发展。

1.4　东北地区食物安全可持续发展战略措施

1.4.1　加速农业供给侧结构性改革，构建粮经饲三元结构

"镰刀弯"地区包括东北冷凉区、北方农牧交错区、西北风沙干旱区、太行山沿线区及西南石漠化区。搞好该地区农业结构调整，对于发挥比较优势，促进种植业结构调整，推进农牧结合，进而优化大农业结构，加快农业可持续发展，建设好生态屏障，将起到"突破口"作用。

1. 东北"镰刀弯"地区种植结构存在的主要问题

"镰刀弯"地区玉米发展快速，但多是粗放经营，种植结构单一。没能按照粮食、饲料和工业原料市场需求专门化生产，一律种植所谓高产优质的品种。一些地区的玉米种植也没有做到因地制宜，结果是玉米产量低而不稳，玉米籽粒质量不高，缺乏市

场竞争力,存在着不同程度的"压库"现象,给玉米生产者、经营者和国家都带来了经济损失。

2. 产生问题的原因分析

"镰刀弯"地区生态环境脆弱,多数区域经济欠发达,畜牧业薄弱,加工业较少。该地区虽属畜牧业优势区,但目前畜牧业薄弱,就地就近转化玉米的能力有限,玉米工业加工能力更是有限。

3. 玉米结构调整的思路和目标

东北"镰刀弯"地区地形复杂,土壤类型多样。调整玉米结构,坚持以养带种,推行"粮改饲",构建科学合理的轮作体系,实现农田用养结合,推进农牧结合和种养加一体化,实现玉米就地就近过腹转化增值与工业加工转化增值并行,实现效益最大化。

4. 分区调整的建议

综合考虑自然生态条件、农业结构现状、生产发展水平、替代作物可产生的效益及可行性结构调整的潜力,东北"镰刀弯"地区可分为东北冷凉区和北方农牧交错区。

1)东北冷凉区

该区以退耕还草为主,在原来的坡耕地建立人工草地,经过试验选出适合该区土壤、气候条件的多年生混播牧草组合。扩大粮豆轮作和"粮改饲"规模,扩大饲料油菜种植,满足畜牧业发展对优质饲料的需要。发挥种植大豆的传统优势,恢复粮豆轮作种植模式。大力发展青贮玉米,发展苜蓿等牧草生产。适度发展优质春小麦,建立良种繁殖春小麦生产基地。建立良种繁育基地,对于备荒之年的粮食生产意义重大。

2)北方农牧交错区

该区是连接农业种植区和草原生态区的过渡地带。结合牧业发展需求,发展青贮玉米和粮豆轮作,发展花生生产。

1.4.2 推进农牧结合,发展循环农业

农牧之间互为资源,互为市场。两者之间存在着相互促进、相互连锁、相互制约的密切关系。农牧之间相互促进,是指当年农业丰收为下一年牧业生产打下坚实的饲料基础,为牧业丰收提供了物质保障;牧业丰收为下一年的农业丰收带来大量的优质有机肥料和资金支持,为农业丰收提供了物质和资金保障。农牧之间相互连锁是指农牧结合双丰收的"叠加效应"。农牧之间相互制约是指农牧业生产都是开放系统,一方面面向市场

输出农畜产品而形成经济收入；另一方面必须从市场不断获得化学肥料和商品饲料投入生产，才能保证良性循环持续不断，提高循环速度，才能不断满足市场对农畜产品的更高需求。

搞好农牧结合，实现大宗农产品（如作物秸秆、畜禽粪便等）就地就近转化为饲料和肥料，再通过新型生产经营主体、创新的体制机制、产业化经营，生产出更新、更优质、更多的农畜产品及其加工制成品来满足市场需要，引领市场消费，形成良性循环大农业。农牧结合，要以生态文明理念为统领，实现农业无废弃物生产，农业副产品（秸秆、粪便等）高效资源化，可改良耕地土壤，培肥地力，有效降低种植业的化肥施用数量，提高化肥利用率，提升农产品的质量；大量的优质青饲料、粗饲料、精饲料又为牧业产出大量的优质畜产品提供了物质基础，加上体制机制创新，推进产业化经营，可不断增强东北地区畜产品的市场竞争力。

农牧结合目前是东北地区大农业的短板之一。搞好农牧结合可及时补上这块短板，提高农业素质和效益，促进农民增收，实现农业的稳定发展，同时为促进东北地区社会稳定发展打好基础。

1. 农牧结合的途径及关键点

发展牧业生产的关键是解决饲料来源问题。根据饲料的来源，东北地区开展农牧结合的途径主要分为两种：一是就地就近开展农牧结合；二是异地开展农牧结合。

1）饲料是畜牧业发展的物质基础

饲料生产、加工和贮藏要根据牧业生产的（市场）需要进行计划和安排实施。东北地区为奶牛、肉牛、肉羊和生猪优势产区。搞好农牧结合，安排好青饲料、粗饲料和精饲料的生产、加工和贮藏。

2）畜牧业废弃物的无害化、资源化处理

养殖生产的粪尿污物变成种植业的优质有机肥料。工艺措施、农艺措施和生物措施协调配合，使粪尿、污物资源化的技术逐渐成熟。

2. 依靠科技与管理创新推进农牧结合

农业发展实现科学意义下的农牧结合，解决好养殖业所需饲料和种植业所需肥料这两个关键点。解决好实现农牧结合的这两个关键之处在于社会主义新农村建设中创新劳动分工，发展新产业，建立牧业饲料生产专业队伍和种植业肥料生产专业队伍。配齐专业技术人员、现代化机械设备和完善的基础设施与切合实际的体制机制。

1.4.3 发展效率型农业，推进农业现代化

农业现代化是国家现代化的基础和支撑。在国际化背景下，各国因自然资源、人力

资源和经济实力等要素组成的农业结构类型差别较大。因此，我国农业现代化，首先要与同类型国家的农业相比较、找差距，并找到更快地缩小差距的路径，才能走出具有中国特色的农业现代化的道路。

1. 我国现代农业发展水平的国际比较

农业发展的本质是结构与功能的对应变换，发展是通过结构调整使功能成功地变换，从而提高资源转化效率，推进农业现代化。在 1965 年前后，中国农业 GDP 值为 295.7 亿美元，美国农业 GDP 值为 209.7 亿美元，印度、欧洲（英国、德国、法国等 9 个经济发达国家）也都是 200 多亿美元，彼此差异不大。到 1995 年开始彼此拉开距离。2000 年中国加入世界贸易组织（WTO）之后农业 GDP 超过美国，也超过欧洲（英国、德国、法国等 9 个经济发达国家）。中国农业 GDP 总值不论以 GDP 现值或以扣除人民币升值影响的 GDP 值，均显著超过其他国家，这说明中国农业增长加快是真实的。扣除人民币升值影响，中国农业 GDP 值占世界农业 GDP 值的比例，1995 年为 12.26%，2005 年为 16.10%，2010 年为 25.68%，2012 年为 29.44%，增长极快。农业自然资源丰富的美国、俄罗斯这一时期农业发展缓慢；欧洲的英国、德国、法国等 9 个经济发达国家农业发展也较平稳，与中国、印度农业上升型发展迥然不同。

2. 坚持效率型发展，加速东北地区农业现代化

东北地区农业许多指标已接近或达到同类型的农业先进国家的水平，与农业先进国家的最大差距是农业劳动力占总劳动力的比例。农业机械化率高于全国平均水平，农作物耕、种、收机械化水平达 75% 以上，水稻全程机械化水平超过 90%。

1.4.4 建设高标准农田，加强黑土地保护

东北地区是我国重要的商品粮和畜牧业生产基地，也是农业资源禀赋最好、粮食生产潜力最大的地区。但是，东北地区农业基础设施和科技支撑能力仍然薄弱。东北黑土区粮食生产占全国粮食总量的 20% 以上，粮食商品率高达 60%，在国家粮食生产中起着"稳压器"的作用。有兴修水利条件、温度适宜的区域，适度发展水稻田（包括旱田改成水田），推广节水灌溉种稻技术。

此外，移动式炭化炉研制成功并应用到生产实际，让玉米秸秆广泛用于制作生物炭变得简便易行。农业方面，利用生物炭与化肥混合制成不同配比的生物炭基缓释专用肥，肥效好。生物炭的理化性质还可起到改良土壤培肥地力的作用。面对全球气候变化、生态系统退化、土壤肥力减退等生态问题，将秸秆等生物质炭化成生物炭施入土壤，不仅能改良农田土壤、培肥地力，更能在固碳减排，积极应对全球气候变化等方面发挥积极有效作用，生态效应巨大。农田施用生物炭基缓释专用肥可直接增加土壤中的碳素，并且可长期保留在土壤耕作层。连年施用，累加效果明显。既保护修复了黑土地，又推动了低碳农业发展。

适应农业生产方式需要，实施农作物合理轮作，增施有机肥，开展秸秆覆盖栽培，配合应用深松耕作技术，使土壤耕层在雨季吸纳更多雨水，改善土壤耕层水分环境，降低土壤有机质的分解速度。配合保护性耕作、高标准农田建设，可有效防止水土流失和风蚀，利于土壤有机质的形成和积累。半干旱地区或坡度较大的耕地实施草田轮作。种植以草木樨、紫花苜蓿、沙打旺为主要草种的豆科牧草 2~4 年，再采用保护性耕作技术种植粮食作物或其他作物。

1.4.5 开源节流，提高水资源利用率

根据《全国农业现代化规划（2016—2020 年）》，到 2020 年国家农田有效灌溉面积将达到 10 亿亩以上，农田灌溉水有效利用系数将提高到 0.55 以上。加快重大水利工程建设，优化水资源空间格局，增加水环境容量，对于东北地区至关重要。

1. 东北地区水资源潜力

东北地区地处松辽流域，降雨普遍偏少，且时空分布不均，呈现出"北丰南欠，东多西少""边缘多，腹地少"的特点。相对丰水区主要位于周边的国际河流地区，而需水区主要位于中南部地区。

2. 水资源开发利用存在的主要问题

一是开发过度与开发不足并存。西辽河已超过水资源承载力，浑河、太子河水资源开发利用超过 80%；黑龙江干流、绥芬河、乌苏里江、鸭绿江等水资源开发利用程度仅 10%左右，额尔古纳河仅为 3.6%，致使入境水量 17.50 亿 m^3，而出境水量高达 789.91 亿 m^3。

二是大型水利调度工程缺位，致使辽河流域水资源开发利用程度高于北部松花江流域区。辽河流域水资源利用率也高于松花江流域。

三是地下水资源开发利用过度。东北地区灌溉水源类型是以河流、水库的地表水和打井汲取地下水为灌溉水源，农业用水以水稻灌溉为主，农业用水量占总用水量的比例高达 77%。由于地表水控制力低，造成地下水开采过度。井灌面积的 65%分布于黑龙江省，且主要集中于三江平原，其水稻井灌面积占比高达 57.6%。

四是灌排工程不配套。灌排基础设施装备不足，设计标准低、不配套、工程老化破损严重，致使东北地区灌溉水有效利用系数仅为 0.47。

3. 关键在于开源节流，提高水资源利用效率

2016 年政府工作报告指出，要夯实农业农村发展基础。国家集中力量建设一批重大水利工程，各地要加强中小型水利项目建设，解决好用水'最后一公里'问题。这将为东北地区食物安全提供有力的政策与资金保障。

1.4.6 培育新型经营主体，强化社会化服务

1. 构建新型农业生产经营主体

着力发展家庭农场和农民专业合作社。通过土地流转、入股、托管等多种途径，适度扩大经营规模，便于农业机械化作业，提高劳动生产率、土地产出率和资源利用率，同时解放出较多农业劳动力从事第三产业经营或从事劳动密集型、技术密集型、资金密集型特色农业和优势农业生产。加快农业综合服务体系结构升级，通过产学研结合的方式，提高农牧结合所需的先进的适用技术服务水平，如广泛应用胚胎移植技术提升良种繁育水平、网络讲座、电商服务等。尽快提升新型经营主体的科技文化素质和经营管理水平。

2. 加快科技创新为食物安全可持续发展提供支撑

通过"产学研"合作机制获得高水平的科技支撑。形成大专院校、科研院所+县区级农业技术推广中心+市级农科站+专业合作社技术负责人组成的技术服务网络，依靠科技创新提升农业生产水平，并与信誉好的物资流通部门配合，提供信息服务、科技服务、流通服务及农用生产资料供应等。

3. 提高劳动者素质

农业农村现代化发展的战略重点提出：走农民现代化推进农业农村现代化道路，着力培育高素质农民（吴孔明等，2022）。由于历史和现实原因的共同作用，东北地区的农业劳动者一般地说科技文化素质有待提高，要跟得上全面振兴东北老工业基地的发展形势，要牢固树立创新、协调、绿色、开放、共享的发展理念，要懂技术、会经营，要有团结协作精神，法治思想和法律意识要不断增强，要学会运用法律手段维护自身合法权益。

1.4.7 建立粮食主产单凭区利益补偿长效机制

粮食作为具有战略意义的特殊商品，粮价不能单凭市场调节。种粮比较效益低下，导致农民种粮积极性下降；而主产省投资力度不足，又导致基础建设滞后，致使区域经济发展缓慢。东北地区大量商品粮输出，消耗了东北地区的农业资源，严重影响了农业可持续发展。必须加快建立粮食产销区利益补偿长效机制，保护调动种粮农民和地方政府发展粮食生产的积极性，促进粮食主产区可持续发展。建议国家建立商品粮调出利益补偿机制，按照"谁受益、谁补偿"的原则，对东北粮食生产者和地方政府进行利益补偿，加大对主产区奖补力度，按提供商品粮补偿；加强主产区农业基础设施建设，减轻主产区财政负担，增强对农田水利，高标准农田，仓储运输设施建设的投入；协调建立主产区与主销区联动机制等，稳定粮食生产，保障粮食安全。

1.5 重大工程

1.5.1 高标准基本农田建设工程

高标准农田建设是当前各级政府服务"三农"、保障和促进经济社会又好又快发展的重要工作和政治任务。东北地区是我国重要的商品粮基地，加快东北地区高标准基本农田建设将为实现粮食稳产增产，保障国家粮食和食物安全作出突出贡献。

1.5.2 东北黑土地水土保护工程

我国东北黑土区是世界上仅有的三大黑土区之一，面积约 103 万 km^2，是我国粮食主产区和重要的商品粮基地，粮食产量占全国总产量的 1/5 以上，是名副其实的"北大仓"。黑土地资源是我国粮食产量和质量的重要基础，在保障我国粮食安全、建设生态文明和发展绿色经济中，具有举足轻重的战略地位。为保护和利用好东北黑土地，坚持实施黑土地保护工程，改善区域农业生态环境，转变粗放的农业生产方式，通过一系列措施，治理土地污染、水土流失、土地荒漠化、盐碱化，以及林木的乱砍滥伐等现象，为食物安全的可持续发展创造优良的生态环境。

1.5.3 现代农业示范区建设工程

国家现代农业示范区是以现代产业发展理念为指导，以新型农民为主体，以现代科学技术和物资装备为支撑，采用现代经营管理方式的可持续发展的现代农业示范区域，具有产业布局合理、组织方式先进、资源利用高效、供给保障安全、综合效益显著的特征。东北地区平原区比例大，土地平坦，集中连片，便于大型农用机械作业，是我国最具备发展现代农业的地区，目前已先后有 25 个地区被设立为国家现代农业示范区，并通过几年的模式管理，取得了突出的成果。未来应继续扩大示范区规模，总结、分享经验，推动农业现代化。

1.5.4 节水供水重大水利建设工程

加强农业基础设施建设，改善农业生产条件。东北地区应以列入国家的 172 项节水供水重大水利工程为重点，加大水利投入，积极推进项目建设，为区域食品安全生产提供保证。东北地区列入国家 172 项节水供水重大水利工程共 35 项，2015 年共安排中央资金 168.14 亿元，用于支持东北地区已开工的 16 项重大水利项目建设。目前，黑龙江奋斗水库、阁山水库、绰勒水利枢纽下游内蒙古灌区、辽宁猴山水库等工程设计已经开工。黑龙江积极发展现代灌溉设施，加快三江平原及尼尔基等灌区建设。我国中央政府应敦促和协助地方政府完善配套工程，解决灌溉用水"最后一公里"问题。

1.5.5 耕地轮作休耕制度试点工程

针对当前东北地区玉米产量大、库存极高，不利于食物结构优化的现状，应该在辽宁、吉林、黑龙江和内蒙古开展耕地轮作休耕制度试点工程，支持以玉米改种大豆为主，兼顾改种杂粮杂豆、马铃薯、油料作物、饲草等作物。具体看来，可以通过玉米与大豆轮作、玉米与紫花苜蓿轮作、玉米与花生等豆科作物和豆科牧草合理轮作，建立用地养地型耕作制度和农牧结合型耕作制度。适当缩减玉米种植比例，降低玉米生产成本，提高玉米品质和市场竞争力。

1.5.6 农产品出口示范区建设工程

随着国家"一带一路"倡议的深入实施，农业对外开放步伐将进一步加快，"引进来"和"走出去"同步发展，农业对外开放的深度和广度将进一步提高。伴随我国提出的"一带一路"倡议，农业"走出去"也是必然趋势。我国东北地区紧邻俄罗斯、韩国、日本、蒙古等国，是东亚和北亚地区重要腹地，提高农产品质量和国际竞争力，扩大各类食物产品对东亚和北亚各国的出口份额，将是东北地区农业发展战略的重要部分。通过参与国际竞争，能极好地倒逼东北地区食物质量的不断升级。

1.5.7 优质农产品加工提升工程

大力发展高品质农产品加工业，以优势农产品资源和"一县一业"示范县建设为基础，加快农产品创新升级，增加优质农产品加工品种供给。延长粮油、果蔬、畜禽、水产、林特产品等食物产品的产业链条。粮油产品重点发展主食加工业，积极开发副产品综合利用，大力提高优质白酒的产量。果蔬产品重点发展无公害、绿色、有机产品加工，提高清洗、分级、预冷、保鲜、杀菌和包装等处理能力。畜禽产品重点发展肉、蛋及奶产品加工，提高工厂化屠宰集中度。水产品重点发展系列鱼制品、风味食品、速冷制品、保健方便制品等。林产品重点发展优质林特产品、森林食品等加工产业。

1.5.8 农业科技创新驱动工程

鉴于农业科技创新具有基础性、公益性、社会性和区域性的特点，必须建立以财政资金为主导的稳定可持续的科技投入机制。除加强地方财政科技投入外，建议国家设立东北地区重大农业科技专项，重点支持东北粳稻、大豆等常规品种选育，黑土地保护和地力提升，水资源开发与利用，农牧结合和农产品质量安全检测等关键技术创新重大科技项目联合攻关。统筹布局一批重点实验室、工程技术中心等重大科技创新平台。在健全原有的农技推广体系基础上,探索构建以大学为依托,农科教相结合的农业科技推广服务模式,有效解决"最后一道坎"的问题。加快推动东北地区农业科技进步,为国家粮食和畜牧业生产基地的建设提供强有力的科技支撑。

第 2 章　华北地区食物安全可持续发展战略研究

2.1　研究背景

本研究界定的华北地区主要包括北京市、天津市、河北省、山东省、河南省。研究的总体任务是针对华北地区水资源制约、周年高产难以持续、肥药不合理投入及面源污染、农业灾害多发频发、农业低效不稳等区域特有的问题，系统研究该地区自然资源、社会经济条件，结合国家现代农业功能区布局，提出该地区食物安全可持续发展战略，保障该地区食物生产、经济发展与资源生态环境相协调。

2.2　华北地区农村社会经济及农业发展现状总体分析与判断

2.2.1　华北地区农村社会经济发展状况分析

本研究界定的华北地区2015年统计的人口总数约为3亿，占全国人口总数的21.8%，是我国人口分布较为集中的地区，也是我国重要的农作物生产区域，农作物播种面积占全国总播种面积的21%。

1. 华北地区国民经济发展及农业地位状况

1）华北地区国民经济发展情况

华北地区在我国经济发展中占有重要地位。1978～2015 年，华北地区 GDP 占全国 GDP 的比例保持在20%以上，且这一比例总体上呈波动增长态势，但 2008 年以后，这一比例呈持续下降趋势。从该区域 GDP 年增长率来看，2008～2015 年年均增速在 10%以上，GDP 总量翻了一倍。

从华北地区内部来看，山东 GDP 占华北地区 GDP 的比例基本保持在 30%以上，且呈小幅增长趋势；其次为河南和河北，比例在 20%～25%；再次为北京和天津，比例分别在 15%和 10%左右。2015 年山东 GDP 为 6.30 万亿元，占华北地区 GDP 的 37.2%；河南 GDP 为 3.70 万亿元，占华北地区 GDP 的 21.85%。华北五省（市）的 GDP 在经历了年均增速超过 10%的飞速增长后，最近几年均呈减速趋势。

2）华北地区农业的地位

华北地区农业生产在全国具有重要地位。1978~2015 年，华北地区农业增加值占全国农业增加值的比例保持在 20%以上，但这一比例总体呈现先波动增长、后持续下降的趋势。从华北地区农业增加值年增长率来看，近年来增速减缓（图 2-1）。从华北地区内部来看，山东省 2015 年的农业增加值为 4979.08 亿元，在五个省（市）中最多，占华北地区农业增加值的 38.37%。自 1978 年以来，华北地区农业增加值在 GDP 总量中的比例呈先增长后下降的趋势（图 2-2）。2015 年华北地区农业增加值占华北地区 GDP 总量

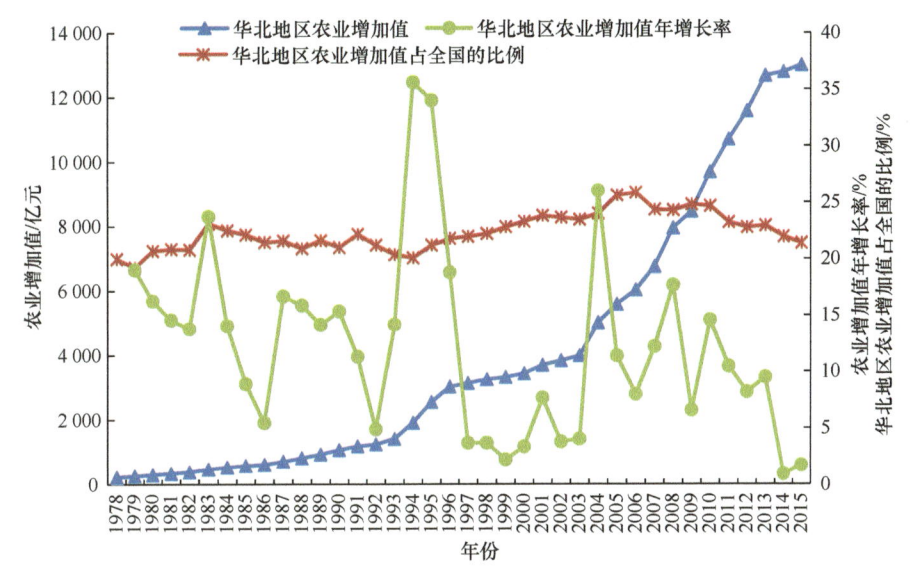

图 2-1　1978~2015 年华北地区农业增加值及其年增长率和占全国农业增加值的比例
数据来源于相应年份的中国统计年鉴

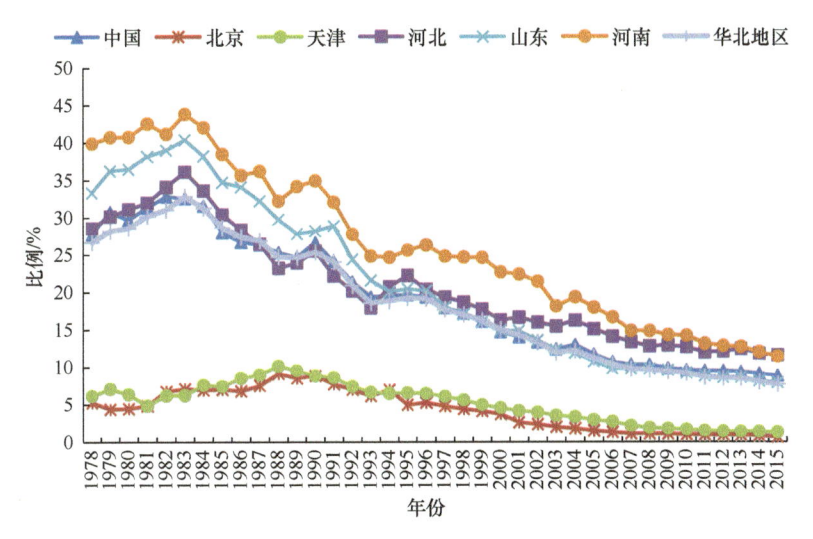

图 2-2　1978~2015 年华北地区及中国农业增加值占其 GDP 的比例
数据根据相应年份中国统计年鉴数据计算得到

的 7.7%。与全国平均水平相比，华北地区平均水平与全国持平，但山东、河南和河北三省的农业增加值占华北地区 GDP 总量的比例均高于全国各地区农业增加值占全国 GDP 比例的平均水平。

2. 华北地区农村人口和农业劳动力变化状况

1) 华北地区农村人口变化状况

自改革开放以来，华北地区农村人口规模从 1978 年的 1.78 亿，持续增加到 1995 年的最高水平（2.067 亿），随后呈下降趋势（图 2-3）。2015 年，华北地区农村人口总数为 1.34 亿，较 1978 年减少 24.7%。与全国农村人口减幅基本持平。其中，山东农村人口数量整体减幅最大。华北地区农村人口占华北地区总人口数的比例在 1978 年以来持续下降。2015 年华北地区农村人口的比例为 44.1%。

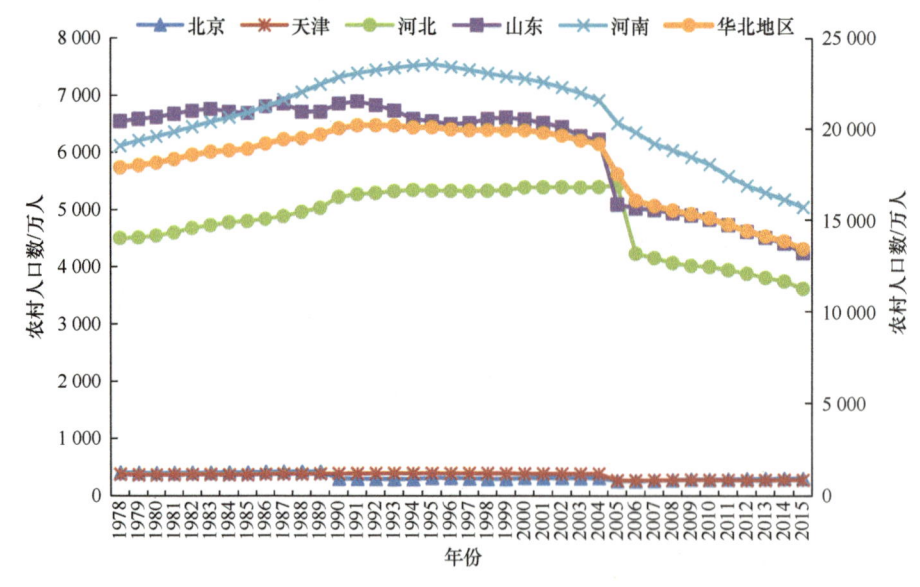

图 2-3　1978～2015 年华北地区及其各省（市）农村人口数量变化

数据来源于相应年份的中国统计年鉴和中国农村统计年鉴。主坐标轴为华北地区各省（市）数据，次坐标轴为华北地区数据。农村人口数以乡村人口数指标表示；另外，由于统计口径发生变化，2005 年数据出现拐点

2) 华北地区农业劳动力变化情况

2014 年华北地区农业劳动力总量为 6194 万人，较 1995 年减少 1335 万人，减幅为 17.7%，低于全国 35.5%的减幅。从华北地区各省（市）农业劳动力数量变化来看，山东绝对数量和相对数量上都是减幅最大的，分别为 809 万人和 28.6%，而河南在 1995～2014 年仅减少 5.8%，农业劳动力转移速度较为缓慢（图 2-4）。从 2000 年以来，华北地区农业劳动力数量占本地区社会劳动力总量的比例开始下降。2014 年，华北地区农业劳动力数量占社会劳动力总量的比例为 33.5%，较 2000 年减少近 20%。

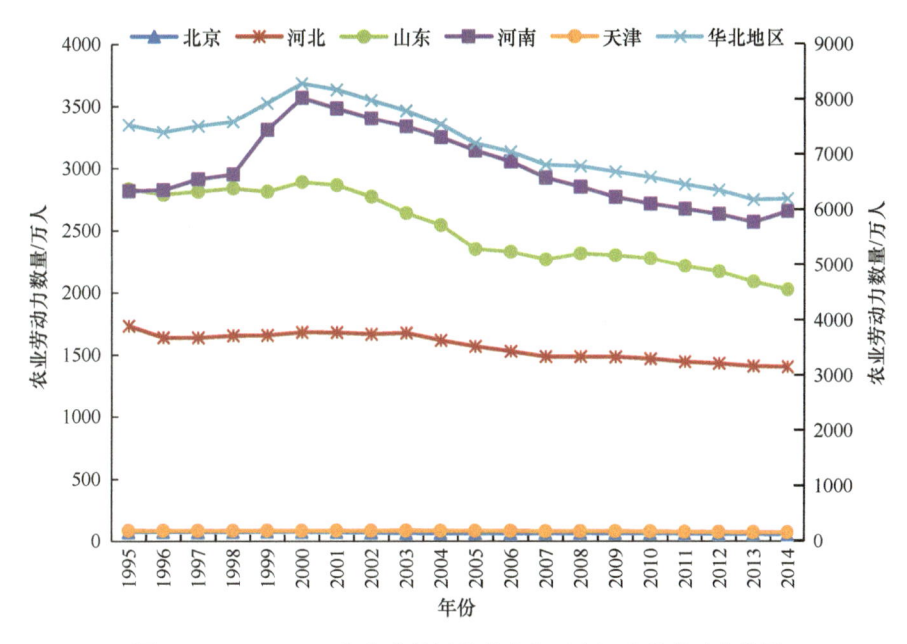

图 2-4 1995～2014 年华北地区及其各省（市）农业劳动力数量

数据来源于相应年份的中国统计年鉴、华北五省（市）地方统计年鉴。主坐标轴为华北地区各省（市）数据，次坐标轴为华北地区数据。农业劳动力以第一产业从业人员指标表示

3. 华北地区农业劳动生产率与农业生产效益分析

1）华北地区农业劳动生产率状况

2000 年之前，华北地区农业劳动生产率水平较低，增长相对缓慢。2014 年，华北地区农业劳动生产率为 20 611 元/（人·a），较 2009 年增长了 63%，年均增长 12.6%。与全国比较，华北地区农业劳动生产率水平略低。从华北五省（市）来看，北京是农业劳动生产率最高的地区，其次是天津、河北、山东，而河南劳动生产率水平最低。2014 年，北京农业劳动生产率为 30 344 元/（人·a），比华北地区平均水平高 47%，比全国平均水平高 18.5%，比河南平均水平高 93%。

2）农业生产效益情况

总体来看，华北地区农业生产效益要高于全国平均水平。2015 年，华北地区大豆每亩利润平均为 354 元，比全国平均高 273 元，其中，山东是大豆生产效益最高的省份，每亩利润达到 543 元，分别较河北和河南高出 191 元和 375 元。同时，华北地区苹果和露地番茄的生产也具有绝对优势，尤其是山东表现突出。另外，山东还在小麦和花生的生产中具有较大优势（表 2-1）。

表 2-1　2015 年华北冀鲁豫地区及全国主要农产品利润

地区	利润/（元/亩）						
	小麦	玉米	大豆	花生	棉花	苹果	露地番茄
河北	421	386	352	780	717	4 032	6 519
山东	472	341	543	878	502	6 848	10 416
河南	422	295	168	775	491	4 602	6 636
华北三省平均	438	341	354	811	570	5 161	7 857
全国平均	370	313	81	778	261	4 068	4 284

注：数据来源于《全国农产品成本收益资料汇编 2015》。根据研究需要，该表的利润=每亩农产品产值－物质与服务费用－雇工费用－土地成本，即为了直观感受，没有考虑家庭用工折价

4. 华北地区农村居民生活水平状况分析

2015 年，华北地区农民人均消费水平为 9995 元，较 2005 年增长了 2.65 倍，高于全国（增长了 2.46 倍）的增长速度。从华北地区各省（市）来看，天津的农民人均消费水平增长速度最快，年均增速达 13.4%；而河北农民人均消费水平增长最慢，为 11.5%。由于地区间经济发展水平不同，华北各省（市）农民生活水平存在一定差异，农民的人均消费水平差距较大（表 2-2）。2015 年，北京农民人均消费水平为 22 315 元，是河北的 2.9 倍、河南的 2.7 倍，远高于华北地区平均水平。

表 2-2　华北地区及全国部分年份农民人均消费水平

年份	人均消费水平/元						
	中国	华北地区	北京	天津	河北	山东	河南
1978	138	129	185	178	137	136	109
1985	346	307	585	493	319	338	240
1995	1 344	1 289	3 101	1 658	1 306	1 413	1 067
2005	2 784	2 741	6 602	4 380	2 426	3 109	2 372
2015	9 630	9 995	22 315	18 380	7 666	12 651	8 271

注：数据来源于相应年份的中国农村统计年鉴及华北五省（市）地方统计年鉴。消费水平数据为当年现值，由于此处只做横向的比较分析，所以没有剔除通货膨胀

自 1978 年以来，华北地区粮食人均消费量在不断下降，而肉、蛋等高蛋白产品的人均消费量在不断增加（图 2-5）。与农村相比，城市居民人均食物消费结构变化发生期要早于农村，且变化数量相对较少。

从华北地区各省（市）来看，2015 年，华北地区人均粮食消费量最低的是北京，为 90.8kg，远低于华北地区人均粮食平均消费量；食用植物油、猪牛羊肉和水产品的人均消费量最高的是天津，分别为 11.0kg、21.4kg 和 16.6kg，最低的是河南；奶类人均消费量北京最高，河南最低。与全国比较，华北地区粮食和猪牛羊肉的人均消费量普遍较全国的低，水产品的人均消费量只有天津较全国的高；而食用植物油的人均消费量只有河北、山东和河南低于全国的，奶类的人均消费量只有河南低于全国的（表 2-3）。

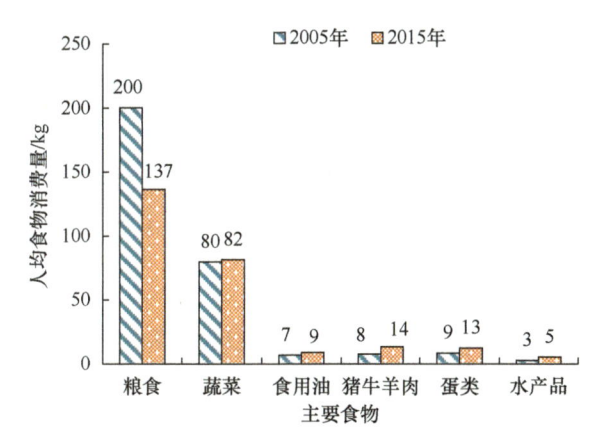

图 2-5 2005 年和 2015 年华北地区农民人均主要食物消费量变化

数据来源于相应年份的中国统计年鉴。华北地区农民人均食物消费量是其五省（市）的农民人均食物消费量以各地农村人口占比为权重计算得到的

表 2-3 2015 年华北地区人均主要食品消费量

地区	人均主要食品消费量/kg				
	粮食	食用植物油	猪牛羊肉	水产品	奶类
北京	90.8	10.7	20.5	9.6	26.9
天津	127.4	11.0	21.4	16.6	17.1
河北	131.5	9.6	14.9	5.3	13.9
山东	127.4	8.9	14.8	11.2	18.2
河南	127.3	8.4	13.4	3.7	10.9
华北地区	126.4	9.1	14.9	7.4	15.2

注：数据来源于《中国统计年鉴 2015》

2005～2015 年，华北地区粮食人均占有量从 2005 年的 405kg 增加到 2015 年的 474kg；水产品和牛奶人均占有量分别由 33kg 和 27kg 均增加到 40kg；而猪牛羊肉的人均占有量有所下降，由 2005 年的 58kg 下降到 2015 年 49kg；油料的人均占有量水平未发生变化，仍然为 35kg（图 2-6）。

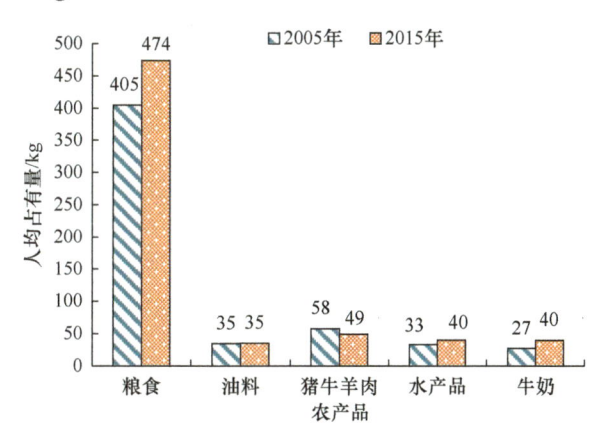

图 2-6 2005 年和 2015 年华北地区主要农产品人均占有量变化

数据来源于相应年份的中国统计年鉴

从华北地区各省（市）来看，2005~2015年，北京和天津的人均粮食占有量在下降，而河北、山东和河南的人均粮食占有量在增加，且增长幅度最大的是河南，增加了151.5kg，增长31%；油料的人均占有量除河南有所增加外，华北地区其他省（市）都有小幅下降；猪牛羊肉的人均占有量在北京、天津和河北有较大幅度下降，而山东和河南的变化不大；水产品的人均占有量在北京和天津有所下降，在河北、山东和河南有所增加，其中，山东增加了15.6kg；牛奶的人均占有量除北京和天津有较大幅度减少外，华北其他地区都在增加，增加幅度最大的是河南。

总体来看，未来华北地区食物供给是充足的。具体来看，在农产品人均供求方面，2015年，北京在粮食、油料、猪牛羊肉、水产品和牛奶的供给上存在缺口，人均供给缺口分别为61.8kg、10.4kg、8.8kg、6.5kg和0.4kg；天津仅在粮食和油料的供给上存在缺口，人均供给缺口分别为8.8kg和10.7kg；河北、山东和河南在各种食物供给中都存在盈余（表2-4）。

表2-4　2015年华北地区主要农产品人均供给缺口

地区	人均供给缺口/kg				
	粮食	油料	猪牛羊肉	水产品	牛奶
北京	−61.8	−10.4	−8.8	−6.5	−0.4
天津	−8.8	−10.7	0.9	10.2	27.3
河北	322.8	10.9	33.7	12.3	50.0
山东	352.6	24.1	36.4	84.2	9.8
河南	514.2	55.0	47.5	7.2	25.3
华北地区	347.1	26.3	34.4	32.7	24.8

注：数据来源于《中国统计年鉴2015》。供给缺口指"人均占有量−人均消费量"，即该区域生产不能够满足实际消费需求的部分

2.2.2　华北地区农业发展与种养结构状况分析

1. 华北地区农业结构变化趋势

农业在华北地区农林牧渔业总产值中位居第一位，2015年华北地区农业总产值达到13 374.5亿元，占比58%；牧业占据该地区农林牧渔业总产值的第二位，2015年总产值为7138.7亿元，占比31%；第三是渔业，2015年总产值为1939.3亿元，占比9%；而林业在华北地区的总产值仅为460.7亿元，占比2%（图2-7）。

2. 华北地区农业种养结构分析

1）种植业

（1）播种面积

1990~2015年，华北地区各省（市）主要农作物播种面积的变化趋势与全国基本相同。华北地区主要农作物播种面积占全国的比例基本稳定，平均占比21.8%，2007年以后有所下降，2015年最低，占比为20.9%（图2-8）。

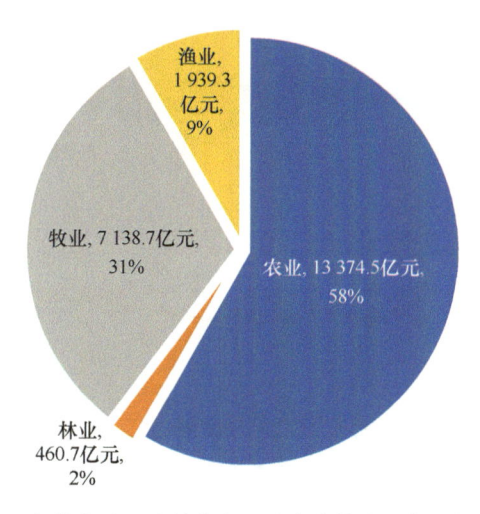

图 2-7　2015 年华北地区农林牧渔业总产值构成（按当年价格计算）
数据来源于《中国统计年鉴 2015》

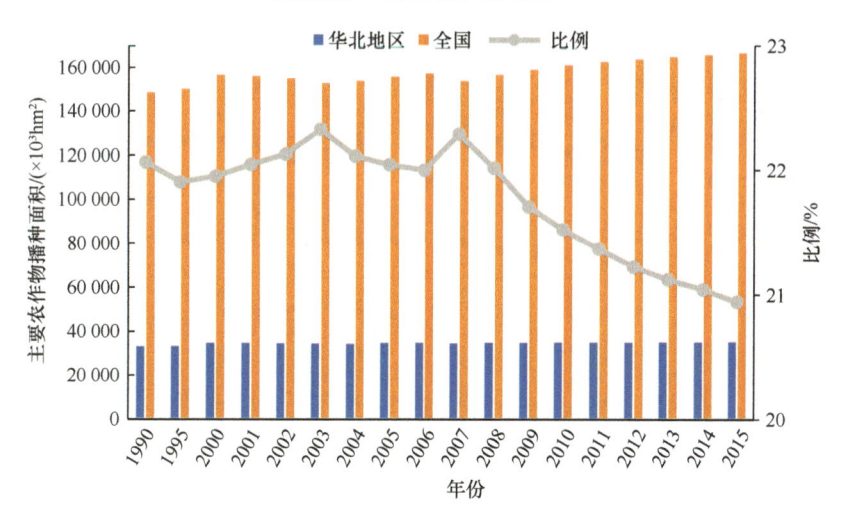

图 2-8　1990～2015 年华北地区和全国主要农作物播种面积及华北地区主要农作物播种面积在全国的占比
数据来源于相应年份的中国农业年鉴

华北地区小麦播种面积变化不大，年均为 $1.14 \times 10^7 hm^2$。玉米播种面积由 1992 年的 $0.67 \times 10^7 hm^2$ 上升至 2015 年的 $1.01 \times 10^7 hm^2$，总体呈增加趋势。蔬菜和瓜果类的播种面积总体也呈上升趋势，尤其是蔬菜播种面积增加幅度较大，由 1992 年的 $0.13 \times 10^7 hm^2$ 上升至 2015 年的 $0.50 \times 10^7 hm^2$；瓜果类播种面积由 1992 年的 $0.02 \times 10^7 hm^2$ 增加至 2015 年的 $0.07 \times 10^7 hm^2$。油料（花生、油菜、向日葵等）种植面积比较稳定，年均为 $0.29 \times 10^7 hm^2$。而薯类、豆类和棉花的播种面积总体呈明显下降趋势，薯类由 1992 年的 $0.18 \times 10^7 hm^2$ 下降至 2015 年的 $0.09 \times 10^7 hm^2$，豆类由 1992 年的 $0.17 \times 10^7 hm^2$ 下降至 2015 年的 $0.07 \times 10^7 hm^2$，棉花由 1992 年的 $0.37 \times 10^7 hm^2$ 下降至 2015 年的 $0.10 \times 10^7 hm^2$（图 2-9）。

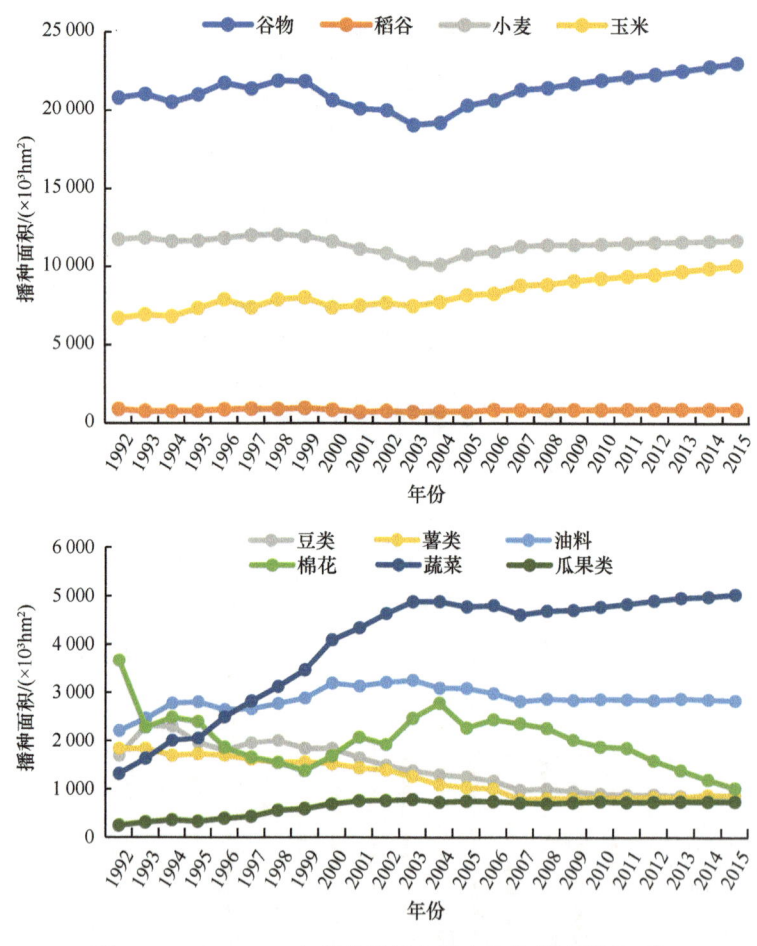

图 2-9　1992~2015 年华北地区主要农作物种植面积变化

数据依据相应年份的中国农业年鉴数据计算得到

（2）产量

华北地区各农作物产量占全国产量比例的年际变化如图 2-10 和图 2-11 所示。小麦产量占全国的 45.5%~57.4%，玉米、油料、棉花、蔬菜的产量占全国的比例为 18.9%~40.5%，年均为 32.7%。豆类、薯类产量占全国的比例总体均呈下降趋势。

1992~2015 年华北地区主要农作物产量变化如图 2-12 所示。华北地区谷物产量总体呈增加趋势，2003~2015 年粮食生产出现"十二"连增；油料产量总体呈上升趋势；薯类、豆类产量总体呈下降趋势；棉花产量的年际变化呈现"抛物线"形状。

2）养殖业

1991~2015 年华北地区畜禽产品和水产品、蜂产品产量的变化趋势如图 2-13 所示。肉类和水产品产量呈明显的上升趋势，肉类产量从 1991 年的 608.9 万 t 上升至 2015 年的 2029.8 万 t；水产品产量从 1991 年的 199.7 万 t 上升至 2015 年的 1210.1 万 t；奶类产量也呈现上升趋势，从 1991 年的 88.9 万 t 到 2015 年的 1243.3 万 t；禽蛋产量从 1991 年的 340.5 万 t 到 2015 年的 1247.3 万 t。

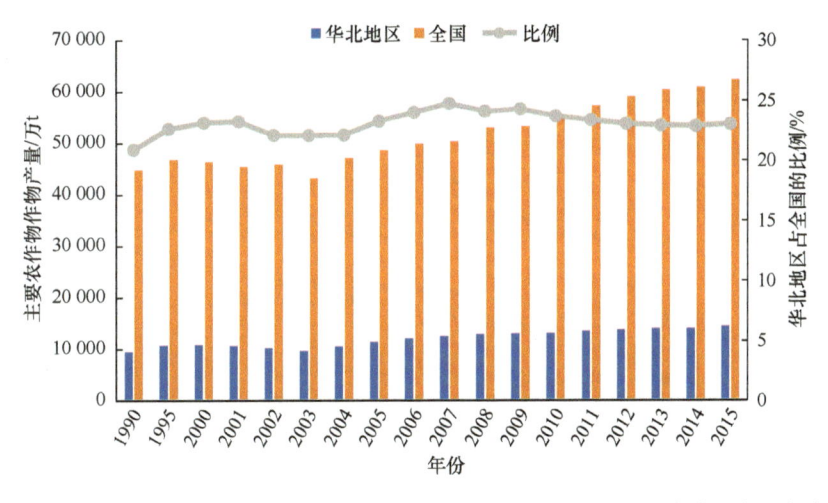

图 2-10　1990～2015 年华北地区和全国主要农作物产量及华北地区在全国占比的变化
数据依据相应年份中国农业年鉴数据计算得到

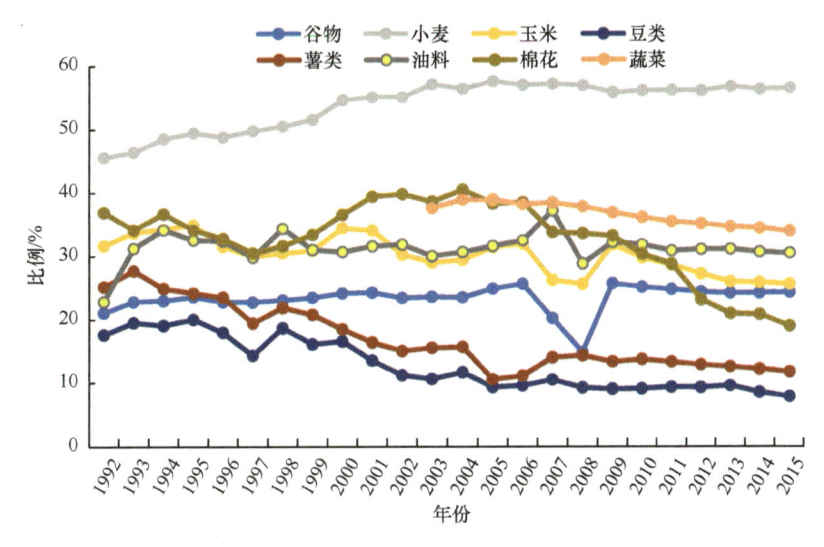

图 2-11　1992～2015 年华北地区主要农作物产量占全国农作物产量的比例变化

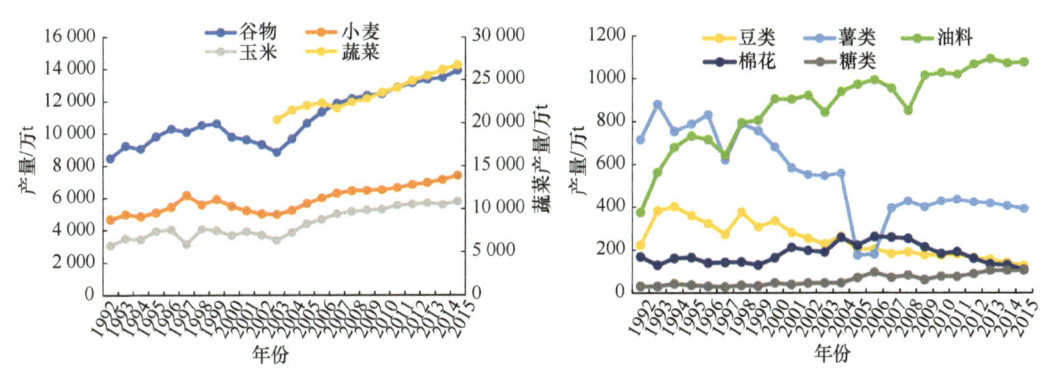

图 2-12　1992～2015 年华北地区主要农作物产量的变化
数据依据相应年份中国农业年鉴数据计算得到

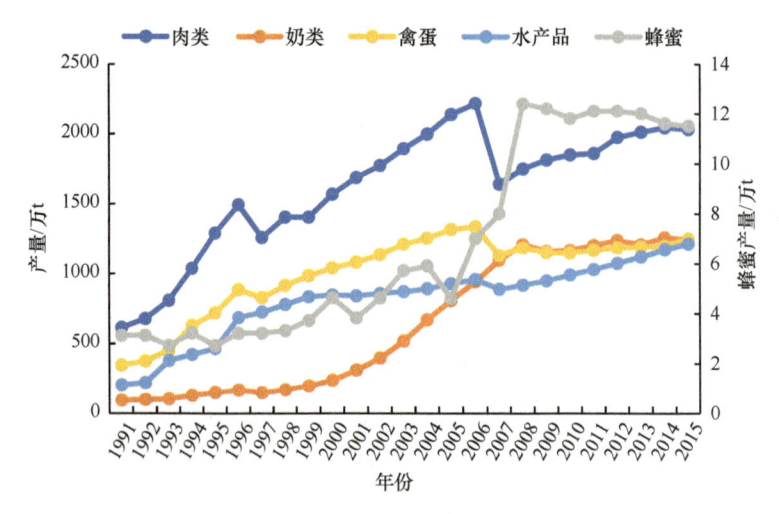

图 2-13　1991~2015 年华北地区畜禽产品、水产品和蜂产品产量的变化

数据依据相应年份中国农业年鉴数据计算得到

3. 华北地区粮食生产的物能投入

1) 化肥

1992~2015 年全国及华北地区农用化肥施用量呈现明显上升趋势，华北地区农用化肥施用量从 1992 年的 719.5 万 t 上升至 2015 年的 1547.4 万 t。1992~2015 年华北地区农用化肥施用量占全国农用化肥施用量的比例呈现略有波动状态，年平均值在 26.8%（图 2-14）。

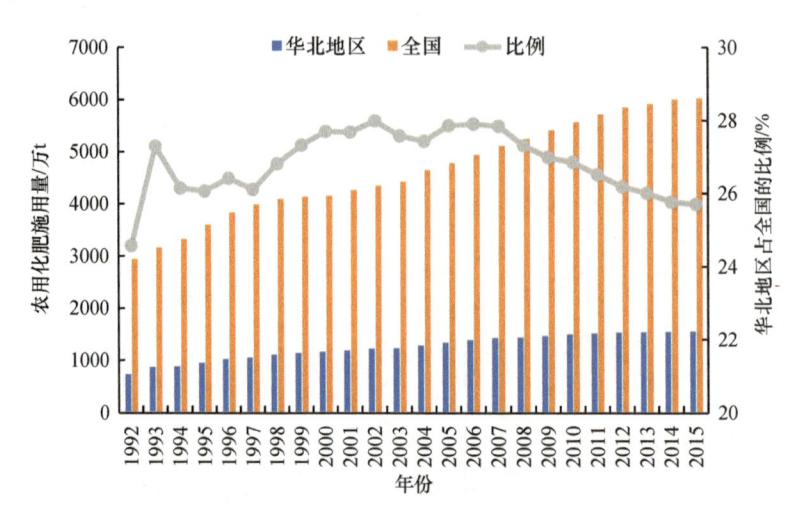

图 2-14　1992~2015 年华北地区和全国农用化肥施用量及华北地区农用化肥施用量在全国占比的变化

数据依据相应年份中国农业年鉴数据计算得到

1992~2015 年，河南的农业化肥施用量最高，且呈现一路上升的趋势，从 1992 年的 251.1 万 t 上升至 2015 年的 716.1 万 t；山东的农用化肥施用量也很高，但呈现先上升后

基本稳定的趋势；河北的农用化肥施用量排第三，也呈现上升趋势；北京、天津的农用化肥施用量相对较低，且年际间变化不大（图2-15）。

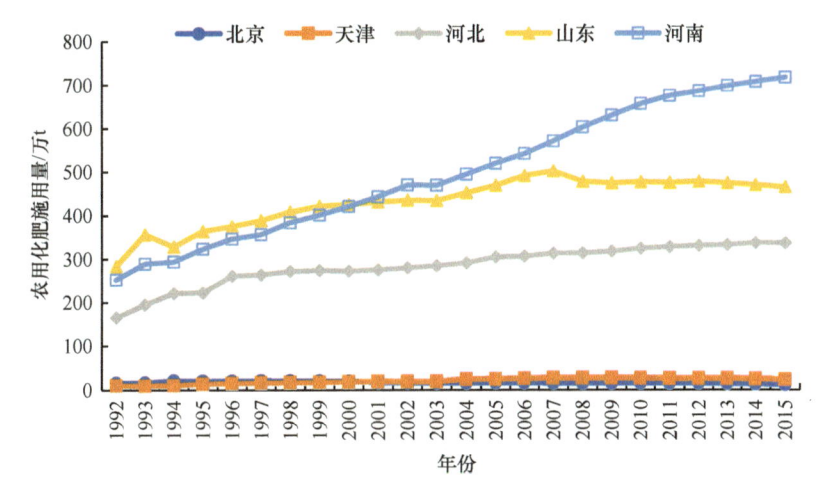

图2-15 1992～2015年华北地区各省（市）农用化肥施用量的变化
数据来源于相应年份中国农业年鉴

2）农药

1993～2015年，全国及华北地区农药使用量均呈先上升后下降再上升的趋势（图2-16）。1993～2015年，华北地区农药使用量占全国农药使用量的比例平均在24.0%左右，最高出现在1999年，为28.6%；最低出现在2015年，为20.7%。2008年以后，华北地区农药使用量占全国农药使用量的比例一直在下降，从2008年的23.0%降至2015年的20.7%。

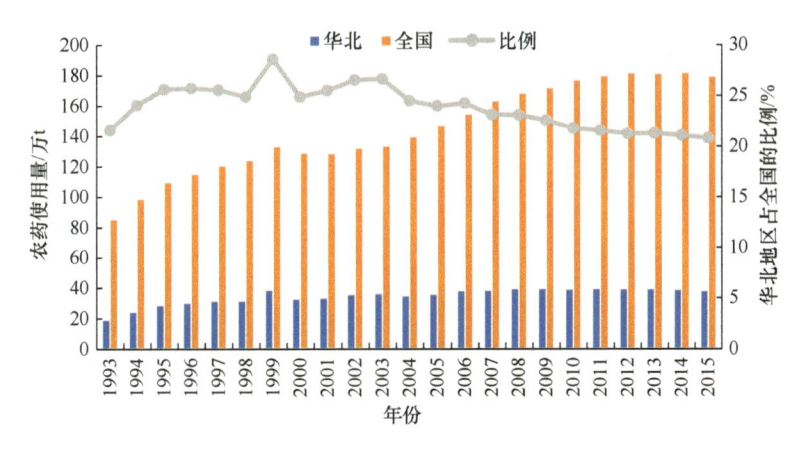

图2-16 1993～2015年华北地区及全国农药使用量及华北地区农药使用量在全国占比的变化
数据依据相应年份中国农业年鉴数据计算得到

3）农业机械总动力

1992～2015年全国及华北地区的农业机械总动力均呈上升的趋势（图2-17）。1992～

2015年，山东、河北、河南三省的农业机械总动力消耗量基本相同，都呈现快速上升的趋势；而北京、天津的农业机械总动力较低，且年际间变化不明显。

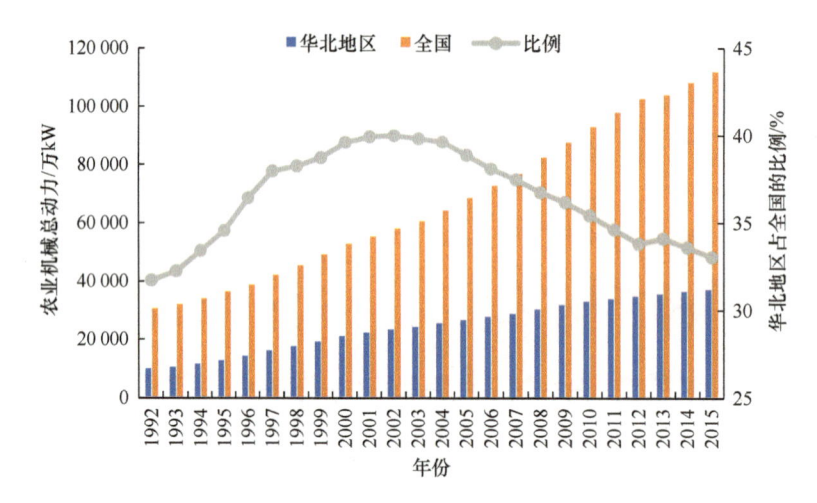

图2-17 1992～2015年华北地区及全国农业机械总动力及华北地区农业机械总动力在全国占比的变化
数据依据相应年份中国农业年鉴数据计算得到

4）农用柴油

1993～2015年，全国及华北地区农用柴油使用量总体均呈现上升趋势，且在2004年、2005年、2006年和2007年较高，而后增加较慢。华北地区农用柴油使用量占全国农用柴油使用量的比例年均为32.0%，占比最高的年份为2005年，为39.8%；占比最低的年份为1993年，为25.3%（图2-18）。

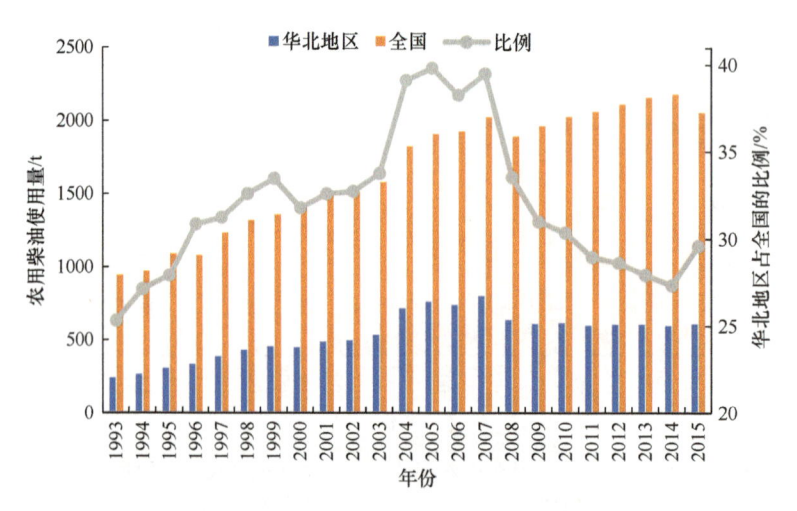

图2-18 1993～2015年华北地区及全国农用柴油使用量及华北地区农用柴油使用量在全国占比的变化
数据依据相应年份中国农业年鉴数据计算得到

4. 华北地区农业废弃物产生情况

1) 种植业产生秸秆量的动态变化

华北地区种植业产生的秸秆量持续增长且幅度大,从1980年的8253万t增加到2015年的23 324万t,增长了1.83倍(图2-19)。其中,河南产生的秸秆量增幅最大;山东产生的秸秆量增加情况比较接近河南;河北产生的秸秆量居中;北京和天津产生的秸秆量比较接近且占比不大。

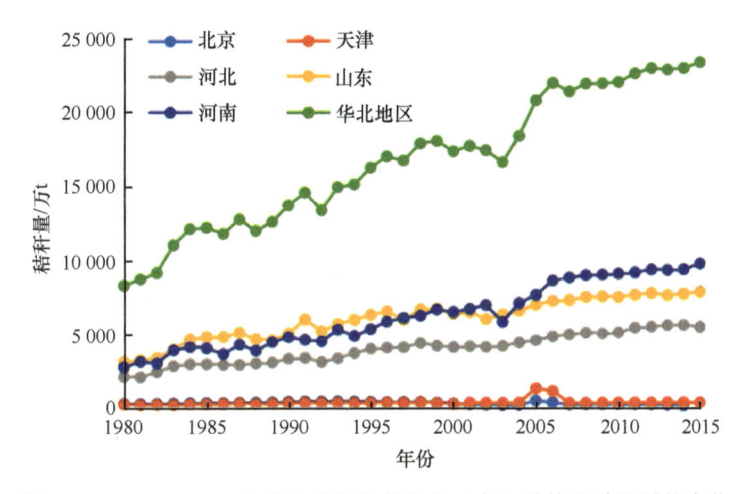

图2-19　1980～2015年华北地区及其各省(市)种植业秸秆量的变化
数据依据相应年份中国农业年鉴数据计算得到

2) 畜禽养殖业产生的粪便量变化

1995 年、2005 年和 2015 年华北地区畜禽粪便耕地负荷平均值为 34.04t/hm²、45.21t/hm² 和 31.37t/hm²,均超过欧盟规定的 30.00t/hm²。2015 年,华北地区畜禽粪便耕地负荷超过 30.00t/hm² 的地市达到 26 个,最高是承德,达到 60.00t/hm² 以上;其次是唐山、秦皇岛、石家庄、德州和济南市,达到 50.00t/hm² 以上。

2005 年华北地区单位面积畜禽粪便纯氮养分耕地负荷的平均值是 218.0kg/hm²,超过欧盟限量标准的地市达到 37 个,严重的是石家庄、济南和南阳。2015 年华北地区单位面积畜禽粪便纯氮养分耕地负荷的平均值是 158.3kg/hm²,超过欧盟限量标准的地市达到 17 个,严重的是承德市、秦皇岛市、石家庄市和鹤壁市。

2.2.3　华北地区农业水土资源利用状况分析

1. 华北地区水资源量的变化状况

华北五省(市)和全区 1998～2015 年平均降水量与常年(1956～2000 年平均值)降水量相比,除山东外,都有所下降(图 2-20),但总体下降的幅度不大。说明近几年全区的降水形势属于偏丰的状态。这种偏丰的降水形势能否持续下去，取决于气候变化的程度。目前最新的相关研究预测，华北地区在未来 30 年将进入一个降水偏丰的时期。

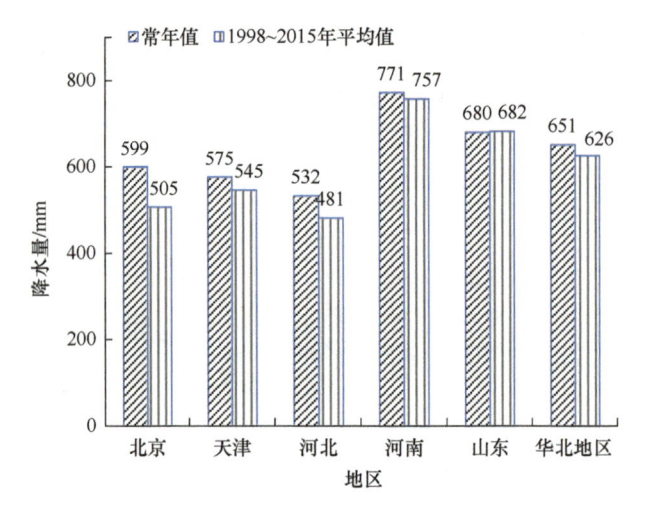

图 2-20　华北五省（市）及全区 1998～2015 年平均降水量与常年（1956～2000 年平均值）降水量的比较

尽管 1998～2015 年的降水量下降幅度不大，但华北五省（市）和全区的地表水资源量下降幅度巨大（图 2-21）。其中，北京和河北分别下降了 50.0%和 50.8%；天津下降了 20.0%；河南下降了 11.1%；山东下降了 1.0%。2008～2015 年降水形成的地下水资源量呈现稳步下降的趋势，降幅达 24.4%，地下水资源量占全国的比例从 6.27%下降到

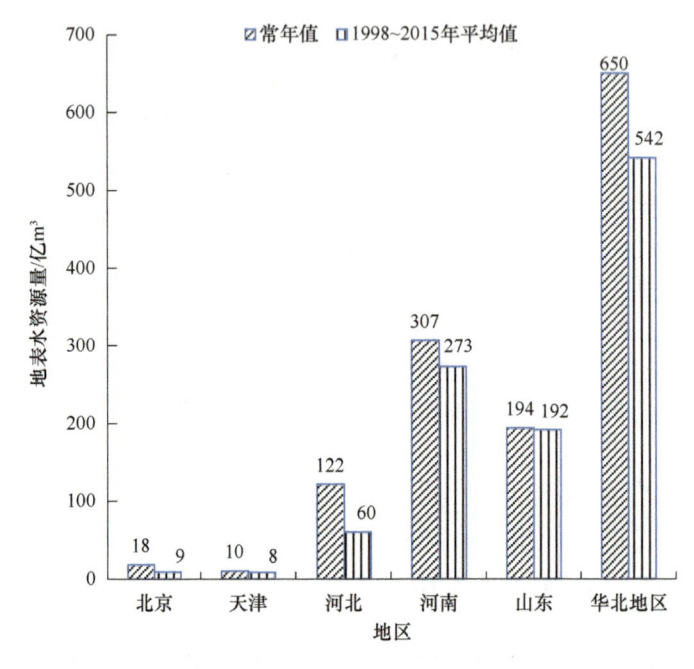

图 2-21　华北五省（市）及全区 1998～2015 年平均地表水资源量和常年地表水资源量比较

5.71%（图 2-22）。总体上，华北地区水资源量从 1998 年的 1212.10 亿 m³，下降到 2015 年的 630.30 亿 m³，降幅达 48.0%，将近一半（图 2-23）。华北地区人均水资源占有量也很低，即便在丰水年和偏丰水年也是如此，更别说是在偏枯水年和枯水年。

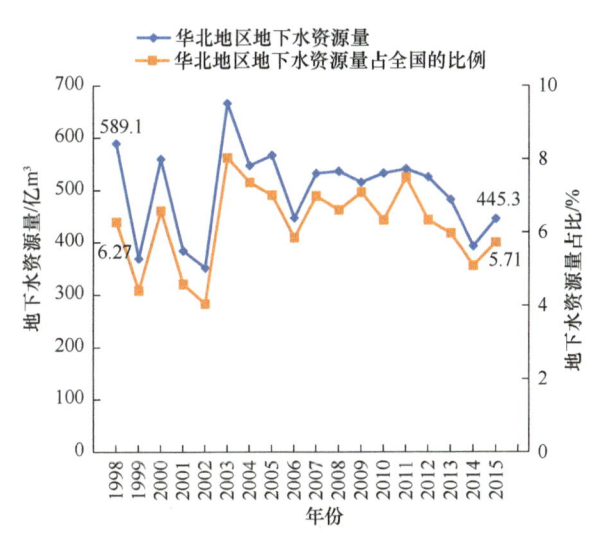

图 2-22　1998～2015 年华北地区地下水资源量及其占全国地下水资源量比例的变化

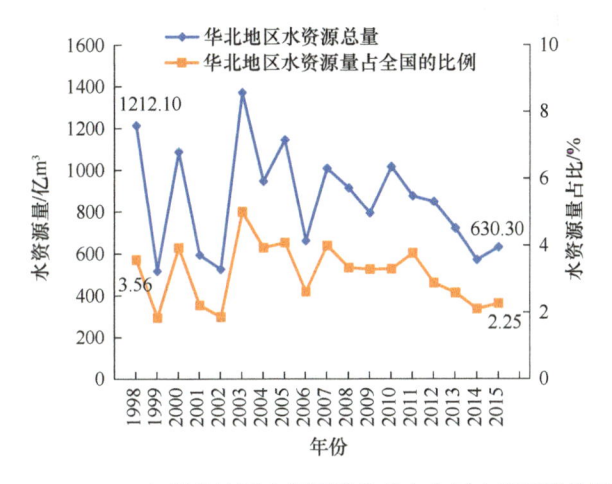

图 2-23　1998～2015 年华北地区水资源量及其占全国水资源量比例的变化

不同水文年型的耕地占有水资源量差距较大，丰水年是枯水年的 2.5 倍；偏丰水年是偏枯水年的 1.6 倍（图 2-24）。平水年的 3746m³/hm² 则更能代表华北地区的耕地平均占有水资源量状况。

总体上，华北地区水资源形势较为紧张，在降水量适度增加、水资源量大幅下降、经济快速发展、人口增长等多重因素的综合影响下，华北地区的农业用水形势和水土资源匹配形势都更加严峻。

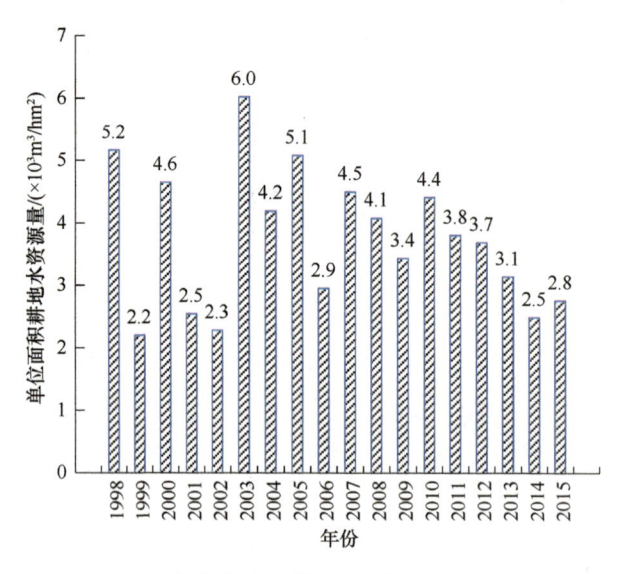

图 2-24　1998～2015 年华北地区单位面积耕地平均水资源量变化形势

2. 华北地区农业对水资源的利用现状

1）华北地区农业用水总量变化

华北地区农业用水总量从 1998 年到 2015 年的减幅为 24.4%，占该地区总用水量的比例从 1998 年的 72.2% 下降到 2015 年的 61.7%，占全国农业用水量的比例从 1998 年的 14.9% 下降到 2015 年的 11.0%（图 2-25）。

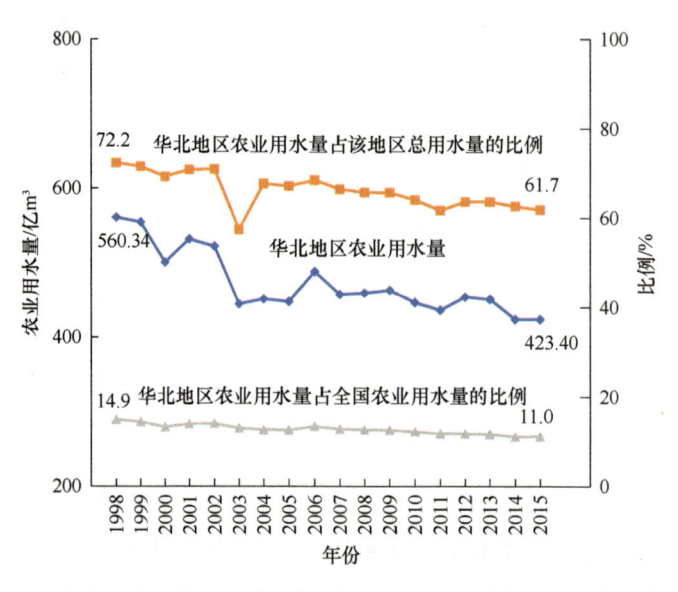

图 2-25　1998～2015 年华北地区农业用水量及其占该地区总用水量和全国农业用水量比例的变化趋势

2）华北地区农田灌溉面积和用水状况

华北地区农田灌溉总面积从 1998 年到 2015 年增幅 5.1%，农田有效灌溉面积从 1998 年到 2015 年增加了 5%（图 2-26），而农田有效灌溉面积占总灌溉面积的比例则从 1998 年的 94.2%下降到 2015 年的 92.7%。从灌溉的内部结构来看，耕地灌溉占比有所下降，林地灌溉比例增幅最大，其他灌溉基本维持原状。

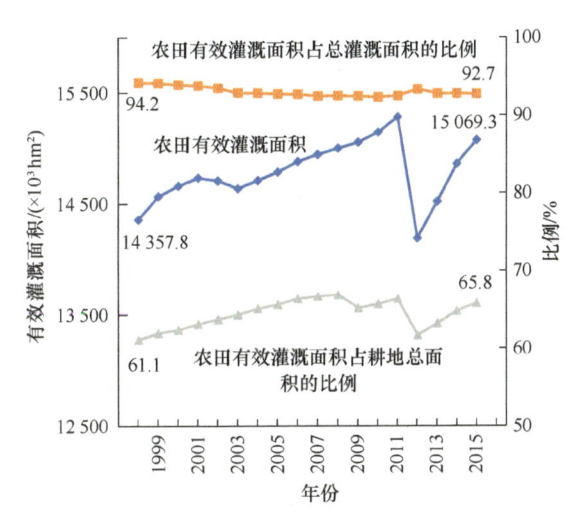

图 2-26　1998～2015 年华北地区农田有效灌溉面积及其占总灌溉面积和耕地总面积比例的变化趋势

华北地区灌溉总面积从 1998 年的 1524.71 万 hm² 增加到 2015 年的 1602.16 万 hm²，增长 5.1%；占耕地总面积的比例从 1998 年的 45.0%提高到 2015 年的 55.7%。

华北地区农田灌溉量在稳步下降。从 1998 年的 451 亿 m³ 下降到 2015 年的 394 亿 m³（图 2-27）。不同水文年型的农田灌溉量，丰水年平均为 439 亿 m³，偏丰水年平均为 419 亿 m³，平水年平均为 420 亿 m³，偏枯水年平均为 466 亿 m³，枯水年平均为 524 亿 m³。

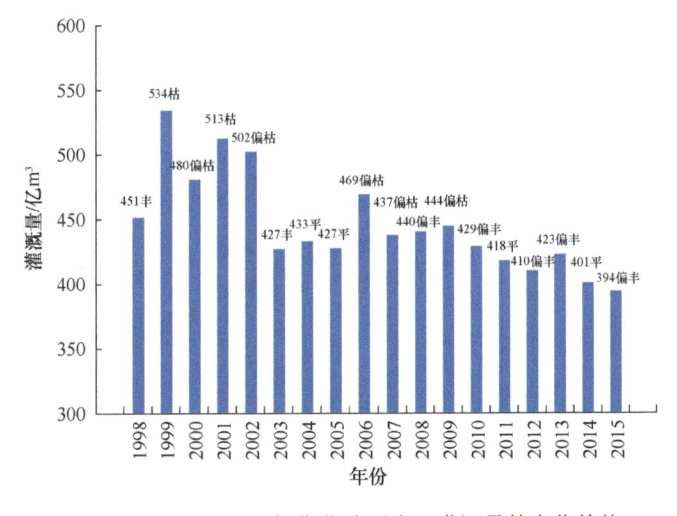

图 2-27　1998～2015 年华北地区农田灌溉量的变化趋势

3）华北地区地下水时空变化特征

依据收集的华北地区266个地下水水位下降速度样本点和5个典型城市地下水水位长期监测资料，从空间分布特征看，浅层地下水水位埋深下降速度较快的地区主要分布在燕山及太行山山前平原地区，其值高达（0.64±0.36）m/a，深层地下水水位埋深下降速度较快的地区主要分布在黄河、海河中部及沿海平原，其值高达（1.41±0.56）m/a；而位于华北地区南部的淮北平原，由于该地区降水相对较为丰沛，农业地下水开采程度较弱。

收集到的华北地区7个长期定位点的地下水位埋深监测数据（图2-28和图2-29）显示，石家庄的浅层地下水水位已经由1980年的10m左右下降到2005年的30m左右；德州、石家庄、沧州和邢台均呈现明显的持续下降趋势，其中德州样点的深层地下水水位埋深在2008年已经达到137.5m。区域深层和浅层地下水水位都在下降，如果这种趋势得不到有效遏制，地下水水位持续下降将会严重威胁区域的粮食安全与生态安全。

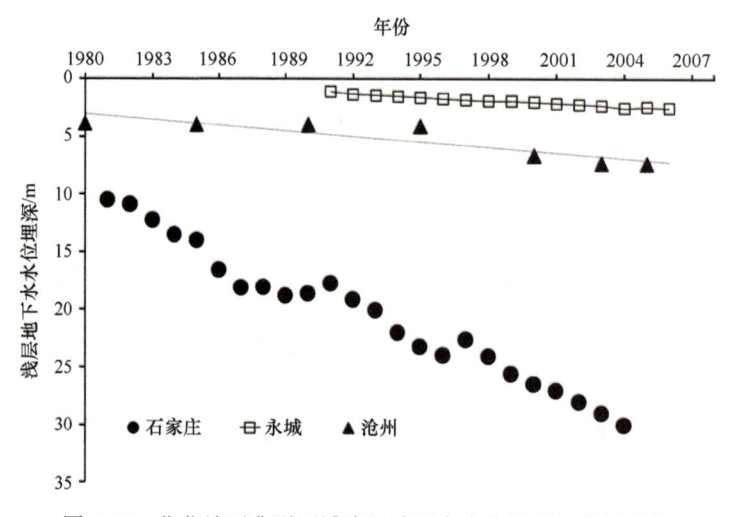

图2-28 华北地区典型区域浅层地下水水位埋深的变化趋势

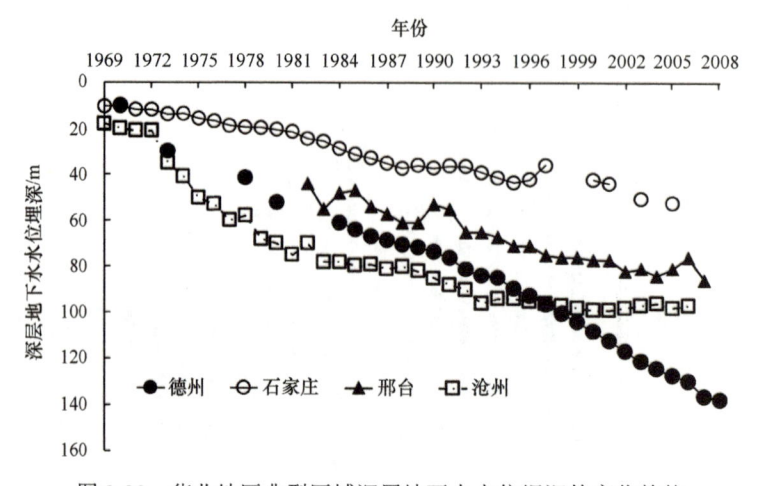

图2-29 华北地区典型区域深层地下水水位埋深的变化趋势

4）华北地区土地利用及土壤质量现状

（1）土地利用现状

由图2-30可知，华北地区耕地面积为315 387km²，占华北地区总面积的58.77%，林地、建设用地和草地面积依次递减，其面积占比分别为15.07%、11.70%、10.64%，水域和未利用地面积占比均在5%以下，其中未利用地面积占比仅为0.72%。由此可知，华北地区以耕地为主，林地次之，水域和未利用地面积相对较小。

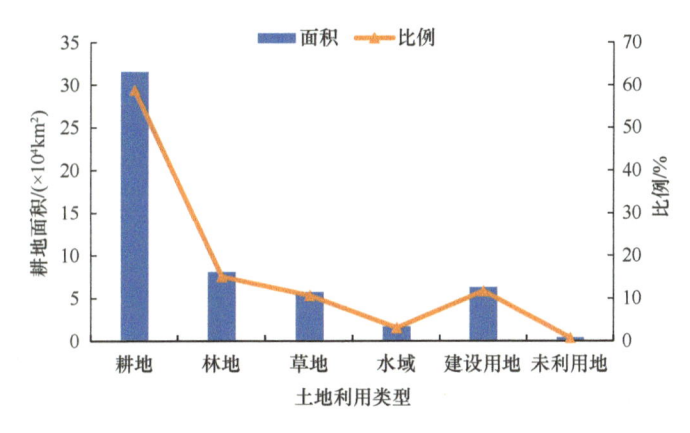

图2-30 华北地区2015年不同土地利用类型的面积及其占该地区总面积的比例

华北地区各省（市）因经济水平、社会发展及资源禀赋的不同，其土地利用类型具有一定的差异。由华北地区各省（市）土地利用结构状况（表2-5）可知，北京以林地为主，占市域面积的比例为44.58%，耕地面积占比为27.24%，建设用地面积占比为17.66%，而草地、水域和未利用地面积占比相对较小；天津以耕地为主，占市域面积的比例为57.12%，建设用地面积占比为21.87%，水域面积占比为15.27%，而林地、草地和未利用地面积占比相对较小；河北以耕地为主，占省域面积的比例为51.54%，林地和草地面积占比分别为19.55%和17.73%，建设用地面积占比为8.11%，而水域和未利用地面积占比相对较小。

表2-5 2015年华北地区各省（市）土地利用面积及占比

土地利用类型	北京 面积/km²	北京 比例/%	天津 面积/km²	天津 比例/%	河北 面积/km²	河北 比例/%	山东 面积/km²	山东 比例/%	河南 面积/km²	河南 比例/%
耕地	4 468	27.24	6 641	57.12	96 525	51.54	101 063	64.92	106 690	64.42
林地	7 312	44.58	421	3.62	36 609	19.55	9 758	6.27	26 783	16.17
草地	1 258	7.67	188	1.62	33 209	17.73	13 130	8.43	9 332	5.63
水域	467	2.85	1 775	15.27	3 847	2.05	6 417	4.12	4 081	2.46
建设用地	2 896	17.66	2 543	21.87	15 187	8.11	23 463	15.07	18 674	11.28
未利用地	1	0.01	59	0.51	1 904	1.02	1 853	1.19	61	0.04
总计	16 402	100.00	11 627	100.00	187 281	100.00	155 684	100.00	165 621	100.00

注：比例之和不为100%是因为有些数据进行过舍入修约，下同

华北地区耕地总面积为315 387km²，占区域总面积的比例为58.77%，河南、山东

和河北耕地面积占比分别为 33.83%、32.04%、30.61%。如何科学有效地提升耕地质量以实现粮食安全和水资源安全是华北地区耕地资源利用的重要挑战。

(2) 土壤质量现状

将耕地按照 1～4 等、5～8 等、9～12 等、13～15 等分别划分为优等地、高等地、中等地和低等地。华北地区优等地面积为 99.67km^2，占区域耕地评定总面积的 0.04%；高等地面积为 127 264.68km^2，占区域耕地评定总面积的 55.44%；中等地面积为 83 308.20km^2，占区域耕地评定总面积的 36.29%；低等地面积为 18 875.26km^2，占区域耕地评定总面积的 8.23%。从优等地、高等地、中等地、低等地的分布（图 2-31）来看，华北地区耕地总体以中等地和高等地为主，且各质量等级的分布具有显著的空间差异性。

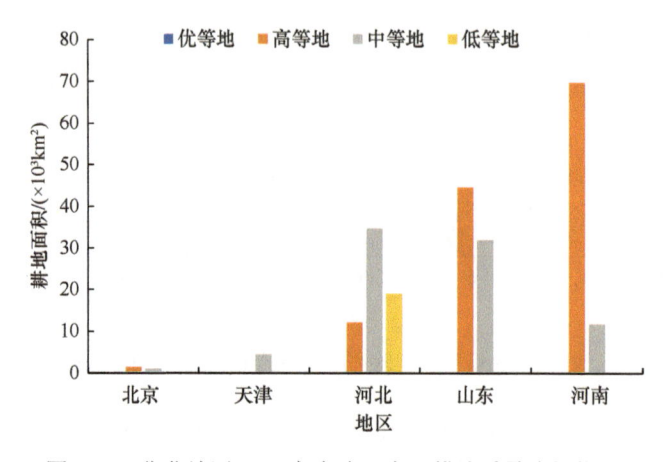

图 2-31 华北地区 2015 年各省（市）耕地质量分级状况

5) 华北地区水土资源时空匹配分析

2015 年，华北五省（市）和全区的水土资源高度不匹配。华北耕地面积占全国耕地面积的比例为 16.95%，但华北地区的水资源量却只占全国水资源量的 2.26%，灌溉用水量占全国灌溉用水量的 10.73%（表 2-6）。其中，情况最严重的是河北、河南、山东三省，河北用仅占全国 0.48%的水资源耕种了全国 4.83%的耕地，而河南是用全国 1.03%的水资源耕种了全国 6.00%的耕地，山东则是用全国 0.60%的水资源耕种了全国 5.64%的耕地。1998～2015年，华北地区一直维持这种水土资源格局。这种水土资源的高度不匹配在目前高速发展的经济社会背景下很难在短期内得以扭转，这也是华北地区食物安全必须面对的重大挑战。

表 2-6 华北地区各省（市）耕地、水资源与灌溉用水量在全国的占比

地区	耕地面积占全国耕地面积的比例/%	水资源量占全国水资源量的比例/%	灌溉用水量占全国灌溉用水量的比例/%
北京	0.16	0.10	0.12
天津	0.32	0.05	0.24
河北	4.83	0.48	3.79
河南	6.00	1.03	3.25
山东	5.64	0.60	3.33
华北地区	16.95	2.26	10.73

2.3 华北地区农业水资源承载力研究

2.3.1 华北地区农业水资源承载力评价指标体系

农业水资源承载力评价体系的基础指标应能简明、清晰地将复杂的水资源、农业用水水平、农田水利基础设施和配备情况以及与生态环境之间纷乱庞杂的关系表示出来，准确地度量出农业水资源与人口、生产、生态之间的配置关系。根据这种要求以及以上指标选取原则及注意事项，综合影响农业水资源承载力的资源因素、生态因素、制度因素、科技因素及人口因素，农业水资源承载力评价体系基础指标的选取如下：高效节水灌溉面积比率、供水模数、农业用水比率、亩均灌溉用水量、地下水开发程度、地表水开发程度、种养耗水比。

华北地区农业水资源承载力评价指标体系及等级界定标准见表2-7，并界定Ⅰ～Ⅴ级5个标准。其中，Ⅰ级表示现有灌溉规模和农业水资源利用程度都较小，农业水资源对农业生产的承载潜力较大，存在承载富余；Ⅱ级表示农业灌溉发展虽具一定规模，但仍有承载潜力，为承载有余；Ⅳ级表明处于承载力饱和状态，状况较差，属于承载超载；Ⅴ级表明处于承载力的过饱和状态，状况很差，农业用水已经出现严重短缺，属于承载严重超载；Ⅲ级的情况介于Ⅱ和Ⅳ之间，属临界状态，没有承载富余但也不超载。

表2-7　华北地区农业水资源承载力评价指标体系及等级界定标准

评价指标名称	单位	Ⅰ级(承载富余)	Ⅱ级(承载有余)	Ⅲ级(承载临界)	Ⅳ级(超载)	Ⅴ级(严重超载)
高效节水灌溉面积比率	%	90	70	50	30	10
供水模数	$\times 10^4 m^3/km^2$	4.3	5.7	7.1	8.6	10
农业用水比率	%	32	43	54	64	75
亩均灌溉用水量	$m^3/亩$	180	215	250	285	320
地下水开发程度	%	14	18	23	27	32
地表水开发程度	%	41	55	68	82	95
种养耗水比		20	16.5	13	9.5	6

注：数据来源于中国统计年鉴和中国水资源公报

选取因子分析法对评价体系中的各指标进行赋权，通过计算，得到的各指标权重值见表2-8。从表2-8中可以看出，各权重由高到低排列为0.257（地下水开发程度）＞0.186（高效节水灌溉面积比率）＞0.173（亩均灌溉用水量）＞0.165（地表水开发程度）＞0.162（种养耗水比）＞0.042（农业用水比率）＞0.015（供水模数），其中地下水开发程度和高效节水灌溉面积比率的权重相对较高，对农业水资源承载力影响较大。

表 2-8 华北地区农业水资源承载力评价指标现状值统计

序号	地区	高效节水灌溉面积比率/%	供水模数/(×10⁴m³/km²)	农业用水比率/%	亩均灌溉用水量/(m³/亩)	地下水开发程度/%	地表水开发程度/%	种养耗水比
1	北京	62.45	23.28	16.75	201.84	104.36	112.66	9.00
2	天津	70.70	21.49	48.64	175.29	100.48	200.65	12.25
3	河北	68.16	9.73	72.28	181.52	117.61	95.68	10.19
4	河南	64.28	13.63	56.51	144.19	69.73	53.88	7.98
5	山东	65.23	13.47	67.35	165.73	98.78	144.72	5.80
各指标权重		0.186	0.015	0.042	0.173	0.257	0.165	0.162

2.3.2 华北地区农业水资源承载力评价

1. 基于模糊综合评价法的省级农业水资源承载力评价

模糊综合评价法以模糊变换原理为依据，以隶属函数为桥梁，分析、评价模糊系统，可以在对影响农业水资源承载力所有因素进行单因素评价的基础上，通过综合评判矩阵对农业水资源的承载能力作出多因素综合评价，可较全面地分析出农业水资源承载力的分区及整体状况，根据均分原则，将评分值[0,1]均分成五部分：[0,0.2]、(0.2,0.4]、(0.4,0.6]、(0.6,0.8]、(0.8,1]，分别对应Ⅴ级、Ⅳ级、Ⅲ级、Ⅱ级、Ⅰ级。具体综合评分结果见表2-9。北京的评分最高，为0.5735，农业水资源承载力为Ⅱ级。河北、山东两省的评分值相差不多，农业水资源承载力都为Ⅳ级，处于超载状态，其中山东的评分最低，只有0.3515，在华北地区中超载最严重。

表 2-9 华北五省（市）农业水资源承载力模糊综合评价计算结果

地区	模糊综合评价法综合评分值	对应等级
北京	0.5735	Ⅱ级
天津	0.4628	Ⅲ级
河南	0.4328	Ⅲ级
河北	0.3770	Ⅳ级
山东	0.3515	Ⅳ级

2. 基于主成分分析法的华北地区市级农业水资源承载力评价

主成分分析也称主分量分析，旨在利用降维的思想，把多指标转化为少数几个综合指标（即主成分），其中每个主成分都能够反映原始变量的大部分信息，且所含信息互不重复。从计算结果可以看出，北京、天津农业水资源承载力分别为Ⅱ级、Ⅲ级，表现良好。河南郑州、安阳、鹤壁、新乡、开封的农业水资源承载力处于Ⅲ级，焦作、濮阳处于Ⅴ级，超载及严重超载城市占比达到35%，整体农业水资源承载力处于超载状态。河北水资源问题依旧严峻，秦皇岛和廊坊农业水资源承载力处于Ⅴ级，衡水处于Ⅳ级，超采及严重超采城市占比 36%。山东的农业水资源承载力最好,淄博、济宁和聊城农业水资源承载力处于Ⅲ级,超载及严重超载城市占比 17.6%,整体农业水资源承载力较高。

2.3.3 未来不同供水情景下华北地区农业发展规模预测

1. 华北五省(市)供水量预测

在中国气象局网站下载北京、天津、河南、河北和山东五省(市)1960~2013 年的降水量数据,用水文频率计算出各个省(市)保证率为 25%、50% 和 75% 的理论降水量,并找到对应的水文年,计算结果见表 2-10。

表 2-10 华北五省(市)不同降水频率水文年信息

地区	频率/%	降水量/mm	水文年
北京	25	662.6	1978
	50	552.0	1992
	75	445.2	2003
天津	25	628.0	1984
	50	521.3	2001
	75	428.9	2006
河北	25	553.7	1979
	50	475.0	1998
	75	405.2	2002
河南	25	723.5	1983
	50	629.6	2007
	75	544.0	2012
山东	25	808.6	2004
	50	694.7	2013
	75	585.6	2006

注:数据来源于中国气象局网站

1)黄河水供水

在华北五省(市)中,黄河主要供水给河南、山东和河北,北京、天津有很少的引水量(表 2-11)。

表 2-11 黄河水不同年份华北地区三省供水量

黄河水供给省份	供水量/($\times 10^8 m^3$)									
	2015年	2014年	2013年	2012年	2011年	2010年	2009年	2008年	2007年	2006年
河北	5.19	6.38	3.47	6.68	13.60	10.15	8.66	7.30	1.90	3.00
河南	70.19	72.73	80.43	80.00	77.05	70.07	70.04	66.29	61.61	70.28
山东	108.10	101.86	90.96	92.32	89.17	85.48	84.02	79.94	81.88	91.65

注:数据来源于相应年份黄河水资源公报

2）长江水供水

依据《南水北调工程总体规划》，南水北调东线一期、二期工程和中线一期工程于2020年以前完成，东线三期工程和中线二期工程于2030年前完成。其中东线一期工程在2020年能保证向山东供水16.86亿m^3，二期工程可以向山东供水16.86亿m^3，向河北供水7亿m^3，向天津供水5亿m^3；中线一期工程可以为华北五省（市）供水95亿m^3。到2030年，东线三期可以向华北地区供水57.3亿m^3，中线二期可以向华北地区供水130.1亿m^3。详细供水量见表2-12。

表2-12 南水北调工程向华北五省（市）供水量规划

地区	2025年			2030年			2035年		
	东线三期	中线一期	小计	东线三期	中线二期	小计	东线三期	中线二期	小计
北京	0.0	12.4	12.4	0.0	17.0	17.0	0.0	17.0	17.0
天津	10.0	10.2	20.2	10.0	14.0	24.0	10.0	14.0	24.0
河北	10.0	34.7	44.7	10.0	47.5	57.5	10.0	47.5	57.5
河南	0.0	37.7	37.7	0.0	51.6	51.6	0.0	51.6	51.6
山东	37.3	0.0	37.3	37.3	0.0	37.3	37.3	0.0	37.3
合计	57.3	95	152.3	57.3	130.1	187.4	57.3	130.1	187.4

供水量/（×10⁸m³）

注：数据来源于《南水北调东线工程规划（2001年修订）》和《南水北调中线工程规划（2001年修订）》

3）非常规水源供水

华北地区非常规水源供水包括微咸水（苦咸水）、再生水和海水淡化水。规划华北地区非常规水源供水量见表2-13。

表2-13 华北地区非常规水源供水量

地区	2025年				2030年				2035年			
	微咸水	再生水	海水淡化水	合计	微咸水	再生水	海水淡化水	合计	微咸水	再生水	海水淡化水	合计
北京	0.00	5.55	0.00	5.55	0.00	5.90	0.00	5.90	0.00	6.25	0.00	6.25
天津	0.80	5.10	1.35	7.25	0.80	5.40	1.40	7.60	0.80	5.70	1.45	7.95
河北	4.70	8.30	1.95	14.95	5.10	9.00	2.10	16.20	5.50	9.70	2.25	17.45
河南	0.00	2.25	0.00	2.25	0.00	2.40	0.00	2.40	0.00	2.55	0.00	2.55
山东	2.70	1.80	0.30	4.80	2.70	2.20	0.30	5.20	2.70	2.60	0.30	5.60
总计	8.20	23.00	3.60	34.80	8.60	24.90	3.80	37.30	9.00	26.80	4.00	39.80

供水量/（×10⁸m³）

4）地表水及地下水供水

查找相关数据资料，整理获得华北五省（市）多年平均地表水和地下水供水量，详细数据见表2-14。

表2-14　华北五省（市）地表水和地下水多年平均供水量　（单位：×10⁸m³）

地区	地表水供水量	地下水供水量
北京	9.00	24.20
天津	15.54	6.58
河南	91.15	128.65
河北	41.52	158.80
山东	119.74	105.45
总计	276.95	423.68

注：数据来源于《河南省水资源利用与保护》《河北省水资源可持续利用现状与展望》《山东省水资源综合利用中长期规划》，以及多年的北京市水资源公报和天津市水资源公报

2. 农业可利用的灌溉水资源量分析

按多年平均供水配置方案和枯水段供水配置方案，灌溉用水比例用1956～2000年系列平水年和枯水年的灌溉用水比例，并根据2006～2015年的各省（市）灌溉用水比例变化趋势，以此为基础下降5%～10%，推算华北地区2025年、2030年和2035年五省（市）灌溉用水比例，从而计算得出农业灌溉可用水量。表2-15为华北五省（市）灌溉用水比例。

表2-15　华北五省（市）灌溉用水比例

地区	多年平均灌溉用水比例 2025年	2030年	2035年	枯水年灌溉用水比例 2025年	2030年	2035年
北京	[0.207,0.256]	[0.206,0.254]	[0.205,0.252]	[0.153,0.203]	[0.152,0.202]	[0.151,0.201]
天津	[0.387,0.436]	[0.385,0.433]	[0.383,0.430]	[0.491,0.541]	[0.488,0.538]	[0.485,0.535]
河北	[0.636,0.686]	[0.632,0.682]	[0.628,0.678]	[0.597,0.647]	[0.593,0.643]	[0.589,0.639]
河南	[0.496,0.546]	[0.493,0.543]	[0.487,0.540]	[0.512,0.561]	[0.509,0.557]	[0.506,0.553]
山东	[0.711,0.761]	[0.707,0.756]	[0.703,0.751]	[0.662,0.711]	[0.658,0.707]	[0.654,0.701]

华北五省（市）2025年、2030年和2035年的多年平均情况下和枯水段情况下灌溉可供水量见表2-16～表2-18。

表2-16　华北五省（市）供水量多年平均水资源配置方案　（单位：×10⁸m³）

地区	2015年（现状年）供水量	多年平均供水量 2025年	2030年	2035年	枯水年供水量 2025年	2030年	2035年
北京	38.20	48.15	53.10	52.45	44.95	49.90	49.25
天津	25.68	48.45	52.60	51.55	43.25	47.40	46.35
河北	190.15	278.96	293.01	294.26	229.36	243.41	244.66
河南	220.38	318.52	332.57	332.72	314.62	328.67	328.82
山东	212.76	310.46	310.86	311.26	278.20	278.60	279.00

表 2-17 华北五省（市）灌溉用水量区间预测   （单位：×10⁸m³）

地区	多年平均灌溉用水量区间			枯水年灌溉用水量区间		
	2025 年	2030 年	2035 年	2025 年	2030 年	2035 年
北京	[9.97,12.33]	[10.94,13.49]	[10.75,13.22]	[6.88,9.12]	[7.58,10.08]	[7.49,9.95]
天津	[18.75,21.12]	[20.25,22.78]	[19.74,22.17]	[21.24,23.40]	[23.13,25.50]	[22.62,24.94]
河北	[177.42,191.37]	[185.18,199.83]	[184.80,199.51]	[136.93,148.40]	[144.34,156.51]	[145.08,157.32]
河南	[157.99,173.91]	[163.96,180.59]	[162.03,179.67]	[161.09,176.50]	[167.29,183.07]	[167.37,183.15]
山东	[220.74,236.26]	[219.78,235.01]	[218.82,233.76]	[184.17,197.80]	[183.32,196.97]	[183.58,197.25]

表 2-18 雄安新区与廊坊市数据对比

地区	人口/万人	多年平均水资源量/亿 m³	多年人均水资源量/m³	面积/km²
雄安新区（远期规划）	530.0	1.73	144	1770
廊坊市（2017 年）	474.1	8.04	184	6429

本研究考虑雄安新区对华北地区农业水资源承载力的影响。雄安新区水资源是比较紧缺的，多年平均水资源量为 1.73 亿 m³，人均水资源量仅有 144m³，还存在地下水超采、白洋淀生态用水不足等问题需要解决。作为千年大计而设立的雄安新区，持续的、长久的水资源安全保障是新区建设和发展的头等大事。

根据经验预测法和统计分析法计算雄安新区未来用水量，雄安新区与廊坊市同属于河北省中部，具有相近的气候模式，同时，雄安新区远期规划人口与廊坊市相近，雄安新区与廊坊市面临相似的缺水困局，人均水资源量远不及全国平均水平（2200m³）。因此，利用廊坊市用水水平作为参考计算雄安新区未来用水是有借鉴意义的。

雄安新区远期规划 530.0 万人仅仅依靠当地水资源量是远远不够的，未来，南水北调中的优质水源可以作为保障提供城市生活用水和工业用水，城市生态环境用水主要依靠再生水、当地地表水和雨水保障，农业用水主要依靠地下水保障，白洋淀生态用水则主要依靠引黄入冀补淀水、上游水库水来保障。廊坊市多年平均用水量 10.45 亿 m³，其中工业用水量占廊坊市总用水量的 11.7%，生活用水量占 11.56%，工业用水和生活用水多年平均用水量超过 2.43 亿 m³，伴随着人民生活水平的提高和社会的进步，工业用水量和生活用水量还会逐年增高。即使以节水型社会的、远期规划人口 530.0 万的雄安新区工业用水量与生活用水量保守估计也会超过 2.4 亿 m³。

利用南水北调的优质水源满足雄安新区工业用水与生活用水可先期利用天津干渠供水，并启动雄安干渠供水工程建设，以满足雄安新区远期需求。从天津干渠取水对北京和天津未来的南水北调供水会有一定的影响，此外，鉴于雄安新区千年大计的战略定位，未来可考虑将雄安新区纳入南水北调东线工程后续规划供水范围，这有利于保障雄安新区长远的水资源安全。

3. 可承载的有效灌溉面积

分别计算在现状年及多年平均水资源配置方案和枯水段配置方案下，华北五省（市）2025 年、2030 年和 2035 年灌溉用水量可承载的有效灌溉面积。根据预测计算结果可知，

2025 年，北京比现状年可多承载 21.81%～51.09%；天津比现状年多承载 41.47%～59.66%；河北比现状年可多承载 88.94%～103.71%；河南比现状年可多承载 33.15%～46.49%；山东比现状年多承载 53.94%～64.69%。2030 年、2035 年华北五省（市）随着外来水量的不断增加及农田水利设施的不断完善，由灌溉水量承载的有效灌溉面积进一步增加。在枯水段配置方案下，2025 年、2030 年和 2035 年天津、河北、山东的有效灌溉面积均不同程度地高于现状年的。2025 年，北京的有效灌溉面积比现状年少承载 4.97%～28.37%；天津比现状年多承载 25.44%～38.13%；河北比现状年多承载 19.16%～29.14%；河南与现状年承载力相似；山东比现状年多承载 22.88%～31.98%。2030 年、2035 年华北五省（市）可承载的有效灌溉面积将会进一步扩大。

4. 可承载的粮食产量

多年平均水资源配置方案下，北京粮食产量比现状年多承载 19.71%～48.06%，天津粮食产量比现状年多承载 9.62%～23.50%，华北地区其余三省均不同程度地低于现状年水平，枯水段配水方案下，天津可承载粮食产量略高于现状年，华北地区其余四省（市）可承载的粮食产量均不同程度地低于现状年。究其原因，提高河北、河南和山东三省有效灌溉面积占比，普及农田水利设施，建设水库、大型灌区，完善灌区配套设施，减少"家庭式""作坊式"耕种面积，提高亩均粮食产量才是保障华北农业粮食安全的重中之重。

5. 可承载的人口规模

区域可承载的人口规模按粮食总产量与人均粮食需求量之比计算，公式如下

$$P^{\pm} = q_g^{\pm} \times \frac{r_a^{\pm} \times (W_o + W_u + W_s + W_g)}{q_i^{\pm} \times g_p^{\pm}}$$

式中，$P^{\pm}$ 为可承载的人口数；$q_g^{\pm}$ 为亩均粮食产量；$r_a^{\pm}$ 为灌溉用水比例；W_o 为外调水量；W_u 为非常规水源量；W_s 为地表水供水量；W_g 为地下水供水量；$q_i^{\pm}$ 为亩均灌溉用水定额（表 2-19）（考虑节水技术水平的提高，不同年份动态变化）；$g_p^{\pm}$ 为人均粮食需求量，根据 2014 年国务院办公厅发布的《中国食物与营养发展纲要（2014—2020 年）》，设定为平均每人每年口粮需求量（表 2-20）在 135～145.3kg。

表 2-19 华北五省（市）亩均灌溉用水定额 （单位：m³）

地区	多年平均亩均灌溉水量			枯水年亩均灌溉水量		
	2025 年	2030 年	2035 年	2025 年	2030 年	2035 年
北京	336.30	328.86	321.41	404.34	395.39	386.40
天津	253.68	251.59	249.50	282.72	280.39	278.06
河北	211.18	211.08	210.98	260.92	260.79	260.67
河南	229.50	229.39	229.28	311.53	311.38	311.23
山东	262.66	262.54	262.41	292.33	292.19	292.05

表 2-20 不同年份人均口粮需求量

年份	人均口粮需求量/kg
2025	140.1
2030	145.3
2035	150.0

计算得到现状年及多年平均水资源配置方案和枯水段配置方案下可承载的人口。多年平均水资源配置方案下，2025年、2030年及2035年华北地区除北京和天津外其余三省所承载的人口规模均不同程度地高于现状年地区实际人口规模，说明以上地区为粮食输出区，不同行政区间存在粮食调入和调出。枯水段配置方案下，除北京和天津外，华北地区其余三省可承载的人口数均低于现状年。综上所述，在多年平均水资源配置方案和枯水段配置方案下，河北、河南、山东均可为北京、天津两市提供粮食，在多年平均水量下可以补足北京、天津两市的粮食缺口。

6. 可承载的牲畜规模

区域可承载的牲畜规模按牲畜耗水量与养殖定额之比计算。通过计算分别获得在多年平均水资源配置方案和枯水段配置方案下可承载的牲畜规模。

在2025年、2030年和2035年多年平均水资源配置方案及枯水段配置方案下，华北五省（市）中河南载畜量最大，北京载畜量最小。北京平水年与枯水年均小于现状年，在多年平均水资源配置方案下，北京比现状年少承载28.07%~34.41%的载畜量；天津比现状年多承载16.42%~41.57%的载畜量，为582万~707万头猪；河南比现状年多承载11.37%~43.03%的载畜量；山东比现状年少承载20.83%~23.41%的载畜量。在枯水段配置方案下，北京比现状年少承载2.76%~19.38%的载畜量；天津比现状年多承载31.16%~58.94%的载畜量，河北载畜量与现状年基本持平，河南比现状年多承载22.59%~56.88%的载畜量，山东比现状年少承载26.11%~28.24%的载畜量。

2.4 新时期华北地区农业发展趋势与功能定位

2.4.1 国际化绿色化背景下华北地区农业发展的新趋势

当前，华北地区农业发展已经进入全面转型的关键时期，未来几十年，必然是由传统农业向现代专业化转变过程，在现代农业的引导下，特色化的"四化合一"（特色专业化+特色规范化+特色规模化+特色品类品牌化）将是主流趋势；社区商圈将成为主流销售渠道；新农人成为主流趋势；互联网的冲击、生产方式的改变和生产方式的提升促成了互联网+农产品电商的崛起和市场的火热。生产技术方面，越来越多的技术（如激光平整土地、遥感、无人飞机）被应用。生产方式也逐渐向规模化与机械化转变。可以预见，未来华北地区农业发展将呈现如下趋势：农业劳动力转移减缓，土地规模化经营加速；粮食供求保持盈余，综合生产能力仍有潜力；农业转型升级加快，绿色发展成为新趋势；农业机械化、信息化水平加速，农业现代化进程加快；农业功能进一步拓展，都市现代农业和休闲、观光、养老农业发展提速；科技对农业的支撑作用加大，依靠科技创新驱动农业提质增效。

2.4.2 华北地区食物安全需求分析

2005～2015年华北地区食物需求量与供给量见表2-21。华北地区未来的口粮及多数食物供给详见综合报告。

表2-21　2005～2015年华北地区食物需求量与供给量　　（单位：万t）

食物种类	需求量										
	2005年	2006年	2007年	2008年	2009年	2010年	2011年	2012年	2013年	2014年	2015年
稻谷	1 024	1 001	976	959	934	914	887	863	834	807	779
小麦	3 073	3 045	3 013	3 002	2 972	2 956	2 921	2 896	2 853	2 818	2 780
玉米	2 560	2 632	2 701	2 792	2 866	2 956	3 029	3 115	3 182	3 260	3 336
豆类	461	475	488	506	520	537	552	568	582	597	612
薯类	205	227	249	274	297	322	346	372	395	420	445
蔬菜	4 097	4 231	4 363	4 530	4 670	4 837	4 977	5 137	5 268	5 415	5 561
水果	1 844	1 909	1 974	2 054	2 123	2 203	2 272	2 350	2 414	2 487	2 558
肉类	922	949	976	1 011	1 040	1 075	1 103	1 137	1 163	1 194	1 223
水产品	410	444	478	516	552	591	627	667	702	740	779
禽蛋	389	413	436	464	488	516	541	546	549	553	556
奶类	819	846	873	906	934	967	995	1 027	1 054	1 083	1 112
口粮	4 097	4 046	3 989	3 961	3 906	3 869	3 808	3 760	3 687	3 625	3 559
谷物	6 657	6 677	6 690	6 752	6 772	6 825	6 837	6 874	6 870	6 885	6 895
食物	15 804	16 172	16 527	17 014	17 396	17 874	18 250	18 678	18 996	19 374	19 741

食物种类	供给量										
	2005年	2006年	2007年	2008年	2009年	2010年	2011年	2012年	2013年	2014年	2015年
稻谷	10 025	10 030	10 035	10 040	10 045	10 050	10 055	10 060	10 065	10 070	10 075
小麦	520	571	615	620	632	643	650	657	661	696	693
玉米	5 603	6 219	6 240	6 392	6 418	6 453	6 586	6 778	6 908	7 094	7 354
豆类	4 363	4 793	4 982	5 117	5 199	5 252	5 499	5 568	5 645	5 542	5 732
薯类	200	174	180	187	173	171	177	159	152	137	124
蔬菜	526	395	392	426	398	426	434	422	416	404	390
水果	21 921	20 718	21 633	22 349	22 741	23 451	24 003	24 820	25 395	26 068	26 620
肉类	5 967	6 128	6 308	6 456	6 722	6 975	7 168	7 446	7 650	7 872	8 152

续表

食物种类	供给量										
	2005年	2006年	2007年	2008年	2009年	2010年	2011年	2012年	2013年	2014年	2015年
水产品	2 030	1 752	1 639	1 748	1 813	1 848	1 858	1 973	2 011	2 043	2 030
禽蛋	856	869	917	952	987	1 030	1 065	1 111	1 118	1 198	1 233
奶类	1 237	1 100	1 128	985	1 149	1 148	1 166	1 183	1 189	1 194	1 248
口粮	10 545	10 601	10 650	10 660	10 677	10 693	10 705	10 717	10 726	10 766	10 768
谷物	16 147	16 821	16 890	17 052	17 095	17 146	17 290	17 495	17 635	17 860	18 121
食物	53 248	52 749	54 069	55 272	56 277	57 447	58 661	60 177	61 210	62 318	63 651

注：需求量数据由龚道枝老师提供；供给量数据来自相应年份中国农村统计年鉴及地方统计年鉴

考虑到国家提出的农业新发展理念，及食物生产模式与消费结构的变化态势，综合预测结果可以得出，华北地区需要加大力度着手农业供给侧结构性改革。通过提升产品质量安全，加强科技支撑和物质装备，以及走资源可持续利用道路，进而保障食物基本供给，实现华北地区食物安全可持续发展的目标。

2.4.3 京津冀一体化背景下华北地区农业功能的再定位

在国家农业转型发展和京津冀协同发展大背景下，华北地区农业在内涵、外延、发展方式和发展目标上将发生深刻变化，其功能定位也将全面更新。京津冀协同发展是党中央、国务院在新的历史条件下作出的重大决策部署，对于深入实施国家区域发展总体战略、全面建成小康社会以及实现中华民族伟大复兴的中国梦具有重要的现实意义和深远的历史意义。一方面，京津冀作为以首都为核心的世界级城市群、区域整体协同发展改革引领区、全国创新驱动经济增长新引擎、生态修复环境改善示范区的发展目标，要求区域经济结构更加合理、生态环境质量更加良好；另一方面，以生态文明为建设核心推动社会经济转型发展战略，也明确要遵循创新、协调、绿色、开放、共享的发展理念，在资源高效利用、生态环境保护优先的前提下构建生态高效的食物安全保障体系。因此，新时期华北地区将按照"高效、节水、生态、安全"的目标要求，重新调整其农业总体功能定位并强调以下功能。

a. 农产品供给功能：强化农业基础地位，发展绿色优质安全农产品，推进农业供给侧结构性改革。

b. 生态调节服务功能：立足资源可承载能力、环境可容纳能力及和谐宜居城市需求，构建资源节约和环境友好的绿色农业生产模式。

c. 生活服务与产业融合发展功能：打造田园乡村秀美，推进一二三产业及城市郊区共融，打造具有地域特色的现代都市农业。

d. 科技引领与辐射带动功能：放大农业科技创新、应用、扩散效应，使华北地区成为国家现代农业发展的样板区和农业科技创新的引领区。

2.4.4 新时期华北地区农业发展的总体目标与宏观布局

1）总体目标

根据新时代农业发展趋势和功能定位，未来华北地区的农业发展要在控制地下水采补平衡和保障区域内食物自给的基础上，以提高产业竞争力为核心，从单纯追求农产品数量转向追求质量、效益和绿色发展，实现更高质量、更有效率、更加安全的可持续发展，使农业真正成为具有竞争力、能够富民的绿色可持续产业。从中长期看，华北地区农业发展的总体目标如下。

到 2020 年，基本建立与资源环境承载力相适应的农业主体功能区空间布局和种植制度，初步形成技术装备先进、经营规模适度、一二三产业融合、数量质量效益并重、地下水下降速度缓解、生态退化遏制的现代农业发展新格局。

到 2030 年，建立稳定的农业主体功能区空间布局和"红绿灯"种植制度，城乡融合发展和创新驱动发展格局基本确立，生态农业、节水农业、智慧农业、品牌农业、都市农业、旅游康养农业等发展模式广泛应用，初步形成食物供给保障有力、资源利用高效、地下水采补平衡和生态系统稳定的可持续农业发展格局。

2）宏观布局

综合考虑华北地区农业水资源承载力、农业主体功能区（粮食生产功能区、重要农产品保护区、特色农产品优势区）、京津冀都市圈、环渤海和黄河三角洲经济带等因素，从保障主要农产品有效供给和促进区域高质量绿色发展两个维度，优化建立华北地区食物可持续发展的宏观布局。

（1）主要农产品生产力布局

粮食：控规模、提单产、稳总产、提品质。稳定小麦生产规模，海河平原地下水超采区适度调减小麦种植面积，实施压采区冬小麦休闲轮作制；黄淮平原麦区适度调增小麦种植面积，实现全区域小麦生产规模稳定可控。控制夏玉米种植规模，压采区调减夏玉米种植面积。推进粮食生产全程机械化，发展节水灌溉，强化质量栽培和优质生产，推行良种良法配套，发展病虫害生态防控和肥药减施，实施自然灾害风险管理，提高粮食作物单产和质量安全水平。总体上实现粮食生产总量稳定、质量可控，京津冀小麦不外调，黄淮地区小麦适度外调。

畜产品：控规模、提效率、促循环、防污染。按照种养结合、以地定畜、内销为主的思路，严格控制畜牧业总规模，超载区调减载畜总量至适度规模。发展大群体、适度规模的生猪和牛羊生产，严格控制超大规模生猪等生产。加强畜禽品种改良和更新换代，重视土著品种的选育，发展绿色饲料和畜禽环境工程，提高畜禽生产效率。遵循种养结合原则，建设畜禽粪污和秸秆无害化处理及资源化利用设施，实现有机废弃物的肥料化、能源化、饲料化、基质化等循环利用，控制畜禽污染。

蔬菜水果：控规模、提品质、强安全、控污染。要针对当前蔬菜产能过剩、浪费严重和水果生产规模扩张的问题，控制蔬菜水果发展规模，严控地理标志产品无序扩张，实施最严格的灌溉定额控制和累进制水价制度。发展优质生鲜蔬菜水果生产，适度控制规模，实施蔬菜水果有机肥替代化肥行动，推行质量栽培，提高品质和提高效益的同时有效降低蔬菜水果生产的面源污染负荷。加强蔬菜水果全产业链质量安全控制，提高质量安全水平。

水产养殖：优质化、安全化、效率化、绿色化。以提质增效绿色为目标，发展近海养殖和滩涂养殖，稳定产能，提高品质，提高效益。要加强水产养殖全产业链质量控制，努力提高质量安全水平。合理控制和布局水产养殖，尤其是环渤海区要禁止水产养殖破坏近海洋流，严格控制饵料投放，保护近海水生态和环境。

（2）重点区域布局

京津冀都市农业区：按照都市圈理论大力促进产城融合发展，根据城市对鲜活农产品的需求，合理布局蔬菜、生猪、禽蛋、乳品等生产，实行露地和设施生产时空互补。促进产村融合，发展特色种养、农产品加工、优质农产品贸易等，加强功能食品的研发和生产。适度发展都市休闲观光农业，构建田园综合体，促进三产融合。发展高科技农业，努力建设农业科技创新高地。

北部坝上高原区：突出"首都水源涵养功能区和生态环境支撑区"两区功能定位，严格控制水资源超采，控制马铃薯等作物灌溉面积，发展荞麦、燕麦、旱地蔬菜等旱地特色作物，提高品质，做强农产品加工业。推行坡耕地还林还草，控制草地畜牧业规模，实施适度规模圈养和轮牧放养，建设国家草原公园和国家牧场。水土条件好的河川、沟坝地发展适度规模的优质粮食和蔬菜生产，适度有序发展特色旅游农业。

山前平原区：以粮食和畜牧业为重点，按照水资源承载力和地下水采补平衡要求，建立小麦—玉米一年两熟"红绿灯"制度，实现种地养地结合、粮经结合，稳定粮食产能。加快建设高标准农田和标准化养殖小区，实施种养结合，发展高产高效循环农业。推行优质小麦生产，大力推行节水灌溉、肥药减施、病虫害生态防控、全程机械化等措施，发展粮食加工和功能食品制造，提高粮食生产效益。

低平原区：严格控制地下水超采，实行冬小麦和/或夏玉米休闲轮作，建立两年三熟的种植制度。严格控制蔬菜生产规模，实行最严格的灌溉定额和累进水价制度，对应用节水技术措施的个人或企业实施政策性补贴。适度控制耗粮畜牧业，合理发展草食畜牧业，减少畜牧业耗水和污染负荷。加强传统食品加工业的发展，培育特色优质食品品牌。

滨海平原及黄河三角洲区：重点发展棉花、大豆，适度发展冬小麦和水稻，加强中低产田改造和推行全程机械化，培育盐碱地优质特色农产品产业。适度发展草食畜牧业和禽蛋生产，改良培育土著品种，发展特色优质生态畜牧业。适度发展近海养殖和滩涂养殖，严格控制无序扩张和破坏近海洋流的生产行为，发展生态水产业。大力推进农产品精深加工和食品制造业，发展功能食品，提高农业综合效益。加强滨海湿地保护，建设田园综合体，发展乡村旅游和观光农业。

黄淮平原区：提升粮食综合生产能力，建立"红绿灯"种植制度，实施种地养地相结合，适度扩大小麦规模，稳定玉米和水稻规模，适度发展夏大豆，提高粮食单产和品质，稳定提高粮食生产规模。控制水果蔬菜生产规模，培育特色优质产品和品牌产品，深化发展果蔬加工业，提高综合效益。建立种养结合的农牧业生产体系，建设高标准农田和标准化养殖小区，控制超大规模养殖，稳定生猪、肉禽和蛋禽生产规模，加强畜禽粪污处理设施建设，实施有机废弃物就地消纳和循环利用，减少污染负荷。种植业推行节水灌溉、全程机械化、优质品种、质量栽培、肥药减施等综合措施。发展农产品精深加工和食品制造业，适度发展功能食品制造。

2.5 华北地区水资源短缺条件下适水型农牧结构调整

依据 2.3 节水资源承载力评价结果，在可用农业水资源量的基础上，首先确定适水型农牧业产业规模，其次基于耕地养分消纳能力确定最大养殖业规模，再次估算合适的粮食与饲料作物比例，最后优化适水型绿色循环种养结构。

2.5.1 华北地区水资源短缺条件下的适水农牧产业规模

现状年（2015 年）华北地区小麦、玉米、油料、棉花、杂粮、瓜菜、果树的种植面积比例为 33∶28∶8∶3∶5∶16∶6，高耗水的作物小麦、玉米、瓜菜和果树所占比例达到 83%，种植规模达到 2.76×10^{7}hm^2 小麦当量（用水量相等），灌溉用水量 346.3 亿 m^3。养殖规模为 4.831 亿头猪当量（用水量相等），用水量 44.3 亿 m^3。维持华北地区当前农牧业规模需超采地下水 86.9 亿 m^3（表 2-22）。

表 2-22 华北地区现状年（2015 年）种植业、养殖业规模及用水量

地区	种植面积/（×10^{3}hm^2）							种植规模/（×10^{7}hm^{2}小麦当量）	养殖规模/亿头猪当量	用水量/亿 m^3			
	小麦	玉米	油料	棉花	杂粮	瓜菜	果树			灌溉	畜牧	农业	超采地下水
北京	20.8	76.3	2.1	0.1	5.5	62.0	57.1	0.02	0.065	5.4	0.6	6.4	0.0
天津	109.1	214.8	1.3	18.8	7.3	89.8	33.4	0.03	0.084	9.8	0.8	12.5	4.9
河北	2 318.9	3 248.1	461.6	359.3	742.3	1 348.8	1 094.2	0.70	1.120	113.2	11.1	135.3	42.1
山东	3 799.8	3 173.8	758.2	515.4	379.4	2 165.7	652.6	0.93	1.691	121.4	15.2	143.3	39.9
河南	5 425.7	3 343.9	1 600.8	120.0	768.3	2 082.3	455.6	1.08	1.871	96.5	16.6	125.9	0.0
合计	11 674.3	10 056.9	2 824.0	1 013.6	1 902.8	5 748.6	2 292.9	2.76	4.831	346.3	44.3	423.4	86.9

注：①公顷小麦当量是在折合等用水量的基础上计算种植规模；②亿头猪当量是在折合等用水量的基础上计算畜禽养殖规模；③计算超采地下水时考虑了东线、中线、引黄、引滦等调水 55 亿 m^3；④农业用水除包括灌溉和畜牧用水外，还包括村镇居民生活、林地和渔业用水，故灌溉+畜牧业用水不等于农业用水。灌溉和农业用水数据来自水资源公报，而畜牧业用水采用定额法计算

在保证不超采地下水的前提下，采用当前用水定额标准和用水技术，并保持相同的种植和养殖结构比例，针对不同地区水土资源超载程度，不同程度地削减种植和养殖规模，削减现有规模的 0%~46.3%，总体上削减现有规模的 17.6%。通过压缩种养业的规模，可使地区可用水量和实际用水量基本保持平衡，不超采地下水。具体见表 2-23。此时，华北地区适水种植、养殖规模分别是 2.28×10^{7}hm^2 小麦当量和 3.976 亿头猪当量。

表 2-23 华北地区现状年（2015 年）水资源可承载的种植、养殖规模及用水量

地区	种植规模/（×10⁷hm² 小麦当量）	养殖规模/亿头猪当量	种养业用水/亿 m³
北京	0.02	0.065	6.4
天津	0.03	0.050	7.6
河北	0.48	0.762	97.2
山东	0.67	1.228	103.4
河南	1.08	1.871	125.9
合计	2.28	3.976	340.5

2.5.2 基于养殖业粪便耕地允许负荷的最大养殖业规模

依据不同作物种植模式可承载粪便养分的能力，估算出华北地区每年最大可养殖6.84 亿头猪当量(按照每头猪排放氮 12kg)，是当前养殖规模(9.98 亿头猪当量)的 68.5%。可见，目前华北地区的养殖业严重超出耕地养分的消纳能力，超出纯氮量为 376.34 万 t（表 2-24）。

表 2-24 华北地区作物种植养分需求量与养殖业粪便养分量及平衡（2015 年）（单位：万 t）

地区	不同作物纯氮需求量							种植需要纯氮量	不同畜禽粪便纯氮量			养殖粪便纯氮量	种养业纯氮平衡量
	小麦	玉米	油料	棉花	杂粮	瓜菜	果树		大牲畜	猪、羊	家禽		
北京	0.54	1.83	0.03	0.003	0.08	1.12	1.71	5.31	4.80	6.65	3.05	14.50	9.19
天津	2.84	5.16	0.02	0.56	0.11	1.62	1.00	11.31	8.65	7.88	3.27	19.80	8.49
河北	60.29	77.95	7.39	10.78	11.13	24.28	32.83	224.65	142.67	103.69	50.68	297.04	72.39
山东	98.79	76.17	12.13	15.46	5.69	38.98	19.58	266.80	162.96	147.70	69.67	380.33	113.53
河南	141.07	80.25	25.61	3.60	11.52	37.48	13.67	313.20	266.29	161.02	58.63	485.94	172.74
合计	303.53	241.36	45.18	30.40	28.53	103.48	68.79	821.27	585.37	426.94	185.30	1197.61	376.34

2.5.3 基于最大养殖业规模的粮食与饲料作物比例

综合考虑耕地养分消纳能力，在保持目前养殖业结构不变的情况下，华北地区可承载的最大养殖规模为 6.84 亿头猪当量，相当于要削减现有规模的 31.5%。然而在实际操作过程中，需要针对不同地区种植业耕地养分消纳能力超载状况，不同程度地削减养殖规模，削减现有规模的 0~66.7%。依据当前的养殖结构比例和等当量的养分产生量进行换算，可以得到大牲畜、猪、羊和家禽的数量分别为 2304 万头、16 779 万头、9342 万只和330 193 万只。根据大牲畜、猪、羊和家禽日耗饲料量与生长周期，计算所需饲料（含玉米粉 40%）为 1.12 亿 t，需要饲料粮 4480 万 t。依据玉米籽粒产量，折合成玉米（或饲料）作物种植面积，为 0.78×10⁷hm²，即 1.2 亿亩，得到华北地区可调减玉米种植面积3000 万亩。依据华北地区人口数量（3.057 亿人）和人均口粮［150kg/（人·a）］计算小麦需求量为 4500 万 t，再加上外调出的小麦 2800 万 t。在此基础上，按照华北地区小麦

单产计算出需播种的小麦面积为 $1.16×10^7hm^2$。因此，基于最大养殖业规模和当地人口口粮需求规模的粮食与饲料作物播种面积的比例应为 12∶13。

2.5.4 适水型绿色循环种养结构优化

按照"以水定种、以种定养、以需定结构"的思路，建立华北地区适水型的绿色循环种养结构。首先，根据水资源承载力和耕地吸纳养分的能力，可以确定：在保持种养结构不变的前提下，最大的种植规模和养殖规模分别为 $2.76×10^7hm^2$ 小麦当量（用水量相等）和 6.84 亿头猪当量（粪便养分当量相当），分别比 2015 年的规模降低 17.6%和31.5%。其中，种植业中小麦 $0.96×10^7hm^2$、玉米 $0.82×10^7hm^2$、杂粮 $0.19×10^7hm^2$、油料 $0.28×10^7hm^2$、瓜菜 $0.47×10^7hm^2$ 和果树 $0.19×10^7hm^2$；养殖业中大牲畜、猪、羊和家禽分别为 2304 万头、16 779 万头、9342 万只和 330 193 万只。

依据中国人健康膳食结构标准，可以计算出满足华北地区居民的食物需求量（表2-25）。与实际产量相比，豆类和植物油的消费需求量高出 350%和 42%；奶的需求量和产量非常相近；而蔬菜和水果的需求量远低于实际产量，供大于求。在满足居民食物需求量的条件下，华北地区种植结构：小麦、玉米、豆类、油料、蔬菜、果树的种植面积分别为$0.72×10^7hm^2$、$0.52×10^7hm^2$、$0.33×10^7hm^2$、$0.40×10^7hm^2$、$0.14×10^7hm^2$、$0.06×10^7hm^2$；养殖结构：大牲畜（奶牛）、猪、羊、家禽分别为 1650 万头、12 600 万头、5600 万只和198 000 万只。

表 2-25 华北地区居民的食物需求量与实际产量（2015 年）

食物种类	日需求量/[g/（人·d）] 低限	日需求量/[g/（人·d）] 高限	总需求量/万 t 低限	总需求量/万 t 高限	实际产量/万 t
谷物	300	500	3 347	5 579	7 353
豆类	50	50	558	558	124
植物油	60	60	669	669	471
蔬菜	400	500	4 463	5 579	26 620
水果	100	200	1 116	2 232	8 152
畜禽肉	50	100	558	1 116	2 030
蛋类	25	50	279	558	1 247
奶类	100	100	1 116	1 116	1 216
鱼虾类	50	50	558	558	1 210

注：总人口按照华北地区 2015 年的 3.057 亿计算。食物日需求量按照健康膳食推荐取值（见各年度中国居民膳食指南）。谷物实际产量指小麦和水稻产量，不含玉米产量，因为玉米用作饲料粮转化为肉蛋奶，这样可以避免重复计算营养物质

综合水资源承载力、耕地环境容量（上限因素）和人口食物需求（下限因素）等限制因素考虑，未来 2025 年种植规模（播种面积）应调整为 $2.17×10^7\sim2.96×10^7hm^2$，其中，小麦 $0.72×10^7\sim0.96×10^7hm^2$、玉米 $0.52×10^7\sim0.82×10^7hm^2$、杂粮豆 $0.19×10^7\sim0.33×10^7hm^2$、油料 $0.28×10^7\sim0.40×10^7hm^2$、瓜菜 $0.14×10^7\sim0.47×10^7hm^2$ 和果树 $0.06×10^7\sim0.19×10^7hm^2$。养殖业结构调整为：大牲畜、猪、羊和家禽分别为 1650 万～2304 万头、12 600 万～

16 799 万头、5600 万～9342 万只和 198 000 万～330 193 万只。

考虑人口增长及其在华北与其他地区间的流动，农业用水进一步被工业、城镇生活和生态环境用水挤占，2030 年种植规模（播种面积）应维持在 2.38×10^7～$2.85\times10^7 hm^2$，其中，小麦 0.78×10^7～$0.91\times10^7 hm^2$、玉米 0.57×10^7～$0.68\times10^7 hm^2$、杂粮豆 0.36×10^7～$0.38\times10^7 hm^2$、油料 0.44×10^7～$0.46\times10^7 hm^2$、瓜菜 0.16×10^7～$0.25\times10^7 hm^2$ 和果树 0.07×10^7～$0.18\times10^7 hm^2$。养殖业结构调整为：大牲畜、猪、羊和家禽分别为 1800 万～2200 万头、12 900 万～15 900 万头、6200 万～8800 万只和 218 000 万～314 000 万只。

综合上述分析，近期华北地区小麦播种面积应当稳定在 0.07 亿 hm^2 左右，保证小麦产量维持在 5600 万 t 左右。可在地下水漏斗区发展旱作农艺节水、非充分灌溉制度和管道输水技术，减少 1 次灌溉用水的灌溉量，可减少灌溉水 25%左右，把单位面积减产控制在 10%左右。还可充分利用浅层咸水资源进行灌溉小麦。大幅度压缩高耗水的蔬菜种植面积和高污染的畜禽养殖规模，规模化应用蔬菜和果树滴灌施肥一体化技术，可缓解灌溉水的供给压力和水土环境污染的风险。在华北南部水资源相对比较丰富的地区综合发展农业绿色高效技术，绿色防控降低小麦赤霉病和干热风的损失，提高冬小麦的产量以弥补京津冀、山东、河南北部地下水漏斗区休耕和限水灌溉小麦的减产。大力发展杂粮豆和油料作物的种植，分别提高 5 倍和 40%左右，基本满足本地区的需求。在耕地可承载的最大养殖规模下，积极倡导建设绿色循环农业工程，大力发展家庭农场、规模化农场种养结合模式，实现养分循环和平衡，降低养殖业污染物的排放。

2.6 华北地区水资源短缺条件下节水型种植结构与模式优化

2.6.1 不同种植制度的水分消耗特点及节水效应评价

1. 不同轮作制度的水肥消耗特点及节水效益评价

基于中国科学院栾城农业生态系统试验站（以下简称栾城试验站）的 12 年的长期田间定位试验（2003～2014 年），设置 5 种不同的轮作模式，探究不同种植模式的水分利用及产量效益。5 种种植模式分别为：①粮棉薯模式（甘薯→棉花→甘薯→冬小麦-夏玉米，四年五熟）；②粮棉油模式（黑麦草-棉花→花生→冬小麦-夏玉米，三年五熟）；③粮油模式（花生→冬小麦-夏玉米，两年三熟）；④麦玉模式（冬小麦-夏玉米，一年两熟）；⑤棉花连作模式。研究结果表明，5 种不同种植模式的年均周年耗水量从大到小依次为麦玉模式（724.5mm）＞粮棉油模式（647.4mm）＞粮油模式（615.0mm）＞粮棉薯模式（560.6mm）＞棉花连作模式（522.5mm），在 0.05 水平上呈现显著性差异。麦玉模式的年均周年耗水量最高，显著高于其他模式（$P<0.05$）。与麦玉模式相比，粮棉薯模式、粮油模式、粮棉油模式分别节水 22.6%、15.1%和 10.6%（图 2-32）。综上，在华北地区水资源匮乏区，不同作物轮作形成多样化的种植模式有利于粮食生产和水资源的可持续利用。

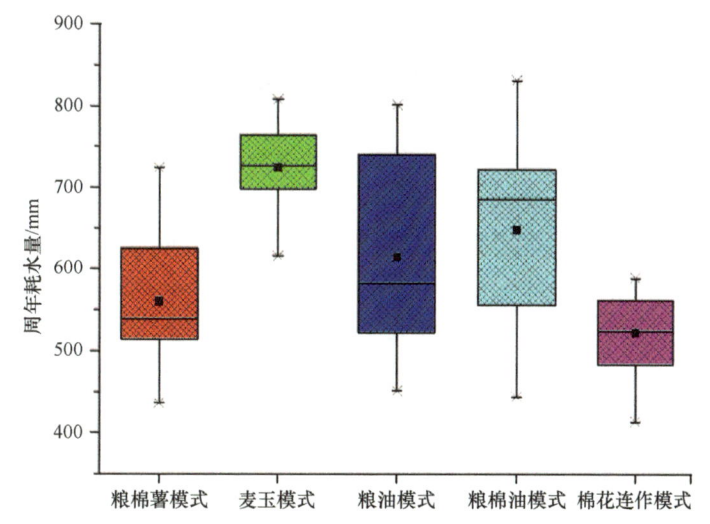

图 2-32　河北栾城试验站 2003~2014 年 5 种种植模式年均周年耗水量分布
箱形图下底、上底分别表示 25%、75%分位数，箱中黑色正方形和横线分别表示均值和中位数，
上下触须分别表示 95%、5%分位数，星号代表异常值

2. 冬小麦-夏玉米减熟制节水效果

通过调整传统的冬小麦-夏玉米熟制，改一年两熟为两年三熟、一年一熟，可降低农田耗水，但由于种植强度降低，对周年产量会产生不利影响。根据栾城试验站多年的研究结果，从一年两熟改为两年三熟：冬小麦+夏玉米-春玉米（冬春休闲）或冬小麦+夏玉米-冬小麦（夏季休闲）；一年一熟：一季小麦或一季玉米。冬小麦+夏玉米-春玉米和冬小麦+夏玉米-冬小麦两年三熟的年产量分别为 11 658.7kg/hm^2 和 10 985.5kg/hm^2，分别比一年两熟充分灌溉减产 22.8%和 27.2%；年耗水量分别为 631.3mm 和 667.1mm，分别比一年两熟农田耗水减少 178mm 和 142mm。冬小麦一年一熟产量比一年两熟减产 55%，夏玉米一年一熟产量比一年两熟减产 40%；农田耗水分别减少 230~240mm 和 350~370mm。农田耗水减少量小于一季作物的耗水量，主要是因为熟制改革消减种植强度休闲期的无效土壤蒸发损失。

在熟制改革压缩小麦种植时，需要考虑在华北地区冬小麦种植除了满足农民口粮，还兼具生态和环境保护功能。因此，在熟制改革中需要尽可能考虑小麦种植对粮食安全和生态环境的作用。冬小麦-夏玉米熟制改革的节水效应见表 2-26。

表 2-26　冬小麦-夏玉米不同熟制对产量和农田耗水的影响效果

熟制	产量影响	耗水影响
冬小麦+夏玉米-冬小麦，两年三熟	与一年两熟相比减产 27.2%	周年耗水减少 142mm
冬小麦+夏玉米-春玉米，两年三熟	与一年两熟相比减产 22.8%	周年耗水减少 178mm
冬小麦，一年一熟	与一年两熟相比减产 55%	周年耗水减少 230~240mm
夏玉米，一年一熟	与一年两熟相比减产 40%	周年耗水减少 350~370mm

注：根据栾城试验站多年试验结果整理

2.6.2 不同栽培模式的水分消耗特点及节水效应评价

目前，华北地区粮食生产的农艺节水技术主要有覆盖节水、品种调整节水、耕作方式节水及灌溉制度节水等。①华北地区秸秆覆盖应用最为广泛。秸秆覆盖可有效减少棵间土壤蒸发，且保墒效应随秸秆覆盖量的增加而增大，有利于夏玉米产量的形成和水分利用效率的提高。②节水品种是既具有一般高产品种的高产优质特性又具有节水抗旱特性的新的栽培品种类型。不同品种的水分利用效率差异显著，使用节水抗旱品种能有效提高水分利用效率，减少水分消耗。③耕作方式对小麦水分利用效率具有显著影响。深松覆盖、免耕等能有效提高土壤贮水量和水分利用效率，促进作物根系对深层土壤水分的吸收和利用。④改进灌溉制度具有明显的节水潜力。根据作物生长期的需水特点和降水情况，确定灌溉次数、灌溉时间和灌溉量，显著提高水分利用效率。

2.6.3 冬小麦-夏玉米节水技术模式的节水效应评价

根据华北地区北部冬小麦生长季节的降水量（100~130mm）和土壤可供水量（100~150mm），推测冬小麦节水高产的优化灌溉模式是灌溉水量为120~150mm。据此建立了冬小麦节水高产的灌溉制度：湿润年1次、平水年2次、干旱年3次，比当地普遍使用的灌溉制度可减少生育期灌溉次数1~2次，产量不减产或略有提高。最小灌溉模式耗水量与充分灌溉模式耗水量相比，冬小麦生育期平均降低130~150mm、夏玉米生育期平均降低70~90mm，年总耗水量减少200~240mm，在最小灌溉条件下灌溉水量与地下水补给量基本维持平衡。冬小麦-夏玉米关键期灌溉模式节水效果也非常明显，虽然一些年份会导致冬小麦较大幅度减产。这种模式在维持冬小麦-夏玉米产量稳定的基础上，实现了农田耗水量的有效减降。冬小麦-夏玉米三种灌溉模式（调亏灌溉、最小灌溉和关键生育期灌溉）可根据水源条件进行选择。冬小麦实施调亏灌溉制度下的节水效应见表2-27。

表2-27 冬小麦调亏灌溉制度下冬小麦-夏玉米周年节水效应

	灌溉模式描述	产量水平	农田耗水变化
冬小麦	湿润年1次、平水年2次、干旱年3次，每次灌水量70~80mm	不减产或略有提高	降低20~40mm
夏玉米	出苗水、根据雨季降水情况进行常规灌溉，生长季灌水1或2次，每次灌水量70~80mm	产量不变	不变
周年情况	与农民普遍应用的充分灌溉制度相比，冬小麦生育期减少1或2次灌水	不减产或略有提高	降低20~40mm

注：根据栾城试验站多年试验结果整理

冬小麦-夏玉米最小灌溉模式下的节水效应及其对产量的影响见表2-28。冬小麦-夏玉米关键期灌溉模式下的节水效应及其对产量的影响见表2-29。

表 2-28 冬小麦-夏玉米最小灌溉模式下的节水效应及其对产量的影响

	灌溉模式描述	产量水平	农田耗水变化
冬小麦	播前灌溉，每次灌水量 70～80mm	平均减产 27.8%	降低 130～150mm
夏玉米	出苗水，每次灌水量 70～80mm	平均减产 10.7%	降低 70～90mm
周年情况	周年灌水两次	周年平均减产 18.5%	降低 200～240mm

注：根据栾城试验站多年试验结果整理

表 2-29 冬小麦-夏玉米关键期灌溉模式下的节水效应及其对产量的影响

	灌溉模式描述	产量水平	农田耗水变化
冬小麦	播前底墒充足，拔节期灌溉 1 次，灌水量 70～80mm	平均减产 9.8%	降低 80～90mm
夏玉米	出苗水，每次灌水量 70～80mm	平均减产 4.4%	降低 60～70mm
周年情况	周年灌水 2～3 次	周年平均减产 6.9%	降低 140～160mm

注：根据栾城试验站多年试验结果整理

冬小麦-夏玉米微喷灌溉技术与畦灌模式相比，在同等产量水平下平水年冬小麦生长季节水潜力为 20～50mm，枯水年为 70～110mm，节水效果明显。夏玉米可以利用微喷灌在灌浆期进行追肥，促进玉米粒重提高，从而显著提高产量和水分利用效率（表 2-30）。

表 2-30 冬小麦-夏玉米微喷灌节水模式应用效果

	灌溉模式描述	产量水平	农田耗水变化
冬小麦	生育期微喷 3～4 次，每次灌水量 30～40mm	平均增产 2%～3%	降低 40～50mm
夏玉米	除了夏玉米出苗水，在玉米灌浆期进行水肥一体化灌溉 1 次或 2 次，每次灌水量 20～30mm	平均增产 5%	无明显变化
周年情况	周年微喷 7 或 8 次	周年平均增产 4%～5%	降低 40～50mm

注：根据董志强等（2016）研究结果整理

冬小麦-夏玉米滴灌节水模式可以实现小定额灌溉，拔节期一次较大定额的灌水利用滴灌分三次灌水，可实现产量提高 12.2%、农田耗水减少 6.5%、水分利用效率提升 20.0%。随着冬小麦联合收割机普及，冬小麦收获后秸秆可直接覆盖夏玉米，减少了 63.6% 的土壤蒸发。冬小麦-夏玉米滴灌节水模式应用效果见表 2-31。

表 2-31 冬小麦-夏玉米滴灌节水模式应用效果

	灌溉模式描述	产量水平	农田耗水变化
冬小麦	限水灌溉，生育期灌溉定额 90mm，滴灌 3 次，每次灌水量 30mm	与同样灌水量的地面灌冬小麦相比，产量提升 12%	比充分灌溉冬小麦降低农田耗水 60～90mm
夏玉米	生育期灌水量根据降水年型满足作物需求，一般年份出苗水灌溉 40mm，大喇叭口追肥灌水 40mm	产量略有增加	无明显变化
周年情况	周年滴灌 5 或 6 次	与限水灌溉冬小麦和夏玉米大田灌溉相比，增产 6%～8%	降低 60～90mm

注：根据栾城试验站和中国农业大学吴桥试验站的试验结果整理

随着冬小麦联合收割机普及，冬小麦收获后秸秆可直接覆盖夏玉米。栾城试验站的研究结果显示，秸秆覆盖夏玉米田可抑制土壤棵间蒸发的 30%～50%，覆盖保墒效果明显（Zhang et al.，2005）。冬小麦-夏玉米秸秆覆盖和冠层调控节水技术应用效果见表 2-32。

表 2-32　冬小麦-夏玉米秸秆覆盖和冠层调控节水技术应用效果

	秸秆覆盖	产量水平	农田耗水变化	冠层调控	产量水平	农田耗水变化
冬小麦	夏玉米收获后秸秆覆盖冬小麦	略有降低	降低农田耗水 20mm	缩行播种	略有增加	降低农田耗水 10～15mm
夏玉米	冬小麦机械收获后秸秆覆盖夏玉米	无明显影响	降低农田耗水 40～50mm	匀播增密	增加明显	降低农田耗水 10～15mm
周年情况	全程秸秆覆盖	略有降低	降低农田耗水 50～70mm	提高苗期冠层覆盖度	增加	降低农田耗水 20～25mm

注：根据栾城试验站和藁城试验站的试验结果整理

冬小麦-夏玉米节水省肥高产简化栽培技术体系的应用可实现年产量水平 1000～1150kg/亩；水分利用效率 1.7～2kg/m³；化肥氮偏生产率 45～52kg/kg。与常规高产技术相比，全年节省灌溉水 50～100m³，节省化肥氮 30%，水分利用效率和氮肥生产率同步提高 15%～25%（表 2-33）。

表 2-33　冬小麦-夏玉米节水省肥高产简化栽培技术体系节水效果

	节水省肥高产简化栽培技术体系要点	应用效果
冬小麦	多穗小叶品种晚播增苗与拔节前水分调亏相结合，缩行匀播	全年节省灌溉水 50～100m³，节省化肥氮 30%，水分利用效率和氮肥生产率同步提高 15%～25%
夏玉米	大播量、晚定苗、去弱留壮、非等距留苗创建整齐均一群体结构和品间作与定向化控相配，创建凹型群体冠层。夏玉米早播种晚收获	
周年情况	冬小麦-夏玉米限水灌溉、生育期优化搭配、地上地下联合调控	

注：根据王志敏等（2006）研究结果整理

在与充分灌溉周年产量无显著差异条件下，冬小麦-夏玉米减蒸降耗技术模式的应用实现了棵间蒸发减少 77.5～105.5mm，低效蒸腾减少 53.9～63.8mm，农田蒸散减少 131.4～169.3mm，水分利用效率从年平均 1.97kg/m³ 提高到 2.28kg/m³（表 2-34）。

表 2-34　冬小麦-夏玉米减蒸降耗节水技术模式节水效果

	冬小麦-夏玉米减蒸降耗节水技术模式	应用效果
冬小麦	节水高产品种、适度晚播、缩行增密、减冬灌、推迟春灌	棵间蒸发减少 77.5～105.5mm，低效蒸腾减少 53.9～63.8mm，农田蒸散减少 131.4～169.3mm，水分利用效率从年平均 1.97kg/m³ 提高到 2.28kg/m³
夏玉米	早播种、晚收获、匀播增密、秸秆覆盖保墒	
周年情况	冬小麦调亏灌溉下的"稳夏增秋"和冠层调控降耗增效	

注：根据栾城试验站和藁城试验站的试验结果整理

2.6.4 华北地区区域农业综合节水潜力研究

1. 现状水分利用效率

表 2-35 是栾城试验站定点试验充分灌溉条件下冬小麦、夏玉米不同时期平均产量和水分利用效率的变化情况,显示近 40 年小麦玉米产量增加,而总耗水量冬小麦稍微增加,夏玉米基本维持恒定条件下,水分利用效率增加显著。这些结果反映出当前农业水分利用效率与优化管理下的水分利用效率有巨大的差距,提高水分利用效率的潜力巨大。

表 2-35 不同时期冬小麦、夏玉米平均产量、耗水量、水分利用效率变化情况

时期	冬小麦 产量/(kg/hm²)	耗水量/mm	水分利用效率/(kg/m³)	夏玉米 平均产量/(kg/hm²)	耗水量/mm	水分利用效率/(kg/m³)
1980~1989 年	4695.9	401.4	1.19	5169.1	375.7	1.35
1990~1999 年	5631.3	417.3	1.31	7179.9	381.1	1.84
2000~2009 年	6639.4	458.6	1.45	7760.5	396.2	1.98
2010~2017 年	7313.8	465.1	1.70	8254.8	369.3	2.24

注:栾城试验站长期定位试验结果

2. 维持现状产量下水分利用效率提升的节水潜力

根据华北平原不同区域节水技术的研究结果,通过工程、农艺、生物、管理节水技术可实现小麦玉米水分利用效率的显著提升。如果按照华北地区冬小麦总产 7039.6 万 t,按照现状水分利用效率 1.5kg/m³,需要耗水 469.31 亿 m³;夏玉米总产 5542.7 万 t,按照水分利用效率 1.8kg/m³,需要耗水 307.9 亿 m³。通过农田优化管理,冬小麦水分利用效率可达到 1.75kg/m³,夏玉米水分利用效率可达到 2.2kg/m³,那么在现状产量水平下冬小麦、夏玉米分别耗水 402.3 亿 m³ 和 251.9 亿 m³。也就是通过粮食作物节水措施,在现有粮食生产水平下,可以通过提升水分利用效率解决现在的缺水问题。华北地区主要粮食作物生产区冬小麦-夏玉米水分利用效率提升的节水潜力见表 2-36。

表 2-36 华北地区主要粮食作物生产区冬小麦-夏玉米水分利用效率提升的节水潜力

水分利用效率提升	节水效果
在产量不变条件下,冬小麦水分利用效率从 1.5~1.6kg/m³ 提升到 1.7~1.8kg/m³;夏玉米从 1.8~1.9kg/m³ 提升到 2.0~2.4kg/m³	按照华北地区小麦总产 7039.6 万 t 和玉米 5542.7 万 t 计算,可实现年节水潜力 86 亿~170 亿 m³

3. "稳夏增秋"策略节约灌溉水潜力

根据中国科学院遗传与发育生物学研究所农业资源研究中心、中国农业大学和河北

省农林科学院在华北多年研究工作经验,提出单纯压缩冬小麦种植面积可能存在的问题、保留冬小麦种植条件下如何解决与地下水压采的矛盾,提出了冬小麦-夏玉米"稳夏增秋"节水技术模式。华北地区地下水严重超采区冬小麦-夏玉米一年两作可通过消减冬小麦生育期灌溉水量,实施足墒播种下只在关键生育期(拔节期)灌溉一次水,保证冬小麦稳产;通过冬小麦提早收获和适时晚播,延长夏玉米生育期,充分发挥夏玉米的增产潜力,实现周年稳产高效而显著降低灌溉用水量的目标。表 2-37 是华北地区主要粮食作物生产区冬小麦-夏玉米实施"稳夏增秋"技术模式的节水潜力。

表 2-37 华北地区主要粮食作物生产区冬小麦-夏玉米实施"稳夏增秋"技术模式的节水潜力

技术模式构成	产量影响	节水效果
冬小麦实施足墒播种条件下,结合追肥只灌溉拔节期一次水;配套节水品种、夏玉米早播种晚收获、匀播增密、调冠等其他农艺节水技术	冬小麦产量稳定在 800 斤/亩;夏玉米增产 5%～8%	冬小麦生育期减少耗水 70～90mm,按照小麦播种面积 1.74 亿亩计算,可实现节水潜力 81 亿～104 亿 m^3

2.6.5 水资源安全下华北地区耕地利用控制

1. 严重超采区耕地利用控制对地下水影响的模拟

基于 SWAT(soil and water assessment tool)水文模型,根据不同耕地利用条件下所计算的地下水位下降速度空间分布和华北地区地下水超采相关材料,将北四河下游流域、子牙河流域、徒骇马颊河流域、大清河流域、漳卫河流域、黑龙港运东流域等黄河以北地下水下降严重的流域作为耕地利用结构与强度控制的模拟区域。由于冬小麦在全生育期内"雨热不同期"是华北地区北部耕地地下水超采的主要因素,模拟的情景方案主要考虑研究区内耕地利用强度的变化,所以将虚拟情景方案设定为两种类型、三种方式,具体包括:①改变冬小麦-夏玉米一年两熟种植制度为春玉米单作;②保持冬小麦-夏玉米一年两熟种植制度,冬小麦生育期只灌溉一次;③保持冬小麦-夏玉米一年两熟种植制度,冬小麦生育期只灌溉两次。模拟结果表明:三种情景下,各个流域耕地地下水蓄变量均变为正盈余,其中春玉米单作、冬小麦灌溉一次和冬小麦灌溉两次条件下区域整体年均地下水水量分别恢复为 162.99mm、184.09mm 和 146.75mm。因此,耕地休养生息调整能切实涵养地下水超采区的水资源、遏制地下水水位埋深的进一步下降、实现含水层储水量的稳步回升,对华北地区水资源短缺和地下水下降的生态问题具有缓解和修复的作用。

2. 水资源安全下的粮食可持续产量

在可持续的安全阈值下,估算出农业生态小区水平衡的条件下耕地可持续生产能力。结果表明:①水平衡条件下黄淮海平原耕地的可持续粮食生产能力为 1.16 亿 t/a;②可持续总产产量差为–67.84 万 t/a,由于限水灌溉造成的小麦产能损失为 331.83 万 t/a,玉米不存在产能损失;③小麦主要压产地区为黑龙港地区、鲁西平原、豫东平原及京津唐平原,分别压产331.39万t、258.01万t、244.09万t及114.47万t，而徐淮低平原、皖北平原及胶西黄泛平原具有一定的增产潜力，分别增产457.88万t、346.70万t和163.32万t。

2.6.6 华北水资源短缺条件下的节水型种植结构优化

目前，华北地区小麦、玉米、杂粮、豆类、棉花、油料、蔬菜、果树的种植比例为32∶27∶4∶3∶6∶8∶13∶7，小麦、玉米占据绝对优势，占到59%。当前的种植结构是高耗水型结构，因为高耗水的作物小麦、玉米、蔬菜和果树所占的比例接近80%，这是导致华北地区地下水严重超采的重要原因。如果再继续下去，不利于该地区水资源的可持续利用。因此，玉米可稳定种植，适当压缩冬小麦种植比例，提高杂粮、牧草等耐旱作物的面积，仍然以两年三熟制为主。结合国家2015年华北地区节水压采目标，应用种植结构优化模型决策分析表明，2015年将小麦种植比例下调8%，豆类种植比例调高13%，杂粮种植比例调高15%，可比现状种植结构节水6%、增收15%（表2-38）。将大田作物一年两熟节水种植模式与一年一熟经济作物节水种植模式相结合，实行两年三熟节水粮-粮-经模式，比一年两熟的粮食间套作模式节约水资源，可兼顾粮食生产、经济利益与水安全。

表2-38　2015年华北地区节水种植结构优化结果

现状	调整后	效果
小麦、玉米、杂粮、豆类、棉花、油料、蔬菜、果树的种植比例为32∶27∶4∶3∶6∶8∶13∶7	小麦种植比例下调8%，豆类和杂粮种植比例分别调高13%和15%	节水6%，增收15%，地下水开采量下降4.6%

2015年，应用综合分析诊断决策系统优化的结果，在河北省无地表水替代的深层地下水严重超采区，适当压减依靠地下水灌溉的冬小麦种植面积，改冬小麦-夏玉米一年两熟制为种植玉米、棉花、花生、油葵、杂粮等农作物一年一熟制，实现"一季休耕、一季雨养"，充分挖掘秋粮作物雨热同期的增产潜力。同时，结合畜牧养殖业发展，支持发展青贮玉米、苜蓿等作物。灌溉小麦种植面积减少了72万亩，实现减少地下水压采3.6亿 m^3。

2.6.7 华北地区不同区域农艺节水模式的优化选择

1. 河北山前平原冬小麦-夏玉米节水模式优选

对华北山前平原高产区冬小麦-夏玉米研发的模式进行产量和经济效益评价（吕丽华等，2016；刘晓敏等，2010；吕丽华和王慧军，2010），4个模式分别为：①常规灌溉模式（一般年份小麦和玉米均灌溉3水）+小麦缩行玉米匀株+节水高产品种+生育期优化搭配+秸秆覆盖保墒；②调亏灌溉模式（一般年份小麦和玉米均灌溉2水）+小麦缩行玉米匀株+节水高产品种+生育期优化搭配+秸秆覆盖保墒+两季统筹肥水+农机农艺结合简化栽培；③关键期灌溉模式（小麦灌拔节水、玉米灌大喇叭口水）+小麦缩行玉米匀株+节水高产品种+生育期优化搭配+秸秆覆盖保墒+农机农艺结合简化栽培；④最小灌溉模式（小麦、玉米播前均进行储水灌溉）+小麦缩行玉米匀株+节水高产品种+生育期优化搭配+秸秆覆盖保墒+农机农艺结合简化栽培。

根据栾城试验站的研究结果，对不同模式进行了产出和经济效益评价，结果显示，总产出为调亏灌溉模式＞传统灌溉模式＞关键期灌溉模式＞最小灌溉模式，经济效益为调亏灌溉模式＞关键期灌溉模式＞传统灌溉模式＞最小灌溉模式。但是上述结果是在只考虑灌水的电费而没有考虑到水资源费的情况下得到的，如果在未来华北地区地下水压采策略下实施水价水权改革，增加水资源费，不同模式的经济效益会出现差异。例如，在每方水征收 0.5～1 元水费的情况下，不同模式的经济效益排序会出现下列变化，在征收 0.5 元/m³ 水的水费条件下，最小灌溉模式的经济效益就超过了传统灌溉模式；当水资源费高于 0.6 元/m³，最小灌溉模式的经济效益就超过了传统灌溉模式。在目前条件下，冬小麦-夏玉米调亏灌溉模式的产出和经济效益最佳，其次是关键期模式和传统模式，最小灌溉模式效益最低；未来随着水资源费征收，当水费高于 0.6 元/m³ 时，实施最小灌溉模式的经济效益将超过传统灌溉模式。

2. 河北低平原冬小麦-夏玉米节水模式优选

依据华北低平原中低产区冬小麦-夏玉米主要节水模式的研究结果，对 4 个模式（①传统节水模式，包括底墒充足下春季灌 3 水+玉米秸秆还田+小穗型品种+晚播增密+玉米传统高肥投入模式；②免春灌模式，包括底墒充足下春季不灌水+玉米秸秆还田+小穗型品种+小麦配肥限氮+晚播增密+玉米省肥模式；③春 1 水模式，包括底墒充足下春季灌 1 水+玉米秸秆还田+小穗型品种+小麦配肥限氮+晚播增密+玉米省肥模式；④春 2 水模式，为底墒充足下春季灌 2 水+玉米秸秆还田+小穗型品种+小麦配肥限氮+晚播增密+玉米省肥模式）进行经济效益评价。

根据中国农业大学吴桥试验站的研究结果，2004～2008 年冬小麦 10 月 12～18 日播种，次年 6 月 5～12 日收获，为该地区典型的晚播冬小麦。多年供试品种均为'石家庄 8 号'。试验采用 4 种灌溉模式，即在播前灌足底墒水（多年底墒水灌溉量平均为 750m³/hm²）的基础上，设免春灌模式、春 1 水模式（拔节期）、春 2 水模式（拔节期+开花期或灌浆期）；对照（CK）为春季灌 3 水（起身期+孕穗期+开花期）。其中，CK 处理仅 2006～2008 年有试验结果。每次灌水定额 750m³/hm²。各节水模式施肥水平一致，纯 N 180kg/hm²、K₂SO₄ 225kg/hm²、ZnSO₄ 22.5kg/hm²；CK 的纯 N 213kg/hm²、K₂SO₄ 225kg/hm²、ZnSO₄ 22.5kg/hm²，其他田间管理措施按节水省肥高产栽培技术实施（王志敏等，2006）。2007～2008 年夏玉米供试品种为'郑单 958'，密度 5500 株/亩，2007 年 6 月 14～17 日播种，10 月 5～7 日收获，收获后玉米秸秆还田。播种后浇出苗水，50m³/亩左右。在底墒充足的基础上，设传统高水肥模式（CK），纯 N 300kg/hm²；节水省肥模式，纯 N 150kg/hm²、P₂O₅ 105kg/hm²、K₂O 120kg/hm²，磷钾肥随苗期、氮肥在玉米三叶期一次性施入。由于干旱，2007 年在灌浆中期灌溉 1 次。

冬小麦不同灌溉模式多年耗水比较表明，尽管不同年份降水变异较大，但不同灌溉模式多年总耗水量变异较小。在耗水构成中，灌水越少，土壤贮水消耗量占总耗水量的比例就越高，免春灌模式、春1水模式和春2水模式处理土壤水消耗4年平均占总耗水量的比例分别为66.7%、49.2%和37.8%；2006~2008年CK土壤水消耗占总耗水量的比例为19.0%。相对来说，每增加一次灌溉，土壤水消耗减少300m³/hm²，总耗水量增加450m³/hm²。由此可见，在低平原的节水模式中，冬小麦以消耗土壤贮水为主。2007~2008年免春灌模式、春1水模式和春2水模式比CK分别节水1255m³/hm²、645m³/hm²和397m³/hm²，节水效果非常明显。

冬小麦各节水灌溉模式多年产量水平相对稳定，变异较小。2004~2008年免春灌模式、春1水模式产量分别比传统灌溉降低23.1%、5.8%，但春2水模式增产2%。这表明春季适当减少1次或2次灌溉并不会造成明显减产，春1水模式和春2水模式在不同层次上实现了节水与高产的统一。从2007~2008年夏玉米平均产量来看，传统模式和节水省肥模式间差别不明显。这表明玉米生育期间适当减少氮肥施用量不会造成减产。以2006~2008年为例，分析不同模式的冬小麦-夏玉米周年产量变化，结果表明，相比传统模式，免春灌模式、春1水模式和春2水模式籽粒产量周年分别降低11.5%、降低2.6%和增加1.4%。春1水模式和春2水模式产量降低或增加不明显，实现了节水与高产的统一。

目前，华北地区冬小麦-夏玉米在现行灌溉水只收取电费的条件下，无论在高产区的山前平原还是中低产区的低平原经济效益较高的节水模式中，冬小麦实施免冬灌的春2水灌溉模式、夏玉米实施出苗水和大喇叭口结合追肥进行灌溉的模式经济产出较大，都高于传统灌溉模式。实施节水灌溉制度，不仅节约灌溉水，也显著提高产出效益。随着未来华北地下水压采策略的实施，水权水价制度建立，在征收水资源费的条件下，如果水资源费每立方米成本高于0.6元，冬小麦的灌溉模式可以改为春1水模式。

2.6.8 华北地区农业节水灌溉技术模式选择

从华北地区不同灌溉技术模式的比较（表2-39）可以看出，在华北地区冬小麦-夏玉米轮作种植结构下，规模化种植集中管理区域、粮食生产基地或种植大户推荐使用圆形喷灌机、滴灌、微喷带灌溉方式。圆形喷灌机灌溉自动化程度高，可省去大量人力成本，但系统工作压力较高使得投入增加，对操作管理人员的素质水平要求较高，且不适用于地形较复杂的地区。同时，应该注意施肥均匀度的问题，圆形喷灌机不适用于施肥罐，施肥罐会严重影响施肥均匀性，导致农作物灼烧或缺肥，应考虑使用注入式施肥泵和混液池，但此部分会增加投资，不适用于小户种植。滴灌（微喷带）系统适应于各种地形，同时可搭建智能化管理平台来提高自动化程度，但对水源水质要求较高，而过滤设备又是一笔不可缺少的投入。这几种灌溉方式的一次性初始投资都较高，且需要后期持续的管理维护，故只适用于大面积种植地。

表 2-39 华北地区不同灌溉技术模式的比较

灌溉技术		灌水器工作压力/MPa	灌水均匀系数	一次性亩投资/元	每年维护成本/(元/亩)	使用寿命	作业效率/(亩/人)	水肥一体化	对农机具要求	受鼠虫害影响
滴灌		8~10	≥0.9	1500~2000	150~200	一次性地面滴灌带1年，地面支管5年，地下管道20年	150~200	可以	有	易影响
微喷灌		15~20	≥0.8	1000~1400	100~120	3~4年	150~200	可以	有	易影响
移动式喷灌		25~35	≥0.75	800~1000	80~100	6~8年	100~120	难	无	不影响
地埋伸缩固定喷灌		25~30	≥0.75	2000~3000	200~300	喷头5年，地下管道20年	300~500	可以	无	不影响
卷盘式喷灌机	多喷头桁架式	20~25	≥0.75	850~1000	85~100	喷头5年，桁架15~20年	200~300	可以	无	不影响
	单喷枪远射程	30~40	≥0.75	600~800	60~80	喷头5年，管道5~8年	200~300	可以	无	不影响
圆形喷灌机		20~25	≥0.75	800~1000	80~100	桁架15~20年	200~1000	可以	无	不影响

对于一家一户等散户种植管理，推荐半固定式喷灌或卷盘式喷灌机。半固定式喷灌减少了一定量的地面管道，还可根据农作物的需要适时喷灌，一次性初始投入较小。卷盘式喷灌机的操作与管理相较圆形喷灌机简单，同时还可省去人力成本。这两种灌溉方式对水源水质的要求都不高，且后期管理也较简单，故适用于小面积种植。

2.7 华北地区小麦生产及其调整可行性研究

华北地区 2014 年小麦播种面积和产量分别为 1162.4 万 hm^2 和 7093.6 万 t，分别占全国的 48.3%和 56.2%，其中河北、河南和山东是我国重要的小麦主产省，在我国小麦生产中占有重要地位。

2.7.1 华北地区小麦供求现状分析

1. 小麦生产发展分析

2003 年以来，在国家加强政策扶持及农业科技进步等因素的综合作用下，我国小麦产量快速增长，单产大幅提高。其中，华北地区作为我国小麦主产区和中强筋小麦的优势产区，小麦生产实现快速增长，播种面积接近全国的一半，总产量不断增加，单产明显高于全国平均水平。

2. 小麦消费发展分析

20 世纪 90 年代以来，我国小麦消费量持续增长，2014 年达到 13 160.0 万 t。其中，华北地区小麦消费量为 5906.1 万 t，占全国小麦总消费量的 45%（表 2-40）。具体来看，北京和天津呈现明显的产不足需态势，而河北、河南和山东都是重要的小麦调出省。

表 2-40　2013～2014 年度华北地区小麦供求形势

地区	生产 播种面积/(×10³ hm²)	生产 总产量/万 t	生产 单产/(kg/hm²)	消费 制粉消费/万 t	消费 其他消费/万 t	消费 总消费/万 t	结余量/万 t
北京	23.6	12.2	5 176.7	147	39.6	186.6	−174.4
天津	110.7	58.6	5 297.3	112	37.5	149.5	−90.9
河北	2 342.7	1 429.9	6 103.5	830	226.9	1 056.9	373.0
河南	5 406.7	3 329.0	6 157.2	1 580	848.5	2 428.5	900.5
山东	3 740.2	2 263.8	6 052.7	1 500	584.6	2 084.6	179.2
华北五省（市）合计	11 623.9	7 093.6	6 102.6	4 169	1 737.1	5 906.1	1 187.5
全国合计	24 069.4	12 620.8	5 243.5	9 990	3 170.0	13 160.0	−539.2

注：资料来源于中国统计年鉴和国家粮油信息中心

2.7.2　中长期我国小麦供求预测

1. 国内机构预测

国家小麦产业技术体系产业经济研究室利用中国动态可计算一般均衡模型（CHIN-AGEM 模型）预测，2020 年，我国小麦总消费量将达到 12 299.7 万 t，产量将达到 12 209.5 万 t，净进口量增至 340.7 万 t。

中国农业科学院农业信息研究所预测，2023 年，我国小麦产量将达到 12 685.4 万 t，消费量将达到 12 757 万 t，估计进口量为 250 万～350 万 t。

2. 国际机构预测

美国密苏里大学食品和农业政策研究所利用 FAPRI 模型预测，2021 年我国小麦产量为 12 748.6 万 t，消费量为 12 916.6 万 t，净进口量为 193.6 万 t，供需缺口为 168.0 万 t。

经济合作与发展组织和联合国粮食及农业组织（OECD-FAO）利用 AGLINK 模型预测，2022 年我国小麦产量为 12 710.6 万 t，消费量为 12 939.1 万 t，净进口量为 254.5 万 t，小麦供需缺口为 228.5 万 t。

2.7.3　未来国内外小麦供给能力分析

1. 未来我国小麦增产分析

据国家小麦产业技术体系专家分析，未来我国小麦单产水平仍有一定的提升空间。在小麦育种方面，2014 年主产省主推品种区试单产与省平均单产的差距达 141～2976kg/hm²，品种潜力还有待进一步挖掘；如果将品种更新与配套栽培技术结合，可使小麦单产再提高 5%～6%。

2. 未来国际市场小麦供给能力分析

从未来世界小麦供求趋势来看，世界小麦产量增长基本能满足需求增长，贸易量将继续增加。据 OECD-FAO 预测，2022 年全球小麦消费量为 7.82 亿 t，产量为 7.84 亿 t，产需基本平衡。小麦贸易量平稳增加，2022 年小麦贸易量为 1.5 亿 t。从增产潜力来看，美国、加拿大、澳大利亚和欧盟等主要生产与出口国（地区）小麦产量均有不同程度的增长，亚洲、非洲和拉丁美洲的发展中国家小麦产量也将实现增产。从出口潜力来看，除了美国和加拿大等传统小麦出口国，俄罗斯、乌克兰、哈萨克斯坦及东欧的其他国家小麦出口量也具有较大的增长潜力，预计 2022 年出口量合计占世界出口增量的 51%以上。

根据国内外机构对我国小麦进口的预测，未来我国小麦进口量将在 100 万～350 万 t。如果京津冀小麦全部退耕，意味着我国每年要额外进口近 1500 万 t 的国际小麦，总进口量将达到 1600 万～1850 万 t。考虑到未来俄罗斯、乌克兰和哈萨克斯坦等主产国的增产和出口潜力，小麦进口补充国内供给缺口基本是没有问题的。

2.7.4 未来华北地区小麦生产模式选择

京津冀地区有理有节选择退耕模式，河南和山东两省采取适度规模经营、节本增效提质的增产模式。

从 20 世纪 80 年代起，河北已累计超采地下水 1500 亿 m³。小麦生产是导致京津冀水资源短缺的主要因素，而未来京津冀地区小麦退耕不会影响我国口粮安全。因此，京津冀地区可以推广节水型种植模式，包括：①退耕，即土地实现休耕，分别在退耕面积为 30%、50%及全部退耕的情况下进行讨论；②改一年两熟制（冬小麦-夏玉米）为一年一熟制（玉米）；③改一年两熟制（冬小麦-夏玉米）为两年三熟制（春玉米→冬小麦-夏玉米）；④在一年两熟制的前提下用其他节水作物替代小麦，如油葵等；⑤实行雨养农业，即在一年两熟制的前提下完全依靠自然降水而不进行灌溉；⑥在一年两熟制的前提下在小麦生育期灌溉一水。

1）退耕

2014 年小麦的播种面积和产量分别为 247.7 万 hm² 和 1500.7 万 t，假设所有种植小麦的土地均实行的是"冬小麦-夏玉米"的一年两熟制种植方式，按照 2014 年京津冀地区玉米平均单产水平计算，247.7 万 hm² 的玉米产量为 1399 万 t，若按 30%的种植面积进行退耕，退耕的面积为 74.31 万 hm²，按照河北省 2014 年小麦（49.9 元）和玉米（330.8 元）每亩净收益计算，退耕小麦和玉米减少的收益分别为 5.6 亿元和 36.9 亿元。冬小麦和夏玉米每亩耗水量分别为 182m³ 和 124m³，可依此计算小麦和玉米的节水量。

2）一年一熟制

在只种植玉米的情况下，玉米产量较两熟制时提高 41.7%，耗水量减少 67%。由于玉米单位成本的产量有所提高，玉米每亩净收益为两熟制的 1.5 倍左右。

3）两年三熟制

一年两熟改两年三熟，共减少灌溉用水 75m³/亩，小麦减产按 360kg/亩计算，玉米两年合计增产按 300kg/亩计算。

4）以油葵替代小麦

选取短生育期的油葵品种，采用地膜覆盖技术，达到节水减蒸的目的，每亩油葵单产可达到 300~350kg，按 300kg 计算。根据新疆地区生产数据（阿勒泰新闻网），油葵销售价格 4.6 元/kg，除去成本，每亩纯收入在 500 元左右。

5）雨养模式

纯雨养情况下玉米和小麦产量分别是灌溉情况下的 86% 和 64%，按此结果结合前文数据进行计算。

6）灌溉一水

小麦拔节期灌溉一次水，可减少冬小麦生育期 1 次或 2 次灌溉，农田蒸散量降低 90mm，相当于节水 60m³/亩，产量比充分灌溉平均降低 8%~10%，这里按 10% 计算。玉米保持现有的灌溉方式不变。

按照不同的模式对京津冀地区粮食种植结构进行调整，从节水方面来看，全部退耕和雨养模式的节水效果较好，每年均可节约水资源 118 亿 m³；从粮食产量变化来看，两年三熟制的种植模式粮食产量下降幅度最小；从农民收益来看，油葵替代小麦的农民收益增加最多；从进口额增长来看，灌溉一水情况下小麦进口额的增长幅度最小（表 2-41）。

表 2-41　华北京津冀地区不同种植模式对小麦进口额的影响

模式	产量变化/万 t	收益变化/亿元	节水/亿 m³	进口额变化/亿元
退耕 30%	小麦：−426 玉米：−420	−44	35	156
退耕 50%	小麦：−710 玉米：−699	−74	59	260
全部退耕	小麦：−1421 玉米：−1399	−147	118	519
一年一熟制	小麦：−1421 玉米：560	小麦：−19 玉米：64	79	280
两年三熟制（每年）	小麦：−695 玉米：579	小麦：−8 玉米：38	14	137
油葵替代小麦	小麦：−1421 油葵：1158	小麦：−19 油葵：193	70	280
雨养模式	小麦：−506 玉米：−203	小麦：−6 玉米：−13	118	134
灌溉一水	小麦：−142	小麦：−1.6	23	28

注：数据根据中国统计年鉴的面积和产量数据计算得到

2.8 华北地区食物安全可持续发展战略

通过对华北地区食物安全可持续发展重大关键问题的分析研究可知，解决上述一系列问题的前提是必须在保障国家食物安全赋予的区域发展需求条件下进行，充分考虑华北地区京津冀都市圈发展和农业水资源可利用量的硬约束，重视生态环境保护，发挥国家农业科技创新中心地位的优势，依靠科技创新驱动农业转型提质增效和绿色可持续发展。据此，我们提出了华北地区食物安全可持续发展的战略思路（图 2-33），即抓住一条主线（适水发展），依靠双轮驱动（科技创新、政策与制度创新），突出五大战略重点（节水提质增效、耕地功能拓展、农业供给侧结构性调整、绿色循环发展、产业竞争力提升），优化布局八大战略工程（华北超采区地下水监控工程、首都水源涵养区生态建设工程、大清河流域山水林田湖综合整治工程、冬小麦提质增效工程、华北种养业绿色升级工程、名优产品标准化与品牌化建设工程、京津冀都市圈现代农业工程、中关村国家现代农业科技创新中心建设工程）。

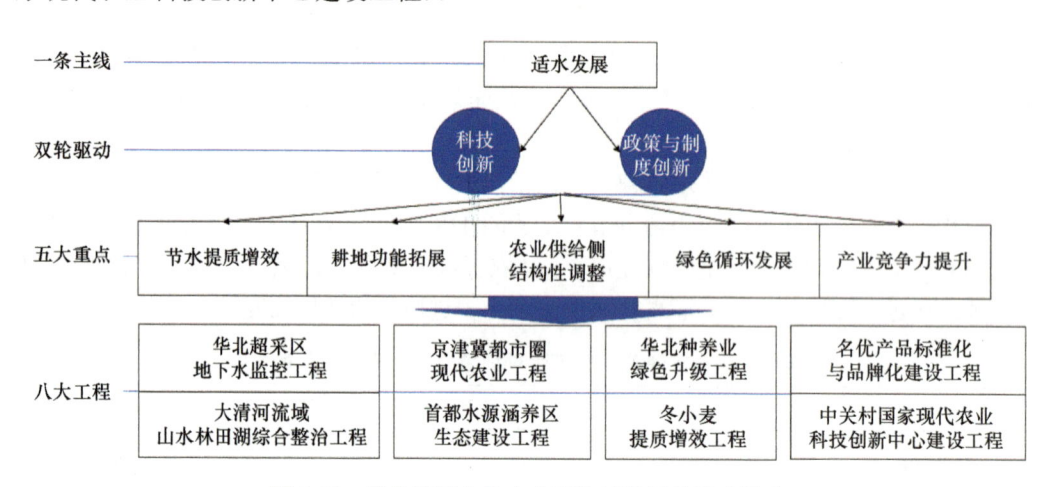

图 2-33 华北地区食物安全可持续发展的战略思路

2.8.1 抓住适水发展主线

1. 内涵

华北地区是我国最重要的"粮仓"之一，在水资源严重紧缺和京津冀一体化的背景下，区域城市化建设将进一步加快，尤其是雄安新区的建设将对区域的发展格局产生重大影响，水资源短缺将是制约华北地区农业可持续发展的关键因素，即使综合考虑引黄水、南水北调水源和非常规水源利用，其未来发展潜力依然有限。如何协调作物生产-水资源-生态环境的关系，在资源短缺条件下保障区域食物安全可持续发展已成为一个亟须解决的重大课题。因此，保障区域食物安全可持续发展必须谋求新的突破，坚持节水优先、藏粮于地、循环发展、产业高效、科技创新、开放合作的战略，通过系统设计、协同推进，以水定地、以水定产、适水种植，促进水资源严重短缺下适水农业的发展，保障该区域农业可持续发展和水资源安全。

2. 主要内容

控制农业用水总量和灌溉面积，综合高效利用多种水源，调整高耗水种植结构。

3. 具体对策

结合当前深化农业供给侧结构性改革要求，在保持华北地区小麦种植面积不变的基础上适当发展半旱地农业；适当压缩高耗水蔬菜产能，建立适水农业种植结构；在严重缺水区降低熟制或发展半旱地农业；在缺水区降低灌溉用水强度；在水资源富裕区充分挖掘粮食增产潜力；适度缩减蔬菜种植规模；加强华北地区节水限采技术集成与示范。

2.8.2 依靠科技创新和政策与制度创新双轮驱动

1. 内涵

《国家创新驱动发展战略纲要》强调要"坚持双轮驱动、构建一个体系、推动六大转变"，提出了八项发展任务、六大保障措施。围绕华北地区现代农业可持续发展的突出问题和重大科技需求，加强以科技创新为核心的全面创新，通过科技创新和体制机制创新两个轮子相互协调、持续发力，引领华北地区农业供给侧结构性改革和绿色发展，支撑农业和食物安全的可持续发展。

2. 主要内容

在科技创新驱动方面，加强区域食物安全科技协同创新，推进区域现代农业发展模式创新，加快建立区域农业科技创新中心。在政策和制度创新方面，加快基本制度的深化改革，提高土地、水和资本等基本投入要素的利用效率；加快农业节水支持政策的创新完善，提高相关政策效率；加强政策引导和扶持，促进农业产业结构调整；加快农业产业组织的创新培育，提高农业规模化程度。

3. 具体对策

建设华北地区多点联网、数据共享的适水农业试验研究平台，为华北平原适水生产发展提供科学数据和技术支撑。尽快组织启动华北地区适水农业科技专项。调整目前的节水限采补贴政策，把部分节水限采补贴直接用于南水北调工程水价补贴，充分发挥南水北调规划的生态功能，把目前河北没有用够的南水北调水作为生态补水，维系该地区

的农业可持续发展。调整目前的节水限采补贴政策，把部分节水限采补贴用于提高农艺节水技术的标准化、模式化和规模化，高效节水灌溉技术与农艺节水技术紧密结合，提高农业节水工程质量标准，健全农业节水技术服务体系，通过提高农业水利用效率促进适水农业的可持续发展。加强地下水开采的监测监控，建立地下水严重超采区地下水监控系统，以水定电，以电控水，严格地下水开采总量和单位面积耗水强度控制，完善和健全管理机制，通过水权改革促进种植结构向低耗水和高效用水型转变。

2.8.3 突出五大战略重点

1. 节水提质增效

1）内涵

节水提质增效战略要求深入贯彻"以水定地、以水定产、控水提质、以水定发展"和"节水优先、空间均衡、系统治理、两手发力"的新时期治水思路，逐步形成从水源到田间、从工程到农艺、从建设到运行的综合治理方略，是解决华北水资源短缺地区"水危机"、突破粮食增产"水瓶颈"的关键技术。

针对华北地区水资源现状，节水提质增效的定位为最大限度地利用降水资源和土壤水资源，提高降水利用率和农田水分利用效率，将节水的重心由工程节水措施为主转移到以提高降水和灌溉水利用效率的农艺和生物节水技术上来。

2）主要途径

a. 继续严格实施节水限采措施，探索水权水价改革模式。
b. 研究和推广节水优质高效型作物新品种。
c. 调整种植结构，构建节水型种植结构。
d. 加大农艺节水和生物节水技术的标准化、模式化和规模化应用。
e. 研究和集成推广农田高效节水工程技术。

3）预期效果

上述措施实施后，预期将形成华北地区农业节水提质增效解决方案，支撑农业节水提质增效和区域可持续发展，补强农业现代化的水利现代化短板。重点建设100处同类型区域农业节水提质增效核心示范区，到2020年灌溉水利用效率提升到0.60以上，农业用水效率提高20%以上。以水资源的可持续利用保障华北地区食物安全和农业绿色发展。

2. 耕地功能拓展

1）内涵

华北地区作为我国重要的粮食生产基地，如何在保障区域生态安全的基础上实现国家粮食安全有效供给，只有从耕地系统自身出发，以节水为核心，进行耕地功能拓展，通过实施耕地各项工程手段，快速获取耕地资源多尺度要素信息，准确评价与识别耕地多功能实现程度及限制因素，实现动态监测与预警。进行盐碱地整治，土壤重金属污染修复，增加耕地系统节水、节地成效，综合提高耕地多功能质量及多功能服务价值，形成水土资源匹配下的农业生态安全格局，实现耕地数量、质量、生态"三位一体"保护，为区域食物安全可持续发展奠定基础。

2）主要途径

a. 耕地资源全要素调查与多功能质量快速评价工程。
b. 耕地资源立体化监测网络与动态预警工程。
c. 节水型土地整治生态修复工程。
d. 耕地土壤重金属污染综合修复试验工程。
e. 耕地多功能复合利用与质量提升工程。

3）预期效果

建立节水型土地整治生态修复工程与耕地土壤重金属污染综合修复试验工程体系，研究形成黑龙港地区耕地资源休养生息整治工程、大清河流域节水压产整治工程、淮河流域及黄河下游流域节水型生产功能提升工程、滨海平原盐渍化治理工程、黄河下游流域生态退耕工程及重金属污染典型区综合修复试验工程等 6 个土地整治工程示范区，2020 年内新增节水灌溉面积占区域耕地面积的 80%，综合治理 1000 万亩盐渍化耕地，退耕还林 300 万亩，划定湿地生态红线 4000 万亩。

建立耕地多功能复合利用与质量提升工程体系，实施大清河流域山水林田湖综合整治工程、黄河冲积平原及淮河平原生态良田工程、都市边缘区三生功能提升工程，建立三个耕地多功能利用工程示范区。在 2020 年区域耕地质量提升 1 个等别，力争建成旱涝保收、高产稳产的高标准农田 1 亿亩。

3. 农业供给侧结构性调整

1）内涵

华北地区农业产业结构布局不合理主要是由于种植业结构及农牧结构不合理，这不仅影响了农业经济的发展，对该地区水资源也有重要的影响。因此，在"适水发展"的这一主线下，华北地区的食物安全可持续发展必须开展与区域水资源相适应，并与经济发展相协调的农业结构调整。重点通过调整种植结构发展适水农业。

2）主要途径

a. 调整农牧产业结构与规模。
b. 保障小麦基本生产规模。
c. 合理发展循环型养殖业。

d. 适度压缩高耗水蔬菜产能。

3）预期效果

通过种植业与畜牧业及其各自内部品种结构的调整，形成与区域水资源相适应，并与经济发展相协调的农业结构，可保持地区可用水量和实际用水量基本平衡，不超采地下水。

4. 绿色循环发展

1）内涵

目前，华北地区种植业和养殖业严重分离，养分资源循环不畅，农田土壤酸化板结、耕地质量逐年下降和水体环境污染严重。解决这些问题的根本出路在于大力发展绿色循环农业，即"耕地-饲料-养殖-粪便-肥料-耕地"，实行种养结合和养分资源循环利用，显著提高资源利用率和经济效益。

2）主要途径

a. 优化农业主体功能和空间布局。
b. 实行种养结合与结构调整。
c. 严格管控种养业化学投入品质量和用量。
d. 大力推行秸秆的肥料化和饲料化。
e. 实现畜禽粪便肥料化。
f. 规模化应用有机-无机肥料配施技术。

3）预期效果

通过实施绿色循环农业战略，华北地区率先发展种养结合循环农业模式，到2030年，重点建成100个10万t生物饲料加工厂和100个10万t有机肥生产基地，吸纳5000万t秸秆，生产生物饲料1000万t和固态有机肥1000万t，替代450万t化肥使用量，最终减排3000万t畜禽粪便。

5. 产业竞争力提升

1）内涵

一个产业的可持续发展，必须具备一定的竞争力。为提高华北地区农业综合效益和竞争力，必须要深入推进农业供给侧结构性改革，坚持新发展理念，协调推进农业现代化与新型城镇化，围绕农业增效、农民增收、农村增绿，加快结构调整步伐，切实加强规模化、机械化、品牌化建设。

2）主要途径

a. 积极发展农业适度规模经营，提高华北地区农业生产规模化程度。

b. 加强农业科技研发，提高农业机械化和技术装备水平。

c. 做大做强优势特色产业，加强品牌化建设。

d. 壮大新产业、新业态，拓展农业产业链、价值链。

3）预期效果

通过上述战略重点的实施，能够促进区域适度规模经营的发展，即到 2030 年，实现各省（市）农业普查口径下规模农业经营户占农业经营户的比例达 20%的目标，以及多种形式适度规模经营水平达 75%的目标，提高华北地区农业生产规模化程度；能够进一步加强农业科技创新力度，即到 2030 年，实现农业科技进步贡献率达 65%的目标，农作物耕种收综合机械化水平达 90%的目标，为区域农业发展提供持续动能；能够进一步做大做强优势特色产业，即到 2030 年，实现"一县一品"全覆盖，以及农业特色产业增加值占农业增加值 50%以上的目标，提高区域农产品品牌竞争力；有利于壮大新产业新业态，拓展农业产业链、价值链，即到 2030 年，实现各省（市）休闲农业和乡村旅游接待游客达 1 亿人次的目标，农产品加工业产值与农业总产值之比达 5∶1 的目标，以及农村居民人均可支配收入翻一番的目标。最终，通过农业产业竞争力的提升，实现华北地区农业产业提质增效、食物安全可持续发展的目标。

2.8.4 优化布局八大战略工程

1. 华北超采区地下水监控工程

1）工程内涵

华北地区地下水过度开采问题一直是区域灌溉农业可持续发展的严重威胁，并带来一系列环境问题。建议进一步建立地下水严重超采区地下水监控系统，确定地下水开采阈值，以水定电，以电控水，实行水资源总量和强度控制，完善和健全管理机制，通过水权改革促进种植结构向低耗水和高效用水型转变。

2）建设内容

a. 实施分区治理策略。

b. 运用经济杠杆治理超采区地下水开采。

c. 建立和完善地下水监控系统。

d. 探索以电控水、以电折水的测量方法。

3）预期效果与效益

预期将在条件较好的地区充分发挥智能灌溉计量设施的作用，其他地区建立"以电折水"计量模式。以河北省为例，预计到 2020 年，地下水开采量控制在 105 亿 m^3 左右，退减超采 54 亿 m^3 以上，压采率 90%；地下水漏斗中心水位回升、面积减小；地下水监控系统进一步完善。到 2030 年，地下水开采量控制在 99 亿 m^3 左右，超采全部退减，基本实现采补平衡；地下水漏斗中心水位大幅回升、面积减小；监控系统良性运行，监控评估考核奖惩机制更加完善。

2. 首都水源涵养区生态建设工程

1）工程内涵

华北地区食物安全可持续发展依赖于该区域内的水安全和生态安全，流域和生态问题具有跨行政区域的特点。华北地区水安全和生态安全需要跨行政区域的统筹与协调。首都水源涵养区生态建设就是以北京周边山区为中心，重点在河北的张家口和承德地区进行水源涵养区规划建设，形成完善的水资源供给保障机制，构筑生态安全屏障，提升区域可持续发展的生态支撑能力。首都水源涵养区生态建设不仅为首都提供清洁的水资源，而且可以改善整个区域的人居环境质量，为华北地区可持续发展提供生态基础。同时，首都水源涵养区生态建设也与当地的农业发展关系密切，可以通过调整农业产业结构，进而降低高耗水农业的比例。

2）建设内容

a. 规划首都水源涵养功能区的核心区和缓冲区。
b. 水源涵养区水环境治理。
c. 水源涵养区生态修复、水源地保护和水土保持。
d. 水源涵养区农业结构调整。
e. 水源涵养区节水农业。
f. 水源涵养区制度创新。

3）预期效果与效益

从可控流域面积来看，可通过自然方式直接供给北京市水资源的流域范围为7.69万 km^2，是北京市自身生态涵养区面积的4倍多。目前，北京市辖区内单位面积平均水源涵养量为22.49万 m^3/km^2，是辖区外的2.1倍。北京上游张承地区因经济落后和生态建设投入不足等原因，水源涵养能力较低。如果张承地区的水源涵养能力按照以上建设内容提高到北京市目前的平均水平，则张承地区水源涵养量可增加到143.32亿 m^3/a。如果张承地区涵养水源能力仅达到北京市现状的2/3，以上生态建设内容也可使张承地区涵养水源量提高到95.55亿 m^3/a。

3. 大清河流域山水林田湖综合整治工程

1）工程内涵

大清河流域总面积为4.5万 km^2，是黄淮海平原区浅层地下水位下降最为严重的流域之一。在该区域展开耕地利用方式调整的研究、示范和工程，对于缓解太行山山前平原浅层地下水濒临枯竭的危机具有重要的意义。大清河流域大部分地区为平原地区，高程在23～77m，耕地面积占土地面积的75%左右，是该流域的典型传统农区之一；流域构成了具有"山、水、林、田、湖、草"景观的代表性区域；同时，大清河流域地处京津冀一体化区域，具有独特的区位条件，可以作为山水林田湖草综合整治试点研究区。

2）建设内容

  a. 山水林田湖草综合整治理论技术集成。
  b. 太行山生态敏感地带山体修复工程。
  c. 山前平原浅层地下水漏斗区治理工程。
  d. 生态过渡带建设工程。
  e. 生态良田工程。
  f. 白洋淀保护治理工程。

3）预期效果与效益

  通过大清河流域山水林田湖草综合整治，形成多学科交叉、跨部门（国内外合作、政产学研究结合）合作平台，实现耕地产能及生态服务功能的"占补平衡"，提高耕地多功能质量，改善农业生产条件，充分发挥耕地资源价值。到 2030 年，区域耕地质量提升 1 个等别，力争建成旱涝保收、高产稳产的高标准农田 1500 万亩，新增节水灌溉面积占区域耕地面积的 80%；降低太行山区耕地利用强度，退耕还林 100 万亩，治理水土流失面积 500 万亩，划定湿地生态红线 30 万亩；建立一个耕地质量研究大数据中心、4 个耕地利用示范基地，包括生态敏感地带耕地利用示范区、山前平原节水型农业示范区、土壤污染治理修复示范区及耕地多功能质量提升示范区；研发移动式耕地质量监测评价集成装备。

4. 冬小麦提质增效工程

1）工程内涵

  为华北地区小麦生产提质增效和农民增收，服务于农业供给侧结构性改革，选择一批生产基础好、优势突出、产业带动能力强的县，整建制实施冬小麦提质增效工程，以小麦绿色优质高效生产模式创建为重点，以示范引领、品种优质、节本增效、产销衔接为主要环节，开展优质小麦品种筛选推广、绿色高效生产模式创建、标准化生产基地建设和全产业链发展等 4 个方面的工作，集成示范推广冬小麦绿色优质高效技术体系，充分发挥农业部门的组织协调作用、科研单位与种子企业的支撑作用及加工企业的带动作用和新型生产经营主体的主力军作用，推进规模化种植、标准化生产、产业化经营，增加优质小麦及其深加工产品的供给，引领小麦种植方式转变，提升口粮供给体系的质量和效益。

2）建设内容

  a. 优质品种推广应用。
  b. 机械化耕作、播种与收获。
  c. 水肥精细化管理。

d. 灾害绿色防控。
e. 实施标准化生产，发展全产业链。

3）预期效果与效益

重点建设技术攻关区、核心示范区和辐射推广区。技术攻关区要围绕突破小麦绿色生产技术瓶颈，统一制定攻关方案，集中安排落实，面积不少于1000亩；核心示范区面积不少于10 000亩，推广标准化的绿色高效生产技术和优质品种；辐射推广区覆盖核心示范区周边重点村组和规模种植经营主体，辐射带动面积不少于10万亩。到2025年，建设300个1000亩技术攻关区，亩产达到500~600kg；建设50个10 000亩核心示范区，亩产达到400~450kg。通过工程实施，着力提高冬小麦产量、改善品质、降低成本、增加效益，力争品种优质率达到100%、节本增效8%以上，树立典型，带动周边小麦绿色生产提质增效。

5. 华北种养业绿色升级工程

1）工程内涵

针对华北地区种植业和养殖业严重分离、养分资源循环不畅的问题，选择一批种植业基础好、养殖业优势突出、种养业耦合度高的县，为推动种养业绿色循环发展，整建制实施种养业绿色升级工程，重点开展种养业结构调整、适度规模的绿色高效循环模式创建、标准化种养基地建设和种-养-加全产业链发展等4个方面的工作，集成示范推广种养业绿色循环技术体系，推进适度规模化种养业、标准化生产、产业化经营，增加优质绿色农产品及深加工产品的供给，引领农业发展方式转变，保障农产品供给的质量安全，降低农业生产的环境风险。

2）建设内容

a. 构建种养业结构优化决策平台。
b. 建立绿色农业投入品管控体系。
c. 研发种养业废弃物肥料生产设施和装备。
d. 探索实施种养一体化清洁生产模式。

3）预期效果与效益

到2025年，建设集约化和城郊型绿色循环农业工程150个左右，积极推动环境友好型和生态保育型农业发展，提升农产品质量安全水平、标准化生产水平和农业可持续发展水平。以提高区域范围内资源利用效率与实现农业废弃物"零排放"和"全消纳"为目标，建立养分综合管理计划、生态循环农业建设指标体系等管理制度，使循环模式、技术路线、运行机制和政策措施四者有机结合。

工程项目区内化肥、农药不合理施用得到有效控制，努力实现"零"增长；畜禽粪便、秸秆、农产品加工剩余物等循环利用率达到90%以上，大田作物使用畜禽粪便和秸秆等有机肥氮替代化肥氮达到50%左右；农产品实现增值10%以上，农民增收10%以上，农业生产标准化和适度规模经营水平明显提升，实现资源节约、生产清洁、循环利用和产品安全。

6. 名优产品标准化与品牌化建设工程

1）工程内涵

针对华北地区农产品知名品牌少、农业生产标准化程度低等问题，围绕农业部（现农业农村部）推进农业供给侧结构性改革的总体目标，以特色农业资源、产业为依托，以现有传统优势品牌为基础，以科技创新为动力，以农业增效、农民增收为核心，着力打造一批品质优、科技含量高、市场竞争力强的农产品品牌。以农产品品牌建设推进农业生产布局优化、标准化清洁生产和产业化经营，促进农业加快转型升级，提升农产品品牌质量，实现价值链升级，增加有效供给，提高农产品供给体系的质量和效率，走出一条具有区域特色的品牌强农兴农之路。

2）建设内容

a. 构建农产品产地环境监管体系。
b. 打造优质农产品标准化清洁生产体系。
c. 培育壮大农产品品牌创建主体。
d. 构建完善的优质农产品品牌体系。
e. 打造便利的农产品营销服务平台。

3）预期效果与效益

建立完善的农产品品牌培育、发展和保护体系，打造标准化生产、产业化经营、品牌化营销的现代农业企业，大幅增加品牌农业经济总量，着力建成以区域公用品牌和企业产品品牌为主体的农产品品牌体系。到2030年，打造农产品国际知名品牌6~10个，区域公用品牌60~80个，企业品牌200~240个。培育年综合产值100亿以上的区域品牌20~30个，50亿以上的50~70个；年销售收入100亿元以上的企业品牌25~30个，50亿以上的70~90个。实现农产品品牌对农业经济的贡献率达到60%以上。

7. 京津冀都市圈现代农业工程

1）工程内涵

按照国家《京津冀协同发展规划纲要》精神，京津冀整体定位是以首都为核心的世界级城市群、区域整体协同发展改革引领区、全国创新驱动经济增长新引擎、生态修复环境改善示范区，要探索出一种人口经济密集地区优化开发的模式，促进区域协调发展，形成新增长极。同时，京津冀三省（市）联合签署的《推进现代农业协同发展框架协议》将重点在籽种农业、会展农业、观光休闲农业等方面开展交流与合作，共同开发农业的生产、生活和生态功能。因此，实施京津冀都市圈现代农业工程，对系统部署和有效整合三地的农业资源优势、科技优势、市场优势，深入落实京津冀协同发展国家战略意义重大。

以创新、协调、绿色、开放、共享的发展理念为引领，以推进农业供给侧结构性改革与农业发展方式转变为主线，按照农业供给侧结构性改革思路及三地自然资源状况与产业发展状况，统筹部署和积极调整农业产业结构，着力拓展农业生态、生活功能和产业链条，推进一二三产业深度融合和城乡一体化发展。着力健全现代农业产业、经营、科技支撑、生态安全和要素保障体系，建立供给保障有力、资源利用高效、产地环境良好、生态系统稳定、农民生活富裕、田园风光优美的京津冀现代农业产业发展新格局。着力构建京津冀协调统一的农业科技支撑与监管服务体系，显著提升其作为农业科技创新中心的地位与功能，辐射引领全国现代农业转型发展。

2）建设内容

a. 京津冀都市型现代农业科技园区建设。
b. 京津冀绿色优质农产品基地建设工程。
c. 京津冀农业综合服务平台建设工程。
d. 京津冀农业科技创新中心建设。

3）预期效果与效益

通过京津冀都市圈现代农业工程实施，有效推进京津冀地区科技创新和产业支撑能力建设，并增强对全国现代农业转型发展的辐射带动作用。逐步建立和完善与资源承载力相匹配的产业结构及协同发展的现代农业产业体系，显著提升农产品有效供给能力和质量安全水平；有效解决京津冀农业水资源短缺、农业面源污染、生态服务能力不足等问题。积极探索和示范引领现代都市农业一二三产业融合发展的多功能农业发展模式，全面提升产业融合水平和旅游农业发展水平，带动农业高效、绿色、健康、可持续发展。

8. 中关村国家现代农业科技创新中心建设工程

1）工程内涵

按照中关村国家自主创新示范区的战略定位——具有全球影响力的科技创新中心，紧紧围绕国家创新驱动发展战略要求，全面落实《国务院关于同意支持中关村科技园区建设国家自主创新示范区的批复》，系统推进国家现代农业科技创新中心建设。联合中国农业科学院、中国农业大学、中国科学院涉及农业研究的研究所等国内农业研究优势单位，融合全国高端农业创新资源，建设国家现代农业科技创新中心，进一步凝聚农业创新发展优势，实施更高水平发展重大战略部署，支撑国家农业创新体系建设。

中关村国家现代农业科技创新中心将面向世界农业科技前沿和国家重大需求，引领世界农业科技发展新方向，建设世界级农业原始创新战略高地，系统推进现代农业重点科学领域跨越发展，推进国家重大农业科技基础设施发展，科学布局一批农业科技前沿交叉研究平台，集聚国内外一流农业科技创新人才及团队，谋划推动实施国家重大农业科技研究计划，统筹布局前瞻未来的现代农业国家实验室，着力打造成涵盖现代农业应用基础研究、科学教育和成果转化功能的载体，成为代表我国最高科技水平的现代农业科学研究和人才聚集高地，成为引领国家现代科技创新中心建设的核心支撑。

2）建设内容

国家现代农业科技创新中心建立与国际接轨的管理运行机制，推动全球农业科技创新资源融合，搭建分子育种、高效用水、纳米农药、循环农业、植物工厂、智能农机、功能食品、生物质能、生物材料等九大专业领域的国家重点实验室；统筹布局未来前瞻的现代农业国家实验室；重点建设国家农业气象灾害模拟仓、国家植物光合仿真装置、国家农业生物高通量基因组-代谢组-表型组综合分析平台、国家农业用水系统模拟平台和全球农业生物基因资源保藏库等5个科技支撑平台；构建一个现代农业高新技术国际合作交流平台，谋划实施现代农业国际重大科技研究计划；组建一个国家现代农业政策高端智库，为国家现代农业可持续发展提供科技支撑和政策咨询。

3）预期目标与效果

到2030年，中关村国家现代农业科技创新中心建设成效将初步显现。完成中心建设规划，建立与国际接轨的现代农业科技创新管理体制机制，初步建成十大创新平台、五大科技支撑平台和一个高端智库。到2035年，全面建成世界领先水平的农业科技创新中心。重点完善现代农业科技创新管理体制机制，全面建成科技支撑平台、创新平台和高端智库，汇集世界现代农业前沿科技领军人才，构建全球现代农业科技合作交流平台。

2.9 关于京津冀一体化背景下地下水严重超采区发展适水农业的建议

a. 结合当前深化农业供给侧结构性改革的要求，对华北地下水严重超采区尤其是黑龙港地区的粮食和蔬菜生产基地进行重新定位，同时应充分认识冬小麦的生态功能，短期不宜大规模压缩小麦种植面积，而应以水限产，发展半旱地农业，通过提高小麦品质保障农民收入；适当压缩高耗水蔬菜产能，建立适水农业种植结构。

b. 调整目前的节水限采补贴政策，把部分节水限采补贴直接用于南水北调工程水价补贴，充分发挥南水北调规划的生态功能，把目前河北没有用够的南水北调水作为生态补水，维系该地区的农业可持续发展。

c. 调整目前的节水限采补贴政策，把部分节水限采补贴用于提高农艺节水技术的标准化、模式化和规模化，高效节水灌溉技术与农艺节水技术紧密结合，提高农业节水工程质量标准，健全农业节水技术服务体系，通过提高农业水分利用效率促进适水农业的可持续发展。

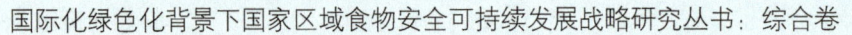

d. 加强地下水开采的监测监控，建立地下水严重超采区地下水监控系统，以水定电，以电控水，严格地下水开采总量和单位面积耗水强度控制，完善和健全管理机制，通过水权改革促进种植结构向低耗水和高效用水型转变。

e. 依靠科技创新驱动，发展水资源严重短缺地区节本增效的适水农业新模式，提升区域农业产业竞争力。建设华北地区多点联网、数据共享的适水农业试验研究平台，为华北地区适水生产发展提供科学数据和技术支撑。尽快组织启动华北地区适水农业科技专项。

第3章　华中地区食物安全可持续发展战略研究

3.1　华中地区食物安全现状

3.1.1　食物生产

近年来稻谷产量以增产为主、增速平缓，占全国比例相对稳定。2000~2019 年，华中五省稻谷产量呈现明显的上升趋势，年均增长率为 0.94%。20 年里，华中五省稻谷产量增加 1722 万 t。2000~2003 年，华中五省稻谷产量逐年减产，2003 年华中五省稻谷产量减至 7140.18 万 t，创下了这 20 年里的最低产量纪录。2003~2019 年，华中五省稻谷以增产为主，除了 2010 年、2013 年和 2019 年分别比上一年有小幅减产外，其他年份稻谷产量均较其上一年有所增加。2018 年稻谷产量增至 10 371 万 t，实现 2000~2019 年的最高产量。就所占比例而言，在这 20 年间，华中五省稻谷产量在全国稻谷产量中占比比较稳定，基本上处于 44.00%与 49.00%之间，几乎占全国稻谷产量的一半，充分体现了华中地区粮食主产区的地位。2010 年以来，华中五省稻谷产量在全国稻谷产量中占比几乎逐年增长，增速平缓，2018 年占比高达 48.89%。

2000~2019 年，华中五省小麦产量呈现明显的波动上升趋势，年均增长率为 3.29%。2000~2003 年是这 20 年间比较特殊的一个阶段，因为这一阶段华中五省小麦处于逐年减产的状态。但是，2003 年以后，华中五省小麦产量处于逐年增加的状态。2006~2011 年，华中五省小麦产量经历了先快速增加后平缓增加，2011 年实现产量 2571.94 万 t。2011 年以后，华中五省小麦产量继续保持增长势头，2015~2019 年连续突破产量 3000.00 万 t，2017 年更是取得 3379.60 万 t 的喜人成绩。就所占比例而言，华中五省小麦产量在全国小麦产量中占比呈现明显的上升趋势。2005 年以前，华中五省小麦产量在全国小麦产量中占比保持在 15.00%与 20.00%之间。2005~2007 年，这一占比飞速攀升，突破 20.00%，2007 年占比达 22.36%。2007 年以后，这一占比继续保持平稳增长，2017 年以后占比更是连续突破 25%。

2000~2019 年，华中五省玉米产量呈现明显的上升趋势，年均增长率为 3.16%。2006 年以前，华中五省玉米产量呈现明显的波动变化，2006 年产量减至 774.76 万 t。2006 年以后，华中五省玉米产量再次迎来增长期，除 2013 年玉米产量小幅减少外，其他年份玉米产量呈现良好的增长趋势，2019 年玉米产量达 1501.2 万 t。就所占比例而言，与华中五省玉米产量变化趋势相反，华中五省玉米产量在全国玉米产量中占比呈现明显的下降趋势。2000~2002 年，这一占比最大，保持在 7.50%左右。2002~2006 年，这一占比迅速下降。2006~2012 年，这一占比依然呈现下降趋势，但变化缓慢。2013 年，这一占比继续下降，降至 5.08%。2013 年以后，这一占比有所回升，占比始终稳定在 5.5%与 5.8%之间。

3.1.2 食物流通

一是渠道建设。 在华中五省的农产品流通渠道中，批发市场在各省均占据绝对的主导地位，成为各省农产品流通的主要渠道，其次是集贸市场。目前，华中五省发展、完善了物流模式，使得物流模式多样化，更便于物流的正常运转。华中五省相继发展了"公司+基地+农户"、"中介组织+农户"、"农贸市场+农户"和专业配送中心等物流模式，初步形成了以产地批发市场、销地批发市场和零售农贸市场三级市场流通为主，以自销、直销流通为辅的农产品流通格局。

二是运输建设。 华中五省农产品物流基础设施不断完善。以湖北省为例，在交通运输方面，2015年底，湖北省综合交通网总里程约27.20万km（不含民航航线、城市内道路），综合交通网密度达146.30km/100km²。其中，铁路营业里程4060.00km（其中，高速铁路1033.00km），公路通车总里程25.30万km（其中，高速公路6204.00km），内河通航里程8638.00km（其中，高等级航道1738.00km），油气管道里程6740.00km。湖北省省内河港口年均吞吐能力3.10亿t，集装箱吞吐能力433.00万标箱，民航机场旅客吞吐量突破2000.00万人次。

三是信息建设。 在物流中，信息流占据非常重要的地位。信息不对称往往会给市场主体带来不同程度的威胁甚至损失。因此，华中五省非常重视信息建设。以江西省为例，目前江西省已经建立了面向农村的专业性农业信息网，覆盖了80.00%的乡镇。它依托卫星气象综合业务系统，使现代化通信网络与农村基层信息组织有机结合起来，实现了信息的纵向贯通、横向相连。①省农村经济信息网。于2000年7月正式开通，网站开设了价格行情、供求热线、专家咨询等10多个服务栏目，每天有大量信息在网上发布，已基本成为江西省农村经济信息中心的枢纽。②县级农村经济信息中心。其运作模式由省统一规划，信息来源于在全县乡镇聘请的专（兼）职信息员采集的信息，到2001年7月为止，已有60个县（市、区）建成农村经济信息中心。③乡镇以下市场信息处理网络。乡镇农村经济信息服务站的建设工作才刚刚起步，软硬件大都还不到位，农户获得农产品市场信息仍以传统渠道为主。

四是冷库建设。 农产品的易腐蚀性给农产品的运输、销售带来了很大阻碍。因此，在物流中引进冷库，延长农产品的保质期十分重要。在2000~2019年的20年里，华中五省冷库建设不断完善。目前，华中五省冷库建设主要考虑冷库数量、冻结能力、冷藏能力、制冰能力等四项指标。在这20年里，华中五省冷库数量逐年增加，呈现明显的上升趋势；冻结能力、冷藏能力、制冰能力也都呈现明显的上升趋势。从波动上看，在这四项指标里，波动最大的是冷藏能力，其次是制冰能力，再次是冻结能力，波动最小的是冷库数量。

3.2 华中地区食物生产的资源潜力

华中五省耕地尤其是水田资源丰富。华中五省具有优越的粮食生产条件，江汉平原、洞庭湖平原、鄱阳湖平原、江淮平原都是全国性的商品粮生产基地。华中地区拥有肥沃的土地资源，绝大多数区域都有深厚的土层和营养元素含量丰富的土壤。2017年华中五省的耕地面积为2291.30万hm^2，占全国耕地面积的比例达到了16.99%。在过去的几年中，虽然华中五省的耕地面积略有下降，但始终维持在占全国耕地面积的17%左右，说明华中五省的耕地资源发展可观，但是为了保障粮食安全，未来华中五省需要维持耕地面积不变。华中五省是水稻种植大省，且地势平坦，水资源较充足，华中五省的耕地主要由水田构成。2010~2015年，华中五省的水田面积有小幅度的下降，由2010年的1407.68万hm^{2}下降至2015年的1398.02万hm^2，下降幅度为0.69%。但华中五省的水田面积占全国水田面积的比例始终维持在40%左右，说明华中五省的水田在全国具有重要的地位。

华中地区处于我国南北气候过渡带，气候复杂多样，非常适宜农作物的生长，具有发展粮食的良好条件。华中五省均位于长江中下游地区，纬度偏低，而且距离海洋不远。春季天气易变，春夏之交冷暖气流交汇，梅雨连绵；夏季多受副热带高压控制，盛行偏南风；夏秋之季，气流单一，炎热干燥；冬季常受西伯利亚高压影响，盛行偏北风，阴冷，气温低，但霜冻期短。华中地区丰富多样的气候资源，能够满足以种植水稻、油菜和柑橘等喜温作物为主体的农林牧渔业发展的需要。

华中地区水资源丰富，不仅有大量的河流水可用于灌溉，降水也比较充沛。华中地区有丰富的灌溉水源，包括流域面积在100km^{2}以上的河流，其中1000km^{2}和超过5000km^{2}的河流都较多。除大中小型水库多，水库容量大外，还有地下水资源。华中地区从南向北年降水量逐渐减少，部分地区容易形成干旱缺水或洪涝灾害，同时华中地区水系又较为发达，江湖关系非常复杂，这种地理状况对华中地区治水提出了非常高的要求。

3.3 华中地区食物安全面临的问题

3.3.1 国际化方面的问题

一是华中地区粮食进口量不断增加。 华中地区主要进口的粮食产品是大豆。2000年以来，华中地区大豆进口量远远大于出口量。2011~2015年，华中地区大豆进口量大体上呈逐年递增趋势。从2011年的920.10万t上涨至2015年的1660.03万t。华中五省中，江苏省的大豆产品进口量相对较多，且大豆进口量呈不断上升的趋势，2015年江苏省大豆产品进口量已高达1539.05万t。华中地区大豆产品进口的主要来源国为美国、阿根廷和巴西。

二是华中地区粮食出口量不断下降。 2001年加入世界贸易组织以来，我国农产品出口贸易面临机遇与挑战，我国政府一直积极地扶持农业生产和贸易，帮助提高农产品质量，调整农产品贸易结构，促进我国农产品出口的发展。2010~2015年，华中地区粮食的出口量总体呈下降趋势，从2010年的13.12万t减至2015年的2.13万t。与此同时，各粮食品种的出口状态都发生了不同的变化,其中大米产品的出口量一直呈下降趋势。

三是华中地区粮食生产成本不断提高,国际竞争力下降。当前,国际低粮价的"天花板"和我国粮食生产成本"地板"抬升的挤压效应十分明显。江西省第一产粮大县鄱阳县粮油站站长舒金贵说,国外低价粮大量涌入,说到底就是因为国内粮食生产成本太高,不解决这个问题,进口量很难降下来(贾兴鹏和夏晓伦,2016)。

3.3.2 绿色化方面的问题

一是化肥与农药利用率低。近年来,华中地区为保证粮食的稳产增产,不断加大对化肥农药的施用量。与此同时,华中地区测土配方施肥技术推广覆盖率未达到90%以上、化肥利用率未达到40%,化肥农药施用量也未实现零增长。2019年华中地区化肥的施用量达到1202.7万t、农药使用量达到42.1万t、农用塑料薄膜使用量达到41.3万t。而化肥、农药的大量或者过量使用会造成土壤板结、肥力下降,耕地质量整体下降,土壤的结构和性质也会出现很大程度的改变,高产田逐年减少,中低产田不断增加。

二是化肥与农药导致水体污染。华中地区的农业污染比较严重,且污染治理设施建设不到位。《第一次全国污染源普查公报》显示,华中地区的农业污染源有74.37万个,占全国农业污染源的25.65%。其中,江苏省的农业污染源最多(25.69万个),湖北省的农业污染源次之(19.52万个),湖南省的农业污染源相比湖北省要少一些,有14.60万个。与此同时,华中地区集中式污染治理设施只有0.11万个,不到全国集中式污染治理设施的1/4。

3.3.3 可持续发展面临的问题

一是水资源分布时空不均,污染问题突出。华中地区水资源分布不平衡,有些省份水资源充足,有些省份水资源短缺严重,导致干旱灾害频发,粮食增产面临水资源短缺的困扰。华中地区水生态环境问题十分突出,尤其是水资源污染问题。现阶段,华中地区出现了废污水排放量严重、水功能区超标、水资源开发利用率高、河湖湿地严重萎缩并且地下水位持续下降的问题。以湖北省为例,尽管湖北有"千湖之省"的美誉,在水资源的总量上位居全国前列,但水资源短缺仍然严峻,使得湖北确保粮食"稳产高产"的压力逐年增加。水资源短缺问题首先表现为水资源分布不均,如鄂北岗地"旱包子",江汉平原"水袋子"的总体格局在短期内无法得到有效解决,甚至鄂北岗地部分地区生活用水都出现了一定程度的紧张。

二是耕地质量有下降的风险。随着近几年城镇化进程的加快,房地产用地和企业用地不断扩张,耕地一再受到侵占,18亿亩耕地红线难以守住。华中地区耕地减少的问题也是如此。华中地区耕地面积下降也是一个不可避免的趋势,开发区、高速铁路建设可能都要占用耕地,导致耕地对粮食生产的制约更加突出,粮食增产的难度将越来越大。华中地区耕地后备资源十分有限,这种以依靠开发后备资源来补充建设占用耕地的模式不可行。

三是劳动力数量和质量下滑，种植意愿偏低。 随着大量劳动力向城市转移，华中地区农村劳动力逐渐减少的状况正日益突出。2005～2019年，华中地区的乡村人口由17 647万人减少至12 443万人，华中地区的城镇人口由12 408万人增加至19 504万人，农村劳动力流失导致的农村空心化趋势日趋严重。留守劳动力大多是50岁以上、女性和文化水平相对较低的农民，劳动力素质也出现明显下滑。

四是自然灾害频发。 由于抗灾减灾能力弱，华中地区粮食生产受自然灾害的影响较大。自然灾害不断威胁人们的生命财产安全，也直接造成农作物，尤其是粮食种植、收获面积的减少。因此，自然灾害问题会影响华中地区粮食总产量。华中地区极端天气的不确定性增加。近几年，华中地区气候的不确定性增加，给粮食生产也带来了不确定性。2003年、2005年、2008年和2010年华中五省粮食受灾严重，受灾面积分别为1427.41万 hm^2、1064.5万 hm^2、1265.68万 hm^{2}和978.20万 hm^2。随着全球气候变暖，气候对华中地区粮食生产的影响越来越大。低温冰冻既会使部分粮食作物绝收，也会冻伤幼嫩的粮食禾苗；洪涝、干旱、冰雹、台风等灾害性天气使部分地方粮食播种和收获面积下降，其单产不同程度地下降。

五是良田建设存在技术推广较为滞后和生态效益还远未得到发挥等问题。 先进、科学的农田建设技术的推广和应用是建设高标准农田的技术基础。然而，目前，华中地区很多地方政府对于先进的农田技术宣传不够，使得农民没有掌握建设农田的技巧，技术人员只是简单讲解先进技术的理论知识，并没有与当地的实际情况结合在一起，降低了技术的实用性。根据本研究的调查，40.15%的农户表示缺乏专家指导是导致良田建设没有发挥效用的重要原因。同时，大部分农民的文化程度不高，理解复杂的技术也比较困难。根据调查，76.96%的农民表示不知道该怎么进行良田建设。

六是种子产业发展弱。 华中地区水稻品种市场呈现"多、杂、乱"现象，这一问题在湖南省尤为突出。目前，国内生产上推广的杂交稻品种繁多，且分别属于不同的种子公司。新品种数量过多、缺乏规划，经销商控制市场力度大，真正的良种难以脱颖而出。这一乱象导致国内产出的稻谷无法和泰国等的高端水稻竞争，而国内消费者迫切需要的营养好、口感好的稻谷供给量偏少。

3.4　华中地区食物安全可持续发展战略构想

3.4.1　基本原则

一是把保障粮食安全作为首要目标，提高农业综合生产能力。 发展现代农业必须立足华中地区口粮自给的要求，实行最严格的耕地保护和集约用地制度，加强农业基础设施建设，提升装备水平，促进粮食综合生产能力稳步提高。

二是确保耕地尤其是水田面积不减。 在粮食安全体系中，相对于饲料粮，口粮安全对保障居民生活安全和保持经济社会稳定至关重要。在全国口粮生产中，华中地区占有十分重要的地位，尤其是稻谷和小麦的产量，华中地区明显要高于其他地区。耕地是民生之本、发展之基。作为国家重要的商品粮生产基地，华中地区农业的兴衰直接决定和影响着我国的粮食安危，因此必须坚持保持华中地区耕地面积不减。作为水稻主产区，确保耕地面积必须优先保证水田面积维持稳定，甚至有所扩大。

三是坚持推进规模经营，提高农业整体效益。针对华中地区的特点，坚持走资源集约、资本集约、技术集约的农业发展之路，积极推进农业适度规模经营，拓展农业生产功能和延长产业链，做强一产，做大二产，做活三产，提高资源利用效率，提高农业经营水平和效益。

四是坚持依靠科技和人才支撑，提高粮食生产核心竞争力。充分发挥华中地区的优势，紧紧围绕现代农业发展要求，完善农业科技创新、农业技术推广和新型农民教育培训体系，加快培育现代农业人才，加强科研攻关和技术集成创新，积极创新农业科技推广机制，推动农业科技成果转化，提高农业科技贡献份额，以科技和人才提高粮食生产效益，保障粮食安全。

五是坚持创新体制机制，增强农业发展活力。在稳定农村基本经营制度的基础上，不断创新合作组织发展机制、土地流转促进机制、农村经营管理服务机制，加快农民专业合作、农村土地股份合作、农村社区股份合作组织发展，为农业农村经济发展注入强大动力。

六是坚持保护农村生态环境，保障粮食生产质量安全。大力推进农业节能减排，发展低碳、循环农业，加大农业面源污染防治力度，加强农业生物多样性保护，继续实施农村清洁能源工程，加强耕地质量建设，推进农业机械化，建立健全农业抗灾救灾体系，稳定现代农业发展基础，构建良好农业生态环境。

3.4.2 战略目标

一是农产品供给保障能力稳步提高。华中地区农业综合生产能力稳定在较高水平，口粮和肉类自给，粮食单产力争全国主产区第一。

二是粮食生产经济效益显著提升。华中地区农业基础设施和生产技术条件显著改善，农业经济效益大幅提高。华中地区的农林渔业增加值有所增长，农民的人均纯收入进一步增加。

三是科技与物质装备水平显著提升。华中地区主要农作物良种覆盖率稳定在95%以上，水稻耕种收综合机械化水平达到75%以上，农业科技进步贡献率达到60%。

四是可持续发展水平显著提升。华中地区主要农作物化肥利用率和农药利用率达40%以上，农膜回收率达到80%以上，畜禽粪便无害化处理和资源化利用率达85%以上。在稻谷、淡水产品、蔬菜产量快速增长情况下，化肥、农药、饲料和抗生素残留造成的农村面源污染得到有效控制。

3.4.3 主要路径

一是建立水稻生产功能区。突出粮食产能建设，实施"藏粮于地、藏粮于技"战略，严格落实耕地保护制度，建立水稻生产功能区。全面完成永久基本农田划定，将华中地区的 5.84 亿亩基本农田保护面积落地到户、上图入库，实施最严格的特殊保护。优先在永久基本农田上划定和建设水稻生产功能区。优先将水土资源匹配较好、相对集中连片的稻谷田划定为粮食生产功能区，明确保有规模，加大建设力度，实行重点保护。优化华中粮食品种结构，大力发展优质稻，适度发展优质专用旱粮并加快优质稻新品种选育。

<u>二是建设高标准农田，尤其是高标准稻田。</u>大规模推进高标准农田建设，尤其是建设高标准稻田。在区域上，根据各地耕地利用现状及增产潜力，按照突出重点、发挥优势、相对平衡、注重实效的要求，高标准农田建设项目资金主要用于华中地区确定的多个粮食主产县（市、区），以及纳入省高标准农田建设规划范围的其他地区。在建设内容上，重点在整治田块、改良土壤、建设灌排设施、整修田间道路、完善农田防护与生态环境保护体系、配套农田输配电设施、加强农业科技服务和强化后续管护等方面加大建设力度。实行耕地质量保护与提升行动，加强耕地质量评价与监测，完善农田防护与生态环境保护体系，稳步提高耕地基础地力和土地持续产出能力。

<u>三是加强农业产地环境治理。</u>实施减药控肥，推行清洁生产，强化农药、兽药残留超标治理，实现化肥农药零增长。开展农作物秸秆、畜禽粪污、农药包装废弃物资源化综合利用。加大重金属污染耕地修复治理及农作物种植结构调整力度。大力实施耕地质量保护与提升行动，全面提升耕地地力，大力推广绿肥种植、增施有机肥等措施。推进农业标准化生产。建立和完善现代农业标准体系，大力推广环境友好、安全生态的标准化生产技术，着力推进菜果茶标准园、畜禽标准化规模养殖场和水产健康养殖场建设。加强品牌培育，大力发展"三品一标"（无公害、绿色、有机和地理标志）农产品，培育一批名牌产品和驰名商标。健全农产品质量安全监管、检测、执法体系。推进农产品质量安全追溯、信用体系建设，健全农产品质量安全绩效考核和责任追究制度，强化落实各级政府管理责任。

<u>四是推进农业结构战略性调整，大力发展高产、优质、高效、生态、安全农业，加快农业转型升级。</u>突出发展设施园艺业，以高效蔬菜、花卉苗木、应时鲜果、高档茶叶、食用菌等设施化生产为重点，大力发展钢架大棚、日光温室、智能温室，积极发展遮阳网、防虫网、避雨栽培和微滴灌节水栽培。大力开展园艺标准园示范创建活动，重点推广应用水、肥、气、温控制与发生设备以及耕作、播种、预冷和清洗分拣类小型农机具，带动园艺产品质量和效益全面提高。加快发展规模畜牧业，开展畜禽良种化、动物防疫规范达标和畜禽生态健康养殖示范创建，重点在饲料兽药供应、养殖环境控制、清洁消毒、产品收集等主要环节推广应用节能化、智能化、自动化设施设备，实现畜禽良种化、养殖设施化、生产规范化、防疫制度化、粪污处理无害化和监管常态化。

<u>五是提升农业产业化经营水平。</u>积极开展农业龙头企业示范创建行动，重点培育优势特色产业型、科技创新型、基地带动型和外向型的龙头企业，打造一批在全国有一定知名度和影响力的大型农业龙头企业或企业集团。创新龙头企业与生产基地、与合作组织、与农民"三个联结机制"，鼓励龙头企业以分工协作、互利共赢、农民得益为核心，采取订单农业、保护价收购、股份合作、二次分配等方式，带动农业增效、农民增收。

<u>六是推进农业经营体制机制创新。</u>坚持和完善农村基本经营制度，进一步加大农业组织创新、经营方式创新、强村富民机制创新力度，增强农业农村发展活力。在依法自

愿有偿和加强服务基础上，引导土地承包经营权有序流转，扩大农村土地承包经营权登记试点范围，加快县级土地流转交易服务平台建设，大力推进土地集中型、合作经营型和统一服务型的农业适度规模经营。

七是强化农业科技创新与人才支撑。建立健全农业科技创新、农业技术推广、农民教育培训"三大体系"，深入实施农业新品种、新技术、新模式"三新"工程，大力推进生物育种技术创新，构建以产业为主导、企业为主体、产学研结合、育繁推一体化的现代种业体系，大力开发具有重要应用价值和自主知识产权的新品种，重点扶持建设一批以新品种繁育和工厂化育苗中心为主的种苗企业，推进种子种苗产业化发展、商品化开发。深入实施"挂县强农富民"和"农业科技入户"工程，促进农科教、产学研结合，加快农业科技成果转化应用。扎实推进"五有"乡镇农业技术推广综合服务中心建设，积极推行农技推广"五项制度"，组织实施农业重大技术推广计划，创新农技推广服务机制，提高农业科技服务到位率。组织实施现代农业人才"双百双十"工程，积极探索高端人才境外培训、骨干人才院校培训、高素质农民行业培训的模式，加快培养一支规模宏大、结构合理的高素质农业农村人才队伍。

八是加强农业生态环境保护。按照减量化、资源化、再利用的发展理念，以农村废弃物资源循环利用为切入点，大力推进资源节约型、环境友好型农业发展。加强农村清洁能源建设，实施农村户用沼气工程、规模畜禽沼气治理工程、秸秆气化集中供气工程，配套建设农村沼气乡村服务网点，抓好沼气、沼渣、沼液"三沼"综合利用，进一步提高农村沼气综合效益。积极应用生态农业生产技术、生态健康养殖技术和农牧结合技术，大力推广发酵床等生态养殖模式，加强畜禽养殖粪污无害化处理和资源化利用，推进农作物病虫害专业化防治。加强耕地保护和质量建设，扩大测土配方施肥覆盖面，积极推广使用有机肥、缓释肥，扩大绿肥种植面积，减少化肥、农药使用量，提高肥料利用率和施肥效益。拓宽秸秆能源化、肥料化、饲料化、基料化、工业原料化等多渠道利用途径，提高秸秆综合利用率，减少秸秆焚烧污染。加强农村面源污染治理和控制，把现代农业发展和农业农村生态环境保护有机结合，建立新型农村生产、生活方式。以长江流域为重点，加大农业废弃物及农田养分循环利用、农村生活污水生态净化处理及重要水体周边生态农业圈（带）循环、有机农业工程和农村清洁工程示范村建设。

3.5 重 大 工 程

3.5.1 畜禽粪便有机肥生产利用与种养渔循环农业工程

首先，有序推进华中地区集约化畜禽养殖向山区转移，移出区域主要为平原地区的生猪生产大县，移入区域包括秦巴山区、大别山区、幕阜山区、罗霄山区、武夷山区、武陵山区。其次，实施迁入地区集约化畜禽养殖粪便无害化和资源化利用子工程。该子工程又可细分为粪污处理设施建设、畜禽粪便有机肥生产核心工艺研发、畜禽粪便有机肥生产技术示范推广等工程。畜禽粪便中含有丰富的粗蛋白、粗脂肪、粗纤维、矿物质及钙、磷、钾、氮等营养成分，是生产价廉质优的有机肥的主要原料。再次，以可持续发展为重要内容，促进农业生产和生态保护相协调。种养结合、生态环保的农业生产方式是实现绿色生态农业的重要途径。鼓励发展种养结合循环农业是提倡提高农业系统物质能量的多级循环利用，倡导清洁生产和节约消费，严格控制外部有害物质的投入和农业废弃物的产生，最大限度地减轻环境污染和生态破坏，推动农业低碳可持续健康发展。统筹考虑华中地区不同区域不同类型的资源禀赋和生态特点，因地制宜，打造区域优势产业带，实现规模化生产。

3.5.2 高标准稻田建设工程

加快集中连片地区中低农田改造、喷灌、水利基础设施改造、建设与维护，集水和节水灌溉，山区的梯田修建，平原和丘陵地区的土地整治等。尤其是对华中地区的籼稻和旱作区加大农田水利改造，实施旱改水扩粳改造，提高华中地区粳稻种植面积和产量水平。大力支持提高耕地基础地力和产出能力，充分发掘集中连片地区粮食规模种植优势，提高粮食产量，确保粮食安全。华中地区高标准稻田建设重点区域应该包括江汉平原、洞庭湖平原、鄱阳湖平原、皖中平原、太湖平原等长江中下游平原单、双季稻区，另外，丘陵和山区单季稻种植区也应纳入高标准稻田建设工程。

3.5.3 "良种培育"建设工程

以打造"现代种业强区"为目标，健全种质资源保护与创新、种质规模繁育与生产、种苗品牌营销与技术服务三大体系，逐步实行种源农业品种创新应用与生物技术基础研究分开、品种推广与种业经营分开，科研与种业开发分开，培育壮大一批具有较强自主创新能力的"育繁推"种业"航母"，积极构建现代种业产业体系。以武汉市为依托，打造中部地区良种培育中心，就是要把武汉建设成国内外知名的种业中心。依托华中地区丰富的高等教育科研力量，重点培育和开发高产、优质水稻、小麦、蔬菜、水果、生猪、家禽等新品种（品系）。搞好顶层设计，着力推进"中国种都"建设快速发展。加快编制"'武汉·中国种都'发展规划（2017—2025）"，积极争取国家和湖北省把武汉"中国种都"的建设纳入国家种业重点支撑体系进行建设。

3.5.4 耕地重金属污染修复综合治理工程

以湖南省为重点区域，推行耕地重金属污染修复综合治理工程。在重金属污染源头，首先关停并转移涉重污染采矿企业。在重金属含量超标耕地，按照超标程度，分类实施重金属污染治理措施。在重度污染地区，实行耕地退耕造林或者改稻为草工程。具体而言，在重金属污染管控区开展休耕试点。在休耕基础上，种植对重金属吸附能力较强的树种或者草类植物，然后回收植物进行集中无害化处理。这些措施实施的重点区域包括湘江流域（湘潭、娄底、衡阳和郴州等市）和资江流域（益阳市和邵阳市）。

3.5.5 新型经营主体培育工程

围绕提高农民合作经济组织规范化发展水平,加快农民专业合作社建设和农村土地规模流转,推进农业经营体制创新。在农民专业合作社建设方面,扶持一定数量的示范社、县域内联合社、销售合作联合社、成长性合作社。重点支持农民专业合作社生产服务、加工服务和销售服务能力建设。在土地规模流转方面,对具有稳定的土地流转关系,满足一定条件的土地流出方(入股农户)进行补贴,鼓励和引导有条件的地方推进农村土地承包经营权流转,促进土地适度规模经营,适当向粮食规模经营倾斜。对成效显著的乡镇农村土地流转有形市场建设实行"以奖代补",用于乡镇农村土地流转服务中心完善必要的硬件设施建设。在富民强村示范工程方面,引导村级集体经济组织大力发展资源开发型、资产经营型、为农服务型、异地发展型等多种形式村级集体经济,鼓励村集体经济组织利用宅基地整理、土地整理等政策,建设标准厂房、超市仓储等物业项目,增加村集体经济组织资源性、资产性、服务性收入,增强村级集体经济实力。

3.5.6 山区小型农业机械研发推广工程

在农村青壮年劳动力大量外流及留守农业劳动力老龄化背景下,使用农业机械替代劳动力是保障华中地区粮食产量持续增长的重要基础。在平原地区,粮食生产耕地和收获环节农业机械化程度已经很高。然而,华中地区还有很多地区为丘陵和山区,适合于平原地区的大型农业机械在山区和丘陵地区可能很难推广。地形条件已经成为制约华中地区乃至全国山区粮食生产的重要因素。因此,有必要推行山区小型农业机械研发推广工程,该工程可细分为山区小型农业机械研发子工程和山区小型农业机械推广示范子工程。

3.6 政策建议

对于华中地区食物安全可持续发展战略,我们的建议是:构建一个体系、推进两个适应、补齐三个短板、用好五个抓手、谋求生产机械化与绿色化。

3.6.1 构建一个体系

要保障华中地区食物安全可持续发展,需要构建规模化、市场化、科技化"三位一体"的华中地区食物安全保障体系。

一是规模化。 单个小农面对大自然、大市场都极其脆弱。人类从远古走到今天也是依靠组织的力量。必须彻底改变目前千家万户小农生产的现状,以土地适度规模经营为核心，在党的领导下把农民重新组织起来，扩大经营规模，提高效益、应对风险，保护农民正当权益。规模化的目的是打造以大规模生产经营单元为基础的食物产业链条，让食物生产体系"强起来"。

二是市场化。市场化指的是，应对消费升级带来的消费者对于食物产品的安全、健康、营养的新需求，以市场需求为核心进行食物生产供给侧结构性改革，提供新一代食物产品。市场化的目的是提升中国食物产品品牌形象、占领消费者心智，让食物生产体系"活起来"。

三是科技化。科技优先，发挥社会主义制度能够集中力量办大事的优势，集中力量突破一批重大重点农业科技，尤其是高产、优质、环保技术，加强转基因技术研究。目前即使不市场化、产业化也可以，可以作为技术储备。长远看，中国食物安全根本上取决于科技。

3.6.2 推进两个适应

一是适应市场。农业结构调整、农产品开发与质量建设，都必须研究消费者、适应消费者，从消费者偏好出发"反弹琵琶"，指导农产品发展方向。建立农产品标准化、差异化、品牌化营销体系，真正实现农产品优质优价。通过优质农产品高价帮助优质农产品生产者大幅度提高收入。然后，通过优质农产品高价和高收益这示范效应，倒逼普通和低质农产品生产者适应市场需求，调整生产结构，从事高品质农产品生产。发挥互联网、大数据平台和农产品电子商务平台的优势，通过私人订制等方式，引导农户生产满足城镇居民个性化、功能化需求的营养性、绿色化和健康型农产品。

二是适应农民保证食物安全要"眼中有人"，调动种粮主体的积极性，关键是适应农民，保护他们的经济利益和社会权益，做到食物安全"事有其主、主有其权、权有其责、责有其利"。粮食生产是大部分小农户重要的生计活动和生计来源之一，因此保障华中地区食物安全必须适应小农户增加收入和维持生计的需求。由此，食物安全必须兼顾食物生产和农户收入与生计。

3.6.3 补齐三个短板

一是地力建设以国家投入为主开展新一轮大规模农业基础设施建设，加强资金使用监督尤其是第三方监督。其一，对农村高标准农田建设项目从招投标、资金来源、资金使用、项目实施、项目验收等环节层层监督，将农村高标准农田建设工作透明化、程序化。农民是高标准农田建设工作中利益受影响最为直接的群体，这就需要切实保障农民事前的知情权、决策的参与权与事后的救济权，以真正体现出决策的透明度与公允度，增强监督力度。高标准农田建设在规划制定之初应进行公告，告知群众高标准农田建设计划，并召开规划制定的听证会，积极听取农村群众对于高标准农田建设的意见和建议。在实际决策过程中，还需要不断提升农民的参与度，为农民提供表达意见的有效方式，并且还要明确相关规定。在制定决策时，必须对农民的意见进行全面的考虑,以提高农民在决策中的影响力。在决策实际执行过程中,还需要赋予农民必要的监督权。

二是以国家投入为主健全公益性农业科技推广体系。 适应农业市场化、信息化、规模化、标准化发展需要,完善体制机制,强化服务功能,提升队伍素质,创新方式方法,促进公益性推广机构与经营性服务机构相结合、公益性推广队伍与新型农业经营主体相结合、公益性推广与经营性服务相结合,加快健全以农技推广机构为主导,农业科研教学单位、农民合作组织、涉农企业等多元推广主体广泛参与、分工协作的"一主多元"农业技术推广体系,为推进农业供给侧结构性改革、加快农业现代化提供有力支撑。加强华中地区农技推广机构建设。强化国家农技推广机构的公共性和公益性,履行好农业技术推广、动植物疫病防控、农产品质量安全监管、农业生态环保等职责,加强对其他推广主体的服务和必要的监管。根据农业生态条件、产业特色、生产规模及工作需要,因地制宜完善农技推广机构设置。创新激励机制,鼓励基层推广机构与经营性服务组织紧密结合,鼓励农业技术推广人员进入家庭农场、农民合作社和农业产业化龙头企业创新创业,在完成本职工作的前提下参与经营性服务并获取合法收益。完善运行制度,健全人员聘用、业务培训、考评激励等机制。推进方法创新,加快农技推广信息化建设,建立农科教结合、产学研一体的科技服务平台。落实农技人员待遇,改善工作条件,建立工作经费保障长效机制。引导华中地区科研教学单位开展农技推广服务。强化涉农高等学校、科研院所服务"三农"职责,将试验示范、推广应用成效以及科研成果应用价值等作为评价科研工作的重要指标。鼓励科研教学单位设立推广教授、推广研究员等农技推广岗位,将开展农技推广服务绩效作为职称评聘、工资待遇的主要考核指标,支持科研教学人员深入基层一线开展农技推广服务。鼓励高等学校、科研院所紧紧围绕农业产业发展,同农技推广机构、新型农业经营主体等共建农业科技试验示范基地,试验、集成、熟化和推广先进适用技术。

三是提高种植与经营规模。 在条件成熟地区适度恢复农业税,推进土地流转,保证农民转地不丢地,防止土地大面积抛荒。农业规模化的实质是着力解决在社会主义初级阶段和社会主义市场经济条件下农业小生产和社会化大生产的矛盾;解决农村联产承包责任制与社会主义市场经济体制相衔接的问题;解决增加农产品有效供给与农业比较利益间的矛盾,解决农户分散经营与提高规模效益的矛盾。农业发展要运用工业化的思维,要走工业化的路子,首要的问题就是要把基地建设作为整个农业产业化的"第一生产车间"来建,解决农民一家一户生产与规模化的矛盾,从根本上实现和提升农业产业化,推动农村经济全面、协调、可持续发展。一方面,在生产条件相对较好、适宜大规模生产的地区,集中生产要素,发展规模经营。通过培育发展种植养殖合作社、引进龙头企业等方式,实现资金、技术、土地和劳动力等生产要素聚集,以农户、合作社、龙头企业之间的股份合作实现利益深度联结,提高小农户组织化程度。另一方面,在生产条件相对较差、土地零碎的地区,开展多样化的农业社会化服务。相比规模经营主体,小农户拥有的农业生产服务设施和装备较少,对社会化服务的需求更为迫切,应通过鼓励发展农机合作社、农业技术合作社、农业生产服务企业等专业化市场化服务组织,推进农业生产全程社会化服务,开展土地托管,帮助小农户降本增效。

3.6.4 用好五个抓手

一是以规模保食物安全。国家投资建设大规模现代化农场，在条件成熟时适度恢复农业税，推进土地有序流转，同时保证农民转地不丢地，保护农民权益。抓大放小，小农户自己搞饭吃，国家重点培养一批100～200亩的中型农户，培育一批大型、超大型国有农场并加强现代管理核算，作为粮食生产骨干，确保粮食生产能力；要以大规模粮食生产基地为核心，培育种养加研一条龙的国有超大型粮食集团，从根本上稳定中国的粮食产业，提升国际竞争力。

二是以金融与保险保食物安全。完善农村金融业与保险业建设，政府单列"国家农业金库"，把目前分散到多个部门的农业金融与保险事项统一起来，完善内部管理机制，解决目前农业银行、农业保险"不姓农"、不支农的顽疾，以金融与保险保食物安全。将支农金融资金重点向食物生产新型经营主体倾斜，优先保障生产粮食的家庭农场、农民专业合作社、农业企业关于基础设施建设、产品加工流通、产品营销方面的贷款需求。通过金融支持，为华中地区食物生产提供资金保障。充分整合农业保险资金，农业保险优先扶持小农户粮食生产灾害损失和新型经营主体市场经营风险损失。通过农业保险减少小农户粮食和家庭经营收入损失，增强小农户食物自给能力。通过农业保险强化新型经营主体食物生产能力。

三是以科技保食物安全。以国家投入为主体，建设覆盖全国的公益性农业科技推广体系，完善利益机制，鼓励科技下乡。目前，藏粮于技比藏粮于地更有可行性，实现以科技保食物安全。一是强化公共平台建设，加强原种基地、基因库等农业科研基础公共平台建设，推进国家重点实验室、工程技术中心向食物生产领域倾斜。二是完善农业实验室体系，建立以综合性重点实验室为龙头、农业科学观测试验站为延伸的一体化布局的华中地区现代农业实验室体系。三是打造企业创新平台，鼓励有条件的企业建设重点实验室、牵头或参与华中地区农业科技创新联盟建设，不断夯实企业技术创新条件基础。四是培育骨干科技创新人才队伍，设立国家层面的长期和稳定的专一研究中国粮食安全、食物安全的直接属于党中央、国务院领导的高层次的、短小精悍的研究机构。五是培育农业技术推广队伍，恢复原有的基层农业科技体系，国家财政进行补贴。通过定向培养、遴选学历水平和专业技能符合条件的人员进入农业技术推广队伍等。

四是以农业的休养生息保食物安全。在农产品高库存和农业供给侧结构性改革背景下，可探索农作物休耕制度，通过土地休耕恢复地力，在土地休养生息的基础上提高土地生产潜力，从而保障华中地区食物安全。例如，可考虑部分坡地和水源条件较差的旱地优先实现休耕。这部分地块主要用来种植玉米等旱地作物，因而在玉米供给过剩的背景下可考虑实现休耕。当然，适当的休耕需要以市场价格机制作为引导。

五是以人才队伍建设保食物安全。改善农业教育，采用正式与非正式教育、学历与非学历教育相结合的方式，培养县级以下农业实用技术人才，培育新型高素质农民，以人才队伍建设保食物安全。培育农业农村实用人才，加快培育农业技术人才、生产人才、管理人才。要让农村用得上、留得住，农业大学可以面向农村生源低分数线定向招生，也可以开设农场主班和农村管理专业，实行定向招生培养。

3.6.5 谋求生产机械化与绿色化

一是推动华中地区农业机械化进程。 加大农业机械化实施力度，研制具有中国特色、符合南方地区耕作特点的一条龙配套农业机械，以农机实际使用量为标准落实机械化补贴。为配合推进农业机械化，以国家投入为主开展农业基础设施尤其是标准化良田建设，引入第三方监管提高资金透明度和使用效率，以农业机械化保食物安全。在研发环节，应针对山区复杂的地形特征，研发具有田间可达性和田间操作便利性的耕整地、播种和收割机械。建设华中地区山地农业机械化重点实验室、科学观测站和科研基地。而且还需要针对水稻、小麦、玉米等主要粮食作物的特性，研发针对具体作物具体环节的小型农业机械，如专门针对山区水稻播种的机械和山区玉米收获的机械。在推广环节，对研发出来的适合山区特定作物特定环节的小型农业机械进行示范推广，可以在原有的农业技术推广的前提下，在各地因地制宜进行农业机械推广示范工程。驱动水稻生产全程机械化进程。加大高性能、低成本水稻插秧机研发和推广力度，打好水稻生产全程机械化攻坚战，切实解放水稻生产劳动力，降低人工成本。大力发展实施蔬菜、饲草料与畜禽水产养殖机械化，加快引进、消化、吸收园艺作物育苗、种植、采摘机械，稳步发展农用航空。研发、推广新型植保机械和秸秆收贮加工机械，大力发展高性能联合收获机械，加快老旧农机报废更新。

二是推广畜禽粪便有机肥和稻虾共作，构筑循环农业，实现绿色生产。 在南方水网密集地区畜禽限养政策大力推行、种植业化学肥料使用日渐增多以及水产养殖业饲料投入强度逐渐增大的背景下，因地制宜、合理布局，推行华中地区种养结合循环农业工程是实现集约化畜禽养殖粪便环境污染、种植业化学肥料减量化使用、粮食增产、水产养殖人工饲料减量化等多重目标的着力点。有序推进华中地区集约化畜禽养殖向山区转移，移出区域主要为平原地区的生猪生产大县，移入区域包括秦巴山区、大别山区、幕阜山区、罗霄山区、武夷山区、武陵山区。因此，这一过程包括集约化畜禽养殖场转移工程和山区高标准畜禽粪便无害化、资源化利用工程、迁入区域运输公路建设三大子工程。转移工程首先需要各地政府合理规划，迁出区域做好迁出数量和迁出时间规划，迁入区域在迁入数量、迁入养殖场选址、土地供给等方面做好规划，迁出区域和迁入区域之间构建好联动协商机制。迁入区域还应相应做好饲料和畜禽产品运输公路建设工程，结合"新农村建设"和"村村通"工程，做好集约化畜禽养殖服务的山区运输公路建设规划、施工和维护工作。种养结合循环农业工程的核心在于迁入区域集约化畜禽养殖粪便无害化和资源化利用子工程。该子工程又可细分为粪污处理设施建设、畜禽粪便有机肥生产核心工艺研发、畜禽粪便有机肥生产技术示范推广等工程。畜禽粪便中含有丰富的粗蛋白、粗脂肪、粗纤维、矿物质及钙、磷、钾、氮等营养成分，是生产价廉质优的有机肥的主要原料。有机肥是发展生态农业，提高农产品质量的重要肥料。在研发端，针对水稻、渔业和蔬菜的特性，将粪便有机肥分别转化为高效、方便运输、使用方便的稻田、水产养殖和蔬菜种植的有机肥作为重点研究项目，进行科技攻关。要积极推广塔式发酵、槽式发酵、袋装式发酵等粪便无害化生产有机肥料的关键技术，提高粪便制作绿色有机肥的效率；加强对利用干粪工厂化生产有机肥的工艺研究，积极鼓励有条件的地区开展粪便有机肥厂的建设。要大力宣传施用有机肥的好处，通过抓无公害、绿色和有机农产品生产，在果园、菜园、农田等建立有机肥使用示范基地，大力推广应用有机肥，培育和壮大有机肥市场。以可持续发展为重要内容，促进农业生产和生态保护相协调。种养结合、生态环保的农业生产方式是实现绿色生态农业的重要途径。鼓励发展种养结合循环农业，倡导清洁生产和节约消费，严格控制外部有害物质的投入和农业废弃物的产生，最大限度地减轻环境污染和生态破坏，推动农业低碳可持续健康发展。统筹考虑华中不同区域不同类型的资源禀赋和生态特点，因地制宜，打造区域优势产业带，实现规模化生产。建立华中地区种养结合、生态环保农业生产体系对整合种植业、养殖业资源优势，取长补短，促进种养资源循环利用，发展绿色生态农业具有十分重要的意义。因此，华中地区可因地制宜打造"共生互惠模式"，即禽畜与作物共同生产的种养结合方式，实现农业"田育禽畜、禽畜肥田"的互惠双赢，提高作物和家畜产量和品质。另外，可发挥长江中下游平原地区的资源优势，推广"稻虾共作"绿色生态生产模式。虾稻共生可以相互促进，水稻为小龙虾提供了生产繁殖的空间，而小龙虾不仅可为水稻疏松土壤，其排泄物还是水稻的肥料来源之一。另外，小龙虾养殖对水质的要求较高，因而该模式可显著推动水稻生产减少农药、除草剂和化肥的使用，从而达到降低肥料和农药用量的目的，有助于实现水稻绿色生产。近年来，湖北江汉平原地区"稻虾共作"模式发展迅猛，该模式可以在长江中下游地区推广，实现水稻生产和水产养殖双赢。

第 4 章 东南沿海地区食物安全可持续发展战略研究

本研究中东南沿海地区界定为上海、浙江、福建、广东、海南五省（市）。一方面，东南沿海五省（市）气候资源和山海资源极为相似，与国内其他地区资源环境条件刚性约束形成明显优势，却受到社会消费剧变、资源环境条件恶化、耕地质量下降及国际粮食市场波动等系列因素共同作用，面临着类似的食物安全问题。另一方面，在快速城镇化和加快推进现代化发展过程中，各省（市）均出现了人口增长与食物消费剧增的矛盾，保障食物数量与质量安全的任务艰巨。研究东南沿海地区食物可持续发展战略，科学研判"十三五"以及到 2030 年区域粮食与食物安全演变趋势，不仅对保障该区域食物安全有着极其重要的作用，而且对促进我国区域现代农业创新发展、协调发展、绿色发展、开放发展、共享发展具有重大的先行和引领战略意义。

4.1 东南沿海地区食物安全现状与态势分析

4.1.1 食物生产现状

1. 粮食播种面积和产量下降，但幅度放慢

东南沿海区域主要粮食播种面积和产量降中有稳。2007～2017 年东南沿海区域粮食播种面积、产量分别减少了 18.62% 和 14.67%（表 4-1）。稻谷始终保持主导地位，但所占份额逐渐下降，2017 年约占东南沿海区域粮食总播种面积的 78%，总产量约占东南沿海区域粮食总产量的 83.05%，平均单产为 6239.57kg/hm^2，基本与 2007 年持平。薯类、豆类、玉米、小麦等其他粮食所占份额扩大到 2017 年的 21.44%。2017 年东南沿海区域粮食总产量约占全国粮食总产量的 3.8%，但总需求约占全国粮食总产量的 11.83%，自给率仅为 26.89%[①]。

表 4-1　2007～2017 年东南沿海区域主要食物的生产情况及其变动趋势

年份	产量/万 t										
	稻谷	小麦	玉米	大豆	其他粮食*	蔬菜	水果	肉类	蛋类	奶类	水产品
2007	2401.66	44.75	84.59	54.16	393.50	6255.67	2418.93	733.13	115.10	74.3728	1794.471
2008	2397.34	41.37	76.68	40.56	368.60	6387.06	2543.60	804.91	116.08	73.8663	1825.141
2009	2461.94	46.99	85.54	41.38	377.22	6547.27	2559.95	835.09	115.29	70.9500	1890.403

---

① 根据国家统计局在网站（https://data.stats.gov.cn/）公布的上海、浙江、福建、广东、海南相关统计数据计算整理得到。

续表

年份	产量/万 t									
	稻谷	小麦	玉米	大豆	其他粮食*	蔬菜	水果	肉类	蛋类	奶类	水产品
2010	2426.69	45.48	87.24	40.58	366.09	6757.36	2644.52	864.84	114.75	75.1349	1972.850
2011	2468.85	52.41	92.45	41.29	368.73	6962.87	2766.88	873.05	116.85	79.4948	2070.734
2012	2453.77	50.88	111.33	53.49	358.10	7127.99	2859.56	914.09	114.79	74.8363	2108.856
2013	2331.47	46.47	110.88	50.81	346.90	7226.23	2960.13	932.49	116.47	73.4462	2185.097
2014	2379.76	50.57	109.55	52.88	353.60	7404.70	3021.94	916.74	113.30	71.5513	2283.330
2015	2209.04	59.65	103.05	50.59	324.43	7595.69	3113.61	886.33	108.57	72.2146	2378.680
2016	2196.37	42.50	104.94	48.67	311.25	7738.53	3138.24	868.80	107.30	69.8851	2413.890
2017	2110.69	52.32	79.78	37.70	261.13	7964.92	3327.72	860.27	113.75	65.8100	2461.270

注：根据国家统计局网站（http://www.stats.gov.cn/）公开资料整理。

*其他粮食：依据国家统计局统计标准，包括大麦、元麦、蚕豆、豌豆、马铃薯、高粱、谷子、甘薯等

2. 畜牧生产以猪肉和禽类为主，呈先增后减态势

2017 年，东南沿海区域肉类总产量 860.27 万 t，比 2007 年增长 17.34%，总量约占全国肉类总产量的 10%。奶类总产量 65.81 万 t、蛋类总产量 113.75 万 t，分别比 2007 年下降 11.51% 和 1.17%（表 4-1）。

3. 蔬菜生产呈增长态势，种植面积、产量大幅增加

2017 年东南沿海区域蔬菜种植面积为 294.73 万 hm²，产量为 7964.92 万 t（表 4-1），分别占全国蔬菜种植面积和产量的 13.77% 和 10.77%。从 2007~2017 年趋势看，蔬菜种植面积增长 15.2%，产量增长 27.32%。

4. 水产品产量占全国水产品总产量的 1/3 以上，水产养殖比例逐渐提升

2017 年，东南沿海区域水产品总产量 2461.27 万 t（表 4-1），约占全国水产品总产量的 36%，其中，海水产品产量约占全国海水产品产量的 51%，淡水产品产量约占全国淡水产品总产量的 20%。淡水养殖产量提升较为快速，海洋捕捞能力和水平有所下降。

5. 水果、森林食品生产大幅增长，产量水平快速提升

2017 年东南沿海区域果园面积为 197.93 万 hm²，占全国果园面积的 16.0%，水果产量为 3327.72 万 t（表 4-1），占全国水果总产量的 13.4%，平均单产为 16 812.61kg/hm²。

此外，东南沿海区域森林食品丰富，2015 年森林食品总产量约占全国森林食品总产量的 21.68%。其中，森林蔬菜产量 89.65 万 t；森林粮食产量 40.81 万 t；栽培油茶面积占全国油茶面积（400.3 万 hm²）的 17.22%，产量占全国油茶产量的 16.27%。

4.1.2 食物消费态势

1. 人口规模与结构特点

东南沿海区域总人口和城镇人口持续增长。2007~2017年总人口从19 275.86万人增长到21 647.51万人，增长12.3%，其中，城镇人口增长29.47%，农村人口减少11.65%。

2. 主要食物消费结构

2015年，东南沿海区域人均消费量为：口粮119.65kg、蔬菜及食用菌95.61kg、干鲜瓜果类40.06kg、肉类32.34kg、水产品23.82kg、禽类14.58kg、奶类10.99kg、蛋类7.59kg。

农村人口与城市人口相比，人均粮食消费量高48.8%，肉类和禽类的消费量大致相当，其他食物消费量均较低。其中，奶类农村人口消费量比城市人口消费量低60.3%，干鲜瓜果类低41.4%，蛋类低17.5%，蔬菜及食用菌低4.2%，水产品低3.7%。

3. 食物供给安全差异巨大

一是口粮、猪肉、禽类基本实现80%以上自给。2016年，口粮自给率为80.7%，其中，稻谷自给率为84.21%；猪肉自给率为93.5%；禽类自给率为80.3%。二是粮食、牛肉、羊肉、奶类、蛋类供不应求。此类食物产量远低于需求量，严重依赖外调。2016年，粮食自给率仅为32.7%，牛肉自给率为32.9%，羊肉自给率为45.6%，奶类自给率为28.1%，蛋类自给率为57.0%。三是蔬菜、水果和水产品生产供过于求。2016年，蔬菜自给率达到359.1%，水果自给率达391.5%，水产品自给率达432.6%。蔬菜、水果和水产品除满足本地的需求外，可大量供给外省、外销市场。但季节性调剂较为频繁。

4.2 东南沿海地区食物安全可持续发展分析

东南沿海地区食物供给预测和自给率预测见综合报告，食物安全的主要问题见下方分析。

1. 产品调入面临挑战

东南沿海区域分别与苏、皖、赣、湘、桂诸省（区）接壤，与香港、澳门毗邻，又与台湾隔海峡相望，靠近东南亚，地处经济活跃的亚太经济圈中部。因此，具有利用海外资金、技术的显著优势，在开展对外经济技术与物流合作方面具有特殊的有利条件。农产品调入面临的挑战主要有如下几个方面。

a. 主产区面临卖粮难的问题。冬春两季的粮食运输受铁路春运旺季的影响，通关速度明显放慢，只能转而选择成本更高的铁水联运或集装箱水路运输方式。

b. 调入农产品质量安全监管难度大。由于调入农产品的种类繁杂多样，而且来源于不同地区，这给农产品的质量安全监管提出高标准、高要求。

c. 域外农业管理难度大。域外农业相比本地农业来说，管理起来困难多，农业生产和经营管理不到位，继而农产品质量得不到保障。而且域外农业农产品回流需要运输的环节还存在运输困难、成本较高的问题。

2. 保障食物有效供给的压力沉重

a. 粮食播种面积难以维持。在城市化与工业化双向挤压下，不少城镇周边种粮耕地或被建设用地替代，或转种其他经济作物，农业发展和粮食产业空间不断被挤占。

b. 肉类供需关系逐渐趋向紧张。"减猪限禽、发展牛羊"成为多省调整优化畜牧业结构的方向。导致猪肉产量大幅下降，但牛、羊等草食性动物的发展并未实现快速增长。

c. 耕地资源潜力有限。东南沿海区域总体上是山多地少，人均耕地面积不到全国人均土地面积的50%。丘陵和山地面积大，宜耕地少，耕地资源发展潜力有限。

d. 农产品供需失衡，矛盾突出。该区域经济发达，人均GDP已经达到中等发达国家水平，消费者对农产品质量和安全的要求与日俱增，但"买难"和"卖难"矛盾突出，中高端农产品供不应求，低端产品不时出现积压滞销。

3. 农产品储运管理体制、设备水平有待加强

随着生产成本增加，城市"菜篮子"规模化基地普遍进入"规模陷阱"，大部分存在盈利难、离开政府补助发展乏力等困难和问题。地方储备粮油实行省、市、县三级管理体制，市场出现"搭便车"行为，导致经济外部性的存在，甚至出现"逆向操作"的问题，造成物流在环节上的"短路"和运输过程的严重浪费。

冷库冷链现代化储藏手段整体建设滞后，现代化储藏与运输建设滞后，农产品在采后及运输过程中的损失率蔬菜类约为20%，果用瓜类约为10%，水果类约为30%。

4.3 东南沿海地区食物安全可持续发展战略思路

4.3.1 基本定位

1. 东南沿海区域是国家食物安全保障非常脆弱的地区

随着人口增长、经济社会发展以及城镇化进程加速推进，东南沿海区域粮食安全生产和食物安全保障形势总体严峻，在全国食物安全保障的总体战略中具有重要的地位和影响作用。

2. 东南沿海区域是我国特色优质农产品重要生产区域

该区域生态条件好，具有发展现代高效生态农业的后天优势，蔬菜、水果、茶叶、坚果、水产等多种农产品在全国占有十分重要的地位。

3. 东南沿海区域是我国对食物品质需求最高的地区

对农产品的需求已经从"吃饱"逐渐转向为"吃好"的状态，安全、营养、健康食品的消费理念逐步形成，将对国家层面的食物安全可持续发展产生重大的、深远的影响。

4. 东南沿海区域是我国市场化和对接国际市场的前沿地区

改革开放 40 多年的发展，东南沿海区域已经成为中国市场化程度最高的地区，外向型农业发展快，是市场化和对接国际市场的前沿地区，在全国与全球农产品贸易格局中占据重要地位，在我国食物安全对外贸易、农业走出去等领域处于"领头羊"的地位，具有标杆作用。

5. 东南沿海区域是促进东中西部区域产销合作的重要地区

东南沿海区域在促进同中西部农产品等食物类产品的产销合作中发挥着十分重要的作用，为中西部地区的农业、农村发展提供了稳定的消费市场。

4.3.2 战略思路

1. 树立大食物观战略，统筹农业供给侧结构性改革

一是确立"稳定基本供给，转变结构，增加总量"的大食物观整体原则，逐步形成东南沿海乃至全国的食物安全发展新战略思路。二是加强东南沿海区域间的贸易与协作，增强区域间食物调剂能力，通过区域协作与国际贸易，保障食物安全。三是研究制定适应各地居民需要、适合当地农产品生产特点的膳食指南，尽量平衡生产与消费，减少对外购食物的依赖。四是围绕大食物安全观内涵，调整优化产业结构，加快发展地方特色产业。

2. 实施三产融合发展战略，推进农业全产业链延伸

当前，东南沿海区域的农业发展整体呈现价值形成与增值从生产领域向物流加工、农旅融合等相关二三产业富集。为此，一是增强科技创新能力和科技含量，增强农产品市场竞争力。二是促进相关产业向基地化、规模化、标准化等方向发展，提高产业稳定发展能力。三是推进农业三产融合发展，提高农产品附加值，让农业延伸产业的利润更多地留在农业农村，进而实现农民增收、农业发展与农村振兴三者同步共振。

3. 发展"两型"农业，实施全绿色化、生态化战略

一是按照资源节约型、环境友好型的"两型"农业的发展要求。重点推广物质循环利用、产业立体复合循环、生产清洁节约等模式。二是大力发展绿色农业，通过优质优价机制倒逼产品品质，提升质量安全水平，最大限度地减少对环境的不利影响。三是强化创新意识，树立科技支撑战略。加强国际农业科技合作与交流，加强与国家创新体系的互动，建立科技创新联盟，助推"两型"农业。

4. 实施全球化战略，打造对外开放新高地

合理利用国内、国外两个市场与两种资源，借助开放合作加大粮食定价的国际话语权，实现食物安全的可持续发展。一是布局全球，利用区域比较优势参与国际经济分工，实施农业"走出去"战略。二是实施"飞地"战略，拓展农业发展空间。通过资本要素流动、产业集群打造、品牌管理辐射，突破土地资源约束的瓶颈，实现"飞地"食物生产基地资源扩容。三是建立面向全国及世界性的农业资源开放性创新平台、自主创新孵化平台和服务平台，获取全球研发机构的外溢效益、国际科技资源和产业关键技术。

4.3.3 战略目标

1. 食物产量及自给率

2020 年和 2035 年食物产量及自给率见综合报告。

2. 农产品质量安全水平

到 2020 年，农产品质量安全例行监测总体合格率达 96%以上，粮、油、肉、蛋、乳五大类大宗日常消费品评价性抽检合格率稳定在 95%以上。

4.4 东南沿海地区食物安全可持续发展战略路径与科技工程

4.4.1 战略路径

1. 加强生产能力保护，实施"藏粮于地、藏粮于技"战略

a. 实行更严格的耕地保护制度。严守耕地红线，加强永久基本农田保护，完善耕地保护补偿机制。严格控制非农建设占用农用地规模。严格执行耕地占补平衡制度，探索引入第三方新增占补土地评价制度。

b. 重点保持耕地的肥力与生产力。以培肥地力、改良土壤、平衡养分、质量修复为

主要内容，优先推进秸秆就地还田快速降解生物技术的研究，探索建设表层有机土质资源储存制度，为特殊情况下快速提升粮食生产能力做好准备工作。加快中低产田改造步伐，示范性推广"千斤粮万元钱"等绿色增产模式，优化品种结构。

c. 提升基础设施建设水平并完善管护机制。加快实施大中型灌区续建配套和更新改造，筹划大型水利工程以及粮食配套设施建设，提高农田有效灌溉的比例。同时，大力推广投资小、工期短、见效快的简易小水利工程，抓好小型农田水利设施建设，重点建设田间灌排渠系统和抗旱水源工程。

2. 综合提升粮食生产安全，稳"水"增"旱"适调结构

a. 结合地域消费特点拓展主食范畴。牢固树立"大粮食安全观"，拓展旱粮补贴类别，积极开发利用低丘缓坡地带与越冬田，大力发展红薯、鲜食玉米与大豆、土豆、芋艿等特色旱粮产业，提高旱杂粮生产效益与粮食生产整体效益。建议将鲜食玉米与红薯纳入该区域主粮范畴，在政策上享受与水稻、小麦同等对待。

b. 加快建立优质水稻产业体系。东南沿海区域中高端大米消费需求持续增长大趋势十分显著。建议允许甚至鼓励该区域将优质水稻的栽培面积作为粮食安全的首要衡量指标，加快构建优质水稻产业体系。

3. 瞄准中高端精品化市场定位，提升市场竞争能力

a. 打造中高端农产品生产体系。大力建设优势高端特色产业集聚区，着重优化产品结构、产业结构、区域结构。

b. 构筑中高端农产品生产环境与农作制度。综合采取农机、农艺、工程和生物措施，构建具有东南沿海区域特色的保护性耕作技术体系。推行"标准化+"农业，并优化产业化利益联结机制，使之成为农民增收的可持续源泉。

c. 构筑中高端农产品品控管理体系。一是深入实施农业品牌战略，重点推广"区域公共品牌母品牌+企业自有品牌子品牌"品牌化发展模式。二是加强农产品品控认证。推进投入品良好操作规范（GMP）认证、种植业产品良好农业规范（GAP）认证、畜禽水产养殖及加工业公顷关键控制点（CCP）认证和"三品一标"质量认证。三是健全农产品质量安全监管体系。推广应用农产品质量可追溯制度，在规模以上生产主体中推行档案登记制度，探索建立覆盖生产和流通环节的检验检测、质量追溯、风险预警和应急反应处置体系。

4. 全面挖掘农业生产潜能，稳粮稳牧增渔增林

a. 重点发展海洋渔业产业经济。一是加强沿海渔业资源养护，恢复区域性海洋渔业生态。二是开展渔业资源承载力调查研究，加强海洋野生动植物保护。三是大力发展生态海洋水产养殖业。使"蓝色粮仓"由浅蓝迈向深蓝，拓展渔业发展空间，并打造成为区域性最具市场竞争力的农业产业之一。四是推动近海滩涂水产养殖减量增效，提升生产能力与品质。五是创新沿岸渔业产权管理模式，使沿岸渔场利用权属地化。

b. 积极拓展森林产业与林下产业。一是增强森林食品资源培育水平。充分利用低丘缓坡资源与林业资源，大力发展森林粮食和木本油料、肉类作为区域食物安全增长潜力点。二是以森林食品种植为核心，示范和推广森林食品生态复合经营模式，恢复和提高林地生产力，有效促进森林食品发展。三是促进森林食品产业链延伸。提升商品化处理、保鲜储藏和精深加工发展水平，拉长产业链，增加产品附加值。

5. 完善粮食安全应急储备制度，增强粮食调剂能力

a. 提升粮食安全预警机制建设水平，建立省域粮食安全信息发布规范和发布制度，构建灵敏、准确的粮食预警体系，加强粮食总量与分项进出口量、储备吞吐量的科学调控，不断完善粮食安全应急体系建设，确保粮食市场供应。

b. 加强粮食安全应急储备。一是提升农户储粮设施条件。二是完善储备粮仓储基础设施建设。尽快实现全省联网，加强储备粮调控监管。三是完善粮食储备制度。探索建立粮食主销区地方储备粮轮换与粮食主产区粮食收购紧密衔接的工作机制，确保地方储备规模的落实，做到规模、粮库、费用"三到位"。

c. 加强应急能力建设。一是拓展国际粮食市场来源，增强国家粮食安全国际市场调剂能力，降低国家粮食安全风险。二是设立粮食应急基金，稳定粮食供应。三是加强对普通城镇居民家中存放储备粮食的引导，参照地震等重大自然灾害应急办法，实现"藏粮于民"，提高紧急应对水平。

6. 充分利用外部市场资源，优势互补，开拓市场

a. 加强与长江经济带中上游区域协作，稳定粮畜供应。把长江经济带打造为粮食与畜禽的稳定供应基地。

b. 加强与台湾开展精致农业技术合作，转变发展方式。加快确立中高端农产品生产体系。推进对台合作，引进产业发展技术与管理经验，提升以中高端产品生产为主的市场竞争力。

c. 加强与"一带一路"共建国家的合作，拓展新兴市场。重点开展与东盟国家的粮油产品贸易、投资和技术合作；鼓励农业企业赴共建"21世纪海上丝绸之路"沿线国家和其他国家或地区从事农业合作开发，重点支持粮食及油料作物种植、农畜产品养殖等项目，建设农业产业园区。

d. 建设水产品、果蔬出口生产基地，发展外向农业。建立一批优势出口水产品、果蔬产业外销基地，扩大出口，消化产能，推进出口替代战略。

4.4.2 率先实现中高端农产品生产重大科技工程

1. 动植物种质资源与现代育种工程

一是发掘生物种质资源和探索植物作物育种上新的利用技术。二是运用分子设计育种培育突破性品种并催生智能植物品种。

2. 优质农产品与生态农业工程

围绕农田生态修复与安全生产、面源污染控制、乡村环境综合治理和生物多样性保护与利用，开展农业生产系统建构与平衡机理研究，加快建设农业绿色发展科技支撑体系。

a. 实施污染治理与循环农业工程。
b. 发展生态环境质量安全科技，综合运用生物、物理和化学方法修复污染土壤与水体。
c. 建立农产品质量安全过程控制技术体系。构建农产品生产全程质量控制技术。

3. 大数据精细化农场管理工程

构建集约、高效、安全、持续的智慧农业科技支撑体系，满足现代农业产业发展对机械装备的紧迫需求，推动高质量现代农业和绿色美丽经济。

a. 数字农业。推动农产品生产、流通领域的信息工程技术建设，完善农业信息服务网络。
b. 设施农业与农机装备。根据东南沿海区域农业特点，农业装备制造技术向中小型、高速、复式作业等方向发展，形成一批适用于平原、丘陵、山地、林地等区域的智能化关键装备。

4. 食物消费结构调整促进工程

满足国民膳食消费结构和营养调整要求，加强营养健康食品研发理论和创制关键技术及装备研究，实现营养健康食品的产业化开发和跨越式发展。

a. 特色健康营养食品开发。挖掘农产品中的健康功能组分，研究提取分离和稳态化技术，利用现代加工方法开发健康功能产品。加强新资源食品、特色农产品和药食两用农产品资源的评价与开发利用。
b. 特色食品现代化生产技术。研发节能高效现代食品加工关键装备和成套生产线，提升食品感官品质和理化特性，挖掘传统食品、特色食品加工技术，实现机械化、标准化和产业化。
c. 保鲜与物流技术。破解食品在物流过程中的品质劣变与损耗等难题，确保食品物流过程安全可控。
d. 食品加工机械装备。积极开展新型杀菌、节能干燥和高速包装等关键核心技术装备集成与开发。

5. 全产业链建设工程

加快"农业+"综合集成，开展农业产业跨界技术综合集成研究，促进一二三产业融合、嫁接和再创新。

a. 因地制宜推进休闲农业、农业旅游发展，开发、拓展和提升农业的多种功能，培育中高端农产品品牌的知名度和美誉度。

b. 推进远洋渔业一二三产业融合发展和全产业链延伸。大力扶持渔业实体经济，从单一的远洋捕捞向全产业链、多元化综合经营延伸。

6. 农田生态系统生物多样性挖掘、保护与利用

坚持节约优先、保护优先、自然恢复为主的方针，形成节约资源和保护环境的空间格局。

a. 加强耕地生物多样性对养分高效利用和有害生物发生影响机制的研究，包括耕地质量、生物多样性、灌溉模式（滴灌、漫灌）、机械化与耕地有害生物发生和灾变规律等的研究。

b. 实施重要生态系统保护和修复重大工程。一是加强农田生物生境、水体恢复与保养，生态植被提升，耕地质量保护，提升生态系统质量和稳定性。二是强化土壤污染管控和修复，加强农业面源污染防治，加强固体废弃物和垃圾处置。三是完善天然林保护制度，强化湿地保护和恢复。四是严格保护耕地，扩大轮作休耕试点，建立市场化、多元化生态补偿机制。

7. 基于高附加值的农产品精深加工

开展高附加值农产品原料理化特性、营养特性、贮藏及加工特性、功能特性、加工技术标准、副产物综合利用的研究。

a. 基础研究：如贮运和加工过程中营养品质变化研究、营养组分相互作用机理研究、农产品生物制造前沿技术基础研究等。

b. 技术开发：开展新型非热加工、绿色节能干燥、高效分离提取、长效减菌包装和清洁生产技术升级与集成应用；开展酶工程、细胞工程、发酵工程及蛋白质工程等生物制造工程化技术研究与装备研制。

c. 实施营养和保健功能食品的科技研发。开发功能性及特殊人群膳食相关产品、保健功能食品、营养素食特色食品等。

8. 基于环保型的绿色化、工厂化畜禽生产

在有限的资源与环境承载力下，发展环保型绿色化、工厂化畜禽生产，加快畜牧业转型升级，发展高效益、高质量的现代畜牧业。加快制定和实施畜牧、饲料质量安全标准；加强检验检测、安全评价和监督执法体系建设，强化监管能力；全面实施畜禽标识制度和牲畜信息档案制度，完善畜产品质量安全监管和追溯机制。

9. 海洋生物资源可持续开发利用

明确"聚焦深海，拓展远海，深耕近海"三大发展方向，围绕海洋特有的群体资源、遗传资源、产物资源三类生物资源，一体化布局海洋生物资源开发利用重点任务创新链，保障我国食品安全。

一是深海生物科学与资源评价。提升深海生物资源探查获取能力，开展深海生命科学前沿与应用研究。二是开发远洋生物资源，提高南极磷虾等战略性新资源综合利用水平，加强远洋生物新资源的探查和评价、捕捞关键技术与装备研发等。三是开展近海海洋生物多样性研究和生物资源评估，建立近海生态保护技术体系。四是创新海洋药物与高端生物制品研究与开发，建立新型海洋产品加工技术体系、全产业链无缝化安全控制技术。五是开展渔场修复与海洋蓝色粮仓建设。形成产业链完整的"蓝色粮仓"产业集群。

10. 森林及林下食品工程

在稳健发展森林粮食、森林油料、森林蔬菜、森林果品等主要森林食品的同时，适度提升森林调料、森林肉食和森林药材的产出贡献，提升森林和树木对粮食安全的贡献。重点包括：①研发林下种养模式，逐步实现规模化、标准化、安全化生产；②开展森林食品产品认证，推进森林资源高效培育与质量精准提升科技工程；③建立健全相关种质资源收集保存和良种生产研发与供应体系，提高单产水平。

4.5 促进东南沿海地区食物安全的政策建议

4.5.1 加强食物安全关键工程技术研发

1. 现代种业关键技术

加强种质资源普查与收集，强化保护、评价和利用。加强杂种优势利用、分子设计育种、高效制繁种等关键技术研究，培育和推广适应机械化生产、优质高产、多抗广适的新品种，实施动植物遗传改良计划和种业提升行动，加快培育优异新品种，构建现代良种繁育体系，推进新一轮品种更新换代。一是促进水稻传统育种技术向以生物技术为代表的高新技术结合转变、高产型品种向高效型品种转变；二是促进甘薯、马铃薯、花生、大豆、玉米等特色旱地粮油作物品质育种及关键技术标准化、轻简化、机械化栽培；三是促进果树种质资源收集保存与鉴定评价、果树生物技术研究、品种创新，提高绿色高效栽培技术等；四是培育优质、高产、营养高效、多抗及具特殊优良性状的蔬菜新品种与设施专用型蔬菜新品种，创新蔬菜标准化栽培技术、设施大棚蔬菜技术、轻简增效技术等蔬菜产业关键技术等；五是加快珍稀食用菌新品种驯化及栽培，食用菌工厂化生产专用新品种选育及配套栽培技术研究等；六是加快优质特色畜禽新品种、地方特色品种（系）选育与创新利用；七是推广应用水产品现代育种技术，提高品种遗传改良率，加强水产原种场和良种场建设，提高水产良种覆盖率和苗种质量。

2. 养殖业安全绿色生产关键技术

围绕动物饲料营养及牧草等新型饲料资源开发利用、动物重要疫病综合防控技术、养殖屠宰过程废弃物减量化和资源化利用技术、畜禽水产疫病快速检测技术、肉品品质检验技术、畜禽水产健康养殖及清洁生产关键技术等领域，强化科技攻关。例如，动物饲料营养及新饲料资源开发利用，畜禽重要疫病研究及其综合防控，畜禽健康养殖和环境控制，水产病害防控与健康养殖，设施渔业智能测控系统、工厂化循环水养殖、保温大棚养殖模式和抗风浪塑胶网箱养殖技术。

3. 农产品产后增值关键技术

加强水果、水产、蔬菜、食用菌、薯类、豆类等大宗、特色农产品低碳减污加工贮运、农产品智能化精深加工等技术研究。

4. 农产品安全控制关键技术

主要包括农产品数量安全、食品质量安全等关键技术，建立省级食品安全联合虚拟实验室。

5. 农业生态环境保护关键技术

亟待解决的土、肥、水、气及其环境保护问题的关键技术领域，瞄准国际生态农业高新技术前沿，开展绿色农业生产、农业面源污染治理、农村废弃物循环利用、重金属污染控制与治理等关键技术研究，加强生态农业模式与关键技术研发、集成与推广。

6. 智慧农业关键技术

重点开展农业农村大数据采集存储挖掘及可视化技术、基于地面传感网的农田环境智能监测技术、数字农业智能管理技术、智慧农业生产技术及模式、智慧农业技术、智能节水灌溉技术、水肥一体化智能技术、农业应对灾害气候的综合技术、养殖环境监控与畜禽体征监测技术、有害生物远程诊断/实时监测/早期预警和应急防治指挥调度的监测预警决策系统、数字化精准化短期及中长期预警分析系统的研发、集成示范和推广应用。

4.5.2 引领东南沿海各区域率先走向中高端农产品，引领农业高质量发展

1. 加强高效优质多抗新品种的选育和推广

一是加大政府资金投入。二是充分发挥种子龙头企业等市场主体的创新作用。三是支持科研院所加大核心技术攻关。

2. 发展多种形式的适度规模经营

一是加速土地流转。二是健全农业社会化服务体系。三是建立完善有利于适度规模

经营发展的"财政+保险"补贴机制。

3. 打造品牌农业

一是挖掘区域资源优势,树立区域品牌。二是严格质量管理,赢得市场信誉。三是支持科技创新,提升品牌质量。四是做好市场营销,推介知名品牌。五是强化农业品牌监管保护。

4.5.3 实施"藏粮于地、藏粮于技"战略,保护和提高粮食综合生产能力

重点保护耕地,守住耕地红线和基本农田红线,在已有基础上加快划定永久基本农田,严格实行特殊保护田,最大限度地保障粮食、蔬菜等作物的综合生产,确保实有耕地面积基本稳定。

1. 加强农田基础设施建设

加强农田水利设施建设,加快高标准基本农田建设,稳步推进中低产田改造。

2. 提升种植效率

推动食物生产由资源要素投入转到依靠科技进步提高单产品质的内涵式发展道路。加强农业机械化、信息化和大数据运用,促进种植业提质增效。

3. 推进种质资源现代化

建立东南沿海省级种子生产培育基地,通过科企农合作加大新品种及配套系培育。同时,加强政、研、用、育的紧密联系。

4. 提升设备机械化、智能化

引导加大省工、节本增效新机型的研发力度,辅以专项资金大力扶持特色农业机械关键技术、设备的研发和推广。通过政策或补贴扶持开展农业机械化服务的各个环节,引导农户使用先进机械进行生产。

4.5.4 实施"产销对接",开拓两个市场

1. 建立区域性食物资源交易平台

通过与西部产区建立稳定的购销关系,建立异地农业,保障食物的有效供给。通过

构建农产品产销对接网络平台，实现生产与流通信息对接。

2. 鼓励农业龙头企业"走出去"

组织实施对外农业援助，鼓励我国东南沿海区域农业产业化企业与东南亚国家、东欧国家加强土地租赁合作，利用国外优良土地资源。

4.5.5 促进节约型食物消费与生产

1. 倡导建立节约型的食物消费模式

一是用食物总量指标替代粮食安全指标。在保证现有耕地面积，稳定粮食生产，保障基本口粮供应的基础上，因地制宜发展多种食物，发挥地理气候等优势，扩大其他优势特色食物的产能，增加食物来源多样性，弥补粮食缺乏带来的用粮紧张。二是树立健康消费观念和自觉节约公共资源的意识，建设节约型社会。

2. 建设优质农产品规模化生产基地

以国家"两区"建设为契机，通过财政资金扶持发展优质农产品规模化生产基地，生产安全农产品。例如，重点扶持规模达到万亩以上的瓜菜生产基地、水果生产基地、水稻生产基地，养商品猪年出栏规模达到 10 万头以上的养殖场，养鸡达到 50 万只以上的养鸡场，有利于生产优质农产品。规模化生产基地制定严格的生产管理制度，统一农业投入品购买、农产品销售。

4.5.6 建立食物安全责任机制

从国家层面，加强食物安全信用管理，如在制度规范、运行规范、信用活动、运行机制上建立食品安全信用运行机制。

1. 建立食物安全责任机制与激励机制

进一步明确各级政府和不同社会主体在食物安全方面的责任和义务。继续实行"一把手"负责制，建立省、市、县三级行政首长食物工作负责制、三级食物储备制度和三级食物风险基金制度等。

2. 建立粮食生产补偿机制

切实解决地区之间"产粮越多，包袱越重"的财政反差，使产粮大县真正享受到"以工补农"的政策实惠。

3. 构建食物安全的预警与快速反应系统

研究建立食物安全预警与快速反应系统，从食物数量安全、质量安全和价格水平三个方面，防范食物不安全事件发生。

4. 健全粮食价格调控体系

一是建立和完善粮食市场价格信息预警系统。二是进行粮食产、供、销、存环节的跟踪调查，以及对国际粮食市场生产、价格和供求情况的监测、预测与分析。三是建立合理、公平、统一的粮食市场价格机制，利用市场信号引导和激励农民安心种粮。

4.5.7 扶持远洋渔业健康发展

1. 加强国际海洋渔业资源调查研究

由农业农村部（原农业部）等相关部门统一协调、统一布局和加大投入，制定国际海洋渔业资源调查计划。

2. 加强远洋渔业行业管理工作

组建多部门合作的远洋渔业中央协调机制，统一协调远洋渔业项目审批，渔船设计，建造和检验，船员培训管理，国际海洋渔业资源调研，远洋对外法规宣传贯彻，国际渔业合作谈判等专题工作。

3. 大力扶持远洋渔业实体经济

鼓励海外捕捞基地建设、渔业企业海外购并，从单一的远洋捕捞向全产业链、多元化综合经营延伸。自捕鱼免税政策、国际渔业资源利用补贴、造船补贴、燃油补贴等优惠措施应在充分调研和资源整合的基础上，更精准、更有效地长期稳定执行。

4. 将海洋食物纳入国家战略物资储备体系

参照欧、美、日等发达国家做法，将产量稳定、品质有保障且可长期储藏的金枪鱼（鲣）和鱿鱼罐头制品纳入国家战略物资储备体系。

第 5 章 西北地区食物安全可持续发展战略研究

本研究中西北地区界定为陕西、甘肃、青海、宁夏、新疆、内蒙古（除东四盟）、山西，共 70 个地级市 519 个县级行政区划单位，面积 375.98 万 km^2，占我国国土面积的 39.16%。该地区地域辽阔，地貌类型多样，自然条件复杂，资源丰富，冬季严寒干燥，夏季高温少雨，年均降雨量 150～650mm，年均蒸发量 2500～3000mm，是典型的大陆性气候，也是我国生态环境最为脆弱的区域。本研究中的食物界定为植物性食物、动物性食物。植物性食物主要指粮食（小麦、玉米、水稻、薯类、杂粮等）、棉籽油、蔬菜、果品、木本粮油等；动物性食物包括肉类、奶类、禽蛋、水产品等。

西北地区是种植业、畜牧业等农业生产模式多元化比较突出的区域，以占全国 10%的水资源和 15%的粮食种植面积生产全国 12%的粮食，可以说西北地区在确保我国粮食安全中具有举足轻重的地位，是我国重要的粮食生产战略后备区和农畜产品生产基地。在国际化绿色化背景下，评估西北地区 2010～2015 年食物安全状况及主要障碍因素，探查未来 15 年区域食物安全可能的远景；明确区域耕地质量提升的社会经济策略，提出适于国际化绿色化背景的西北农业生产结构及其宏观布局；明晰西北地区农业生产在未来全国食物安全中的作用与地位，提出西北现代农业可持续发展的外部社会结构优化对策，对于构建新型食物安全观，实现区域的绿色可持续发展意义重大。

5.1 西北地区食物安全现状

5.1.1 食物生产

粮食产量：西北地区 2000～2015 年的 16 年中粮食产量从 4289.32 万 t 增加到 6709.45 万 t，增加了 2420.13 万 t，2015 年相对于 2000 年增加了 56.4%，远高于全国同期增长率（34.5%）；西北地区人均粮食产量在 2001 年为最低，仅为 294.87kg，远低于全国平均水平（355.89kg），在 2012 年，人均粮食产量达到 413kg，达到联合国关于粮食安全的标准，比全国达到 400kg 晚了两年，2015 年西北地区人均粮食产量为 449kg，低于全国平均水平（452kg）。

肉类产量：从 2000 年至今，西北七省（区）肉类的产量和人均产量都呈上升趋势，肉类产量从 2000 年的 381.7 万 t 增加到 2015 年的 599.91 万 t，16 年增加了 218.21 万 t，相较于基础年份增加了 57.17%，高于全国的同期增长率（43.4%）；西北七省（区）人均肉产品产量 2000 年仅为 29.64kg，2005 年、2006 年、2014 年和 2015 年均超过 40kg，其余年份均在 30～39kg，产量相对稳定，七省（区）人均肉产品产量低于全国同期任何年份的平均值，2000 年比全国低 18kg，2015 年仅为全国的 64%，人均肉产品产量远低于全国水平。

奶产品产量：西北七省（区）奶产品产量用了 6 年的时间（2000~2006 年）从 235.6 万 t 增加到 1132 万 t，2008 年达到历史最高峰 1204 万 t，之后一直稳定在 1140 万~1190 万 t，目前基本上保持在全国的 30%左右；西北七省（区）人均奶产品产量从 2000 年的 17.46kg 增加到 2015 年的 76.46kg，增加了 3 倍多，人均奶产品产量远高于全国水平，基本保持在约 3 倍于全国水平的水平。

禽蛋产量：禽蛋产量从 2000 年的 129.64 万 t，增加到 2015 年的 215.22 万 t，16 年中增加了 66.0%，全国同期增长率为 26.8%；人均禽蛋产量在 2000 年为 9.67kg，2014 年为 14.42kg，仅分别占全国同期的 56%和 66%。

5.1.2 食物流通

2009~2012 年，陕西省粮食出口量呈现快速增长趋势，2012 年粮食出口量达 9.82 万 t，增长了 3 倍多；果蔬出口量有降低趋势；乳品出口量也从 2009 年的 70t 降低至 2012 年的 20t；鲜蛋出口量增长较快，2012 年出口量为 542.4 万个；果品和食用油进口量在 2010 年有较大增长，之后又大幅度降低至 2009 年的水平。

2009~2013 年，山西省植物产品出口总额呈现增长趋势，增长速度较快，出口总额年均增长 621.60 万美元（United States dollar，USD）；进口总额在 2009 年到 2012 年增长缓慢，2013 年进口总额快速增长至 11 443 万 USD，是 2009 年的 21.83 倍。山西省活动物及动物产品的进出口总额增长幅度较小，2013 年出口总额是进口总额的 5 倍多。

2009~2013 年，甘肃省植物产品进出口总额均呈缓慢增长趋势，在 2014 年快速增长，进口总额和出口总额分别达 20 575 万 USD 和 194 908 万 USD，出口总额是进口总额的 9 倍多；出口总额 2015 年又快速下降至 49 933 万 USD。活动物及动物产品的进出口总额在 2015 年有快速增长，分别达 16 809 万 USD 和 208 399 万 USD。

5.1.3 食物消费

口粮消费：小麦、玉米、水稻、马铃薯是北方地区的主要口粮，山西、陕西和甘肃三省的口粮需求量较大，年需求量在 500 万~700 万 t，在 2012 年前需求量有明显降低，2013 年和 2014 年有较大幅度增加；新疆次之，年需求量稳定在 300 万 t 左右，并呈现缓慢下降趋势；宁夏和青海的年需求量分别稳定在 100 万 t 和 80 万 t；内蒙古需求变化波动大，目前年需求量为 100 万 t。

食用油消费：陕西和山西对食用油的年均需求量相近，分别为 30.4 万 t 和 29.0 万 t；甘肃次之，为 20.8 万 t；新疆、内蒙古、宁夏和青海的年均需求量依次为 17.5 万 t、10.2 万 t、5.2 万 t 和 4.6 万 t。各省（区）的需求在 2000~2012 年均比较平稳。

果蔬消费：陕西和山西果品与蔬菜的年消费量较高，陕西年最大消费量分别为 150.4 万 t 和 399.9 万 t，山西年最大消费量分别为 149.6 万 t 和 372.6 万 t；甘肃果品和蔬菜的年均消费量分别稳定在 80 万 t 和 264.9 万 t；新疆果品和蔬菜的年均消费量分别为

72.1 万 t 和 219.4 万 t，但 2007 年前有较大幅度下降，其后趋于平缓；内蒙古、宁夏和青海果品年均消费量分别稳定在 46.1 万 t、22.0 万 t 和 19.5 万 t；青海蔬菜的年均消费量最低，为 58.3 万 t。

肉奶禽蛋消费：陕西、山西、甘肃、新疆、内蒙古、宁夏和青海对肉类的年均需求量分别为 73.8 万 t、69.4 万 t、48.9 万 t、41.5 万 t、24.7 万 t、12.4 万 t 和 11.0 万 t。2012 年之前，陕西、山西和甘肃对肉类的需求量呈小幅增加趋势，其后有较大幅度增加，增幅在 20%～30%。

奶类消费：山西和陕西奶类年均需求量大，分别为 32.1 万 t 和 31.1 万 t，且 2000～2015 年需求量增幅大，分别由 2000 年的 13.5 万 t 和 14.4 万 t 增加到 2015 年的 44.9 万 t 和 46.0 万 t，增幅超过 200%；甘肃和新疆年均需求量相近，分别为 19.1 万 t 和 17.7 万 t，需求量呈稳步增加趋势，增加了 2 倍左右；内蒙古年均需求量为 11.8 万 t，呈缓慢增加趋势；青海和宁夏年均需求量相近，分别为 5.5 万 t 和 4.8 万 t，总体需求趋于稳定。

禽蛋消费：陕西、山西、甘肃、新疆、内蒙古、宁夏和青海对禽蛋的年均需求量分别为 50.8 万 t、48.3 万 t、32.6 万 t、28.5 万 t、17.6 万 t、8.6 万 t 和 7.6 万 t；陕西、山西、甘肃、新疆对禽蛋类的需求量呈较大幅度增加趋势；内蒙古、宁夏和青海需求量低且较为稳定。

5.2 西北地区食物安全面临的问题

5.2.1 现代农业发展的资源约束加剧，干旱等灾害是食物生产的主要制约因素

西北地区水资源总量占全国水资源总量的 10%左右，且省（区）间水资源占有量的差异显著，其中宁夏、山西、甘肃水资源占有量占全国水资源总量的比例基本不足 1%，表现出严重的资源型缺水。资源型缺水和工程型缺水并存，用水粗放和管理无序导致水资源过度利用及不合理利用，放大了匮乏的水资源对产业发展的制约作用；生态与环境资源开发利用过度而有效保护不足，生态脆弱、环境恶化趋势无明显好转，水土质量下降，化肥、农药、农膜等污染加重，区域可持续发展面临挑战。近年，该地区有效灌溉率呈下降趋势，既限制了化肥等投入品的利用效率，也较大程度地制约了西北农业经营效率与发展水平的提高。

5.2.2 农业可持续发展的基础设施相对薄弱

西北地区财政支农的实际力度在相对降低，较低的投入水平是制约西北地区现代农业发展水平提升的共性瓶颈问题。长期的低水平投入导致西北地区产业基础设施建设欠账较多，使得该地区本已不容乐观的生产条件进一步恶化。例如，农田水利基础设施薄弱，高效节水灌溉率低，有效灌溉率近年有下降趋势；适合山地、旱地的小型实用机械

尚无显著突破，农业机械投入及机耕比例无明显提高，阻碍了高效率生产要素对低效率生产要素的有效替代；高标准农田规划建设面积占耕地比例不足，中低产田改造力度不大，较大程度地制约了该地区农业产出效率的提高。因此，需要切实加大财政支撑力度，加强公共基础设施建设，改善西北地区发展现代农业的产业基础。

5.2.3 退耕还林还草生态工程给食物生产带来巨大影响

西北地区的退耕还林还草必然会给当地的经济发展与粮食生产带来巨大影响，其中最直接的便是退耕带来的耕地的大面积减少，从而引起粮食总产的降低。仅就此而言，退耕将使原为粮食基本平衡区和缺粮区的西北旱区陷入缺粮境地。但从另一角度来看，退耕对粮食生产也存在着积极的影响：一是退耕节省下来的生产要素的转移可以带来未退耕耕地粮食产量的增长；二是西北地区生态环境以及局地小生境的改善可以对粮食生产产生促进作用，并降低灾害风险。此外，退耕的耕地均是受坡度、水分等条件严重制约的耕地，单产有限，而农业科技的进步和工程设施建设的加强，必然会对保留耕地上的粮食生产起到极大的推动作用，进而促进区域经济的协同发展。

5.2.4 耕地退化与污染问题影响食物安全

西北地区耕地质量存在退化和土地污染加重的问题。耕地质量退化，土地等别偏低，耕地中以旱地居多，土地利用粗放，产出率低；重用轻养、高强度利用引起了耕地质量退化，致使部分区域水土流失、次生盐渍化严重，如新疆、甘肃、宁夏、内蒙古等地的盐碱化，致使耕地质量等别总体水平偏低，高等地不足7%，93%以上的耕地都是中、低等地。

人均耕地减少，土地污染加重。首先，农业生产中过量使用化肥、农药、农膜的现象十分普遍，甘肃省长期覆膜农田地膜残留量达 4.8～15.4kg/亩，严重威胁耕地产地环境和农产品质量安全。其次，随着工业化、城镇化步伐加快，工矿企业周边及工矿业废弃地的土壤重金属污染逐年加重，如陕北、山西等工矿区污染比较重。最后，土地投入不足、人均耕地减少、耕地占补缺乏质量平衡等现象使得西北地区耕地资源保护与维持农业生态平衡的冲击力度持续增加。

5.2.5 区域农村一二三产业融合度较低

西北地区特色优势农业通过外延扩张实现了较快发展，但是与东部及全国相比差距依然明显，如传统作物比例过高、特色产业集群产业优势不突出、特色不够鲜明；区域分工与合作格局深化不足，地区间产业存在低水平的过度竞争和单一产品供给过剩的市场风险；现代农业产业集群规模化、集约化程度不够，产业优势未得到深度开发，链条短、加工层次低、转化能力弱、品牌带动力不强、产品附加值不高，产业扶贫效果有待提升。从生态资源均衡利用和环境可持续角度考虑，需要进一步立足区域比较优势，按照国家农业可持续发展规划精神,甄别并培育支撑未来区域经济增长的优势产业,建立粮食作物、经济作物、饲料作物有机结合的"三元"结构,协调农牧区域合作,紧密促进农牧结合、种养循环、牧繁农育一体化发展。

5.2.6 现代农业发展的创新驱动能力不足

西北地区农业农村信息化正处于起步阶段,基础薄弱、发展滞后、体系不全,农业物联网尚未实现规模量产,信息化对现代农业发展的支撑作用尚未充分显现;现代种业自主创新能力不足、农技推广体系不健全、科技成果转化率和技术到位率不高等问题影响该地区旱作节水农业可持续发展能力的提升;以农业示范园区和农业科技园区为主要载体的科技示范体系,在新技术、新品种、新模式、新产业示范推广和产业提升、农民增收方面发挥了重要作用,但示范推广产生的效果较差,区域适宜性现代农业创新发展模式及示范效应亟待加强,应通过总结与探索区域发展创新,进一步发挥示范基地引领产业发展的作用。

5.3 西北地区食物安全供求变化及其潜力分析

5.3.1 2000~2015年食物产需变化特征及安全状况

1. 口粮的产需变化特征及安全状况

西北地区在2000年、2005年、2010年和2015年4个时间点口粮总生产分别为2161.7万t、2121.4万t、2373.4万t和2662.9万t,总需求分别为2638.1万t、2205.7万t、1973.0万t和2014.1万t,2000年总需求大于总生产,2005年基本持平,2010年和2015年总生产超过总需求20%~33%。七省(区)中,宁夏和新疆历年总生产均大于总需求。甘肃在2000年总需求大于总生产,但2005年、2010年、2015年总生产大于总需求;内蒙古在2010年及之前总生产大于总需求,但2015年总需求大于总生产;陕西在2000年和2005年总需求大于总生产,但2010年和2015年总生产大于总需求;山西总需求一直高于总生产,平均高1倍左右。

2. 油料的产需变化特征及安全状况

西北地区在2000年、2005年、2010年和2015年4个时间点油料总生产分别为281.7万t、262.8万t、333.5万t和379.3万t,总需求分别为100.6万t、101.1万t、107.4万t和155.3万t,总体生产比总体需求大1.7倍左右。七省(区)中,除山西外,其他省(区)总生产均显著大于总需求;山西在2000年总生产大于总需求,但之后总需求大于总生产,且近几年两者差距越来越大,2015年总需求约为总生产的2.5倍。

3. 果蔬的产需变化特征及安全状况

西北地区在 2000 年、2005 年、2010 年和 2015 年 4 个时间点果品总生产分别为 1627.3 万 t、2242.5 万 t、3944.5 万 t 和 5662.4 万 t，总需求分别为 460.9 万 t、468.6 万 t、502.9 万 t 和 601.1 万 t，总体生产比总体需求大 5.6 倍左右。七省（区）中，除青海外，其他省（区）总生产均显著高于总需求；青海总生产仅为总需求的 1/6 左右，缺口较大。

西北地区在 2000 年、2005 年、2010 年和 2015 年 4 个时间点蔬菜总生产分别为 2777.6 万 t、4015.0 万 t、6161.9 万 t 和 7934.7 万 t，总需求分别为 1475.1 万 t、1511.0 万 t、1498.6 万 t 和 1446.4 万 t，总体生产约为总体需求的 3.5 倍。除 2000 年的内蒙古外，其他各省（区）的总生产均显著大于总需求，表现为蔬菜在以上区域供大于求。

4. 动物性食物的产需变化特征及安全状况

西北地区在 2000 年、2005 年、2010 年和 2015 年 4 个时间点肉类总生产分别为 381.7 万 t、536.5 万 t、520.3 万 t 和 599.9 万 t，总需求分别为 219.0 万 t、274.1 万 t、285.3 万 t 和 390.1 万 t，总体生产约为总体需求的 1.7 倍。各省（区）肉类的供求关系中，除山西外，其他各省（区）总生产均大于总需求，特别是内蒙古、青海和新疆，总生产为总需求的 2~4 倍，陕西、甘肃、宁夏表现为总生产略大于总需求。山西在 2010 年及之前表现为总生产略大于总需求，但 2015 年总需求表现为比总生产大 10.7 万 t，缺口为 11.1%。

西北地区在 2000 年、2005 年、2010 年和 2015 年 4 个时间点奶类总生产分别为 235.6 万 t、923.9 万 t、1108.7 万 t 和 1141.2 万 t，总需求分别为 53.6 万 t、120.1 万 t、119.7 万 t 和 178.4 万 t，总体生产约为总体需求的 7.2 倍。各省（区）的奶类总生产历年均高于总需求，特别是内蒙古、宁夏，总生产高出总需求几十倍。可以看出西北七省（区）为全国重要的奶源基地，也是奶产品的生产基地。

西北地区在 2000 年、2005 年、2010 年和 2015 年 4 个时间点禽蛋总生产分别为 129.6 万 t、163.7 万 t、173.6 万 t 和 215.2 万 t，总需求分别为 151.0 万 t、175.5 万 t、205.8 万 t 和 265.0 万 t，各年度总生产均小于总需求。各省（区）中除山西各年度禽蛋总生产大于总需求外，其他省（区）在各年度供求关系变化较大。陕西和宁夏在 2000 年与 2005 年禽蛋总生产大于等于总需求，但其后总需求大于总生产，表现为供不及求。内蒙古、甘肃、青海和新疆历年禽蛋总需求均大于总生产，特别是甘肃和青海，总生产不及总需求的一半。

5.3.2 2020～2035 年食物生产能力估算

2020～2035 年食物生产能力估算见综合报告。

5.4 西北地区食物安全的潜力

5.4.1 资源潜力

西北地区是我国农业发展潜力较大的地区，分布着大量的农牧业后备资源，是我国粮食生产的战略后备区和畜牧业生产的主产区，具有明显的后发优势。西北地区总面积占全国的39.16%，草原面积占全国的52%，人均耕地2.4亩，是全国人均水平的1.8倍，人口数量仅占全国的11%；与以色列相比，我国西北地区人均耕地和水资源分别是其3倍和14倍，但我国灌溉水利用效率仅为45%，而以色列高达90%。广袤的土地资源和得天独厚的光热资源优势，在粮食生产上表现出巨大的光合生产潜力、较高的光温生产潜力、较低的气候生产潜力、更低的现实生产力，为我国农牧业发展提供了巨大的地理空间和环境容量。同时，丰富的秸秆资源和种草潜力为畜牧业发展提供了较为有利的基础条件。

5.4.2 经济潜力

受西北地区区位所限，其经济发展水平与质量相对落后，分布着国家几大经济欠发达区，富民难度较大。脆弱的生态环境制约了相对落后地区的农牧业生产，农田单位面积产量和草原载畜能力下降，农牧民收入增长缓慢。随着国家黄河流域生态保护和高质量发展战略的实施、"一带一路"倡议的推进，西北地区社会经济已全面进入追赶超越阶段，全面贯彻落实新发展理念，积极应对新挑战，抢抓新机遇，持续深化改革，区域经济运行呈现总体平稳、稳中有进、稳中向好的态势。随着区域经济状况的好转，西北地区发展现代农业、提高农业综合生产能力就显示出较大的发展潜力。农业现代化不仅仅是物质条件、基础设施、科技水平的现代化，还包括农业生产主体、组织结构、运作方式等方面的现代化。只有按照构建新型农业经营体系的要求，不断强化和完善农业的各项扶持政策，才能持续调动农业生产的积极性、增强农业发展的活力。

5.4.3 环境潜力

目前西北地区生态环境相对脆弱，使其经济发展与农业生产可持续发展困难加重。近年来，西北地区农牧业受灾损失增大，产出效率有所下降，主要表现在：随着全球气候变化的加剧，西北各地旱灾、水灾及沙尘暴发生频率明显升高，大面积出现连年干旱，严重影响农作物生长；干旱风蚀造成土地退化，土壤更加瘠薄，水资源更为短缺；农田基本建设和水利设施的必要投入压力及投入成本上升；农牧业投入产出效率下降，经济发展困难、压力增大。西北地区农田草场自然生产率下降，各项产业及整体经济发展较为困难。近年来，国家在生态环境治理的思路、方式、技术与政策方面都有明显的变革，随着退耕还林还草、耕地休耕轮作、"镰刀弯"地区玉米结构调整、中低产田改造、高标准农田建设、耕地生态红线等政策的实施，通过农业科研的创新驱动，区域食物安全的生态环境条件有一定的改善，也显示出较大的食物生产的环境潜力。

5.4.4 科技潜力

2017年我国农业科技进步贡献率达到57.5%，世界上农业发达国家在65%以上，而农业科技在西北地区农业增产中的贡献率不到40%。通过近些年的科技创新，西北地区已形成了一批在农业生产实践上产生明显效益的"硬技术"，如全膜双垄沟播技术、中低产田改造技术、防治水土流失和风蚀沙化技术等，可显著提高耕地粮食生产能力，一般玉米、小麦单产增产幅度在40%以上。这些技术成果的大规模、大范围推广应用，将明显提高西北地区的农业综合生产能力，也是提高耕地粮食生产能力的根本途径。据西北农林科技大学的研究结果，小麦和玉米等单产潜力可为现有实际单产水平的2~3倍，这充分显示了西北地区未来农业生产的潜力。

5.5 西北地区农业水资源与粮食安全的关系

5.5.1 农业用水现状

西北地区是我国最为干旱的地区，区域内大部分地区年降水量在400mm以下，且降水集中发生在6~9月，多以大雨或暴雨形式出现，降雨历时短、强度大，水分入渗慢而产生径流，导致降水资源浪费，水流失严重。但该区域蒸发强烈，年蒸发能力在1000mm左右，有些地区年蒸发能力可以达到2000mm。西北地区水资源总量占全国水资源总量的10%左右，且省（区）间水资源占有量的差异显著，其中宁夏、山西、甘肃水资源占有量占全国水资源总量的比例基本不足1%，表现出严重的资源型缺水。同时，在研究时段内西北地区水资源总量也表现出较大的年际波动性，2013年西北地区总体上水量较为充沛，水资源总量为3354亿m^3，较2001年水资源总量多出近百亿立方米。

干旱的气候条件，使水资源成为限制西北地区农业发展的关键因子，也导致西北地区的农业生产以灌溉农业为主，大部分地区表现为没有灌溉就没有农业的农业生产特征，对于灌溉条件较差、灌溉配套设施不完备的地区，农民多种植抗旱作物，但一般这些地区的作物单产水平较低，农业生产能力低。西北地区中甘肃、山西、陕西和青海农田灌溉面积占作物总种面积的比例相对较低，但这一比例在上述省份也较为稳定，年际波动不大（表5-1）；内蒙古、宁夏、新疆三区灌溉面积占作物总播种面积的比例基本都在37%以上，其中新疆更是高达80%以上，是西北地区典型的没有灌溉就没有农业生产的地区，上述三个地区虽然灌溉面积占作物总播种面积的比例较高，但在研究时段内这一比例有下降的趋势；就西北地区整体而言，灌溉面积占作物总播种面积的比例有上升的趋势，且西北七省（区）灌溉面积也有所增加，2000 年西北七省（区）灌溉面积总计 943.6 万 hm²，至 2014 年其灌溉面积已增至 1225.0 万 hm²，净增 281.4 万 hm²。灌溉面积增长幅度在新疆最为突出，2000 年新疆灌溉面积为 309.4 万 hm²，至 2014 年灌溉面积达到 483.2 万 hm²，灌溉面积增加速度超过 10 万 hm²/a；其次，内蒙古的灌溉面积总体上也表现出较明显的增长，增长速度将近 5 万 hm²/a；研究时段内宁夏、甘肃的农田灌溉面积分别增加了约 10 万 hm² 和 15 万 hm²；与其他省（区）不同，青海、陕西两省灌溉面积在 2000～2014 年并没有增加，甚至有减少的趋势，但减少幅度均不大，青海灌溉面积减少量不足其灌溉面积总量的 15%，陕西灌溉面积减少量不足其灌溉面积总量的 10%；2010 年以前，山西灌溉面积少于陕西，但近年来，其灌溉面积已超过陕西，由 2000 年的 110.5 万 hm² 增至 2014 年的 140.8 万 hm²。

表 5-1　西北地区农业灌溉总体情况

项目	年份	内蒙古	宁夏	甘肃	青海	陕西	山西	新疆	西北地区	中国
灌溉面积占作物总播种面积的比例/%	2000	40	39	25	38	29	27	91	41	34
	2005	43	45	28	37	30	29	86	43	35
	2010	43	37	26	48	31	34	85	45	38
	2015	41	39	31	33	29	39	84	45	40
	2016	40	40	31	36	29	40	85	46	40
农业用水占总用水量的比例/%	2000	87	92	80	72	73	65	95	87	62
	2005	82	93	79	69	66	55	91	84	57
	2010	70	92	79	60	59	56	91	80	55
	2015	66	88	81	51	54	61	94	81	63
	2016	73	87	80	75	53	62	94	83	62
亩均灌溉用水量/m³	2000	446	1213	619	644	303	210	829	609	479
	2005	378	979	559	616	287	209	753	540	448
	2010	362	981	559	597	305	217	673	528	421
	2015	327	705	497	565	300	186	617	457	394
	2016	305	636	487	565	312	188	617	444	380

农业在西北地区的经济发展中具有重要地位，相应地，其地区内农业用水也是西北地区用水的重要组成部分，占用水总量的比例不低于 80%，部分地区农业用水比例达到了 90% 以上，而新疆南部的喀什、阿克苏等地农业用水占到其总用水量的 95% 以上。西北七省（区）农业用水量占区域用水总量的百分比均高于全国值，其中新疆尤为突出，而山西、陕西与全国值的差距相对较小。但近年来，随着其他行业对用水的挤占、最严格的水资源管理办法在全国范围内的实施及节水灌溉措施的进一步推广，西北地区农业用水量占区域用水总量的比例在逐步下降，且农业用水量占用水总量比例越大的省（区），下降趋势越为明显：内蒙古在 2000 年时，农业用水量占其用水总量的比例在 87%，但到 2015 年这一比例为 66%。

干旱的气候条件及农耕地沙化、盐碱化等不但要求西北地区的农业生产必须有灌溉的支撑，也导致西北地区亩均灌溉用水量整体高于全国平均水平。陕西、山西和内蒙古三省（区）的亩均灌溉用水量小于全国平均值，其余省（区）亩均灌溉用

水量均大于全国平均值，但近年来随着农业用水总量的减少，农田的亩均灌溉用水量也开始减少，2000~2016 年，宁夏一亩地的灌溉用水量减少了 500m³ 以上，新疆亩均减少 200m³ 以上，甘肃亩均减少 100m³ 以上，青海虽也有一定程度的减少，但减少幅度较小。

5.5.2 几类作物生产水足迹时空演变趋势

综合粮食作物生产水足迹和综合经济作物生产水足迹分别综合反映了西北地区粮食与经济作物生产过程中的用水效率。因此，为分析各作物生产水足迹的时空差异，量化了 2000~2016 年西北地区和七省（区）的粮食作物生产水足迹（图 5-1），以分析研究时段内各省（区）粮食作物生产水足迹演变趋势。

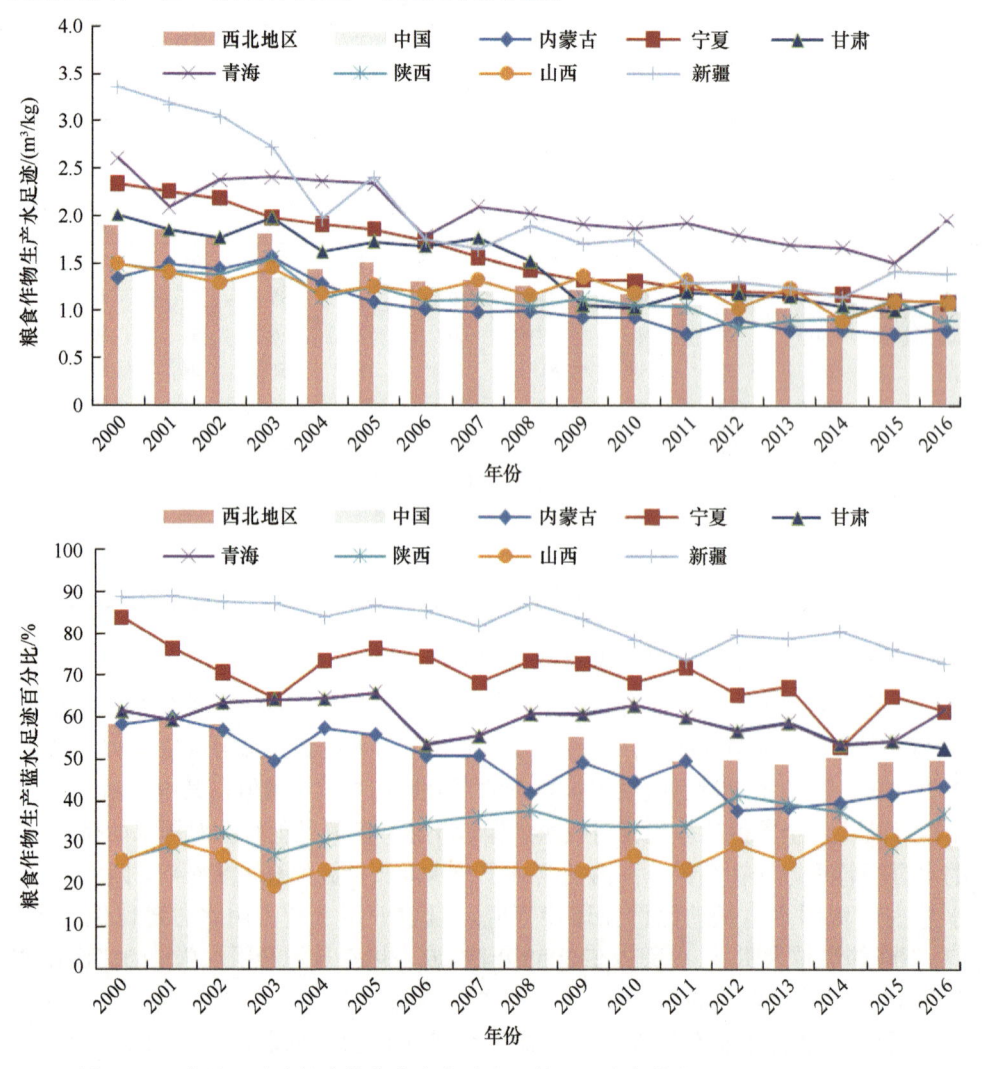

图 5-1 西北地区综合粮食作物生产水足迹及其组成演变趋势（2000~2016 年）

与综合粮食作物和综合经济作物生产水足迹在研究时段内的变化趋势相似，豆类、油料和棉花等三类作物生产水足迹在研究时段内均有一定程度的减小。青海三类作物生产水足迹在七省（区）中相对较高，且在上述年份内没有明显的减小，可以说青海应该是西北地区未来提高农业用水效率的重要区域。青海小麦生产过程中对蓝水的依赖程度较高，2014年青海小麦生产蓝水足迹占小麦生产水足迹的比例为67.5%，是玉米（30.5%）的2倍以上。在不同年份内，三类作物的生产水足迹在新疆、宁夏的值均相对较高，但这两区三类作物生产水足迹在研究年份内有相对较大的降低幅度，稻谷生产水足迹从2000年的3.000m³/kg以上减小至2014年的不足1.500m³/kg，2000年新疆小麦和宁夏玉米的生产水足迹分别是相应省（区）2014年相应作物生产水足迹值的2.7倍和1.5倍，可见在这15年，新疆、宁夏两区作物生产过程中的用水效率有了较为明显的提高。

　　豆类、油料和棉花是作物生产水足迹较高的三类作物，研究时段内三类作物在西北七省（区）的种植面积在缩减，且除在新疆外，油料多以雨养种植为主，因此油料作物的生产蓝水足迹占油料生产水足迹的比例较小。同样，三类作物生产水足迹在研究时段内呈现下降的趋势，在各省（区）的下降幅度也不尽相同，青海作物生产水足迹下降幅度最小，新疆作物生产水足迹下降幅度最大，但新疆各作物生产水足迹也相对较高，基本在各年份均高于西北地区的平均值。

　　2000年豆类的生产水足迹在新疆、宁夏、青海、陕西、山西、甘肃和内蒙古分别为7.444m³/kg、6.311m³/kg、5.108m³/kg、4.515m³/kg、4.080m³/kg、4.057m³/kg和3.001m³/kg，至2014年豆类生产水足迹在七省（区）中的最大值和最小值分别为4.782m³/kg（青海）和2.276m³/kg（内蒙古），2014年宁夏豆类生产水足迹为4.156m³/kg，余下各省（区）豆类生产水足迹均不足3.00m³/kg，表明豆类生产水足迹的省（区）间差异较2000年小。油料和棉花生产水足迹的省（区）间差异及在研究时段内的演变情况比较相似：在山西、陕西、内蒙古和新疆四省（区），油料和棉花的生产水足迹有相对明显且稳定的下降；内蒙古两类作物生产水足迹在研究时段内则相对稳定；青海和宁夏没有棉花种植，其油料生产水足迹在年际没有明显的波动规律。

　　研究时段内西北七省（区）薯类、蔬菜和果品的单产平均值分别为2765kg/hm²、37 636kg/hm²和12 170kg/hm²，且研究时段内三类作物单产增加趋势明显。因三类作物相对较高的单产水平和单产的增加，三类作物是本专题所研究作物中生产水足迹最小的作物，研究时段内其生产水足迹也有减小的趋势。就空间差异而言，新疆三类作物水足迹均较高，青海果品生产水足迹较高，薯类生产水足迹较低，但总体而言，三类作物生产水足迹的空间差异小于上述六类作物（稻谷、小麦、玉米、豆类、棉花、油料）生产水足迹的空间差异。

　　虚拟水是指生产商品和服务中所需要的水资源。当一个地区的某种作物产品生产不能满足或超过本地区的需求时，就可能产生区域间该种作物产品的贸易，随之也产生了虚拟水在区域间的流动。西北地区在与中国其他区域间的粮食贸易过程中，扮演的主要是粮食输出方的角色，2016年西北地区输出粮食量超过1000万t，输出的经济作物量超过2900万t。伴随着作物产品的贸易，2008年之后，西北地区每年向外输出的虚拟水量均超过 100 亿 m³，2016 年更是高达 301.9 亿 m³。

5.5.3 西北地区水资源压力评价

西北地区水资源量仅占全国水资源总量的 10%左右，与其土地面积占国土总面积的 39.16%极不匹配。除了资源型缺水的现实外，西北地区农业生产过程中作物生产水足迹总体较高，计算的九类作物中仅薯类和油料的生产水足迹小于中国的平均值，研究时段内西北地区综合粮食作物生产水足迹和综合经济作物生产水足迹与中国平均水平相比高 0.1m³/kg，较低的水资源利用效率使得西北地区所面临的水资源短缺形势更为严峻。

目前，公认的表征水资源压力的指标有人均水资源占有量和水资源开发利用程度两类。其中，水资源开发利用程度是年取用的淡水资源量占可获得（可更新）的淡水资源总量的百分率，是反映水资源稀缺程度的指标，指标的阈值或标准系根据经验确定：当水资源开发利用程度小于 10%时为低水资源压力；当水资源开发利用程度大于 10%且小于 20%时为中低水资源压力；当水资源开发利用程度大于 20%且小于 40%时为中高水资源压力；当水资源开发利用程度大于 40%时为高水资源压力。结合本专题的研究目的，专题选用水资源开发利用程度来表征西北地区的水资源压力。

尽管研究时段内西北地区和中国的用水总量都表现出增加的趋势，且中国用水总量的增加较西北地区的增加更加明显，但西北地区用水总量占全国用水总量的百分比一直稳定在 18.5%左右，浮动范围极小。作物虚拟蓝水是由农田灌溉水转化而来的，因此，研究时段内蓝水足迹与农业用水量在时间上呈现相同的年际波动规律和一致的变化趋势：两个指标在中国表现出波动性增加，在西北地区则呈波动性减少的趋势，这与中国区域调配水方案的变化有关，近年来西北地区的引黄水量有明显减少。西北地区农业用水量和计算所得作物的蓝水足迹占中国相应指标的比例均在 20.0%以上，在研究时段内这一比例表现出减小的趋势。

研究时段内西北地区用水总量占其可开发利用水资源总量百分比的均值为 39.1%，按上文中提到的水资源压力指标，当水资源开发利用程度在其可利用水资源总量的 20%~40%时，该地区的水资源压力为中高水资源压力。研究时段内西北地区的水资源压力虽然表现出了年际波动，但大多数在中高水资源压力的范围内（表 5-2）。同时段内，中国的水资源开发程度占水资源量的百分比在 20.0%左右浮动，中国处于中低水资源压力向中高水资源压力过渡的边缘。西北地区用水总量中约有 78.0%用于农业，所计算的 9 种作物生产过程中的用水占西北地区用水总量的百分比接近 60.0%，9 种作物蓝水足迹则占西北地区农业用水总量的 76.0%左右。西北地区的上述值比中国整体高 10~15 个百分点，这与西北地区整体所面临的水资源形势较中国整体严峻的实情相符。

表 5-2 西北地区和全国整体农业用水及作物生产用水对水资源压力的贡献率 （%）

年份	用水总量/水资源总量 西北地区	全国整体	农业用水量/用水总量 西北地区	全国整体	蓝水足迹/农业用水量 西北地区	全国整体	蓝水足迹/用水总量 西北地区	全国整体
2000	42.4	19.8	86.9	68.8	77.8	68.3	67.6	47.0
2001	39.9	20.7	83.8	68.7	78.0	62.5	65.4	42.9
2002	40.8	19.5	88.2	68.0	78.2	62.3	69.0	42.4
2003	33.2	19.4	84.7	64.5	76.8	67.3	65.0	43.4
2004	40.8	23.0	74.1	64.6	77.1	67.1	57.1	43.3
2005	33.0	20.1	84.1	63.6	76.1	67.3	64.0	42.8
2006	42.6	22.9	70.3	63.2	75.8	66.7	53.3	42.2
2007	41.4	23.0	70.3	61.9	76.3	66.7	53.6	41.3
2008	43.3	21.5	81.5	62.0	74.6	66.8	60.8	41.4
2009	38.6	24.7	82.0	62.4	74.5	66.6	61.1	41.6
2010	35.0	19.5	80.6	61.3	75.1	66.8	60.5	40.9
2011	36.2	26.3	68.3	61.3	76.3	66.7	52.1	40.9
2012	37.1	20.8	69.9	63.3	75.3	66.9	52.6	42.3
2013	34.5	22.1	70.8	63.4	75.5	66.6	53.5	42.2
2014	41.4	22.4	70.4	63.5	75.1	66.4	52.9	42.2
2015	42.7	21.8	80.7	63.1	73.8	71.1	59.6	44.9
2016	41.7	18.6	82.9	62.4	75.2	66.4	62.3	41.4
平均	39.1	21.5	78.0	63.9	76.0	66.6	59.4	42.6

从时间演变的趋势看，无论是西北地区还是中国整体，农业用水量占总用水量的比例总体上都呈现减小的趋势，尽管这种减小表现出年际波动，但基于工业发展、城镇化建设、生态环境治理用水量增加，而水资源可开发利用的总量相对稳定的事实，可以预见未来农业用水量占总用水量的比例不会增加。与农业用水量占用水总量的比例呈下降趋势相一致，计算所得的 9 种作物的蓝水足迹占西北地区用水总量的百分比也呈现下降的趋势，但几种作物蓝水足迹占农业用水总量的比例则相对稳定。

从水资源开发利用的程度看，西北七省（区）中水资源压力由大到小依次为宁夏、山西、甘肃、新疆、内蒙古、陕西和青海，其中陕西和青海分别处于中高水资源压力和低水资源压力，其余五省（区）则全部处于高水资源压力，水资源开发利用程度超过其水资源量的 40%。研究时段内，宁夏地区年均取用水量是其年均水资源总量的 7 倍以上，是西北水资源压力最为严重的地区。宁夏、新疆、甘肃、内蒙古、青海、陕西和山西的年均农业用水量占其总用水量的比例分别为 91.1%、92.8%、79.4%、78.2%、69.1%、60.6% 和 58.7%。

5.5.4 西北地区粮食生产及农业用水预测

为分析未来西北地区生产，本研究借助线性回归和灰色系统模型中的 GM(1,1) 模型对西北地区粮食单产、粮食产量、作物蓝水足迹及西北地区未来降水变化情况进行了预测,以便分析西北地区未来粮食生产和作物生产用水情况(表 5-3)。

表 5-3　西北地区人口、粮食单产、粮食产量、作物蓝水足迹和降水量预测值

年份	人口/(×10⁴人)	粮食单产/(kg/hm²)	粮食产量/(×10⁴t)	作物蓝水足迹/(×10⁸m³)	降水量/m
2022	16 869	5 325	10 187	567	0.314
2023	16 969	5 427	10 439	563	0.315
2024	17 069	5 529	10 691	559	0.316
2025	17 168	5 631	10 943	555	0.317
2026	17 268	5 734	11 195	551	0.318
2027	17 368	5 836	11 447	547	0.319
2028	17 468	5 938	11 699	544	0.320
2029	17 567	6 040	11 951	540	0.321
2030	17 667	6 142	12 203	536	0.322
2031	17 767	6 244	12 455	532	0.323
2032	17 866	6 346	12 707	528	0.324
2033	17 966	6 448	12 958	525	0.325
2034	18 066	6 550	13 210	521	0.326

在人口、粮食单产、粮食产量、作物蓝水足迹和降水量几个指标中,西北地区人口所表现的年际变化规律最为明显,按线性增长趋势拟合西北地区人口值,至 2030 年西北地区的人口将超过 1.76 亿人,是 2000 年的 1.2 倍,人口的增长势必会给粮食的供给带来一定的压力。拟合值显示,到 2030 年西北地区粮食单产和产量分别可达到 6142kg/hm² 和 12 203 万 t,按照拟合的粮食单产和粮食产量,粮食的播种面积需要增加至 1986.8 万 hm²,较 2014 年增长 174.0 万 hm²。然而,从西北地区粮食种植面积的历史变化情况来看,粮食种植面积在西北地区表现出一定的波动性,2000~2003 年,西北地区粮食播种面积随西北地区耕地面积的减少,由 1682.6 万 hm²(2000 年)减小至 1490 万 hm²(2003 年),2003~2012 年则呈现较明显的线性增长趋势,至 2012 年西北地区粮食种植面积达到 1805.9 万 hm²,同时段内西北地区的耕地面积也表现出相似的线性增长趋势,但 2012~2014 年,西北地区粮食的种植面积并没有因为其耕地面积增加近 200 万 hm² 而有所增加。因此,在预估西北地区未来粮食产量时,还必须考虑粮食种植面积增长空间的限制。根据国家对西北地区农业生产"适度开发"和"退耕还林、保护生态"的总体方针,在预测西北地区粮食种植面积变化时有必要持保守态度。另外,2014 年青海、陕西、山西、甘肃、内蒙古、宁夏、新疆粮食的单产分别为 3742kg/hm²、3893kg/hm²、4049kg/hm²、4076kg/hm²、4872kg/hm²、4900kg/hm²、6270kg/hm²,2000~2014 年西北地区粮食单产的平均值为 3794kg/hm²,按拟合值预测,2015~2030 年西北地区粮食单产的平均值可达前者的 1.4 倍。

5.6 西北地区食物安全可持续发展战略构想

5.6.1 发展思路

基于创新、协调、绿色、开放、共享的发展理念，以全面提升西北地区食物安全水平为主要目标，以退耕还林还草、调整产业结构为中心，以保证区域口粮、保障良好生态为主线，以用区域农业提质增效来确定发展规模为着力点，以用国际化虚拟资源战略支撑区域农业可持续发展为抓手，以提高该地区的农业综合生产能力和区域发展能力为主攻方向，以推进区域农业产业布局优化、农业综合节水、耕地质量保育、草畜产业能力提升为重点，着力促进西北地区农业生产经营的专业化、标准化、规模化和集约化，切实提高西北地区的农业现代化水平、产业综合效益水平、生态屏障水平、农民收入水平和区域发展水平。

5.6.2 基本原则

1. 坚持区域统筹与产业融合相结合

西北地区现代农业发展的重点是产业融合，关键在于区域统筹，要基于国家"一带一路"倡议和国际化绿色化大背景来谋划西北农业产业结构布局，坚持因地制宜、分类指导，突出西北地区的主体生态功能定位，统筹区域发展，实现跨区优势互补，走区域大平衡之路；要跳出农业抓农业，充分发挥工业化、城镇化、信息化对农业现代化的带动作用，促进城乡要素合理配置和产业融合发展。

2. 坚持分区谋划与梯次推进相结合

根据西北地区的资源禀赋、生态环境、产业基础和市场条件，进一步优化农业生产力布局，因地制宜地采取有选择、差别化的发展路径与扶持政策，支持优势农产品生产与示范基地建设，支持有条件的地区率先实现农业的跨越式发展，以点带面推动其他地区加快发展，全面提高区域农业现代化水平。

3. 坚持科技创新与发展创新相结合

围绕农业节水、草畜产业和育种创新战略，推进区域农业科技创新和体制机制创新，以先进科学技术为引领，用改革推动经营方式转变，着力增强创新驱动的发展新动力，优化调整农林牧业结构，全面推进节水技术、草畜生产和种业创新，加快形成农业发展与示范的新方式、新模式，构建农业可持续发展长效机制，推动区域转型升级发展。

4. 坚持国际化与虚拟资源优化配置相结合

基于"一带一路"倡议的实施，考虑到地缘优势与资源禀赋，我国西北地区要充分发挥与中亚五国的农业多渠道深度合作，发展农产品的贸易，实施虚拟资源的发展战略，优化农业产业结构，这对缓解西北地区耕地资源、水资源、养分资源的压力，支撑区域农业产业发展、资源保护、环境治理和生态修复具有重要的促进作用。

5.6.3 发展目标

1. 总体目标

通过实施西北地区落实创新驱动发展战略，全面推行促进产业升级发展的关键核心技术，动态优化农业产业结构，切实转变生产经营方式，稳步提升农业综合生产能力，确保西北地区口粮的安全供给，通过丝绸之路经济带的国际化实现区域食物供需平衡；改善农业基础设施，增强科技支撑能力，改善水土资源的利用效率，持续提高农业和农民收入；基本形成产业优势显著、技术装备先进、组织方式优化、产业体系完善、供给保障有力、综合效益明显的新格局；主要农产品优势区基本实现农业现代化，到2035年，使西北地区食品安全治理能力、食品安全水平、食品产业发展水平和人民群众满意度明显提升。

2. 战略分目标

1) 开展区域统一规划，建设西北食物安全保障体系

全面了解西北地区可供开发整理的土地资源状况，光热水等自然条件，社会经济发展状况，以及土地权属状况及其他情况，为统一规划提供依据。根据地形、气候和生态环境状况把整个西北地区划分为黄土高原区、西北干旱区和青藏高原区3个小区，因地制宜地确定每个小区土地开发整理的目标。其中，黄土高原区包括陕西、宁夏二省（区）和甘肃东南部9个地市，本区以山区、高原为主，半干旱气候，旱地、坡耕地比例大，煤炭开采量大，水土流失、土地荒漠化严重，生态环境十分脆弱，土地开发整理的主要目标是加强农田基本建设和矿山土地复垦，陡坡耕地实行生态退耕；西北干旱区包括新疆和甘肃西部5个地市，该区气候干旱，地广人稀，水资源短缺，耕地后备资源丰富，土地开发整理的主要目标是结合水资源合理利用，统一规划、稳步开发宜农荒地；青藏高原区包括青海，该区属高寒气候，区内人口稀少，土地利用程度低，农业经营粗放，土地开发整理的主要目标是对现有耕地的整理。

2) 调整西北地区农业产业布局，实施优势农业产业发展战略

综合考虑区域生态环境资源的承载能力，通过调整农业种植结构（以玉米、薯类、

果园、棉花和蔬菜种植面积增加，小麦、稻谷、豆类、油料种植面积减少为主要特征）和提高农作物单产水平确保农作物产品尤其是粮食的安全供给。

通过实施优势农业产业发展战略，推进西北地区优势特色产业向优势区域集中，实现区域适度规模经营，建立起稳定的优质特色农产品生产基地。

以农产品加工延伸为引领，拓宽产业范围和功能，调整产业结构和转变增长方式，形成从特色农产品种养、初加工、精深加工、副产物的综合利用到第三产业融合发展的全产业链。

构建政策扶持、科技创新、人才支撑、公共服务和组织管理体系，带动资源、要素、技术、市场需求的优化、整合和集成，把西北地区建设成为我国具有地方特色的国内一流的优势农业产业发展示范区域。

3）强化退耕还林还草生态工程建设，保障西北地区食物综合生产能力

在西北地区加快推进新一轮退耕还林还草并适当扩大规模，要从生态屏障建设的要求、生态文明建设的要求、资源与产业匹配三个方面，对未来 175.7 万 hm^2 的可退耕面积（约占西北地区耕地面积的 6.6%）实施新一轮的生态修复，其中，甘肃、新疆、内蒙古与山西分别占西北地区退耕总面积的 55.4%、41.6%、23.9%和 7.6%，这将极大地推进区域生态环境改善，对于调整农业产业结构、促进农业经济发展转型和农民收入增加都具有极其深远的意义。

4）建立以草地农业为基础的食物安全保障体系，实现区域间优势互补，保障我国食物安全

虽然西北地区畜牧业发展迅速，但 2015 年西北地区畜牧业产值占当年农业总产值的 25.3%，相较 2000 年反而下降了 0.4%，而草地畜牧业产值甚至不超过农业总产值的 5%。西北地区可通过加强对农牧地区的基础设施投入，充分利用农作物秸秆等资源，扩大饲草种植面积，加快畜禽良种推广，改良天然草场、加强草原保护建设，加强人工草地建设、推进牧草产业化发展，转变饲养模式、适当进行补饲以及半舍饲，推动草地畜产品销售，继续实施各项补贴政策等措施，可明显提升西北地区畜牧业的发展水平。

在半湿润的农区，要积极发展农区节粮型畜牧业，促进粮食、经济作物、饲草料三元种植结构协调发展，促进畜牧业规模化、集约化发展；在半干旱的农牧交错区，加强天然草原保护和改良，建设高产、稳产人工饲草地，提高草地产出能力，要积极发展草地畜牧业，促进草地、果业、粮食与生态的协调发展，在干旱绿洲农业区，要积极发展高值农业、特色园艺作物，以提升西北地区农业转型升级能力。

5）实施农业节水利用发展战略，形成不同区域稳产、高效的现代农业节水利用发展模式

在西北地区内部对作物生产用水效率进行横向比较，以生产水足迹较低的区域为参考，提升其余地区的用水效率，缩小区域间农业用水效率的差异，或加强各省（区）间农业规划的合作，以作物生产水足迹为参考指标优化作物生产的空间分布。

在确保口粮安全供给的前提下，系统调整农业种植结构，减少高耗水作物的种植比例，缓解水资源压力。同时，兼顾特色高耗水农产品的发展，借助国家"特色产业精准扶贫"的政策机遇，打造独具特色的农产品生产链，形成农业经济效益与田间灌溉水平互补的良性循环。

借助"一带一路"的发展机遇，以新疆为枢纽打造连通中国与中亚的国际化农产品贸易市场，形成与国际农产品市场互补且具有地域特色的区域农业发展产业链，结合农产品的国际化贸易，以进口虚拟水补偿区域实体水的流失，可有效地缓解西北地区耕地、水资源、养分资源的严峻压力。

6）提升西北地区农业技术示范与创新能力，走生态可持续发展之路

通过实施现代农业区域示范与创新模式发展战略，以"创新驱动、园区建设、发展模式、区域示范、项目投资、政策扶持"为重点，以"现代农业、农产品加工业、现代服务业"协同推进和农业增效、农民增收为目标，努力提升区域现代农业发展水平，农业现代化与新型工业化、城镇化、信息化同步推进；使农产品极大丰富，劳动替代型机械显著突破，农业劳动生产率达到全国平均水平。

充分利用经济全球化和贸易自由化的机遇，推动食品行业的出口贸易，引导产业结构调整，延伸农业生产链条，拓展和增加就业渠道与机会，增加农民收入，吸引投资，带动相关行业发展，从而促进区域发展，实现发展的良性互动。强化自己的贸易地位，通过提高检测标准、增加检验检疫项目、制定各种法规等措施，增强贸易技术壁垒。发挥西北地区的资源优势，充分利用现代科学技术，提高技术创新能力，建设具有区域特色的、创新性的可持续发展道路。

5.6.4 主要路径

1. 进一步优化农业产业结构与区域布局

以市场为主导，按照比较优势原则，加快发展甘肃制种玉米和马铃薯、陕西苹果、杂粮，青海牦牛和藏羊，宁夏枸杞和滩羊等地方特色、优势特色产品生产基地，做大做强优势特色产业；发展农产品加工业，着力延伸农业产业链条，推进三产融合，不断提升农业附加值；加快农业信息化物联网建设，推进"互联网+现代农业"发展，拓宽农产品交易平台；实施无公害农产品、绿色食品、有机农产品和地理标志农产品认证；通过中低产田改造、粮草轮作、退耕还草、压减低产棉田等方式，挖掘饲草料生产潜力，加强饲草料生产基地建设，促进草食畜牧业提质增效发展。

2. 完善现代特色农业产业体系

以提升西北地区现代农业发展水平和加强农业综合生产能力为核心，加强主要农产品优势产区基地建设，启动实施农产品加工提升工程，推广产后贮藏、保鲜等初加工技术与装备；培育加工和流通企业，发展精深加工，提高生产流通组织化程度；强化流通基础设施建设和产销信息引导，升级改造农产品批发市场，支持优势产区现代化鲜活农产品批发市场建设；发展新型流通业态，发展冷链体系，降低农产品流通成本，提升农产品竞争力。

3. 强化农业科技和人才支撑

以旱区农作物育种创新技术和农业节水利用技术为核心，完善农业科技创新体系和现代农业产业技术体系，启动实施农业科技创新能力建设工程，着力解决一批影响西北地区现代农业发展全局的重大科技问题，强化科技成果集成配套，增强农业科技自主创新能力和农业新品种、新技术转化应用能力；推广地膜覆盖、机械化深松整地、膜下滴灌、水肥一体化、测土配方施肥、耕地改良培肥、农作物病虫害专业化统防统治、秸秆综合利用、快速诊断检测等稳产增产和抗灾减灾关键技术的集成应用；以实施现代农业人才支撑计划为抓手，培养农业科研领军人才、农业技术推广骨干人才、农村实用人才带头人和农村生产型、经营型、技能服务型人才，壮大农业农村人才队伍。

4. 改善农业基础设施和装备条件

以推进农业节水利用战略为契机，加大西北地区农田水利基础设施建设力度，加快灌区续建配套节水设施改造步伐，增加农田有效灌溉面积，推进渠道输水向管道输水转变，地面灌溉向滴灌、喷灌转变，推广膜下滴灌、垄膜沟灌水肥一体化技术，引导用水主体改变大水漫灌等粗放灌溉方式。开展农田整治，完善机耕道、农田防护林等设施，加快农业机械化，确保农田综合生产能力长期持续稳定提升。加快构建监测预警、应变防灾、灾后恢复等防灾减灾体系。围绕加强农业防灾减灾能力提升，建设一批规模合理、标准适度的防洪抗旱应急水源工程，提高防汛抗旱减灾能力；推广相应的生产技术和防灾减灾措施，提高应对自然灾害和重大突发事件的能力。

5. 提高农业产业化经营水平

以构建西北地区新型农业经营体系为主要任务，推进农业产业化经营跨越式发展。重点扶持经营水平高、经济效益好、辐射带动能力强的龙头企业选建农业产业化示范基地、跨区域经营，并鼓励其与农户建立紧密型利益联结关系。强化农民专业合作社组织带动能力，广泛开展示范社建设行动，加强规范化管理，开展标准化生产，实施品牌化经营。引导土地承包经营权向生产和经营能手集中，培育和发展种养大户、家庭农（牧）场，支持农民专业合作社及农业产业化龙头企业建立规模化生产基地，发展多种形式的适度规模经营。

6. 加强现代农业发展创新与区域示范

围绕西北地区现代农业发展创新，加大现代农业示范基地建设。以构建新型多元产业示范体系为核心，以区域优势农产品及地区特色农产品生产为重点，加大示范项目建设投入力度，着力培育主导产业，创新经营体制机制，强化物质装备，培养新型农民，推广良种良法，加快农机农艺融合，促进农业生产经营专业化、标准化、规模化和集约化，努力打造西北地区现代农业发展的典型和样板。通过产业拉动、技术辐射和人员培训等，带动周边地区现代农业加快发展。引导各地借鉴示范区发展现代农业的好做法和好经验，推动创建不同层次、特色鲜明的现代农业示范基地，扩大示范带动范围，形成各级各类示范区互为借鉴、互相补充、竞相发展的良好格局。

7. 推进"一带一路"农业合作与国际农产品市场互补

以新疆为枢纽搭建国际化农产品贸易平台，形成与国际农产品市场互补且具有地域特色的区域农业发展产业链，结合农产品的国际化贸易以进口虚拟水补偿区域实体水的流失，缓解区域水压力。借助"一带一路"背景下建成的交通网，结合国际农产品贸易市场，挖掘自身优势，优化农业产业结构，在本地引进对初级农产品进行深加工的龙头企业，让本地农业生产逐步产业化，形成与国际市场优劣互补的产业格局，规避生产水足迹较高的常规作物在本地的生产，而推广低耗水常规作物和具有地域特色的农产品的生产，通过贸易手段从水资源利用效率较高的国家进口相应作物，以借助虚拟水的流入降低区域实体水的消耗，缓解区域水压力。

5.7 重大工程

5.7.1 实施耕地质量保育工程的建议

耕地资源是农业生产的核心资源，其态势关系到粮食安全和社会经济发展可持续性。近年来，虽然我国粮食生产实现连增态势，但人口持续增长及膳食结构调整与优化使粮食消费需求刚性增长，耕地资源需求与其本身的稀缺性、有限性之间的矛盾随之越来越大。

西北地区是我国重要的生态安全屏障区、农牧交错区和特色优势农产品产区，在农业生产绿色化与"一带一路"国际化背景下，加强西北地区耕地资源保育与质量提升，对土壤质量进行精准管理，同步实现生产和生态的平衡，已成为我国未来粮食生产结构调整与生态环境协调发展的重要举措。

1）制定耕地合理轮作规划，重点培育节水旱作农业，实现耕地质量自然修复

为发挥西北地区的自然禀赋优势和市场的决定性作用，促进资源、环境和现代生产要素的优化配置，提高农业资源利用率，必须加大粮食生产结构调整力度，重点培育节水旱作农业。实行合理轮作，扩大豆科绿肥作物面积，减少高耗水作物（玉米）种植面积，推广推行农作体系生产统筹管理；有规划地实行耕地休耕，让耕地休养生息；加快耕地粮食生产向粮草兼顾结构转型。

2）加强耕地质量培育，控制耕地外来污染

西北地区当前耕地资源存在利用不当及土壤污染问题。建议今后着力做好：推进保护性耕作，增加耕作层厚度，提高土壤有机质含量和耕地基础地力；推广测土配方施肥和水肥一体化技术，控施化肥特别是磷肥；严格控制工矿企业废弃物排放堆积，阻控重金属和有机物污染，做好矿产开发地的复垦工作；重点控制农膜残留，推广地膜残留农艺防治技术和地膜回收再利用技术；重点改良盐碱化及沙化等障碍土壤。

3）实施科技创新驱动的耕地质量提升示范工程

强化对单项农业技术的功能提升与完善；强化集成研究，形成综合性的耕地质量适应性调控技术体系；加大对中低产田改良与退化耕地的生态修复；增加对基本农田水利建设与节水农业技术推广的投入。同时，实施西北耕地保育与质量提升示范工程，以盐碱地改良修复、占补平衡耕地、地膜污染防治、秸秆肥料化利用、畜禽粪污无害化处理等为实施重点，以生态产能建设为核心，着力提升耕地内在质量。

4）促进生产生态平衡，完善耕地质量政策支持体系

加大政府对新型经营主体的补贴与补助；完善农业生态补偿政策；健全与完善水资源分配和水权管理制度；构建以经济激励为核心的耕地保护制度，全方位设计耕地保护的利益驱动机制。

上述耕地质量保育的相关建议，有利于在西北地区实现粮食生产结构优化，资源环境永续利用，农业发展方式转变，各族人民生活更加安康的综合目标。不仅有利于生产、生态、生活的和谐与均衡，更能促使西北地区在我国经济发展进入新常态、世界经济低迷的时代背景下，开创新的绿色化发展理念，提高农业的综合效益与整体竞争力，持续促进农牧民就业与增加农牧民收入。

5.7.2 实施西北旱区农业提质增效与绿色发展示范工程的建议

西北旱区土地资源丰富，光照充足，生态类型多样，发展农业生产优势明显，在我国区域粮食安全、致富、优势产业带建设等方面的作用与地位十分突出。然而，西北旱区水资源缺乏，生态环境脆弱，水土流失、土地沙化、土壤瘠薄、生态系统功能失调等问题突出，农业发展方式仍然粗放，发展基础仍然薄弱。加快西北旱区农业可持续发展，推进西北旱区农业绿色发展，促进农业协调发展，是建设生态文明、促进农业可持续发展的内在要求，是持续增加农民收入、全面推进乡村振兴战略的重要途径。

随着我国西部大开发、生态屏障建设、现代农业的深入推进，劳动力、资源、环境严重短缺和生产成本迅速提高，旱区农业生产方式将进入重大调整和转型期，过去仅单纯靠密集劳动力投入、资源过度消耗、规模扩张的外延发展模式将发生重大转变。只有依靠科技创新，不断解放和发展社会生产力，提高劳动生产率，建立适应区域资源环境与人口的合理农林牧结构，提升农业价值链和农产品附加值，同步提高质量、效率和效益，才能实现区域农业可持续发展。为此，围绕国家现代农业发展需求，以国家乡村振

兴战略为载体，结合西北地区地域特色，拟从西北旱区农业提质增效与绿色发展着手，提出"西北地区旱区农业提质增效与绿色发展示范工程"项目建议，对于实现"美丽中国"生态文明建设"2035目标"和"2050愿景"的发展目标具有重大现实意义。

1. 总体目标

针对西北地区生态环境脆弱、农业结构不尽合理、绿色发展障碍机制不明、耕地肥力低下、次生盐碱化加剧、水土流失严重和干旱缺水的特点，采用全新的视角，攻克旱区农业产业链中的产前、产中和产后不同阶段的重大共性科技问题，力争在动植物抗逆种子科技工程、旱区农业高效用水、耕地质量保育与中低产田改造、优质畜牧业养殖、林果提质增效与深加工、水土保持与生态修复、农业信息化与智能机械化、农业政策与制度设计等领域取得重大突破，整体提高旱区农业科技自主创新能力，推动区域农业绿色发展。

2. 实施的优先领域与关键技术

动植物抗逆种子科技工程：加强动植物重要性状遗传基础研究，重点突破旱区抗逆稳产种质资源创新、新品种创制、动植物制繁种、种子加工和质量保障等关键技术，建立动植物高效育种技术体系，加强动植物良种示范应用，构建新型种业科技创新体系。

旱区农业高效用水技术：研究旱区农业高效用水理论，重点突破生物节水、农艺节水和工程节水关键技术，创制环保型旱作节水制剂新材料，研发精量化、智能化农业节水关键设备与重大产品，建立旱情监测和灾害预警体系，强化区域性农业节水综合关键技术的集成应用与示范，建设高效生态灌区。

耕地质量保育与中低产田改造技术：重点突破旱区农田土壤快速改良、保护性耕作、水肥一体化调控等关键技术，研制新型肥料、改良制剂和产品，构建农田地力培肥技术体系，加强中低产田综合改良技术集成和示范，建立旱区耕地质量监测和综合管理利用系统。

优质畜牧业养殖技术：研究草地利用基础理论和动物产品品质形成与调控机制，重点开展草地畜牧业发展、重大动物疫病综合防控、安全高效新型饲料开发等关键技术研究与示范，建立畜禽健康养殖与优质安全生产模式，构建优质特色畜禽产品生产综合技术体系及产业化开发模式。

林果提质增效与深加工技术：研究特色林果先进生产技术，建立现代林果产业技术体系，创建高标准示范推广模式，重点突破农林产品精细加工技术，推动林果产业由初级果品生产向优质果品生产和精深加工转变，实现由数量扩张型向质量效益型的转变。

水土保持与生态修复技术：研究退化生态系统修复与水土保持理论，重点建立黄土高原、荒漠及荒漠化地区、农牧交错带和矿产开采区等典型生态脆弱区的水土保持动态监测与生态恢复重建技术，建立不同生态类型区的水土保持与生态修复综合调控技术模式，构建生态系统功能综合评估及技术评价体系。

农业信息化与智能机械化：研究精准农业重大基础理论，重点突破数字农业和精准作业的前沿技术，强化面向农业生产经营全产业链的信息化、数字化和精准化关键技术集成与示范，建立全产业链条的智慧农业系统；研发适合旱区农业特点的多功能作业关键机械与装备，突破智能化农机技术与装备关键核心技术，重点开展主要粮食和经济作物农机农艺融合的全程一体化生产技术集成研究与示范。

旱区农业绿色发展政策与制度设计：旱区农业绿色发展是一项涉及科技、政策、补贴、金融、保险等的系统工程，需要积极探索有效的国家农业支持和生态补偿机制与政策，提出旱区农业资源保护、土地流转、污染防控、信贷、保险等系列政策；研究如何调整完善农业"补贴"政策，调动新型经营主体和农民种粮的积极性，建立和完善有助于农业绿色发展的法律及法规体系，鼓励农民从事农业生产与生态保护。

5.7.3 实施丝绸之路经济带旱区现代农业科技产业示范工程的建议

西北地区占全国国土面积的 39.16%，是我国生态环境最为脆弱的区域，在确保我国粮食安全中具有举足轻重的地位。丝绸之路经济带被认为是"世界上最长、最具有发展潜力的经济大走廊"，我国西北地区和中亚五国位于丝绸之路经济带的核心地带，地域辽阔，被称丝绸之路旱区，在自然禀赋、农业生产与生态环境方面存在极大的相似性和互补性，其农业生产潜力远没有得到充分开发，将丝绸之路旱区现代农业统筹考虑，对未来我国食物安全、生态安全与区域稳定具有重大作用，也有利于实现构建人类命运共同体与和平发展的历史使命。

1. 我国西北地区与中亚五国是丝绸之路经济带最具合作前景的区域

中亚五国与我国西北地区近邻，与中国的边境线长达 3000 多千米，有 9 个跨界同源民族。语言和风俗习惯类似，文化生活联系广泛，构成了该区域经济合作的人缘基础。依靠这种地缘优势，西北地区已经成为我国与中亚国家对外经济合作的重要承接地和聚合点。

目前，我国粮食进口主要集中在美国、澳大利亚、巴西、阿根廷等几个国家，进口国家集中，且粮食运输距离远，随着中美贸易战的加剧，我国粮食安全问题存在较大隐患。中亚国家与我国西北地区近邻，与之发展食物贸易有利于改善我国贸易结构，促进粮食安全。

我国与中亚五国在农业领域有较好的互补性和互利性，具备很好的农业合作潜力。中亚五国具有丰富的农业自然资源，耕地资源丰富，水资源较我国西北地区相对丰富，而我国西北地区具有技术和管理优势以及相对的资金优势，加强双边合作，对于提高中亚五国农业生产水平和用水水平，提高我国粮食安全和资源性短缺农产品供给程度，以及建立未来的海外出口基地具有深远的战略意义。

2. 丝绸之路经济带旱区农业与资源最具互补性

中亚五国与我国西北地区类似，光热资源丰富；土地资源丰富，土地面积合计400万km²，其中耕地面积3241万hm²、草地面积2.5亿hm²，分别相当于我国的25%和62.54%，另有大量的可耕地未被利用，如哈萨克斯坦近年来农业用地在1500万～1800万hm²，不到其耕地面积的80%；水资源较为短缺，中亚五国的年降水量在160～700mm，人均水资源量均低于8000m³，虽高于西北地区人均2310m²的水平，但从整体上看属于缺水国家。

农业是中亚五国的传统主导产业，产业结构简单。中亚五国农业以种植业和畜牧业为主，每一农业劳动力平均拥有5hm²耕地和39hm²草场，但普遍存在农业生产技术相对落后、经营粗放、现代化水平低、粮食单产低、灌溉水利用效率偏低的问题。中亚五国农业投入普遍不足，农业机械发展相对滞后，劳动力生产率低，农业单产不足我国西北地区的一半，农业节水灌溉面积较少，灌溉水利用效率不及我国西北地区的20%；而我国西北地区具有资金优势，农业机械化率和农业科技水平相比中亚国家较高，如新疆在地膜覆盖技术和膜下滴灌技术方面具有较成熟的经验与较高的技术水平，拥有自主研发的节水灌溉产品及技术，西北农林科技大学在哈萨克斯坦引种的冬小麦品种亩均增产达82%，引起了哈萨克斯坦农业部的高度关注。

因此，根据"一带一路"倡议的路线图，建设丝绸之路经济带旱区特色现代农业基地，以现代农业科技产业示范为抓手，以西北旱区生态健康为前提，开展粮食作物高产优质、瓜果蔬菜提质增效、绿色肉蛋奶方面、旱作节水农业、绿色化农业和生态修复等科技示范，使中亚五国在粮食生产、肉蛋奶生产方面，我国西北旱区在瓜果蔬菜生产方面有更多的担当，实现"两种资源、两个市场"的有效融合，保证西北旱区食物需求的有效供给，有效提高我国食物安全水平，努力形成丝绸之路旱区目标同向、措施一体、目标互补、互利共赢的协同发展新格局。

3. 实施丝绸之路旱区现代特色农业科技示范工程的建议

1）建设丝绸之路旱区特色农业创新发展试验示范平台，全面提升旱区农业科技创新能力

以优化丝绸之路旱区农业创新发展科技平台布局为核心，依托于丝绸之路农业高校联盟，支持区域涉农高校和科研机构创建一批特色农业科技创新重点实验室及重点工程技术研究中心，围绕现代特色农业关键技术开展集成创新；建设一批产业科技创新中心及培育农业高新技术企业，重点支持现代农业新技术、新品种的研发、引进示范，以及科技推广服务体系建设，支持区域农业技术研发与推广。

2）实施丝绸之路旱区特色农业竞争力提升工程，全面改善旱区农业综合生产能力

针对中亚五国的小麦、玉米、棉花和畜牧业，我国西北的苹果、马铃薯、枸杞、葡

萄、大枣等地域特色鲜明的农产品，支持特色优势农产品生产基地建设、着重培育新型农业经营主体、扶持农业龙头企业和农业产业化合作组织，实现良种化、标准化、规模化和品牌化生产，形成从特色农产品初级生产、精深加工、副产物综合利用到第三产业融合发展的全产业链示范样板。

3）实施丝绸之路旱区农业产业结构及种植结构优化调整工程，全面提升水土资源承载能力

中亚五国降水主要集中在冬春季，我国西北地区降水主要集中在 6～9 月，因此中亚五国小麦、油料作物降水利用比例相对较高，灌溉水需求较少；中亚五国草地资源丰富，有利于发展畜牧产业，但由于食品加工业发展严重滞后，畜产品深加工较少；我国畜禽产业使用饲料粮较多，需要耗用较多的水资源。因此，应将我国西北地区、中亚五国食物产业统筹考虑，加强地区之间的协调，将水资源作为重点考虑因素，优化调整我国西北地区、中亚五国产业结构及种植结构，使各区域建立起适水型的产业结构和种植结构。

4）建设丝绸之路旱区高素质农民培训机构，全面提高旱区现代高素质农民的科技素养与技能

着眼于带动丝绸之路旱区现代特色农业发展，依托与联合现代农业示范基地、农技推广中心及农业科研单位，发展一批高素质农民培训机构和分中心，定期组织召开面向旱区农业的优秀职业技术农民经验交流会。探索引入市场化机制，在全产业链上进行垂直整合，建立高素质农民信息服务平台和数据库，实现高素质农民与农业园区、农业企业、专业合作社等市场主体的有效对接。

5.8 政策建议

1. 建设西北地区旱作农业创新发展试验示范平台

以优化西北地区农业创新发展科技平台布局为核心，支持区域涉农高校和科研机构创建一批国家级、省部级重点实验室及重点工程技术研究中心，围绕现代农业关键技术开展集成创新；建设产业科技创新中心及培育农业高新技术企业，重点支持现代农业新技术、新品种的研发、引进示范，以及科技推广服务体系建设，支持区域农业技术研发与推广。

2. 组织实施三大重点工程，全面提升区域农业综合生产能力

一是耕地质量保育与提升工程。依据农业区域布局与资源禀赋匹配度，制订耕地合理轮作规划，重点培育节水旱作农业，实现耕地质量的自然修复；加强耕地质量培育，控制耕地外来污染；强化集成研究，形成综合性的耕地质量适应性调控技术体系；加大对中低产田改良与退化耕地的生态修复；以生态产能建设为核心，着力提升耕地的内在质量；促进生产生态平衡，完善耕地质量政策支持体系，探索实施耕地轮作休耕试点。

二是西北农业提质增效与绿色发展示范工程。专项支持七省（区）特色优势农产品生产基地建设、着重培育新型农业经营主体、扶持农业龙头企业和农业产业化合作组织，攻克旱区农业产业链中的产前、产中和产后不同阶段的重大共性科技问题，力争在抗逆种子科技工程、旱区农业高效用水、耕地质量保育与中低产田改造、优质畜牧业、林果提质增效与深加工、水土保持与生态修复、农业信息化与机械化、农业政策与制度设计等领域取得重大突破，形成从特色农产品初级生产、精深加工、副产物综合利用和第三产业融合发展的全产业链模式，整体提高旱区农业科技自主创新能力，推动区域农业绿色发展。

三是食物安全与丝路经济带虚拟水工程。建设丝绸之路经济带旱区特色现代农业基地，开展粮食作物高产优质、瓜果蔬菜提质增效、绿色肉蛋奶、旱作节水农业、绿色化农业和生态修复等科技示范，使中亚五国在粮食生产、肉蛋奶生产，我国西北旱区在瓜果蔬菜生产方面有更多的担当，实现"两种资源、两个市场"的"有进有出"，保证我国西北旱区食物需求的有效供给，有效提高我国食物安全水平，努力形成丝绸之路旱区目标同向、措施一体、目标互补、互利共赢的协同发展新格局。

3. 直面资源限制，大力发展节水农业，创新节水利用体制机制，制定实施差别化的用水管理制度和节水技术财政补贴政策

创新农业发展创新机制，建立"政府引导、企业带动、群众参与、市场运作"的节水农业发展技术支撑体系。坚持最严格的节约用地制度，推进农业节水制度创新，明确规定各区域产业发展方向和优先顺序。根据自然条件和农业用水规律，制定和完善雨养农业和补偿灌溉地区农业用水管理制度，建立由行政、市场和社区共同治理的农业用水管理机制。应将发展农业节水利用作为一项公共事业，建立以政府为主导的农业节水利用技术财政补贴机制，一是以公共财政主导、社会资本参与，加强对灌溉渠系及田间配套等公共基础设施和水利工程建设；二是对采购与使用农业节水技术设施和设备进行财政补贴；三是通过财政和税收政策工具，重点支持节水技术研发和设备研制。

4. 推进高素质农民培训，发展一批高素质农民培训机构和分中心，促进西北地区乡村振兴

着眼于带动西北地区现代农业发展，依托与联合现代农业示范基地、农技推广中心及农业科研单位，发展一批高素质农民培训机构和分中心，定期组织召开面向旱区农业的优秀职业技术农民经验交流会。探索引入市场化机制，在全产业链上进行垂直整合，建立高素质农民信息服务平台和数据库，实现高素质农民与农业园区、农业企业、专业合作社等市场主体的有效对接。

第6章 西南地区食物安全可持续发展战略研究

6.1 西南地区食物生产现状与供需趋势分析

6.1.1 西南地区食物生产现状分析

2000～2017年西南地区主要粮食作物种植面积缩小,但单产水平提高,因此总产水平基本稳定。而蔬菜、水果及薯类与糖料作物等种植面积和单产均不断增加,总产水平整体提升;动物性食物中,家畜年末存栏数量稳中略降,但年末出栏量稳定增长,肉蛋奶和水产品生产量不断增加。综合来看,西南地区食物生产能力提高,但主要植物性食物的单产水平低于全国(除豆类和糖料作物);同时粮食在全国的总产占比下降,而动物类食物和部分经济价值较高的植物性食物(豆类、油料作物、蔬菜作物、水果)的占比提高(表6-1)。

表6-1 西南地区6省(区、市)主要食物的生产现状

主要食物	广西	重庆	四川	贵州	云南	西藏	西南地区	全国	西南地区占全国的比例/%	年份
粮食	1 372.8	1 079.3	3 493.7	1 059.7	1 860.5	104.4	8 970.4	65 789.2	13.6	2018
稻谷	1 019.8	487.0	1 473.7	448.8	529.2	0.5	3 959.0	21 267.6	18.6	2017
小麦	0.51	9.78	251.6	41.2	73.68	21.94	398.71	13 433.39	3.0	2017
玉米	271.6	252.6	1 068.0	441.2	912.9	3.0	2 949.3	25 907.1	11.4	2017
蔬菜	3 432.2	1 932.7	4 438.0	2 613.4	2 205.7	72.6	14 694.6	70 346.7	20.9	2018
水果	2 116.56	431.27	1 080.67	369.53	813.35	0.32	4 811.7	25 688.35	18.7	2018
肉类	426.8	182.3	664.7	213.7	427.2	28.4	1 943.1	8 624.6	22.5	2018
蛋类	24.2	40.3	144.5	18.7	30.3	0.5	258.5	3 096.5	8.3	2017
奶类	8.1	5.1	63.7	4.4	56.8	37.1	175.2	3 038.6	5.8	2017
水产	320.8	51.5	150.7	25.5	63.1	0.1	611.7	6 445.3	9.5	2017

1. 粮食生产现状

西南地区粮食作物播种面积总体稳中略降,2017年播种面积为1958.67万 hm^2,较2000年减少了127.35万 hm^2,减幅为6%。但是,粮食平均单产水平不断提高,自2000年的4186.3kg/hm^2增加到2017年的4973.6kg/hm^2,增幅为19%。因此,西南地区粮食作物总产水平稳中有升。与2000年相比,2017年总产增加了399万 t,达到了9131.7万 t。其中,2000～2017年西南地区口粮种植面积总体减少。水稻种植面积稳中有降,2017年有590.76万 hm^2,较2000年减少了111.95万 hm^2;而小麦种植面积急剧萎缩,2017

年较 2000 年减少了 63.5%，仅有 122.49 万 hm²。作为主要谷物之一的玉米，2000～2017 年种植面积则呈现逐年增长趋势，但增长幅度（34.9%）小于全国平均水平（83.9%）。

2. 其他植物类食物生产现状

豆类和薯类作物种植面积基本稳定。2017 年豆类种植面积 163.92 万 hm²。较 2000 年的 160.1 万 hm² 增加了 3.82 万 hm²。薯类 2017 年种植面积达 355.13 万 hm²，较 2000 年仅增加 1.9 万 hm²；而油料作物、糖料作物、蔬菜作物和果树种植面积均有较大幅度的增加。油料作物种植面积 2017 年较 2000 年增幅为 28.7%，达到 300.63 万 hm²；2000 年糖料作物种植面积为 81.9 万 hm²，2016 年增加至 113.62 万 hm²，增幅达 38.7%；蔬菜作物种植面积增幅更大，2000 年为 279.06 万 hm²，2017 年增加至 581.24 万 hm²，增幅达 108%；果树种植面积从 2000 年的 149.5 万 hm² 增加至 2017 年的 313.8 万 hm²，增幅为 110.0%。

由于种植面积和单产均增加，西南地区非主粮食物的总体生产水平提升。其中，2016 年大豆总产水平已达到 123.7 万 t，较 2000 年增幅达 22%；在全国薯类作物总产下降的背景下，西南地区薯类作物总产大幅度提高，2017 年较 2000 年增幅高达 18.9%；油料作物 2000～2017 年增长幅度达到了 70.9%；糖料作物 2000～2017 年增长了 103.8%，较全国同期增长高出 57 个百分点，同时占全国的比例也由原来的 60% 提高到 84%；蔬菜作物在 2000～2016 年增加了 122%，达到了 13 110 万 t，占全国蔬菜总产量的 19.4%；水果总产急剧提升，2000 年以来提高了 4 倍多，2016 年达到了 4190.8 万 t，已占全国水果总产量的 16.6%。

3. 动物类食物生产现状

西南地区畜禽年末存栏数量基本稳定，部分畜禽数量增加。2000～2017 年猪年末存栏头数平均 13 555 万头，2017 年 12 530.3 万头，较 2000 年的 13 976.2 万头降低了 10.3%；牛存栏数总体保持在 3600 万头左右，2017 年 3184.1 万头，较 2000 年的 3981.2 万头降低了 20%；羊的存栏数较为稳定，平均 4860 万只，2017 年羊年末存栏数量有 4877.52 万只，较 2000 年的 4622.94 万只仅增长了 5.5%。

西南地区畜禽产品生产总量快速增加。2017 年肉类总产为 1912 万 t，较 2000 年增加了 43.9%；禽蛋生产量在 2000～2017 年增长了 62.2%，高于全国同期增长率，2017 年总产达 258.5 万 t；2017 年奶产量达到了 195.2 万 t，较 2000 年增长了 162%，但奶产量占全国奶总产量的比例不足 6%，且较 2000 年下降了 2 个百分点。

西南地区淡水鱼养殖面积不断增加。2016 年总面积达到 708 179hm²，较 2000 年增加 41.5%；同时，水产品产量也不断提高，2017 年达到 611.7 万 t，较 2000 年增长了 83%。但西南各地区发展较不平衡，广西一直是西南地区淡水鱼产量最大的省份，且近年仍有一定程度的增长，2017 年达 320.8 万 t，较 2000 年增长了 33.7%，占西南地区淡水鱼总产量的 52%。

6.1.2 西南地区食物供需趋势分析

西南地区食物供需趋势分析见综合报告。

6.2 西南地区食物安全存在的问题

6.2.1 自然资源禀赋不足，开发利用受限

1. 自然灾害频繁，食物生产损失严重

受到季风气候、地貌、地形地势以及人类活动的综合影响，西南 6 省（区、市）对食物安全产生重大影响的主要自然灾害有干旱、洪涝、低温等，常年受灾面积达 629.42 万 hm^2，占耕地总面积的 27.71%。例如，2009~2013 年，西南地区受各种灾害的面积达到 1000 hm^2 以上，两成以上的农作物受到了影响。其中，干旱灾害影响范围最广，持续时间较长，是出现频繁、危害较重的自然灾害，约占总自然灾害的 1/3，为各项自然灾害之首。洪涝灾害在四川盆地西部、西北部和东北部发生较多，其次是桂南发生较多，但云贵高原降水强度相对较小，地形起伏较大，洪涝成灾面积一般比较小。相对而言，低温灾害对于西南 6 省（区、市）影响较小，但全年不同时期、不同地区仍有不同程度的冷空气入侵，对农作物造成危害。

2. 土地资源总量少，质量与承载力差

西南地区除西藏外，其余 5 省（区、市）均有喀斯特地貌广泛分布，形成了以贵州为中心的西南喀斯特集中分布区，包括湘西、鄂西，喀斯特出露总面积达到 54 万 km^2，是世界上三个喀斯特集中分布区中出露面积最大、喀斯特发育最强烈、景观类型最多、生态环境最复杂、人地矛盾最尖锐的地区。西南 6 省（区、市）总面积 257.7 万 km^2，占我国国土面积的 26.8%。耕地总面积仅 2464.892 万 hm^2，占西南 6 省（区、市）总面积的 9.6%，占全国耕地总面积（1.35 亿 hm^2）的 18.2%，耕地比例与面积比例严重不协调。2015 年西南 6 省（区、市）土地资源情况见表 6-2。

表 6-2 2015 年西南 6 省（区、市）土地资源情况

省（区、市）	面积/万 km^2	山地比例/%	丘陵比例/%	喀斯特面积的比例/%	耕地面积/万 hm^2	人均耕地面积/hm^2
重庆	8.2	75.8	18.2	38.4	245.589	0.081
四川	48.6	81.4		5.7	679.059	0.082
贵州	17.6	61.7	30.8	61.9	454.394	0.129
云南	39.4	84.0	10.0	28.1	620.976	0.131
广西	23.7	63.9	21.7	41.0	445.087	0.092
西藏	120.2	—	—	—	19.787	0.137

注："—"表示当时没有查到数据

3. 生态屏障功能突出，资源开发受限

西南地区是我国极为重要的生态脆弱保护区。该区域分布有横断山、喜马拉雅山、大巴山、武岭山等山脉，孕育了青藏高原、云贵高原、盆地丘陵等多种地形地貌，是长江、黄河和西南诸河的源头及上游，拥有全国60%以上的生物资源。一是西南岩溶山地石漠化生态脆弱区，行政区域涉及川、黔、滇、渝、桂等省（区、市），是世界三大喀斯特集中分布区，具有全年降水量大、融水侵蚀严重、岩溶山地土层薄、成土过程缓慢的特点，容易造成严重的水土流失，山体滑坡、泥石流灾害频繁发生。二是西南山地农牧交错生态脆弱区，行政区域涉及四川阿坝、甘孜、凉山等州，云南迪庆、丽江、怒江以及黔西北六盘水等的40余个县（市）。由于地形起伏大、地质结构复杂，水热条件垂直变化明显，土层发育不全，土壤瘠薄，植被稀疏。该区域坡耕地地形破碎、坡度陡、土层浅、土质松、保水差、肥力低，一般无灌溉条件，多为中、低产田土，经逐年翻耕，水土流失严重。三是青藏高原复合侵蚀生态脆弱区，由于地势高，气候恶劣，自然条件严酷，植被稀疏，具有明显的风蚀、水蚀、冻蚀等多种土壤侵蚀现象。因此，西南区域生态屏障功能和生态环境脆弱的特征决定了对土地等食物生产核心资源的开发利用总量必须控制在合理的承载范围，在一定程度上制约了区域内食物生产和供给的开发潜力。

6.2.2 农业基础设施薄弱

农业基础设施建设是加快农业产业发展和实现农业现代化的重要措施之一。但由于受地形、地貌等自然条件，以及经济、社会、人文等因素的影响，西南地区的农田基础设施建设较为落后。通过2000~2015年的农田水利建设，西南农业基础设施建设得到很大的提升。但季节性干旱和农业缺水在西南地区仍然严重，当前及今后一段时期仍然要加强农业水利建设。中低产田是由于土壤环境因素和土体内存限制因子影响了土壤生产力的发挥，导致农作物产量低、不稳定，其形成机制与气候、地形、岩石、耕作因素等相关。西南三省中低产田共有1581.7万 hm^2，占耕地总面积的90.15%。其中，中产田占38.12%，低产田占42.96%，主要分为红黄壤、中低产水稻土和坡薄土三种类型。贵州和云南的中低产田土比例大。加强西南中低产田的改造，对改善农业生产基本条件、提高农业综合生产能力、增加农产品有效供给、提高农民收入具有重要作用。2015年，云南和四川中低产田的改造力度相对较大，占比为2.43%和2.87%；2016年四川、云南中低产田的改造力度相对较大，占比分别为9.58%和4.01%。而西藏、贵州和广西中低产田的改造力度较小。因此，针对石漠化严重的贵州、广西等喀斯特山区，加强中低产田改造，对于提高农业综合生产能力和增加农产品有效供给具有重要的意义。同时，由于西南地区存在季节性缺水，综合运用工程、农艺、管理等措施，发展节水灌溉农业，推广滴灌、喷灌等节水技术是解决农业用水不足的有效措施。水利部通过整合中央、省、市、县、乡、民间社会资本，大力建设节水灌溉工程，取得了显著效果。其中，近年来，广西、四川、云南的新增节水灌

溉工程（万亩）占全国的比例相比重庆、贵州和西藏要高；2016年，增幅最大的是云南，占比为3.69%。而贵州、重庆在农田缺水方面还相对严重，投入相对较少。

6.2.3 农业产业结构发展不平衡

2018年，西南地区农、林、牧、渔业生产总值为22 081.2亿元，占西南地区GDP的比例为19.1%。其中，农业生产总值为12 775.4亿元，占比57.9%；畜牧业生产总值为6020.2亿元，占比27.3%。2005~2015年，西南农业生产中畜牧业比例常年维持在30%左右，最近几年甚至还略有下降。在畜牧业的内部结构层面，西南地区是传统的耗粮型生猪主产区，常年占全国的比例为25%左右；节粮型的草食型动物生产肉类占比较低，但增幅较明显。与国外相比，我国的畜牧业产值占比较低，而欧洲畜牧产值一直维持在占农业总产值的50%以上。从消费上看，动物性食物消费量均出现增加，2005~2015年，农村动物性食物消费占比从8.8%增加到22.9%，城镇动物性食物消费占比从29.6%增加到36.9%，食物营养结构得到了改善。2005年、2010年和2015年西南地区主要肉类食物生产结构见表6-3。

表6-3 2005年、2010年和2015年西南地区主要肉类食物生产结构的变化

	猪肉产量/万t			牛肉产量/万t			羊肉产量/万t		
	2005年	2010年	2015年	2005年	2010年	2015年	2005年	2010年	2015年
西南地区	1225.6	1273.2	1378.2	98.2	106.0	126.1	50.43	55.56	60.81
全国	4555.3	5138.4	5645.4	568.1	629.1	616.9	350.1	406.02	439.93
西南地区占全国的比例/%	26.9	24.8	24.4	17.3	16.8	20.4	14.40	13.7	13.8

尽管养殖业生产与消费结构均发生了变化，但是与之对应的种植业结构并未合理调整到位。自2000年以来，粮食作物播种面积仍年均保持在68.0%左右，而饲用作物种植面积并没有随畜牧业发展而同步增长，青饲料多年来在种植业结构中所占比例一直低至1.4%左右。这种不合理的种植业结构，不仅制约草食畜牧业的发展，而且区域自然资源也没有得到最佳利用。原因是西南有很多无霜期长、热量充沛、雨量充足、雨热同步、云雾多、日照少的区域，适合以收获营养体为主的饲用作物生长；较北方而言，这些区域在种植以收获籽粒的粮食作物方面不具有比较优势，但若发展资源高效利用的饲用作物，促进草食畜牧业发展，则具有资源高效利用优势。从大食物观看，应适度减少生猪等耗粮型牲畜的养殖，增加牛羊等草食型牲畜的养殖，促进种养结合发展，更有利于保障区域食物安全。

6.2.4 农业生产方式转变速度慢，农业产业效率提升空间大

1. 生产方法落后，提升空间大

2015年西南地区的总农业机械总动力为11 513.3万kW，在全国占比12.4%；总农

业柴油使用量为191.9 万t，在全国占比9.5%；总农业排灌机械保有量为410.9 万kW，在全国占比 4.7%。西南地区机耕率低于全国平均水平。例如，贵州2014年机耕率为32.5%，广西机耕率为14.1%，贵州、云南机播率分别为1.3%、1.4%，远低于全国的50.75%。西南地区粮食作物单产水平低于全国平均水平，油料作物2015年单产为2136kg/hm²，全国同期平均单产水平为2526kg/hm²；蔬菜作物单产23 510kg/hm²，全国平均水平为35 694kg/hm²。西南地区生产方法落后，提升空间较大。

2. 农业生产工具整体水平落后，农业机械化水平有待提高

农机化滞后导致生产率落后。例如，西藏阿里地区农机化作业仅占农牧生产的30%~50%，主要依靠人力进行生产，严重影响了农业生产效率。尽管西南地区机耕、机播和机收面积的增加为粮食生产提供了良好的生产条件，但是由于西南地区山地较多，且田块较小，大型机械化难以操作，农业机械的利用受到限制，因而西南地区整体农业机械化水平较低。因此，大力开发和推广小型农业机械将是西南地区考虑的重点。西南地区2017年农业机械化耕种收应用比例见表6-4。

表6-4 西南地区2017年农业机械化耕种收应用比例

地区	总播种面积/万 hm²	机耕面积/万 hm²	机耕比例/%	机播面积/万 hm²	机播比例/%	机收面积/万 hm²	机收比例/%
广西	5 969.9	5 129.4	85.9	1 162.4	19.5	2 718.7	45.5
重庆	3 339.6	2 173.2	65.1	203.2	6.1	577.8	17.3
四川	9 575.1	5 319.3	55.6	1 365.6	14.3	2 626.4	27.4
贵州	5 659.4	3 034.1	53.6	118.4	2.1	469.7	8.3
云南	6 790.8	2 903.6	42.8	219.5	3.2	624.4	9.2
西藏	254.1	157.6	62.0	135.4	53.3	117.2	46.1
西南地区	31 588.7	18 717.2	59.3	3 204.5	10.1	7 134.2	22.6
全国	166 331.9	122 704	73.8	90 045.7	54.1	94 900.5	57.1

3. 从业人员素质较低，生产模式的组织化程度不高

农业人员的文化素质平均水平低，直接影响了农业生产效率的提升。西南地区整体农业人口科学文化素质低下且占比大，导致农业新技术的接受程度、推广和示范效果差异大。2015年全区有1.58亿农村人口，较2000年减少了16.8%。除西藏农村人口有小幅增长外，西南地区农村常住人口逐年下降，下降的主要原因是外出务工，留在家乡的人员主要是妇女、老人、留守儿童。

目前，西南地区农村劳动力大量向第二产业和第三产业转移，而留守农业人群呈现出总量相对不足、整体素质偏低、结构不尽合理等问题。这种现象在云、贵、川、藏、滇的少数民族密集区尤为突出。农村劳动力的从业人员现状制约了农业生产的发展，严重影响了农业生产力的提升和生产技术更新的需求。生产组织化程度不高，阻碍了农业产业的进步和行业的发展。当前项目区存在4种农业生产的组织形式，即传统的农户经

营、规模化的大户经营、农村专业合作社或股份合作社、农业公司。但这些组织形式存在多个方面的问题。第一，组织发育程度还不足。专业合作社在栽培技术、管理服务等方面还需提升。第二，专业合作社管理不规范。目前，农民专业合作社在组织结构、内控制度、经营管理、效益分配、战略规划等方面仍显不足。第三，抵御市场冲击能力差。在技术标准、管理标准、组织模式等方面没有真正做到最优化，产品市场竞争力不足，科技创新能力缺乏，对抗市场冲击的能力低。第四，金融资本融合难度大。农民专业合作社经济实力较弱，有效资产缺乏，担保机制不健全，农村金融体系处于建设期。生产组织的贷款难度大。

4. 保障支撑服务体系不健全，阻碍产业快速发展

当前，西南地区农业产业处于市场化、产业化、现代化的初级阶段，市场经济主体的发育还不完全，农民组织模式、农业经营方式、产销模式等方面不完善。政府政策规划执行不到位时，会改变农业的生产环境，影响农民生产行为，改变农业发展方向，影响产业发展速度和进程。同时，农业产业存在投入经费大、周期长、风险高、回报低等问题。因此，农产品最终还是要遵循市场经济规律。由于地方政府在宏观调控与政策把控上时有未按照市场规律办事的现象，当政府的支持从农业产业中撤出后，存在部分农业产业不能良性发展等现象。

目前农业金融资本存在诸多问题。第一，农村金融服务体系缺陷和运转不良。目前，农村农业资金主要依靠农村信用社，但信用社的资金实力有限，对农业新产业的支撑力度不足。农业发展银行对农业的支持范围有限。第二，民间金融利率高和缺少法律保护，存在农村金融风险大的问题。第三，农业保险发展缓慢，农业保险公司覆盖面狭窄。涉农金融机构不健全，运转功能不正常，对新型农业生产组织的信用等级、风险状况及生产组织的运营状况缺乏科学、准确和客观评价。

西南地区在推进农业标准化、加强农产品质量安全等方面取得了一些成效，但仍然存在诸多的问题。第一，生产技术水平落后，生产组织化程度较低。农产品缺乏生产标准。第二，农产品市场准入机制不健全，农产品加工企业的规范、管理功能不完善。第三，农产品质量保障服务体系不健全。具体包括种植管理技术服务体系不健全、农产品质量控制体系不健全、行业服务体系不健全等。

科技创新是发展优质、高产、绿色、生态、安全的现代农业的基本支撑。目前，农业产业的科技创新能力和支撑能力不足的问题非常突出和严重，主要表现在以下几个方面。①支撑技术的熟化度不够。②当地农业管理服务部门职能缺陷。由于当前体制的原因，各省（区、市）的基层普遍存在基层农技人员留不住、农技人员不安心于专业和本职岗位、农技人员转岗等现象。有的乡镇没有农业技术服务站等部门，或者名存实亡。③行业主管部门重视政策的制定与管理，对于行业发展自身的问题缺乏有效的解决措施。④省级农业科学院所和高校对农业产业的技术支撑力度不足，高校科研院所的科研工作与实际需要脱节。⑤各省（区、市）的科技厅在农业产业的急需问题或共性问题上未给予分配科研课题，未进行立项资助。

5. 西南地区食物绿色化安全保障需提升

西南地区在种植业的病虫草害防控方面具有特殊重要性和区域不可复制性。同时，西南地区畜牧产品绿色化安全保障主要依靠发展生态畜牧业，加强畜产品质量安全体系建设。加强环境保护，大力发展生态畜牧业。加强畜产品的安全检测，加强监督管理。强化兽药监管，疫病防控。解决如何基于西南地区地理生态环境、种养习俗、产业发展现状的特点，进行农作物、畜牧业的病虫害可持续控制，实现食物产品在种养环节质量安全的有效控制，具有重要意义。

近几年，西南地区农作物病虫害防控和农药用药方面仍然存在诸多问题。例如，第一，新型高效、绿色、环保药剂少。药剂有效成分和剂型选择上仍以传统制剂为主，吡虫啉、阿维菌素等还是农药主导品种，新型高效、绿色环保药剂使用量相对较少，推广面还很小。第二，以牺牲环境为代价的轻简化技术措施仍占主导地位。农药浸种或拌种技术、大田期采用"一喷三防"等轻简化技术存在药剂使用量大、施用次数多、病虫害未合理兼治等问题。第三，环境友好的生物农药和绿色农药及先进施药技术推广难度较大。环境友好的生物农药和绿色农药因应用成本高，以及防治效果比化学防治效果差而推广难度较大。在施药器械方面，传统手动喷雾器仍占主导地位，省工省力的新型施药设备还未全面推广开。

养殖业已经从千家万户散养向适度规模养殖快速发展。但是仍面临着以下几方面的问题。①养殖场建设受到土地、环境、防疫、资金等诸多条件制约，加上投资业主的不确定性，无法在编制土地利用中长期规划时将某宗地预留为养殖用地，严重影响规模养殖的发展进程。②国内外重大动物疫病形势严峻，高致病性禽流感、高致病性猪蓝耳病、非洲猪瘟、口蹄疫、鸡新城疫等疾病的威胁犹存，新的病种不断传入，病毒变异速度的加快，疫病风险不断加大，严重威胁畜牧业的健康发展和公共卫生安全。③执业兽医稀缺，培养周期较长；乡村兽医培育管理体制尚未完善，管理难度加大；村级防疫员老龄化，待遇低，履行动物防疫职责的能力有限，导致疫病威胁加剧。④畜禽养殖场治污设施固定资产投资高、使用年限短，治污设施运行成本偏高，加之部分养殖场业主治污意识薄弱，设施设备和技术力量缺乏，规模养殖面临严峻的治污压力，制约养殖业发展。

饲料和畜产品质量安全保障体系是保证食品安全的前提条件之一。经过多年的建设，西南地区已建立了省、市、县三个层次的饲料及畜产品质量安全保障体系。但还存在机构不健全、人员不足、设备不配套、经费紧张、职责不明等诸多问题。为保证食品安全，应从机构、人员、设备、投资方式、职责等方面入手，建立一个高效有力的饲料及畜产品质量安全保障体系。

加强畜产品的安全检测，加强监督管理。通过 HACCP（危害分析的临界控制点）、QC（质量控制）和无公害畜产品的产地认定和产品认证，在畜产品生产过程中逐步形成以 GAP 认证为主，兽药生产以 GMP 认证为主，饲料及饲料添加剂生产、畜产品加工以 HACCP 认证为主，畜产品以强制性认证为主的认证体系。实行畜产品质量安全责任追究制。加大涉及畜产品安全事件的企业的相关责任，加大执法力度和打击力度，同时健全市场管理制度和畜产品生产许可证制度、成品市场准入制度和不安全畜产品强制召回制度。对危害消费者身心健康者从严从重处罚。

6. 西南地区食物国际贸易存在的问题

我国西南六省（区、市）有中国-东盟自由贸易区的政策优势，是"一带一路"倡议的其中一个源头，各省（区、市）近年来高度重视农产品食品进出口贸易，但也面临着一些困难和问题。一是出口总量较小，出口产品种类和市场结构较为集中，西南各省（区、市）食物产品出口总值较低，在全国农产品出口总额中的占比2011年为7.0%、2015年为10.3%（图6-1）。进口总额的全国占比2011年为5.1%、2015年为5.7%。

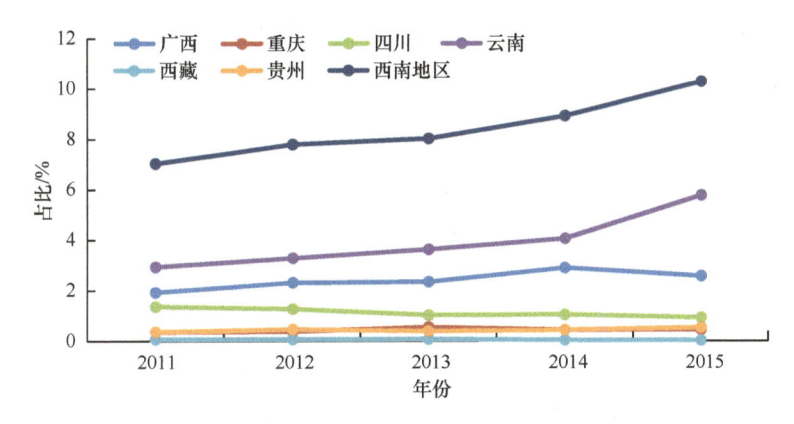

图6-1　2011~2015年西南地区农产品出口额在全国农产品出口总额中的占比
数据根据商务部数据计算得到

2011~2015年，西南各省（区、市）农产品出口呈现逐年上升趋势，且在2015年首次出现了出口总额大于进口总额的情况（图6-2）。进一步分析表明，云南农产品出口总额远高于进口总额，而广西农产品进口总额远高于出口总额。

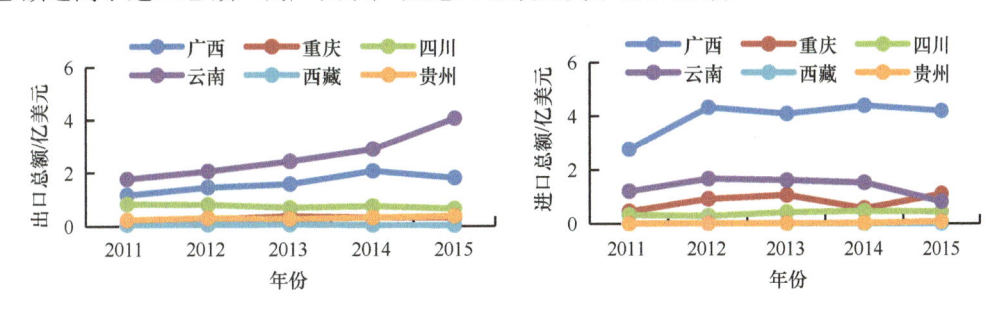

图6-2　2011~2015年西南各省（区、市）农产品进出口总额

西南各省（区、市）农产品出口的主要对象以东盟国家为主，还有一部分欧洲、美洲、亚洲、非洲等国家。2014年我国广西对东盟出口170.73亿美元，其中对越南的出口额占对东盟出口额的89.6%。2016年我国云南对东盟的出口额占云南农产品出口总额

的比例达 57%，同样存在着出口市场过于集中的问题。对少数国家或地区的依存度过大，存在着较大的潜在风险。此外，出口的食物产品种类过于集中在特色经济作物且以初级农产品为主。

西南边境食物产品走私进口严重。我国广西、云南等省份和多个东盟国家接壤，大米、生猪等重要的基本食物产品从境外走私严重。据海关总署数据，仅 2015 年，全国海关全年查获大米走私 21.01 万 t。生猪方面，仅广西某一个口岸每年估计就有超过 60 万头越南走私猪进入我国。走私大米既扰乱了国内粮食市场正常流通秩序，又影响国内粮食供求平衡。而生猪走私一方面相当于走私玉米、饲料等农产品，影响我国玉米库泄库；另一方面也带来食品安全方面的问题。

食物产品出口遭遇贸易政策及技术和贸易壁垒方面的困难。在与东盟早期的收获方案中，我国的农产品并未享受到与东盟国家同等的优惠待遇，削弱了我国西南农产品的竞争优势，给我国西南地区热带水果出口造成严重的经济损失。另外，西南地区部分热带水果由于没有被列入关税优惠品类，致使这些农产品出口到进口国家得不到保护。

技术和贸易壁垒限制是西南地区农产品出口经常会遇到的问题。例如，美国通过技术标准限制我国广西产柑橘、龙眼、荔枝、猪肉等特色农产品出口美国；日本通过农残检测使我国广西产的部分冻鸡、猪肉等限制出口到日本。欧盟正在酝酿针对中国茶叶制定蒽醌和高氯酸盐限量标准，将对我国西南乃至全国的茶叶产品出口产生极其不利的影响。

企业国际化投资目标不明确、经营理念落后。当前，我国农业对外投资正在从到国外圈地进行农业种植，逐步扩大到加工、仓储、物流等多个领域。但也存在着问题：投资主要集中在劳动密集型行业和传统领域，没有从战略上建立农业投资、贸易等互为一体的全球农产品供应链；投资企业大多规模小、竞争力不强，投资区域和领域高度集中；存在投资盲目性和管理经营不规范的问题；被投资国的地方保护主义也是影响对外贸易的重要因素；最大瓶颈还是缺乏懂得国际农业发展大势、了解对象国农业政策、具备跨文化地域沟通能力的专门人才。

6.3 西南地区食物安全的潜力

6.3.1 资源潜力

西南地区总体上生态资源丰富，生物多样性十分丰富。例如，云南处于低纬度、高海拔地区，地形复杂，高差悬殊，气候类型复杂多样，有北热带、南亚热带、中亚热带、北亚热带、南湿带、中温带和高原气候类型，气候类型的多样化使云南生物多样性十分丰富。贵州由于地形上海拔落差显著，立体气候明显，同时，受亚热带和热带季风气候及印度洋西南季风和太平洋东南季风调控影响，雨量充沛，生物多样性丰富。

西南地区水能资源丰富，其水能资源居全国之首，可开发量占全国 68%左右。西南地区是我国大部分主要河流的发源地或流经地，西南地区还有大量的湖泊及水库等水资源，以及国内大部分的水利水电工程。同时，西南地区雨水充足，全年降水量是全国平均水平的 3 倍。人均、亩均分摊的水量均居全国第一。

西南地区土地类型多样，80%以上为山地丘陵，能为西南林业、畜牧养殖业发展带来多样化的发展模式与开发前景。在发展农业的同时，与旅游结合，打造农旅结合、观光农业、休闲农业，提升农业产业附加值，具有重要意义。西南地区土地整治工作推进有力。近年来，通过改善土质、测土配方等系列工作，西南地区土壤土层瘠薄、坡度大、侵蚀严重、重金属污染等限制因素逐一改善，这为发展山地高效农业、走出生态优先绿色发展的新路子提供了条件。

6.3.2 经济潜力

2000~2015 年，西南地区经济得到快速增长，表现出后发赶超优势。从 2016 年西南地区各省（区、市）GDP 增速来看，西南地区各省（区、市）的经济增长速度普遍较快。在全国排名前十的省份中，西南地区占有 4 席，分别是西藏、重庆、贵州和云南，其中，西藏、重庆和贵州三地 GDP 增速继续维持两位数增长。国家战略助推有力，区位优势突显。当前，我国正在以"一带一路"倡议为契机，以亚洲基础设施投资银行为平台，构建东盟互联互通、亚太经济合作组织互联互通、泛亚铁路网、泛亚能源网、大湄公河次区域互联互通、孟中印缅经济走廊、中巴经济走廊等框架基础。共建"一带一路"为西南地区的发展开拓了宽阔的发展道路。西部大开发的不断深入也带动了西部其他地区经济的发展，缩小了西部地区与东部沿海地区经济发展的差距。长江经济带覆盖了包括重庆、四川、云南、贵州在内的 11 省（市），给这些地区带来了新的机遇。铁路网的升级拉动了区域经济转型升级，特别是高速铁路成为西部与东部沟通的重要联系通道，极大地改善了沿线地区的投资环境，更有利于西南部有效承接东南部沿海发达地区产业转移，加快沿线地区优势特色农业以及优势产业的生产力布局和转型升级，并带动物流、旅游、金融等现代服务业的聚集发展，为西南地区带来了更多发展机遇。此外，我国西南地区具有紧连东南亚地区和南亚地区的边境优势，区位优势突出，是我国重要的国际通道。

特色食物资源经济独树一帜。西南地区气候的区域差异和垂直变化十分明显，区内气候类型多样，孕育了丰富和独特的生物资源。①茶叶资源丰富。西南地区有着丰富的茶树资源，种植茶叶集生态和经济于一体，是西南地区的优势和特色产业之一。西南地区高海拔、低纬度、寡日照、多云雾、无污染的环境条件，最适宜于茶叶生长和优质茶叶生产。近年来，贵州、云南和四川的茶叶产量稳步提升，其中，贵州提升最快，2010~2016 年期间产量增加了 4 倍。2016 年西南地区茶叶总产量 103.46 万 t，占全国茶叶总产量的 42.9%。②优质白酒闻名全国。贵州茅台酒是世界三大名酒之一，已有 800 多年的历史。四川的五粮液酒历次蝉联"国家名酒"金奖，成为我国浓香型白酒的典范和第一品牌。2016 年西南地区白酒总产量 496.1×10^{7}L，占全国总产量的 36.5%。其中，产量最大的是四川，2016 年在全国各省（区、市）中排名第一，占全国白酒总产量的 30%，产值达 2516 亿元，占当年全省 GDP 的 7.7%；其次是贵州，排名第 9，产值达 884 亿元，占当年全省GDP的7.5%。全国最著名的十大白酒品牌，西南地区占了6个。此外，还有数十个知名品牌，在国内白酒市场占据了相当大的份额。③辣椒产业优势突出。我国辣椒种植面积超过133万hm^2，占世界辣椒种植面积的35.9%，产量占世界辣椒总产量的46.7%。贵州、四川和广西是我国重点辣椒产区。其中，贵州辣椒种植面积、加工规模与效益、市场集散规模均居全国第一位，辣椒种植面积、产量和产值分别占全国的24.6%、17.4%和20.8%。贵州辣椒加工业在国内处于领先水平，油辣椒加工产品国内市场占有率达70%，老干妈、苗姑娘、乡下妹等已形成了著名的国际品牌。四川、广西辣椒种植面积也在快速增长。④泡菜产业日趋壮大。四川泡菜被誉为"川菜之骨"，是四川省最具特色的农产品加工产业，泡菜产量位居全国第一。2009年，四川泡菜产量120万t，产值90亿元；2016年，产量达350万t，产值达300亿元。泡菜产业的发展对带动农民增收、推进农业产业升级发挥了重要作用。目前，四川全省已建设原料基地13.3万hm^{2}以上，年加工鲜菜近700万t，带动基地农民增收近22亿元，产业从业人员超60万人。

生态旅游和乡村旅游方兴未艾。西南地区旅游资源极其丰富多样。共有文化和旅游部（原国家旅游局）认定的5A级旅游景区39个，4A级以下的景点更是数不胜数。"十二五"以来，西南地区的交通设施得到了大力提升和完善，为西南地区生态旅游带来了巨大生机。无论是旅游人数还是旅游收入，都呈现井喷式增长趋势。2016年西南地区旅游总人数达到24.81亿人次，是2011年的2.3倍；旅游总收入达到2.48万亿元，是2011年的3.2倍。不仅如此，旅游收入已经成为西南地区一项重要经济支撑。2016年西南地区各省（区、市）旅游总收入占当年相应省（区、市）GDP百分比均达到23%以上（除重庆外），占比最高的是贵州，达到44.40%。西南地区各省（区、市）大力推进农旅结合、乡村旅游（农家乐），也成为地方经济发展新的增长点和农民致富的重要途径。2015年，贵州乡村旅游收入达705.9亿元，广西达到803.15亿元。2016年，四川实现乡村旅游收入2015亿元，448个贫困村通过发展旅游实现脱贫摘帽，占当年退出贫困村总数的19.1%；云南乡村旅游实现总收入1308.6亿元；重庆达到349亿元，带动就业50余万人。

随着经济的增长，用于发展食物生产的投入也有明显增长，食物生产效率和质量得到提升。经济增长改变了食物生产的产业结构、流通格局、区域布局及农业产品的利用和转化方式。同时，经济增长提高了居民的收入水平和食物购买力，降低了低收入阶层的食物安全风险。经济发展还将促进食物消费结构的改变，西南地区食物消费已经从温饱型的数量消费时期向小康型和后小康型的质量和健康消费时期转变，食物品质、营养和健康成为食物安全的重要内容，高端精品成为西南食物发展的趋势。

6.3.3 环境潜力

1. 生态系统复杂多样，生态安全屏障作用突出

西南地区是我国长江流域、珠江流域及西南诸河的源头及上游区，对于维系我国华东和华南乃至东南亚的生态及社会经济安全起着重要的作用，是我国重要的生态屏障区。西南地区在建设生态屏障方面投入了大量的人力、物力和资金，实施了一大批生态环境建设工程项目，包括天然林保护、退耕还林还草、石漠化治理、绿化荒山、植被恢复等工程。截至2015年底，重庆市森林覆盖率达到45.4%；四川森林覆盖率达到36.88%；2016年贵州森林覆盖率达到52%；云南森林覆盖率59.30%。大量的生态环境建设和保护消耗了西南地区十分有限的资金和土地资源，限制了西南地区对土地资源的开发利用，影响了食物生产和供给，也影响了西南地区社会经济的发展。

2. 环境承载能力有限，支撑大规模养殖能力不足

自2016年起，我国沿海、沿江地区禁养畜禽，经济发达地区的养殖企业向西南地区转移，西南地区畜禽养殖污染日益严重。在扶贫开发战略的背景下，西南喀斯特地区已成为我国畜禽产品的主要生产与供应基地，发展畜禽养殖业已成为解决"三农"问题的重要途径之一，但也导致了环境的严重污染。特别是喀斯特地区典型的地貌特征，极易导致污染物随地表水渗漏污染地下水，造成生态环境破坏，威胁人类健康。因此，在该区域开展养殖污染控制及种养结合资源化利用，既能解决生态脆弱区的环境污染与生态保护的矛盾，又能推进扶贫开发战略和地方经济发展，对支撑西南地区食物安全、资源化利用及农业可持续发展具有重要的意义。近年来，西南地区生猪养殖造成的环境保护问题日益突出。2011~2015年，西南地区生猪存栏量由14 474.8万头增加到14 980.4万头。西南地区生猪养殖规模增长较快，养殖废弃物增加，以种定养，提升土地消纳能力，建立生态循环农业是解决养猪污染的主要途径。养殖废弃物排放及养殖环节使用的兽药、添加剂等物质可能导致农业环境面源污染。发展适度规模、种养结合、循环利用的生态养殖模式，如建立猪-沼-菜、猪-肥-果等模式的生态农业模式，建立无公害、有机、绿色农产品生产基地，产业发展潜力大。

3. 农业生态环境优越，绿色安全农产品发展潜力大

西南地区气候总体上属亚热带季风气候，年温差小，年均温分布极不均匀；受到大地貌起伏的影响，气候的区域差异和垂直变化十分明显，区内从干热、湿热到温凉、冷凉、高寒气候类型均有，为发展特色优势农业创造了得天独厚的自然气候环境。贵州农业生态环境好，工业化程度较低，农用土地平均单位面积"三废"排放量小，对水资源和土壤的污染程度相对较轻，环境状况明显优于发达省份和周边地区，是全国农用土地污染较轻的省份之一，为发展无公害、绿色和有机特色农产品及产业提供了有利条件，适宜于发展高附加值的特色优质农产品。

西南农区的自然气候具有利于特色农作物生产的明显优势，发展特色农业潜力巨大。四川盆地气候比较柔和，湿度较大，多云雾，加上地势较为平缓，人口较为集中，是农业集中发展的区域。大城市如重庆、四川成都等都分布于此。云贵高原为低纬高原，是生产四季如春气候的绝佳温床，山地适合发展林牧业，坝区适宜发展农业、花卉、烟草等产业。广西盆地（丘陵）气候温暖，降雨丰富，地势较为平坦，是亚热带和热带作

物种植区。

发展生态循环农业是西南地区的比较优势。西南地区粮食饲料种植面积与产量有限，发展以粮为主的生猪养殖规模可利用潜力不大。而西南地区草山草坡面积大，在草地生态养牛、养羊及林下养鸡发展潜力和空间都很大。发展适度规模、种养结合、循环利用的生态养殖模式，如建立猪-沼-菜、牛-肥-果、羊-肥-草、鸡-肥-果等模式的生态农业和特色农业，建立无公害、有机、绿色农产品生产基地，产业发展潜力大，环境生态效率明显。

6.3.4 科技潜力

1. 西南地区农业科技具备良好的科技平台和队伍，支撑农业生产和食物安全成效显著

西南地区现拥有四川农业大学、云南农业大学、贵州大学、西南大学、广西大学、四川大学等一批农业及涉农高等院校，以及以中国农业科学院、各省（区、市）农业科学院为主体的一批农业研究院所；拥有4个国家级重点学科、2个国家重点实验室、2个国家工程研究中心；拥有一支以4名农业领域院士为代表的农业科技人才队伍。

"十二五"期间，四川育成并通过国家审定农作物新品种、畜禽品种357个，省级审定444个，畜禽国家保护品种11个；获得植物新品种授权及专利84项，形成技术标准和技术规程50多个；获得国家及省级科学技术进步奖140多项，科技进步贡献率达55%。

2. 西南地区农业科技进步贡献率提升空间大

2016年《国务院关于农林科技创新工作情况的报告》提出，预计到2020年，我国农业科技进步贡献率达到60%。

全国各地区农业科技进步贡献率的空间分布存在差异。上海、江苏、北京、广东等4个省（市）农业科技进步贡献率已经超过60%，云南、四川、广西等14个省份农业科技进步贡献率为40%~59%，重庆、贵州、西藏等13个省（区、市）农业科技进步贡献率为20%~39%。

加大对西南地区尤其是贵州、西藏、云南的科技支撑力度，通过农业科技进步促进西南地区农业生产、保障食物安全还有很大的潜力，对于保障西南食物安全具有重要的战略作用。

3. 西南地区农业科研基础条件仍有较大提升空间

西南地区科技条件平台占科技条件平台总数的16%，其中国家级科技条件平台西南地区占14%。全国农业领域的国家级重点实验室有21个，其中西南地区只有1.5个。

如果能给西南地区予以政策和资金上的大力支持，加强基础条件平台建设，有可能给西南农业科技进步带来巨大的促进作用。近年来，西南各省（区、市）的农业科技投入持续增长，并在"十三五"农业及农村发展规划中分别对农业科技创新做了重点突出，将给西南农业科技发展带来持续动力。

4. "一带一路"视角下西南农业科技创新潜力

我国西南地区面向东盟，利用东盟国家丰富的土地资源，加强我国水稻育种和种植等方面技术创新成果的转移，提高东盟国家粮食生产能力和出口能力，使东盟成为我国稻米进口的一个稳定可靠的来源，对解决我国乃至东盟粮食安全都具有重大的战略意义。农业科技合作一直是我国广西和云南与周边东盟国家次区域合作的重点内容与活跃领域，是双边科技合作最有条件、最有需求也是最容易推进的领域，这也为"一带一路"倡议下我国西南地区-东盟农业科技合作打下了坚实基础。

6.4 西南地区食物安全可持续发展战略构想

6.4.1 西南地区食物安全的总体思路

遵循《中共中央 国务院关于实施乡村振兴战略的意见》战略部署，结合西南地区自身生产条件和资源禀赋，坚持"效益优先、绿色发展、因地制宜、市场主导"的原则；深入实施"藏粮于地、藏粮于技"战略，保障口粮生产能力的绝对安全；重点推进以农业供给侧结构性改革为主线，以农区农牧结合为重点，统筹适度规模经营与特色分散经营协调发展，发展种养加一体化，实现以质量生态效益为核心的食物安全可持续发展。

6.4.2 西南地区食物安全的战略定位

高度认识西南地区食物安全的战略定位，不能仅就食物安全谈食物安全，也不能仅局限于本区域，必需纳入国家食物安全和国民社会经济发展的总体战略规划之中。总体定位是生态屏障、适度发展，社会定位是保边维稳、民族和谐，经济定位是提质增效、增收致富，数量定位是总量自足、动态平衡，质量定位是绿色发展、生态多样，贸易定位是跨境合作、双向平衡。

6.4.3 西南地区食物安全可持续发展的战略目标

到2025年，区域食物供给总体供需平衡。粮食供给率长期保持在85%以上，口粮持续生产能力绝对安全；绿色、优质畜禽产品自给有余、部分调出；绿色、有机和地理标志农产品比例不低于55%；绿色综合措施广泛应用于动植物病虫防控和土壤地力培育等关键领域，化肥农药利用率在40%以上，畜禽养殖废弃物综合利用率达到80%。到2035年，西南地区食物安全可持续发展取得稳定成效；粮食生产能力在农业基础设施和科技支撑两个关键方面得到有效巩固与保障，粮食自给率将为80.3%；绿色、有机和地理标志农产品比例不低于65%；绿色、优质、高效的生产方式转变取得稳步提升，农业环境突出问题治理取得稳定成效，化肥农药利用率在45%以上，畜禽养殖废弃物综合利用率达到95%。

6.4.4 西南地区食物安全战略的发展路径

①优化产业布局，即根据主要食物产业类型，因地制宜，做好粮食、畜牧、水产、果蔬等不同产业的区域布局。对粮油产业的布局总体上按照"稳粮扩经、增饲促牧，间套复种、增产增收"的总体要求，稳定水稻、小麦和青稞生产，扩种马铃薯和杂粮杂豆，扩大优质油菜生产，适度调减云贵高原非优势区的籽粒玉米面积，改种为优质饲草，推广间套作生态型复合种植，提高土地产出率，促进增产增收。养殖业总体按照"稳生猪、促牛羊、扩家禽、优水产"的发展思路，科学进行产业内部结构调整和区域布局规划。②突出区域发展特色，即根据生态特点和地理位置，突出四川盆地及西南丘陵多熟制农区、云贵高原山地区、西藏及四川高原涉藏地区、广西及滇川热带区域及边境区域5类具有典型特征的主要区域进行特色布局。③转变发展方式。一是要重点推进农区草食畜牧业为主、以种养结合为重点的绿色发展方式。二是要充分利用国际资源与市场，扩大与东盟和"一带一路"共建国家的农业贸易，实现优势互补，借地产粮，进一步支撑西南地区食物安全。三是要深入推进一二三产业的深度融合发展，提高西南地区丘陵山地农业效益和竞争力。④强化和保护农村基础设施建设。一是要完善山区农业终端基础设施建设。二是要保护和改善农村乡土民俗文化的生产生活设施。⑤完善政策与激励机制，包括通过强化科技研发与应用，大力培育各类新型经营主体，积极引导土地经营权流转，完善新型社会化服务体系建设等方面。

6.5 重 大 工 程

6.5.1 建立西南农业基因资源研究与利用重点实验室或工程中心

西南地区拥有全国60%以上的动植物资源，且特有种极其丰富并独具特点，为西南地区食物多样化及大食物观布局提供了保障和基础。因此，研究、保护与利用西南农业基因资源具有重要意义。建议国家从区域布局整体规划考虑，在西南地区建立西南农业基因资源研究与利用国家重点实验室、西南特色食物研究与利用国家工程技术研究中心等国家级科研平台。通过该科研平台的建立，以平台为载体，联合和整合西南地区相关科技工作者，致力于农业生物多样性保护、生物资源的可持续利用、特色生物资源食物化利用与发掘等重大科学问题的研究及技术的工程化研发，为确保西南地区食物安全可持续发展提供基础技术与资源。

6.5.2 建立中国-东南亚农业产业国际科技合作示范基地

利用境外技术需求和广阔市场，结合共建"一带一路"，建立中国-东南亚农业产业国际科技合作示范基地，推动西南地区农业科技向东南亚转移，为确保我国西南地区食物安全可持续发展奠定良好的国际市场基础。示范基地将集科研、技术推广和人才培养于一体，通过联合我国和东南亚知名农业科研机构，重点聚焦作物和动物生产，在"示范基地"总体框架下分别在种植业和养殖业领域内开展科学研究、人才培养与技术推广。组织实施国内外重大科学研究计划和跨学科、跨地域、国际化的科学考察活动。建设多个境外技术工作站和科技示范园，开展农业技术指导、科技示范培训及适用技术职业教育。通过示范基地工程的长期实施，旨在把东南亚建成我国西南地区乃至全国的粮仓。

6.5.3 建立西南地区特色农业产业研究中心

建议国家建立西南区域特色农业产业研究中心，如西南地区特色的水果、茶饮、泡菜、花卉、糖、辣椒、烟及酒等产业研究中心。中心通过调研，在弄清该地区的主要特色产业及其在大食物安全中的地位基础上，分别进行顶层设计、产业宏观发展布局等；同时，组织高校科研院所与企业联合，为特色农业产业的发展提供技术支撑，并组织相关技术成果孵化、转化；研究、促进、完善和提高特色农业产业相关的标准，研究、建立新的检测方法，提高与国际同行对话能力；为特色农业产业培养高水平、综合性人才；协助打通特色农产品流通渠道、协助树立特色农业品牌等。通过国家级特色农业产业研究中心的建立，可进一步拓展和确保西南地区食物安全的技术与产业保障，同时也为新型食物资源的研发提供技术保障。

6.5.4 实施西南地区丘陵山地农业基础设施建设工程

建议国家设立西南丘陵山地农业基础设施建设工程专项，该工程以改善西南丘陵山地农业基础设施和提高农用地利用及生产效率为主要方向，限制对生态环境脆弱地区的土地开发，将农田整理与陡坡退耕还林还草，以及荒漠化、石漠化治理等政策有效结合，修葺、新建和完善农业微小水利管网（如水沟、水渠），改造田间地头道路以满足机耕要求，最终达到农业生产条件要求、提高耕地质量和生产效益的目的。其中，对于河谷平坝地区主要是进一步完善农田基础设施与配套建设（如机耕道路、水渠等），满足机械化作业硬件需求；丘陵地区重点加强防止水土流失和建设微小水利管网，解决灌溉困难；山地地区重点保持水土，加大退耕还林力度，加强荒山荒坡造林绿化；喀斯特地区进一步加强坡改梯和水利工程建设。通过该基础建设工程的实施，不但能进一步提升有效农用地的使用效率和生产效益,而且还能进一步减少因耕作不便出现的撂荒地,确保耕地面积和质量。

6.5.5 实施适应西南地区特点的农业设施化机械化建设工程

建议实施适应西南区域地理、气候等特点的农业设施化机械化建设工程。一是加大对规模种养企业(大户)设施设备的帮扶力度,提高设施设备的补助标准,对欠发达地区的规模化种养企业(大户)要重点帮扶;在农业机械购置补贴中增加对畜禽养殖饲料加工机械,饮水、供饲机械、消毒及粪污处理机械等的支持比例,扩大畜禽养殖补贴类别;畜禽类养殖机械购置补贴享受农业机械购置补贴同等待遇。二是加大对畜禽养殖污染治理的财政支持力度,养殖污染治理机械纳入农用机械补贴,并提高补贴比例,确保规模养殖场三废治理达标。三是强化发展设施农业的政策保障,加大对种养设施设备税费、信贷、保险等的政策支持。四是强化种养设施设备研究技术创新平台建设,设立种养设施设备研发专项,针对不同区域特色、不同种养模式、不同生产规模等,以节能型、生态型专项研究不同规模、类型的标准化设施设备,提高适应性和配套性,降低设施投入成本;研究制定相关设施设备在适用性、安全性和可靠性方面的评价标准和技术规范。五是加强农机管理人才、农机科技人才、农机技能人才三支队伍的建设。

6.5.6 实施西南地区食物安全绿色化建设工程

建议实施西南地区食物安全绿色化建设工程,旨在综合作物和动物抗病品种、生物多样性、新型绿色农药和饲料添加等技术,分别构建以抗病品种为基础,以生态多样性调控为途径,以强化病虫害测报技术为手段,以实施绿色低毒高效新型药剂为保障的农产品生产综合防治体系,以及以增强疾病抵抗力为基础,以抗病营养和饲料为途径,以营养调控和疫病防控技术为手段,以实施无抗饲料和健康养殖为保障的畜禽水产品生产综合防治体系。在农作物产品生产上,积极推行科学合理用药,强调有效成分、农药剂型、施药器械、施药技术、对靶作用的协调使用;大力构建粮田生态系统,推行生态调控,逐步推广生物防治技术、理化诱控技术等绿色防控工程与技术建设;针对西南地区病虫草害种类及发生时期,根据地形地貌、气流特征、药剂特性及当地生产习惯,进行施药器械及配套技术的研究;积极推广低量喷雾等多种省药技术;加强新型绿色化学农药的研究与转化。在畜禽水产品生产上,积极推行适度规模畜禽标准化养殖和净水淡水养殖;利用生物技术改造非常规原料和改善饲料质量;从营养增强免疫和兽医生物防控途径增强畜禽抗病能力,降低药物使用;加强饲用抗生素替代技术研究与绿色安全饲料添加剂研发;积极推广畜禽水产品可追溯体系的应用和轻简化。

6.6 政策建议

6.6.1 完善西南地区生态屏障保护与农业协调发展政策性补贴

西南地区是长江经济带的重要生态屏障，其生态系统变迁和经济可持续发展，不仅对西部大开发有重要的战略意义，而且还可能影响到华中和华东地区自然环境和社会经济的发展。西南地区自然环境恶劣，生态环境十分脆弱，石漠化是西南地区最为严重的生态问题之一。建议，一是规划生态屏障保护区，明确限制和禁止开发区，并由中央财政建立西南地区生态屏障恢复与保障补偿专项基金，生态补偿内容纳入中央对地方的纵向财政转移支付制度，建立生态补偿专项财政转移支付制度，以加大对限制开发区、禁止开发区的财政转移支付力度。二是加强教育及人力资源开发，支持生态保护区内人口转移、创业、就业。三是建立健全区域性生态环境保护监管体系建设，对政府为确保生态环境保护与建设项目规划、科研、监测、监管等工作的实施增加的财政支出给予补偿，将所需经费纳入中央财政专项转移支付的范围。四是积极推进流域生态服务补偿制度的建立，中央人民政府按照流域生态补偿的原则，加快水资源税费制度改革，在落实水量分配和水权制度的基础上，对用水地区和单位按用水量征收流域生态补偿金。五是协调发展退耕还林与农业发展，严守耕地红线的同时进一步完善退耕还林和退牧还草补偿政策。六是合理界定生态公益林和公益性草地的范围，实施有针对性的补偿措施。七是探索西南地区生态恢复与保障市场化模式，引导社会各方参与环境保护和生态建设。八是探索建立区域内污染物排放指标有偿分配机制，逐步推行政府管制下的排污权交易，运用市场机制降低治污成本，提高治污效率；引导鼓励生态环境保护者和受益者之间通过自愿协商实现合理的生态补偿。

6.6.2 完善农业产业结构调整政策性补贴

西南地区农业产业化程度低，但自然条件独特、农业资源禀赋优良、物产资源丰富多样，具有差异化发展生态特色农业的条件，但是需要国家从政策上给予补贴与支持。西南区农业产业结构调整方向：稳粮扩经、增饲促牧、间套复种、增产增收。要实现产业结构的顺利合理调整，一是建议完善农产品价格政策，统筹考虑水稻、小麦、玉米、大豆、油料、棉花等作物的比较效益，健全完善主要农产品价格形成机制，释放价格信号，引导农民按照市场需求调整优化种植结构。二是建立合理的轮作补助政策，加大补助力度，支持各地因地制宜推行耕地轮作模式，同时在地下水漏斗区、重金属污染区和生态严重退化地区开展耕地休耕制度试点，合理确定补助标准。三是加强高标准农田建设资金的投入；政府、企业和经营主体联合设立农业发展基金，拓宽融资渠道，分担主体风险。四是完善金融保险政策，加大金融保险对种植业结构调整的支持力度，发挥财政投入的杠杆作用，通过补贴、贴息等方式，撬动金融资本、社会资本进入，形成多方投入的机制；加快建立农业信贷担保体系，解决新型经营主体融资难的问题；扩大农业政策性保险覆盖面，稳步提高保障水平；探索开展农产品价格保险试点；应用"互联网+"金融方式，推进金融服务体系多样化。五是加大土地政策改革，解决农民抵押物难的问题；制定差异化农业投资优惠政策，吸引社会工商资本的进入；建立健全农业信息平台，包括政策信息服务网络、市场信息库、电商销售平台、农产品信息可追溯平台等。

6.6.3 实施我国同"一带一路"共建国家农业合作战略

"一带一路"共建国家农业大国数量多，农业在国家经济体系中的比例整体高于全球平均水平，农业用地面积占国土面积比例高，但农业生产效率低下、科技落后、投资匮乏。因此，我国应从政策上鼓励同"一带一路"共建国家开展农业合作，建设我国的海外粮仓，同时将我国先进的农业技术和高端农产品推广到海外。一是鼓励企业海外土地租赁和联合开发，鼓励和协助我国企业并购海外农庄、农业企业、农产品贸易公司、农产品加工企业，扶持跨国农业开发合作项目，促进海外农业资源的联合开发投资。二是重点布局并立项支持海外高科技绿色农业园区或示范基地建设，依托园区和基地平台，开展农业研发合作、成果转化、技术推广和农业产业规模化经营等，发挥平台的科技引领和产业示范、辐射作用。三是布局建立农业自由贸易区，通过农牧业专项互惠协议等方式，降低农牧业产品交易成本，提高交易效率，推进农、牧业产品贸易区域一体化进程。四是建立农业推广"一对一"项目，针对边境贸易量比较大的农产品，建立相应的生产基地，政府签订农产品种植收购协议，保证农产品数量和质量。五是建设跨境农业合作项目综合服务体系，政府设立跨境农业合作综合服务中心，对跨境农业合作项目给予法律咨询、技能培训、保险担保、文化交流等综合服务。

6.6.4 完善农民返乡创业和传承区域特色文化鼓励政策

西南地区自然资源禀赋优良、民族众多、传统文化特色鲜明。然而，随着大量农民的外出务工，不但造成耕地的撂荒，而且带来特色传统文化遗产的消失。因此，国家应从政策上鼓励并帮助农民返乡，一方面守住耕地面积的红线和改善耕地质量，另一方面传承和发展多样性的传统文化。建议，一是充分开发乡村、乡土、乡韵的潜在价值，增强乡村休闲旅游养老等产业和农村三产融合发展的支持力度，为少数民族特色村镇建设和"一家一户"小型休闲庭院建设提供硬件支持和资金支持，如"最后一公里"的道路建设、电路建设、网络建设、水源建设等。二是支持产业升级形成特色品牌，把小门面、小作坊升级为特色店、品牌店，把特色农产品和传统农产品品牌化、升级为地理标志性产品，并鼓励"互联网+"信息技术的应用。三是鼓励实施订单农牧业（农牧产品），实现产品需求方与生产方的无缝对接，解决产业发展的盲目性和需求的无目标性。四是加大财政支持力度，对返乡农民工等人员创办的新型农业经营主体，符合农业补贴政策支持条件的，可按规定同等享受相应的政策支持，对具备各项支农惠农资金、小微企业发展资金等其他扶持政策规定条件的，要及时纳入扶持范围，便捷申请程序，简化审批流程。五是加大农村教育和医疗基础条件的投入，鼓励教育资源和医疗资源向农村倾斜，缓解资源分配不公的矛盾，鼓励大学生到农村从事基层教育和医疗服务，进一步提高农村义务教育的力度和医疗保险的力度。

6.6.5 完善西南地区涉农人力和人才资源开发与稳定政策

西南地区涉农人力和人才资源开发不足和流失严重是制约农业产业化升级的重要因素。因此，需要进一步完善涉农人力和人才资源的开发与稳定政策。一是重点倾斜西南地区一流大学和一流学科建设，从资金、项目和人才培养与引进上予以保障。二是从项目、待遇等方面支持和保障高端农业从业科研人员在西南地区安心、稳定工作。三是采取综合举措激励农业科技人员的工作积极性，改革农业科研人员，特别是从事应用研究与推广科研人员的考核方式与职称评聘办法。四是加强农业科技推广人才的培养，结合基层农技推广体系改革与建设补助政策，提高农业技术推广人才业务和技术水平，保障农业科学技术在农业产业中的有效推广。五是加强农业农村一线实用科技人才和新型经营主体的技术培训，培养一大批新型高素质农民、农村实用人才和农业高技能人才。六是立足农业产业化，推动涉农职业教育大发展，把构建新型农村教育体系纳入农村改革体系，加大涉农职业教育的比例，加大对优秀涉农职业高中生对口单招进入高等院校相关专业学习的力度，减免或补贴学生在职高阶段的学习费用。七是严格农民培训机构和培训教师准入制度，鼓励大农场主、成功的企业集团开办农业职业教育机构。八是逐渐建立高素质农民制度，城市居民如果从事农业活动需要考取资格证书才可以，对农业从业人员按照生产、加工、销售等多个环节进行细分。

第7章 现代农业转型发展与食物安全供求趋势研究

7.1 引　言

过去几十年我国农业发展取得了举世瞩目的成就，在面临发展机遇的同时，更面临来自需求、生产和市场的一系列挑战。本章重点讨论我国未来农业面临的一系列挑战，并探讨现代农业转型在保障食物安全中的战略地位，在此基础上，提出我国现代农业转型与保障食物安全的关键问题。

7.1.1 我国未来农业发展面临的主要挑战

1. 食物与食品安全面临的挑战

食物总体供需难以平衡，部分农产品供需明显短缺。我国食物总自给率和粮食自给率均不断下降。研究表明，如果没有重大农业科技突破，未来20年粮食自给率将下降到85%以下，饲料玉米和大豆进口量将分别达到4000万t和1亿t左右，食用油、糖和奶制品等食品以及牧草等的进口量也将显著增加（黄季焜等，2013）。

营养不良人口不可忽视，食品安全问题日趋严重。营养不良人口和微量营养元素缺乏现象还十分普遍。根据中国科学院农业政策研究中心的调查，相对落后地区农村小学生贫血比例高达33%；婴幼儿营养不良现象普遍，高达49%的相对落后地区农村婴幼儿存在贫血现象。不断频发的食品安全事件影响着消费者对不少国内食品安全的信心和信赖。

2. 劳动力工资上涨和农产品比较优势面临的挑战

劳动力工资上涨将降低我国农产品的比较优势。近年来农业生产的劳动力机会成本显著提高，劳动力实际工资正以每年8%左右的速度增长。如果没有较好地采取资本（如机械）替代劳动力，劳动力工资上涨将影响到我国农产品在国际市场的比较优势和竞争力。

我国大多数农产品已不具有比较优势且近年来比较优势呈不断下降态势。玉米比较优势在2007年之后开始直线下降，2010年后变为明显的比较劣势；棉花和大豆于2003年呈现明显的比较劣势；猪肉从2006年具有比较优势变为2015年的比较劣势；蔬菜、水果始终保持比较优势，但比较优势水平有所下降。

3. 农业科技创新面临的挑战

农业科技创新面临的挑战主要体现在农业科研体系和基层农技推广体系两方面（黄季焜，2013a）。农业科研体系存在的突出问题主要包括如下几方面。一是农业科研缺乏吸引力；二是农业科研立项同现实技术需求存在脱节的现象，难以满足农业生产对各种技术的需求；三是农业公共科研单位定位不清，大型企业难以参与农业科技创新；四是农业科研投入依然不足，科研人员出现急功近利现象，重大研究成果难以形成。

与此同时，基层农技推广体系面临更大的挑战。一是基层农业技术推广部门的职能定位还未完全厘清；二是基层农技推广管理体制没有完全理顺；三是技术推广人员缺乏激励机制；四是技术推广队伍建设薄弱，推广能力偏低，难以适应新技术扩散要求；五是传统的从上到下的技术推广方式难以适应农业发展需要，对农民技术需求的信息缺乏反馈机制，推广技术难以满足农民增收的多元化需求；六是农业技术推广投入不足，使基层农技推广部门难以发挥应有作用。

4. 农户小规模生产面临的挑战

小规模的农业生产经营方式同劳动生产率提高和农业现代化的矛盾将日益突出。目前农作物生产体系主要由2亿多小农户组成，户均耕地从20世纪80年代初约0.80hm^{2}下降到2003年的不足0.54hm^2，虽然之后耕地经营规模有所上升，但到2016年全国平均经营规模也只有1hm^{2}左右。靠如此小的生产规模来提高农民生产积极性、实现农民增收难度极大。同时，小规模生产同技术推广、机械化、信息化和食品安全的矛盾也日益突出，制约着农业现代化的进程。

5. 农业支持政策面临的挑战

目前许多农业支持政策难以达到预期效果，主要体现在以下几方面。第一，农业补贴政策财政成本高、增收效果不明显，同时研究还表明农业补贴政策对农业生产力和可持续发展影响甚微（黄季焜等，2011）。第二，农产品购销和价格干预政策不但没有降低生产成本，反而扭曲了市场机制、影响了资源有效配置、使农业生产结构严重失衡，取消价格干预政策又将对农民收入产生负面影响。第三，关税制度对避免我国农产品受国际市场冲击的作用有限。我国农产品的平均关税水平（15%）远低于世界农产品的平均关税水平（62%），使用关税配额制以外的农产品的贸易几乎无有效的贸易保护措施，采用有争议的非贸易壁垒的措施也只能在短期内产生极其有限的影响（而这常常会引起贸易争端）。

6. 农业资源环境面临的挑战

农业生产将面临日益严峻的水资源短缺和耕地退化的威胁。我国是世界水资源短缺的国家之一，我国也是人多地少的大国。随着工业化和城市化的继续推进，保住目前的有限耕地数量和质量面临着巨大挑战。更需要注意的是，水土资源的质量恶化也威胁着食物安全。气候变化对农业的冲击将给农业生产带来许多极不确定的影响和风险。

7.1.2 现代农业转型在保障食物安全中的战略地位及关键问题

1. 现代农业转型在保障食物安全中的战略地位

a. 要提高农业竞争力和实现农业永续发展，必须实施现代农业转型。
b. 新时期要保障国家食物安全，必须加快现代农业转型。

主要挑战	现代农业转型作用
食物和食品安排	提高生产力、竞争力；绿色农业
成本上升	提高生产力；结构调整；特色农业
生产力增长降速	提高生产力；转变生产方式
农户小规模生产	提高生产力；转变生产方式
农业支持政策	提高生产力；绿色和特色农业；可持续发展
资源环境恶化	可持续发展；转变生产方式

2. 现代农业转型与保障食物安全的关键问题

a. 在全球背景下我国农业结构如何调整？
b. 如何发挥我国农产品比较优势，促进现代农业结构调整并保障食物安全？
c. 现代农业生产方式转变和生产力增长对农业永续发展和食物安全的影响？
d. 如何依据农产品供需变动趋势，促进现代农业结构调整并保障食物安全？

为回答以上问题，本章的结构如下：7.2 节为全球背景下我国农业结构调整和食物安全，7.3 节为农产品的比较优势及现代农业转型，7.4 节为农业生产方式转变及现代农业转型，7.5 节为农产品供需趋势与未来农业结构调整和食物安全，7.6 节为现代农业转型与食物安全战略重点和政策建议。

7.2 全球背景下我国农业结构调整和食物安全

7.2.1 食物需求变动趋势与特征

发展中国家是未来人口增长的主体，是未来全球食物需求增长的重要决定因素（PRB，2012）。根据联合国世界粮食计划署预测（表 7-1），全球人口将从 2012 年的 70.58 亿增长到 2050 年的 96.24 亿，净增加的人口数量将达 25.66 亿，增长率为 36%。增长的 25.66 亿人口中将有 24.72 亿来自低收入国家。

表 7-1 2050 年世界人口预测

地区	人口/亿人 2012 年	人口/亿人 2050 年	变化	增长率/%
全球	70.58	96.24	+25.66	+36
高收入国家	12.43	13.38	+0.95	+8
低收入国家	58.14	82.86	+24.72	+43

发展中国家未来人均畜产品消费将成倍增长，是推动全球食物需求增长的另一重要决定因素。收入增长是人均食物消费需求增长的主要驱动力。除此之外，还有城市化等其他因素影响，其中收入增长对高价值农产品（如畜产品、水产品、蔬菜和水果等）需求具有显著的正向影响，特别是收入增长促进了对肉类的消费需求（World Bank，2010；FAO，2014）。国际食物政策研究所的研究表明，至 2050 年全球未来人均畜产品需求增长主要来源于低收入地区，而发达国家对畜产品需求增长乏力，进一步说明发展中国家对畜产品需求增长旺盛。

7.2.2 耕地和水资源分布特征

全球水土资源的空间分布同人口的空间分布极不相符，满足全球各地区农产品供需平衡需要通过农产品的国际贸易。例如，东亚和太平洋沿岸国家耕地面积占世界耕地面积的比例只有 14%，而人口却占全球人口的 31%；经济合作与发展组织（以下简称经合组织）成员耕地面积占全球可耕地面积的比例为 26%，而人口只占全球人口的 14%（图 7-1）。全球各地区的淡水资源分布更为不均（WRI，2014a，2014b）。各个国家和地区都基于其耕地和水资源的比较优势进行农产品生产，所以保障食物安全要充分考虑资源禀赋，充分利用耕地和水资源，充分利用国际和国内市场，农业应根据比较优势调整结构。

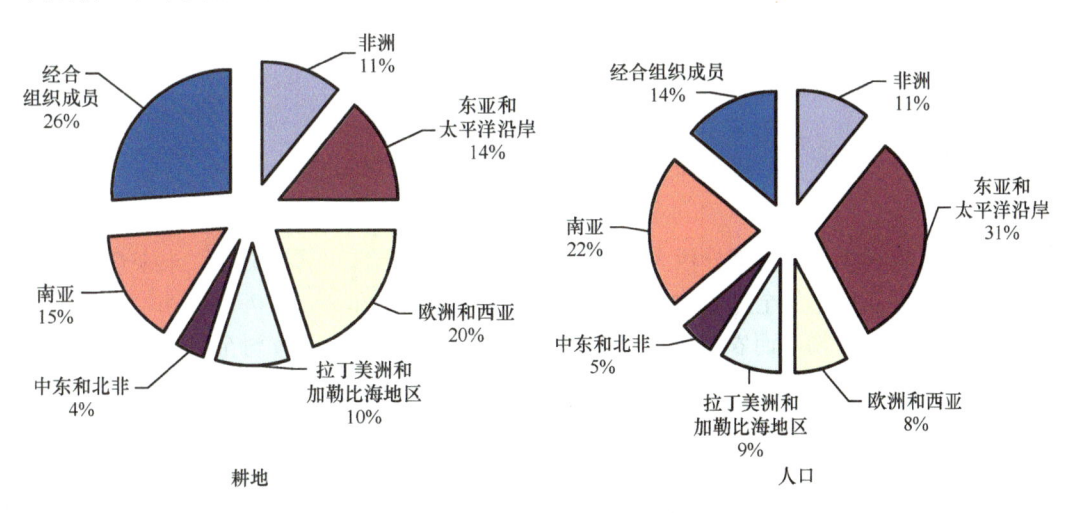

图 7-1 全球耕地与人口分布

数据来源：FAOSTAT，2016

中国淡水资源、可耕地分别仅占世界的5%、8%，但人口占世界的20%。在水土资源紧缺的约束下，中国2015年通过进口大豆节约的耕地约合总耕地面积的20%。从这个视角看，贸易能够帮助各国充分利用全球农业资源，也是缓解区域农业资源短缺的重要途径。从历史视角来看，我国维护食物自给不可避免破坏资源环境。未来为保障中国食物安全，农业结构调整要充分考虑中国资源禀赋，充分利用全球耕地资源和水资源。我国属于耕地短缺的国家，未来通过扩大耕地面积来增加食物生产非常困难。同时，我国属于水资源短缺的国家，特别是北方粮食主产区属于水资源高风险地区。

7.2.3 食物生产趋势与分布

虽然全球谷物面积呈现下降趋势，但谷物的总产量不断增加（图7-2）。谷物总产增长主要是来自谷物单产的增加。许多研究表明，单产提高主要靠两个因素，一个是生产投入增加，即化肥、农业、机械等的投入；另一个是技术进步。但生产投入增加带来了许多问题，到目前为止我国化肥、农药的投入还在增加，而欧洲国家在20世纪80年代就已经开始减少。

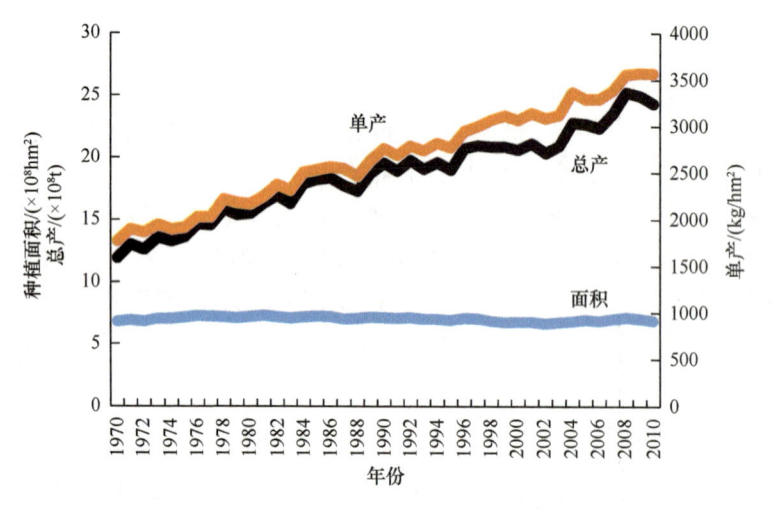

图7-2　1970～2010年全球谷物种植面积、单产和总产的变化趋势
数据来源：FAO，2014

国家间的农业生产力差异巨大，耕地富裕的发展中国家可耕地充裕，未来全球食物生产潜力不可低估。从全球食物生产分布看，农业生产力低于 3.1t/（hm^2·a）的国家生产了世界50%的食物，而农业生产力超过6t/（hm^2·a）的所有国家对全球食物生产的贡献度仅为12.5%（FAO，2014），这意味着通过提高农业生产力来促进全球食物生产还有巨大的潜力。同时，耕地富裕的南美洲和非洲的许多发展中国家水土资源丰富，过去20多年，这些耕地富余的发展中国家耕地面积扩大了20%，未来还有很大的扩大潜力。

我国粮食生产力已达到相当高的水平，未来继续增长难度将加大。我国粮食单产已达6t/（hm^2·a），全要素生产率的增长率在全球已达到较高水平，已不具备大幅提高的潜力。

7.2.4 发达国家农业政策演变

1. 农业支持政策的转型

发达国家都是对农业高补贴的国家,其中日本和欧盟的补贴力度更大,但各方的支持政策都逐渐由对农产品价格的直接干预向提升本国或本地区农产品竞争力的目标转变(表7-2)。且发达国家和地区的农业补贴政策都有立法依据,会根据当时的整体环境不断修正相关的农业法律。

表7-2 发达国家农业支持政策演变的时间划分

国家和地区	第一阶段	第二阶段	第三阶段
美国	紧急价格支持政策(1929~1945年)	价格支持与保护制度化政策(1945~1996年)	从价格支持向直接补贴、风险管理转变(1996年至今)
日本	粮食增产奖励、分配种植面积政策(1945~1960年)	经济高速发展阶段,利用价格和流通政策稳定农产品价格(1960~1999年)	经济衰退期逐步减少价格直接干预,谨慎改变对大米的政策(1999年至今)
欧盟	实施农产品供给充裕的价格干预政策(1962~1992年)	第一轮共同农业政策(common agriculture policy,CAP)改革,降低农产品价格支持力度(1992~2002年)	新一轮CAP改革,减少和废除部分产品的价格干预政策或措施,生产配额注重农村发展(2002年至今)

注:作者根据相关文献整理而成

2. 农业贸易政策的转型

贸易自由化的大趋势不会改变,各国的贸易政策越来越多地受到WTO等的贸易协定约束。

美国是世界上主要的农产品出口国,其主要的贸易政策目标是遏制海外农产品进口,保护国内农产品市场的同时开拓海外市场。作为关税税率最低的国家之一,美国主要采用反倾销遏制进口,以此抵抗来自其他国家的产品冲击;同时,美国还采用WTO的《农业协议》(AOA)引入临时关税来遏制进口。美国采取的贸易政策,另一方面是促进出口,所采取的手段主要包括出口补贴、出口信贷和粮食援助等。

日本是世界上最大的农产品进口国之一,其贸易政策的变化与日本参与的贸易谈判同步。1993年,"乌拉圭回合"贸易谈判促使参与谈判的各方在市场准入、出口补贴和国内支持三个领域的农产品政策上达成框架协议,并计划在1995~2009年予以实施。新一轮的多哈回合贸易谈判除了围绕市场准入、出口补贴和国内支持等方面政策进行减让之外,还将有关"非贸易关注"等事项列入了议题。随着加入《跨太平洋合作伙伴关系协定》(TPP),日本国内的贸易保护政策正在逐渐减退,正在逐渐取消一些应对贸易冲击的价格保护措施。

欧盟早期采用的贸易政策与日本类似,也是通过高关税来保护国内农产品的生产。中期受到乌拉圭回合贸易谈判的影响,欧盟主要采取市场准入、关税配额、出口补贴等措施,欧盟是出口补贴最高的WTO成员之一。后期受到多哈回合贸易谈判的影响,保留了出口退税政策,更多采用"绿箱"措施、"蓝箱"措施。

3. 环境保护政策的转型

无论是美国、日本、欧盟都意识到农业可能带来的环境污染问题，也意识到农业可以成为开展环境保护的重要抓手。

为解决农业生产活动中产生的环境污染问题，美国政府采取了各种政策措施，希望通过发展绿色农业来改善农业污染问题。主要采取了绿色农业补贴政策、杀虫剂规制政策、资源保护政策和环境立法政策。

20世纪50年代以来，随着工业革命和技术创新的不断发展，日本农业技术革新有了显著的进展，与此同时，农业活动对农业环境产生的不良影响也开始显现，然而生态环境问题并没有引起当时日本政府的足够重视。70年代以后，日本政府开始倡导发展循环型农业，发挥农业所具有的物质循环功能。

在农业"生产主义"时期，欧盟各国农业政策旨在不惜一切代价追求粮食增产，但也产生了严重的环境问题，这与日本的情形十分相似。农村传统的景观从根本上改变，本土植物和动物种群数量与分布发生变化，农药化肥等过量投入已经对环境造成污染。第二轮CAP改革后，欧盟的农业政策旨在实现农业生产之外的目的，采取了绿色补贴，加强农村环境保护，试图重建已遭破坏的栖息地，恢复农村自然生态系统原貌。

4. 发达国家对我国农业政策转变的启示

无论是美国、日本还是欧盟，其农业政策都经历了漫长复杂的演变过程。从20世纪30年代的罗斯福新政到第二次世界大战结束再到进入21世纪的今天，近90年的时间，农业支持政策随着各国不同时期的农业目标的变化也在不断调整，各国农业政策的具体措施是根据各国的实际情况而开展的，并不一定适用于我国的具体情况，但是各国设定政策的方式和方向，值得我们借鉴和研究。

第一，与时俱进的农业补贴法律制度。美国和欧盟农业补贴支持政策是在不断调整中发展和完善起来的。例如美国，自1933年美国国会通过《1933年农业调整法》，几乎每隔几年就修改旧法案出台新法案，先后通过10部农业法案，这些法案基本上都是围绕着对经营主体、农业环境、产品供给的保护与扶持展开的，这些法案依据美国现有财力进行修订和完善，与美国的农业发展现状和美国财政现状相符。

第二，明晰的农业补贴制度整体框架。我国许多农业补贴政策是在不同时期"挤牙膏式"出台的，缺乏对政策目标、政策工具的系统规划。借鉴欧盟经验，我国农业补贴政策既要适应农业发展大趋势和落实新发展理念，又要有阶段性的时代特征，满足当前时期我国农业发展的实际需求。

第三，细致强化的相关基础性工作。欧盟CAP的实施是以非常扎实细致的基础性工作为支撑的。而且，为避免土地所有者不种地又领取补贴，保证补贴发给实际生产者，有的成员国还制定了详细、严格的法律。这些工作为政策的有效实施提供了保障。

第四，从市场干预转向市场化转变，从巨额补贴向生产力、产品质量和环境保护转变。美国率先从价格干预为主的政策向直接补贴、农业保险为主转变。日本、欧盟也正在不同程度地改变原本的高额补贴和价格干预政策，以提高本国有优势产品的国际竞争力为主要政策目标。另外，各国也逐渐意识到农业现代化过程中环境正在受到巨大压力，政策的重心也不断转向环境保护和提高农产品质量。

7.3 农产品的比较优势及现代农业转型

7.3.1 我国农产品竞争力变动趋势

1. 我国及主要农产品贸易国主要农产品的竞争力评价

加入 WTO 后，我国主要农产品的显示性比较优势都呈下降趋势，原本略有贸易优势的农产品也由于各种各样的原因优势不再。主要体现在出口减少，进口增加。2001 年以来我国主要农产品均不具有贸易竞争优势，且这种竞争劣势还有不断加剧的趋势。这一结论与许多前人的研究不谋而合。如果时间再往前推算十年，其中一部分产品如稻米、玉米、猪肉还具有一定的竞争优势，但进入 21 世纪以来，这种竞争优势逐渐缩水，显示性比较优势指数逐渐小于 1，变成竞争劣势，而另一部分产品如小麦、大豆、牛肉等则始终处于竞争劣势。从农产品贸易发生情况来看，我国农产品的主要出口市场为亚洲地区，主要进口市场为北美洲和南美洲。从农产品进出口品种上看，我国粮食、蔬菜、水果和水产品出口量增长较快，大豆、油脂和棉花进口量较大。

尽管我国主要大宗农产品的出口竞争力处于劣势，但部分农产品能够保持相当高的自给率。从 2015 年的农产品自给率来看，除大豆以外，其他主要农产品的自给率都保持较高的水平，特别是大米、小麦等主粮作物的自给率都在 98% 左右，水果、蔬菜的竞争力稍强，自给率达到 100% 以上。

综合而言，出口贸易方面，我国主要的大宗农产品已经不具有竞争优势，但是在蔬菜、水果等园艺作物中还保持一定的优势；实现主粮完全自给的目标基本能够实现。在土地资源十分紧张、土地资源禀赋并不占优的条件下，我国能够保证土地密集型农产品如大米、小麦、玉米等主粮自给率保持在一个较高的水平。

2. 形成农产品竞争力差距的原因分析

我国主要农产品均存在国内外价格倒挂。一方面是外部因素。因为当前世界经济形势不振、国际粮食供给充足、美元走强等因素的综合作用，推动国际农产品价格持续走低。另一方面是内部因素。国内农业生产仍以分散式经营为主，以土地、劳动力为主的生产成本上升直接导致国内农业生产成本较高及农产品价格高企。加之国内农产品品质较低，在品相、口感、抗逆性等方面与发达国家存在一定差距，体现不了质量优势，使得我国农产品总体竞争力普遍较弱。

预计到 2035 年，劳动成本还将继续刚性上升，未来不但土地相对密集型的农产品

（如粮、棉、油、糖）的比较优势还将下降，而且劳动相对密集型的农产品（如蔬菜和果树）比较优势也将受到影响。另外，如果减少对玉米等饲料产业的干预，资金相对密集型的养殖业将会保持相对的比较优势。

7.3.2 世界主要农产品贸易国农业政策转型与典型案例分析

1. 美国、日本、欧盟等发达国家和地区的转型

1）美国的农业政策转型

美国作为典型的农业出口国，人少地多，资源优势显著，通过发挥本国资源优势、依靠科技革命实现了农业的现代化。尽管大宗农产品如大豆和玉米的出口贸易受到巴西和阿根廷的冲击，被挤占了一定的市场份额，但是美国仍然是世界上农业最发达的国家之一。

美国的农业转型和农业现代化主要表现在：农业人口持续减少，农业生产力不断增强；非农业收入已经成为小农场家庭收入的主要来源。

2）日本的农业政策转型

随着日本经济的发展，日本农业面临巨大挑战，除稻米等主要食物外，多数农产品的自给率低。同时，日本农业在实现现代化的同时，农业结构和农民收入等都发生了很大变化。日本地少人多，作为典型的农产品进口国，其农业已经向高值、高效、特色和多功能转变，并以保障主食——水稻的国内供给的政策作为主要农业支持政策。农业转型主要表现在：从农户类型的变化看，专业农户所占的比例越来越小，兼业农户越来越多。农业从业人口和农户数量都在减少，每户的规模都在日益扩大。

大米生产是日本农业转型的一个重要缩影，其发展从严格保护向提高竞争力、推进市场化转变。水稻的生产得到日本政府最大程度的支持与保护，在过去的50年里，日本政府通过补贴与保护政策严格控制大米的产量、产地以及流通。如今日本政府一改对大米的高压管控措施，为了应对包括WTO和TPP在内的一系列自由贸易协定，日本政府制定了新的一套农业产业政策。提出在2018年前，逐步废除限制水稻种植面积的政策，以守为攻、主动扩大大米等农产品出口，提振农业及整体经济发展。2014年通过农业经营骨干经营安定法，促进农业生产的规模化经营。

3）欧盟的农业政策转型

欧盟的农产品贸易状况与资源禀赋条件介于美国和日本之间，其农业转型从第二次世界大战后的不惜一切代价追求农产品产量转向进入20世纪90年代中后期开始重视绿色化可持续发展。

为应对第二次世界大战后的食品匮乏问题，欧盟各国纷纷采取农业扶持政策恢复农业生产，通过对农产品实行价格保护和补助等措施提高农产品产量。尽管积累了丰厚的物质财富，但也产生了严重的环境问题，农产品补贴给财政带来沉重负担，迫使欧洲现代农业发生转型。在新一轮CAP改革后，欧盟的农业政策旨在实现农业生产之外的目

的，加强农村环境保护，试图重建已遭破坏的栖息地，恢复农村自然生态系统原貌。

2. 荷兰、以色列典型案例分析

1）荷兰

荷兰国土狭小，资源贫乏，是典型的人多地少国家。但是荷兰通过提高土地产出效率、利用高新科技，采用适合本国气候、资源条件的基础设施，提高生产效率，在有限的土地和淡水资源下，立足于欧盟的农业政策框架内，有所为有所不为，通过完善的产业链、一流的设施农业，成为世界上重要的农产品出口国。主要表现为：设施农业建设世界第一，农业生产科技含量高，农业生产率较高。

2）以色列

以色列自然资源匮乏，长期与周边国家或民族发生冲突，形成了独特的农业组织形式和以科技为核心的结构多元化的农业发展模式。

以色列形成了两种独特的农业组织——基布兹和莫沙夫，开发了先进的生产技术和节水灌溉及施肥系统，并根据自身的资源禀赋从一开始的主要满足本国粮食及农副产品需求向果蔬、花卉等具有生产优势的产业转变。

3. 国外农业转型对我国的启示

1）充分考虑本国的资源禀赋和资源优势，发展特色产业

以日本、荷兰、以色列为代表的人多地少的国家，随着工业化城镇化程度的提高和对外开放范围的扩大，农业势必会面临生产成本上涨、进口压力加大的挑战。在应对这一挑战方面，日本主动开放玉米等饲料作物的进口，使本国畜牧业在原料成本上与出口国处于同一水平，保持一定竞争力。

2）充分考虑农业的永续发展，开展结构调整

无论是从美国、日本还是从欧盟的经验来看，不合理的农业土地利用会导致诸如水土流失、环境污染等农业生产环境的恶化，这反过来又会制约农业生产的发展。这些国家都在发展过程中意识到农业永续发展、绿色发展的重要性，都在农业转型中将农业可持续发展作为重要的目标，不断调整本国的农业政策和农业生产结构。

3）根据国情有所为有所不为，以保障主粮供给为主

除了美国等新大陆国家具有丰富的土地资源优势外，大多数国家都根据自己国家的资源条件特点，对农产品有保有放。以粮食安全为核心，主要保障主粮的本国供应，如日本主要保护大米的生产，并通过农业转型提升本国大米的国际竞争力；欧盟则主要将小麦作为保护的对象，欧盟国家中，法国、德国、荷兰等国的小麦生产水平是世界领先的。

233

7.3.3 发挥农产品比较优势与现代农业结构调整和食物安全保障

1. 从产品上

1）稳定稻谷和小麦生产

稻谷和小麦生产事关我国口粮绝对安全和国家粮食安全的大局，应优化品种结构，提高产品质量，降低生产成本，提升产品竞争力，以减轻进口冲击压力。

2）进一步提高蔬菜和果业的比较优势

在继续抓好蔬菜水果出口质量的同时，依靠科技进步和提高生产经营管理水平，降低生产成本，保持出口价格优势，扩大国际市场占有率。

3）提高养殖业的比较优势

与发达国家相比，我国养殖业在消费市场方面具备相对比较优势，我国消费者对养殖产品的消费更加偏向生鲜产品。因此，要充分利用我国居民生鲜产品消费偏好的优势，提高产品质量，增强相对比较优势。

4）发展有比较优势、资本密集的农产品

当前，我国农业产业正处于转型升级的关键时期，传统的劳动密集型农产品的相对优势渐渐减弱或消失。应从长远出发，引导相关产业增加资本投入，加大政策扶持力度，提高有一定比较优势、资本密集型的农产品的生产份额，增强有比较优势、资本密集型农产品在国际市场的竞争力。

2. 从政策上

1）要从市场干预向提高农产品生产力和竞争力转变

把目前财政支农的重点逐渐地从农业补贴、农产品购销和市场干预等转向对提升生产力和降低生产成本的投入，并加大支持优质、高效农产品和优势特色产业的发展，支持农产品质量安全提升。

2）完善农民收入稳定增长支持政策

支持高效养殖业和乡村休闲旅游业的发展，支持一二三产业融合发展，拓展农业产业链和价值链，促进农民就业和收入的增长；支持发展适度规模经营，提高规模效益；完善农业保险政策，提高农民抵御自然灾害风险和市场风险的能力。

3）完善绿色发展支持政策

坚持以绿色生态可持续为导向，支持化肥农药减量行动；支持农作物秸秆和畜禽粪便的多样化处理；支持发展节水农业；支持耕地、草原的生态保护，对按计划休耕轮作和退牧还草的农户给予相应补贴。

3. 从效果与目标上

1）总目标

保障国家粮食安全和主要农产品的有效供给，优化产品产业结构，保持农民收入稳定增长，实现生产生态协调发展，增强农业内在发展动力，提高农业生产力水平，促进农村全面发展。

2）具体目标

a. 保障国家口粮和畜产品安全。稳步提升农业综合生产能力，确保谷物基本自给、口粮绝对安全，提升畜产品生产力和竞争力。

b. 优化产品产业结构。深入推进农业供给侧结构性改革，改善农产品供求结构，提升农产品质量安全水平。

c. 实现生产生态协调发展。推行绿色生产方式，落实农药化肥零增长计划，大力提高水资源利用效率，有效治理农村环境突出问题。

d. 增强农业内在发展动力。坚持以市场为导向，完善主要农产品价格形成机制和价格调节机制。

7.4 农业生产方式转变及现代农业转型

7.4.1 农业生产经营主体转变与生产力

在国内外学术界，农业生产经营规模是人们长期关注的问题，且存在不少争论。在20世纪20年代农业经济界首次提出农业生产"小而美"（或"规模小效率高"）的观点之后，很多实证研究发现农地经营规模与单产或劳动生产率之间存在反向关系，进一步验证了为什么几乎所有国家的农业是以农户或家庭为生产主体的事实。但随着社会经济的发展、农业科技的创新和全球化进程的加速，近些年也有一些研究表明，小规模农户经营不仅在满足多样化的市场需求时缺乏足够的应对能力，而且在应对贸易自由化和气候变化带来的风险时也面临越来越严峻的挑战。此外，过小的农业生产经营规模不仅限制了农民收入水平的提高，而且也会导致农业环境污染和农产品质量安全等问题。

推进不同形式的农业生产新型主体发展已成为各地政府发展农业的重要抓手之一；学术界对农业生产的各种新型主体和生产经营规模在促进农业现代化和农业发展中的作用也开展了许多讨论，支持发展规模经营和反对发展规模经营的观点并存。而农业生产方式转变的关键是农业生产新型主体发展的问题。也就是目前，我们应重点关注农业生产经营主体和农地经营规模的变化特征和趋势如何，哪些因素影响了农业生产经营模

式和农地经营规模,不同农地经营规模在生产效益或生产力上是否存在差异,农业生产经营模式、农地经营规模与农民增收和粮食安全存在怎样的关系。

1. 新型经营主体的现状和发展趋势

依据我国农业政策研究中心 2013 年东北和华北 6 省和 2016 年全国 9 省对各类新型经营主体开展的实地调研,本节以三大粮食(水稻、小麦和玉米)为研究对象,提出培育新型农业经营主体要按农产品分类实施,大田农作物生产要以家庭农场或大户为主体,要关注资本和劳动市场改革和通过创造新的制度安排实现跨生产者之间的要素配置,进而推进新型农业经营主体发展等政策建议。

1) 农业生产新型经营主体及农地经营规模的变动趋势

2008 年以来平均农地经营规模呈现较快的增长趋势。调研表明,农业生产者(包括农户、耕地合作社和企业)平均农地经营规模已经从 2003 年的 13.8 亩提高到 2008 年的 15.5 亩,之后快速增长到 2013 年的 26.0 亩和 2016 年的 30.4 亩,2008 年以来的 8 年内几乎增长了一倍(+96%)。生产者的平均耕地经营规模从 2003 年的 16.9 亩增加到 2008 年的 18.8 亩,进而到 2016 年的 37.2 亩。

同期,不同形式的新型经营主体也呈现快速增加的趋势。过去十多年,大户(或家庭农场)、土地合作社和农业企业等新型经营主体增长迅速。2008 年以来,土地合作社和经营农地的农业公司开始独立于家庭农户,成为新的生产经营主体(表 7-3)。这些新的生产经营主体(大于 7hm² 的生产者)尽管其在生产者中所占的比例只有 1% 左右,但其所占耕地的比例在 2016 年超过了 35%。

表 7-3　不同经营规模的经营主体的比例及其平均经营规模

	不同经营规模的经营主体所占比例/%				平均经营规模/hm²			
	2003 年	2008 年	2013 年	2016 年	2003 年	2008 年	2013 年	2016 年
土地合作社	0	0.0007	0.14	0.2	—	55	216	339
a) 仅支付租金型	0	0	0.01	0.05	—	—	109	—
b) 仅利润分红型	0	0.0005	0.12	—	—	67	138	—
c) 既支付租金又利润分红	0	0	0.01	—	—	—	128	—
公司	0	0.0002	0.01	—	—	43	500	400
农户	100	99.9993	99.85	99.75	1.7	2.2	4.5	5
<1hm²	73.3	68.5	59.5	53.9	0.5	0.5	0.5	0.5
1~2hm²	15.7	17.2	18.8	21.2	1.4	1.4	1.4	1.5
2~3hm²	6.6	8.6	12.7	13.7	2.4	2.4	2.3	2.5
3~7hm²	4.1	5.4	8.1	9.6	4.4	4.6	4.4	5.0
7~15hm²	0.2	0.2	0.5	1.1	9.7	9.7	9.9	10.1
>15hm²	0	0	0.2	0.4	24.2	33	50.6	31.1

注:表格来源于作者调研数据;2003 年、2008 年、2013 年数据为 6 省样本,包括黑龙江、吉林、辽宁、山东、河北、河南;2016 年数据为 4 省样本,包括黑龙江、吉林、山东、河南。所有的数据均为加权计算;"—"表示无数据

2）新型经营主体发展及农地经营规模扩大的主要影响因素

研究表明，如下三大市场驱动力和两大政策因素促进了近年来新型经营主体的快速发展和耕地经营规模的显著提高，特别是对规模化经营的生产者补贴与政策支持。

市场驱动力之一：劳动工资的快速增长。2008年以来，非农就业工资（或农业生产机会成本）和农业生产雇工工资都以年均8%左右的速度增长，劳动成本上升促进了城乡移民的流转，并提高了使用劳动密集型生产技术的家庭农户的生产成本，从而加快了耕地流转和土地整合。

市场驱动力之二：农地市场发育和完善。虽然这两年有不少地方建立的土地流转平台名不副实，但前几年在一些地方发展起来的土地流转平台是土地流转市场上的重要制度创新，它显著降低了农地流转的交易成本和风险，在促进土地流转和规模经营方面起到积极的推动作用。

市场驱动力之三：以市场为导向的机械社会服务体系的快速发展。例如，机械社会服务体系发展使得许多农户扩大耕地经营规模而受到的投资约束被克服。

政策支持之一：粮食等农产品目标价格和收储政策。农产品最低收购价和临时收储政策抬高了粮食及主要农产品的销售价格，降低了农产品的市场风险，从而吸引了不少农业企业或新的生产者加入到农业生产行业，在一些地方他们已成为农业生产的重要经营主体。

政策支持之二：针对耕地经营大户、合作社和企业等新型主体补贴等扶持政策。许多地方对新型主体实施了各种补贴和优惠政策，获得政策支持的最低耕地经营规模因地而异（从不小于100亩到超过250亩），这些支持性政策显著推动了新型经营主体的发展。

3）农业生产经营规模同农业生产效益之间的关系

主要粮食作物的生产都表明不同规模农户的亩均生产成本存在显著差异。以玉米生产为例，亩均物质成本超过50亩后出现显著下降，但雇工成本随着经营规模的增加而增加，耕地成本在50~100亩这一档比其他规模的生产者低。水稻和小麦的生产同样存在着不同规模生产者亩均生产成本的显著差异。

主要粮食作物的生产都表明经营规模与生产效益呈现倒"U"形关系。以东北地区玉米生产为例，经营规模与亩均利润之间呈现倒"U"形关系，而且在经营规模为50~100亩时农户的亩均利润最高。当生产者的经营规模从10亩以下上升到50亩时，利润从2元/亩提高到144元/亩。这主要是由于随着经营规模扩大，各生产要素得到较好的优化配置，出现了规模经济，经营收益有所上升。当经营规模很大时需要投入大量的人力和机械设备，尤其是雇佣劳动力的数量要增加。由于雇佣劳动力工作的质量很难被观测，这就导致大量的监督成本。因此，当经营规模继续扩大时，农户的亩均净利润出现了下滑。因此，适度规模经营才能实现农民增收。水稻和小麦的生产与玉米类似，都存在经营规模与效益之间的倒"U"形关系。

4）粮食生产的农地经营规模与单产之间的关系

除了分析农业生产经营模式与利润之间的关系以外，一个更重要的问题是农户生产经营规模的改变是如何影响土地生产力的。由于存在激励机制和管理方面的问题，公司与合作社经营模式下的单产可能不如农户经营模式。此外，农业生产经营模式中最重要的是家庭经营模式，因此，在以下分析中我们将重点探讨家庭经营模式中不同经营规模与土地生产率之间的相关关系。

研究结果表明，不同区域不同作物的农户经营规模与单产之间基本都呈现倒"U"形关系。从东北地区来看，玉米在规模50~100亩时单产达到最高，水稻在规模30~50亩单产达到最高。当经营规模继续扩大，单产开始出现下降趋势，直到200~500亩时玉米和水稻平均单产分别下降了18%和13%。从华北地区来看，玉米和小麦的经营规模同样与单产呈现先升高后降低的倒"U"形关系，并且在规模10~30亩时单产达到最高。

我们的研究表明，农户对资本和劳动的选择对农地生产经营的最优规模具有重要的影响。首先，随着农户经营规模的扩大，农户对劳动和资本的选择在很大程度上会影响单产，从而形成表观单产与农户经营规模的倒"U"形关系。其次，资本和劳动对农户最优有效规模的影响效果不同，资本选择效果对大农户的影响比对小型农户更加明显。特别是机械租赁，对于弥补农户在经营规模扩大过程中劳动力短缺问题和维持单产也发挥着一定的作用。最后，农户特征相关因素对单产和农户经营规模之间存在的倒"U"形关系的解释力有限。仅仅使用土壤质量和相关的自然因素无法有效地揭示农户单产随经营规模先升后降的趋势与土地边际收益递减之间的矛盾结果。

5）农业生产力总体趋势与区域差异及潜力

全要素生产率（total factor productivity，TFP）水平及其在区域间的变化趋势是评估区域间生产力差异的重要指标之一。基于全国分省农业生产数据，表7-4报告了全国25个省（区、市）从1985年到2013年的分阶段TFP增长率的变化。首先，从1985年到2013年各省（区、市）的TFP增长率处于1.5~3.5，而25个省（区、市）平均值为2.6。其次，尽管总体上TFP增长率呈增长趋势，但各省（区、市）及各地区之间存在着一定差异，而且在不同时间段也表现出明显的差异。例如，青海每年的TFP增长率始终是低于1.5，而福建自1995年开始每年的TFP增长率基本都在1.5以上。再次，各个阶段TFP年均增长率差异明显。例如，1985~1990年和1990~1995年年平均TFP增长率仅分别为1.4和1.3，而1995~2000年年平均TFP增长率达到4.7。最后，省间及省内的不同阶段，TFP增长率也都存在不同程度的差异。

表7-4 1985~2013年分省（区、市）TFP增长率

省份	增长率/%					
	1985~1990年	1990~1995年	1995~2000年	2000~2005年	2005~2013年	1985~2013年
黑龙江	2.8	2.1	−0.6	4.8	3.6	2.6
吉林	−0.7	4.6	3.8	3.2	0.5	2.1
辽宁	4.2	0.8	3.9	2.4	2.5	2.7
河北	1.3	2.6	7.0	3.4	2.5	3.2
内蒙古	2.8	−0.4	3.9	4.5	2.1	2.5
山西	1.7	−1.2	2.5	0.0	6.6	2.4

续表

省份	增长率/%					
	1985~1990年	1990~1995年	1995~2000年	2000~2005年	2005~2013年	1985~2013年
河南	0.4	2.7	6.8	4.3	1.4	2.9
湖北	2.6	0.4	4.2	1.4	6.2	3.3
湖南	−1.1	0.6	8.2	3.3	3.3	2.9
安徽	−0.2	1.0	4.8	1.0	3.0	2.0
福建	0.2	8.0	7.0	1.4	1.8	3.4
江苏	1.3	0.7	6.3	5.8	3.4	3.5
江西	−3.2	4.2	7.1	1.8	1.2	2.1
山东	1.3	0.5	5.9	1.4	2.2	2.2
浙江	−0.4	1.4	8.7	1.5	1.6	2.4
广东	3.3	0.1	2.4	4.8	3.7	2.9
广西	−5.4	12.7	3.8	0.6	4.7	3.3
贵州	−0.8	0.5	2.9	1.3	3.6	1.7
四川	0.2	2.4	4.8	3.5	2.6	2.7
云南	3.1	−2.8	6.1	2.8	2.6	2.4
甘肃	2.9	1.2	2.4	2.0	3.4	2.5
宁夏	1.9	−2.7	4.5	1.6	3.9	2.0
青海	5.9	−5.4	0.6	4.2	2.1	1.5
陕西	2.9	−0.8	5.4	2.7	5.9	3.5
新疆	7.4	−0.1	4.1	2.4	2.3	3.1
以上25省（区、市）平均	1.4	1.3	4.7	2.6	3.1	2.6

2. 生产方式转变中存在的主要问题

第一，大田农作物生产都存在适度经营规模问题，但目前许多新型经营主体的生产都超过其适度规模水平。耕地经营规模与粮食单产呈倒"U"形关系。平均转折点不到100亩，但这个转折点因各村庄的耕地规模、地块平整与连片程度、不同粮食作物、田间管理水平、社会化服务发展水平、粮食生产经营者的务农能力等的差异而变化。在现有的生产环境、技术、管理和市场条件下，不同地方的适度经营规模从不到40亩至超过200亩。

耕地经营规模与粮食成本（元/kg）呈"U"形关系。平均拐点在100亩左右，略高于单产的平均拐点；同单产一样，适度经营规模的拐点也因地、因时、因人而异。

第二，培育起来的规模偏大的新型经营主体正面临巨大挑战。2015年以来粮价下降，这些新型经营主体多数都出现大幅度的亏损现象；随着粮价的继续下跌，超大规模的新型经营主体更将面临倒闭的风险。

第三，培养和补贴非适度经营的新型主体对国家弊大于利。目前的补贴等扶持政策提高了农业劳动生产力，但扭曲了土地市场、助长了低效的新型经营主体的产生；这不但降低了粮食生产力和市场竞争力，而且也降低了全国农业增加值，并对广大农民增收和社会就业产生负面影响。

第四，新型农业经营主体受资金、技术和人才等因素的制约。

第五，新型农业经营主体培育存在缺乏监管和政策影响评估等问题。新型农业生产经营主体中缺乏监管和套取国家补贴（如虚报耕地面积）的现象较为普遍。

第六，部分农民积极性不高，人为地推进新型农业经营主体已产生社会问题。

3. 转变生产方式的政策建议

第一，目前新型经营主体的提法过于笼统，建议在农业生产领域按产品分类实施新型经营主体的发展政策。建议新型农业经营主体按农产品的生产特性分类如下：①大田农作物生产；②非大田农作物生产（如蔬菜与花卉设施农业和果园等）；③养殖业（如畜牧业和水产业等）。

分类实施相应政策，重点关注大田农作物生产的适度经营规模和扶持政策；创造良好的市场环境，让市场自主确定非大田农作物和养殖业的适度规模。

第二，大田农作物适度规模的新型经营主体应以大户（如专业大户或家庭农场）为主，因地制宜地发展合作经营等其他经营模式。培育新型农业经营主体的主要目标是扩大生产规模，对单位产品生产成本、农民增收和农业可持续发展的关注不够。

第三，完善土地流转市场和社会化服务体系，稳妥地推进新型农业经营主体的发展。加快农村生产要素（劳动力、水土资源和资本等）制度创新，提高农业全要素生产率。通过生产各环节社会化服务体系建设，在提高劳动力生产效率的同时提升资本利用率和技术采用率。让市场成为资源配置的主要决定因素，通过制度创新降低农地流转的市场交易成本和风险，通过政策扶持促进适度经营规模生产主体的发展，提高适度经营规模生产主体在农业生产中的比例。

第四，要与城镇化的实际进程同步发展，稳妥地、渐进地推进农地规模化经营。如果全国农地平均经营规模达100亩，全国只需要1800万个家庭农场；如果平均规模达到250亩，全国只需720万个农场。数以亿计的农民如何就业是一个值得考虑的社会问题，推进新型农业经营主体和规模经营是个长期的发展过程。

第五，通过制度革新改善农户对资本和劳动的配置，使之能够有效地提高最优生产经营规模。

7.4.2 我国农村特色产业的发展

随着农业发展进入新时期，各级政府越来越关注通过发展农村特色产业和促进一二三产业融合来提高农民增收的潜力。本节根据实地调研中了解的特色产业发展信息，梳理了其发展现状及变化特征，剖析了目前农村特色产业在发展中面临的问题和原因，并提出稳步推进农村特色产业发展的相关政策建议。

1. 农村特色产业发展现状和变化特征

第一，农村特色产业在数量和质量上都有所发展。调查显示，特色养殖业、加工业、乡村旅游、互联网+农业，以及绿色、有机、无公害等特色产业在农村不断呈现，发展特色产业的村从2000年的不到5%增至2016年的33%。特色产业发展能创造更多附加值，具有高值高效并表现出产业融合升级的特点，也对人才、技术、资金提出更高要求。

第二，农村特色产业对促进农村就业和农民增收有一定效果。近年，平均每个特色产业个体（或一个经营主体）就业人数在40人左右，因为特色产业个体数量少，特色产业的就业人数占农村劳动力的比例只有1%左右。从农村特色产业的毛收入来看，2015年有75%的特色产业经营主体毛收入在100万元以内，中位数在30万元左右。

第三，农村特色产业集中于交通和区位条件较好的区域。研究结果表明，约70%有特色产业的村都位于距离乡级以上公路小于1.6km（所有样本村到乡级以上公路的平均距离）的区域内，或者离县城和发达的乡镇较近。特色产业的经营收入同其区位条件紧密相关。

2. 农村特色产业发展面临的主要问题

第一，农村特色产业在农民增收中的作用有限，且发展存在较大的风险。尽管2016年约1/3的村有特色产业，但多数村仅有1~2户农户发展特色农业，尚未形成规模效应。一些地方"一窝蜂"投资相似产业（如农家乐等），但市场需求不大，造成农村特色产业增收困难，部分甚至破产，给特色产业的发展带来较大的风险。

第二，农村特色产业在资金、技术、品牌、市场、信息和人才等方面受到的制约随着发展阶段不同而有所差异。特色产业发展之初，主要困难是资金不足，其次是特色产业发展的技术和信息。特色产业启动之后，缺少品牌、销售渠道和人才则成为发展的主要限制因素。然而，超过一半的特色产业经营者是当地的"能人"，他们对未来发展充满信心。

第三，目前特色产业扶持政策与特色产业生产经营者的需求存在不匹配现象。目前的政策扶持主要集中在基础设施建设和专项补贴，而特色产业发展所依赖的市场拓展（如品牌、销售渠道和市场信息等）、人才与技术等制约因素缺乏适合的扶持政策。

3. 促进农村特色产业发展的政策建议

根据以上分析，结合县乡相关领导和特色产业经营者的访谈，为促进农村特色产业发展，我们提出如下政策建议。

第一，扶持农村特色产业发展要依据市场需求稳步推进、合理规划。农村各种特色产业都同其空间区位、自然资源和市场环境紧密相关，同时，特色产业投资大、对技术和经营能力要求高，要避免盲目发展和拔苗助长现象。

第二，在发展的不同阶段，根据农村特色产业的实际需求实施不同的财政扶持政策。

在启动阶段，重点从资金、技术和信息等方面加强扶持力度。在发展阶段，支持引导特色产业的品牌建设、市场监督、多元化销售渠道和产业链延伸，把政策扶持转向提升农村特色产业发展的"软实力"。

第三，国家财政政策鼓励特色产业循序渐进发展，但要避免为争取补贴而采用行政化的推进方式，造成生产过剩。加强对扶持县的监督与评估，构建考核淘汰机制，确保以市场需求为导向，使所扶持的产业类型和县能进能出，降低特色产业经营的市场风险。

7.5 农产品供需趋势与未来农业结构调整和食物安全

本节首先梳理了改革开放以来我国主要农产品供需变动趋势，其次预测了基线方案下我国未来主要农产品供需变动趋势，最后分析了未来主要政策方案对农产品供需的影响。

7.5.1 改革开放以来农产品供需变动趋势

改革开放以来，我国农业生产稳定增长且生产结构发生显著变化，但农业增长是以牺牲环境和可持续发展为代价。1980～2015年，我国农业GDP年均增长达4.6%。受需求增长的驱动，从种植业内部看，在粮食生产稳定增长的同时，蔬菜、水果和其他经济作物生产以更高的速度增长；从大农业上看，农业生产结构也逐渐从以种植业为主阶段向种养业并举阶段发展。但农业的快速发展很大程度上是靠高投入—高产来实现，并伴随着土壤质量退化、地下水持续下降、面源污染加重和农业生态日趋恶化等现象。

改革开放以来，我国食物消费总量以更快的速度增长，食物消费结构得到明显改善，但食物品质和安全也面临巨大挑战。在食物消费总量显著增长的同时，人均大米、小麦和其他口粮消费已从20世纪90年代中期达到峰值后开始缓慢下降，蔬菜消费增长从数量增长向多样化转变，植物油（包括大豆油）、糖料、水果、畜产品和水产品等高附加值农产品的消费以较快速度增长。随着居民食物需求结构的显著改变，饲料量和工业需求也快速增长。但与此同时，受一味追求高产目标的影响，国内生产的许多农产品的质量还难以满足收入增长对食物质量提高的需求，时常发生的食品安全事件影响着消费者对不少国内食品安全的信心和信赖。

2005年以来，我国农业已经进入了"总量难以平衡，结构明显短缺"的新阶段。21世纪初之前，我国农产品生产和需求基本同步增长，农产品供需基本能够保持"总量平衡，丰年有余"；但从2005年开始，食物消费总量增长速度开始明显高于市场经济情况下的食物生产增长速度。食物总的自给率已从21世纪初的100%下降到现在的95%，近几年年均下降近0.5%。目前玉米等部分农产品供过于求的现象是政策干预的短期结果；饲料（饲料粮和饲草）、棉花、糖类、食油、牛羊肉和奶制品等进口压力不断加大，"总量难以平衡，结构明显短缺"将成为未来我国农业的常态。

7.5.2 中长期农产品供需变动趋势预测

1. 基准方案宏观经济与社会指标设定

为了分析中长期（2015~2035 年）我国不同农产品供需变化，我们对经济增长、城市化率、未来工资增长率、城乡收入价格弹性和不同产品的技术进步做了一系列假设和判断。这主要包括以下 6 个方面。

a. GDP 增长率：在 2016~2020 年，年均 GDP 增长 6%~7%；在 2021~2025 年，年均 GDP 增长 5%~6%；在 2026~2030 年，年均 GDP 增长 4%~5%；在 2031~2035 年，年均 GDP 增长保持在 4%以上。

b. 未来农村居民和城镇居民之间的收入差距会逐渐减小。与此同时，最近的变化趋势表明农村居民收入增长快于城镇居民。例如，在 2010~2015 年，农村居民人均可支配收入年均实际增长 9.6%，高于城镇居民人均可支配收入年均实际增长（7.7%）。因此，我们假设在 2016~2025 年，农村居民人均可支配收入年均实际增长 6.2%，2026~2035 年，农村居民人均可支配收入年均实际增长 5.3%；2016~2025 年，城镇居民人均可支配收入年均实际增长 5.6%，2026~2035 年，城镇居民人均可支配收入年均实际增长 4.8%，城镇居民人均可支配收入年均实际增长率低于农村居民人均可支配收入年均实际增长率。

c. 人口增长率：根据《国家人口发展规划（2016—2030 年）》，我国总人口将在 2030 年前后达到峰值。预计在 2016~2020 年，年均人口增长率为 0.65%，到 2020 年人口达到 14.2 亿；2021~2025 年，年均人口增长率为 0.21%；2026~2030 年，年均人口增长率为 0.10%，到 2030 年人口达到 14.5 亿；2031~2035 年，人口总量略微下降，维持在 14 亿到 14.5 亿的水平。

d. 我国的城镇化率不断提高。2016~2020 年我国城镇化率年均提高 1.4%，到 2020 年城镇化率达到 60%；2021~2025 年城镇化率年均提高 1.5%，到 2025 年城镇化率达到 64%；2025~2030 年城镇化率年均提高 1.6%，到 2030 年城镇化率达到 70%；2031~2035 年城镇化率年均提高 1.7%，到 2035 年城镇化率达到 75%左右。

e. 农业研发：国家将继续加大农业科技投入，但是随着单产提高的边际成本增加，科技水平的贡献率有下降趋势。

f. 全球粮食价格：国际农产品价格在 2016~2025 年主要参考美国农业部和 OECD-FAO 农业展望的预测结果，在 2026~2035 年国际农产品价格平稳。

2. 基准方案下农产品供需变动趋势预测

粮食等主要农产品的生产、需求和贸易的预测结果见表 7-5（农作物）和表 7-6（畜产品和水产品），总体结论：未来 20 年我国许多农产品供需失衡将更为突出，这种局面将延续到 2035 年左右。下面按产品介绍主要的预测结果。

表 7-5 主要农作物在 2015~2035 年供需平衡及播种面积的预测

年份	主要农作物	播种面积/(×10³hm²)	产量/万t	进口量/万t	出口量/万t	净进口量/万t	总需求量/万t	居民消费/万t	人均消费量/kg	饲料粮需求量/万t	种子需求量/万t	工业需求量/万t	产后损失量/万t	自给率/%
2015	大米	29 885	14 577	338	29	309	14 406	10 588	77	1 014	218	1 301	1 285	98
	小麦	24 136	13 025	301	12	289	11 797	8 301	61	1 200	566	1 168	563	98
	玉米	38 133	22 500	473	1	472	19 317	907	7	11 501	184	5 600	1 125	98
	大豆	5 294	1 080	8 169	13	8 156	8 548	8 329	61	61	49	79	30	12
	棉花	3 799	561	176	3	173	703	0	0	0	0	698	6	76
	油籽	14 050	886	146	2	144	996	933	7	0	14	25	25	86
	糖	1 709	1 521	485	8	477	1 998	1 217	9	0	0	681	100	76
	蔬菜	21 911	36 271	24	1 018	-994	35 278	25 131	183	0	0	1 600	8 547	103
	水果	15 695	19 999	322	301	21	20 020	10 799	79	0	0	4 634	4 588	100
2025	大米	26 231	13 546	282	34	248	13 792	10 051	70	796	214	1 510	1 222	98
	小麦	20 812	11 669	207	18	190	11 858	8 256	58	1 157	554	1 355	535	98
	玉米	36 281	23 526	2 022	1	2 022	25 591	642	4	15 216	182	8 481	1 070	92
	大豆	5 225	1 134	9 856	11	9 845	10 980	10 742	75	66	48	96	29	10
	棉花	3 212	521	183	3	180	702	0	0	0	0	696	6	74
	油籽	13 201	918	145	2	143	1 061	995	7	0	14	29	24	87
	糖	1 308	1 284	929	4	925	2 208	1 333	9	0	0	775	100	58
	蔬菜	21 331	40 153	24	1 437	-1 414	38 740	28 425	199	0	0	1 767	8 547	104
	水果	15 370	24 277	339	388	-49	24 228	13 169	92	0	0	6 696	4 363	100
2035	大米	23 445	12 575	271	36	235	12 782	9 077	62	581	209	1 752	1 162	98
	小麦	18 997	11 038	205	18	187	11 213	7 494	52	1 093	543	1 573	509	98
	玉米	35 469	24 789	5 624	0	5 624	30 452	450	3	17 949	181	10 855	1 018	82
	大豆	5 061	1 156	10 502	10	10 491	11 669	11 412	79	65	47	117	28	10
	棉花	2 691	469	232	2	229	698	0	0	0	0	693	6	67
	油籽	12 076	893	131	2	129	1 026	956	7	0	14	33	22	87
	糖	918	944	1 405	3	1 402	2 351	1 369	9	0	0	882	100	40
	蔬菜	20 337	41 726	21	1 598	-1 577	40 168	29 669	204	0	0	1 952	8 547	104
	水果	14 728	27 695	323	407	-84	14 705	14 705	101	0	0	0	0	100

注：表中数据来源于 CAPSiM 模拟结果。自给率为总产出占总产出与净进口之和的百分比，表 7-6 同

表 7-6 畜产品和水产品在 2015~2035 年供需平衡预测（在大量进口饲料粮的情况下）

年份	产品	生产量/万 t	进口量/万 t	出口量/万 t	净进口量/万 t	总需求量/万 t	居民需求量/万 t	人均消费量/kg	自给率/%
2015	猪肉	4 745	78	20	58	4 707	4 611	34	99
	牛肉	490	47	0	47	521	504	4	91
	羊肉	374	22	0	22	322	248	2	94
	禽肉	1 636	41	48	−7	1 619	1 610	12	100
	禽蛋	2 138	0	9	−9	2 018	1 907	15	100
	牛奶	3 889	1 328	8	1 320	5 112	5 015	37	75
	水产品	2 756	408	406	2	2 759	27 585	20	100
2025	猪肉	5 814	104	20	84	5 801	5 705	41	99
	牛肉	623	111	0	111	717	701	5	85
	羊肉	451	47	0	47	424	350	3	91
	禽肉	2 007	51	52	−1	1 996	1 987	14	100
	禽蛋	2 387	0	7	−7	2 269	2 158	16	100
	牛奶	5 121	1 978	5	1 973	6 996	6 899	49	72
	水产品	3 511	522	432	90	3 601	36 012	25	98
2035	猪肉	6 415	132	16	116	6 538	6 442	44	98
	牛肉	696	211	0	211	906	889	6	77
	羊肉	492	89	0	89	586	512	4	85
	禽肉	2 166	65	41	23	2 188	2 178	15	99
	禽蛋	2 389	0	6	−6	2 384	2 273	16	100
	牛奶	5 652	2 677	4	2 673	8 362	8 264	57	68
	水产品	2 863	293	206	87	2 962	2 962	20	97

注：表中数据为 CAPSiM 模拟结果

我国饲料需求增长在未来 20 年将显著高于国内生产增长，自给率将不断下降。在现有农业生产资源、政策、技术进步和需求变化条件下，到 2035 年，大米和小麦等口粮基本可以自给；尽管玉米之前受政策干预影响而出现供过于求，但随着畜产品需求增加，我国对玉米饲料的需求将显著增加。如果不采用关税配额制管理，到 2035 年，玉米进口量将超过 5600 万 t，而 2015 年玉米进口量为 470 多万吨，玉米自给率将在 2035 年将下降到 82%。大豆供需缺口也将进一步加大。

我国糖和油籽的需求量将显著高于国内生产量，供需缺口将逐渐扩大。我们预测，糖自给率将由 2015 年的 76% 下降到 2035 年的 40%；油籽自给率到 2035 年将保持在 87% 左右。

我国棉花生产将逐渐萎缩，棉花供需缺口进一步扩大。在确保新疆棉花生产的情况下，棉花自给率将由 2015 年的 76% 下降到 2035 年的 67%。但棉花生产也挤占了新疆等地有限的水土资源。

蔬菜和水果（包括瓜果）产量将稳定增长，而且将依然保持一定的出口比较优势。我国是世界上主要的蔬菜和水果出口国之一，未来将继续保持较弱的比较优势，蔬菜自给率在 2035 年将保持在 104%，水果自给率在 2035 年将保持在 100%。

在养殖业部门，除了水产品外，许多畜产品的生产和供需缺口将很大程度上取决于饲料粮贸易政策和草牧业发展政策。我们预测未来 20 年水产品供需基本平衡略有进口，但畜产品供需平衡存在不确定性。预测结果表明，我国未来的食物安全主要是畜产品的供给安全，是增加畜产品进口，还是增加饲料粮进口，需要有明确的战略和稳定的政策。如果放开饲料粮市场，通过进口饲料发展国内畜牧业，除了牛羊肉和奶制品以外，其他畜产品供需基本保持平衡。但如果在限制玉米进口而不重视草牧业发展的情况下，我国畜产品进口量将显著增长，并高度依赖于不可靠的国际市场供给；除了进口猪肉和禽肉外，牛羊肉和奶制品进口增速将更为显著，到 2035 年，这些产品自给率将下降到 70%~80%。

7.5.3 主要政策方案情景下农产品供需趋势预测

本节就中长期对农产品供需影响较大的政策方案开展了评估研究，主要包括：①影响种植业生产力的技术方案（以转基因抗虫玉米产业化为例）；②影响畜牧业发展的草牧业政策方案；③食物安全与资源安全政策方案（如完全自给还是适度进口食物的战略选择，提高灌溉效率政策方案）。

1. 种植业：转基因抗虫玉米商业化的经济影响

首先基于田间实验数据和专家判断法，获得转基因抗虫玉米在不同病虫害严重程度下的主要特性。然后利用全球贸易分析模型（global trade analysis project，GTAP），设置不同病虫害严重程度情景模拟转基因抗虫玉米商业化种植的潜在经济影响。

如果未来能够推动农业生物技术的发展，将在一定程度上提高我国玉米自给率。在农田层面，转基因抗虫玉米将提高玉米单产，减少杀虫剂和劳动力使用。整体而言，转基因抗虫玉米技术的采用可提高玉米产量、降低玉米价格、提高玉米自给率。玉米自给率在正常严重程度病虫害情境下能够略有提高（表 7-7）。

表 7-7　2025 年转基因玉米完全商业化对玉米供需的影响

		变化比例/%					数量变化				
		价格	产出	单产	面积	进口	出口	产出/万 t	单产/(t/hm^2)	面积/万 hm^2	进口/万 t	出口/万 t
基准情景								23 459.0	6.5	3 620.0	1 989.0	1.0
病虫害的严重程度	较轻	-3.93	2.39	3.09	-0.59	-11.31	10.17	560.7	0.2	-21.4	-225.0	0.1
	正常	-8.33	5.03	6.18	-0.94	-19.81	17.62	1 180.2	0.4	-34.0	-394.0	0.2
	严重	-12.32	7.70	9.26	-1.25	-33.23	30.39	1 806.6	0.6	-45.2	-660.9	0.3

转基因抗虫玉米技术的采用不仅对玉米产业产生影响，而且对整个社会经济产生正面效应。在国家层面，在正常严重程度病虫害情况下，转基因抗虫玉米的商业化将提高我国 GDP 约 534 亿元（表 7-8）。另外，转基因抗虫玉米商业化将增加消费者福利和畜

牧业的收益。转基因玉米种植将节约农地，其他作物也将从中受益（表7-8）。但是，由于杀虫剂使用的减少，化工部门的收益将减少。

表7-8 转基因玉米完全商业化的宏观经济影响

		真实GDP/%	真实GDP/亿元
病虫害	较轻	0.03	257
	正常	0.05	534
	严重	0.08	854

2. 畜牧业：草地农业对畜产品的影响

草地是草牧业发展的重要载体，在适应我国食物消费结构转变中起着重要的作用。过去几十年，我国居民的食物消费结构发生了显著的变化，特别是对牛羊肉、奶等食草动物产品的需求显著增长。这里分别分析草原生产力增长和农区草业发展对畜牧业生产的影响。

1）草原生产力增长对主要畜产品生产的影响

在草原牧区，为分析草原生产力增长对主要畜产品生产的影响，就未来情景设置了3个方案，即基准方案（现在政策的延续）、草原生产力低增长方案（政府适当增加对草原牧区的投入）和草原生产力高增长方案（政府显著增加对草原牧区的投入）。研究结果如图7-3所示。

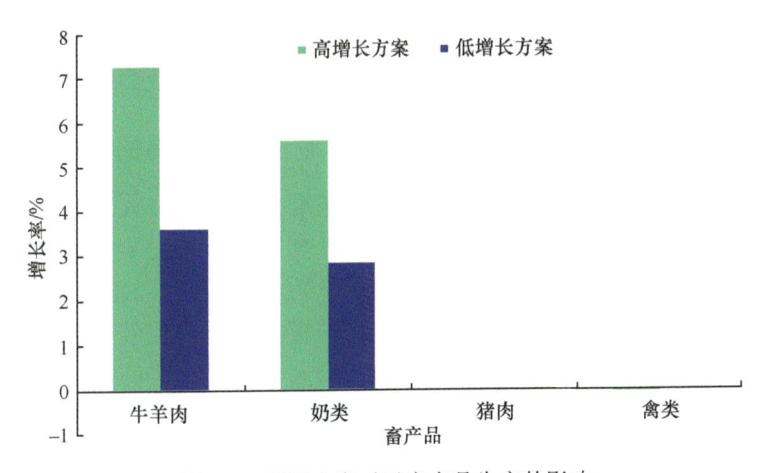

图7-3 不同方案对于畜产品生产的影响

未来，高增长方案同基准方案相比，在草原牧区能够大量投入，生产能力将得到提高，牛羊肉会比基准方案增长7%左右；低增长方案同基准方案相比，牛羊肉会比基准方案增长3%～4%。虽然有人认为发展草牧业会对其他产品产生较大影响，但我们的研究结果显示，猪肉和禽类受影响不大（图7-3）。

2）农区草地农业提高未来我国畜产品安全保障力

本研究就农区草地发展问题，设置了未来发展的4个前景，即基准方案（现在政策的延续)、农区草地农业低增长方案、农区草地农业中增长方案和农区草地农业高增长方案,并对每种方案情景下的各种农产品生产做了模拟分析。

研究表明,农区草业发展不仅能促进农区生态保障功能的发挥,还可以提高畜产品生产。如图 7-4 所示,未来,同基准方案相比,按照高增长方案,牛羊肉产量将增长 40%,可完全满足我国居民未来对牛羊肉需求增长的需要。即使在中方案情况下,即对农区草业适当投入的情况下,也能基本满足我国牛羊肉需求的增长;而按照低增长方案,则需要适当进口一部分牛羊肉和奶类。综上可见,农牧区草业的发展,不仅能够促进我国牛羊肉、奶类等畜牧业的生产发展,提高农牧区农民的收入,还可以有效提高未来我国畜产品供给保障能力。

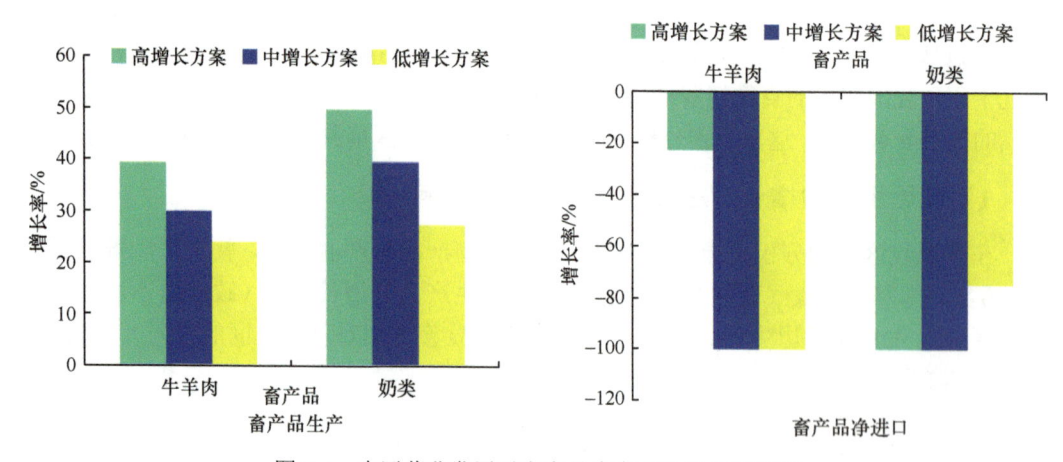

图 7-4　农区草业发展对畜产品生产及净进口的影响

3)农区草业发展对未来我国主要粮食作物生产和贸易的影响

高增长方案、中增长方案、低增长方案与基准方案相比,大米、小麦、玉米的产量下降,但影响较小。对大米、小麦的进口量影响也不大(表 7-9)。而玉米在高增长方案、中增长方案、低增长方案的进口量依次降为 2713 万 t、2750 万 t 和 3808 万 t。这是因为虽然农区草业发展会占用部分耕地,但根据市场替代效应,牛羊肉、奶类等畜产品的增多会替代猪肉等其他产品的需求,猪肉生产对饲料的需求也会减少,因此农区草业发展不会导致我国粮食进口的显著增加,在高增长方案下甚至还可以减少玉米的进口。

表 7-9　农区草业发展对主粮生产以及净进口的影响

农区草业发展方案	产量/万 t			净进口量/万 t		
	大米	小麦	玉米	大米	小麦	玉米
基准方案	10 931	10 273	24 329	47	246	4 200
高增长方案	10 687	10 012	22 405	60	308	2 713
中增长方案	10 909	10 037	23 502	43	286	2 750
低增长方案	10 914	10 119	23 672	41	263	3 808

3. 资源安全与食物安全政策方案

我国保障粮食安全是以水资源、土地资源的耗竭和环境不可持续发展为代价的。近年来，我国提出统筹用好国内国际两个市场、两种资源。这里分析食物贸易对保障资源安全的贡献，将帮助回答如何平衡食物安全与资源安全，如何科学调整食物生产结构，如何促进现代农业转型的问题。

1）2000~2015 年食物贸易与资源安全

2000 年以来，不断增加的食物净进口帮助中国节约了大量水资源、土地资源。2000 年，食物贸易帮助我国节约了 183 亿 m^3 的水资源（作物所需灌溉水和雨水之和）（表 7-10）。到 2015 年，食物贸易帮助我国节约水资源量为 2155 亿 m^3。2000 年，食物贸易节约的土地资源量为 360 万 hm^2（占我国当年耕地面积的 2.8%）；到 2015 年，土地资源节约量达 4670 万 hm^2（占我国当年耕地面积的 34.6%）。如果 2015 年进口的大豆全部在国内生产，所需耕地面积达当年国内大豆播种面积的 7 倍左右。

表 7-10　2000~2015 年我国食物贸易带来的国内资源节约量及对全球的贡献

年份	国内资源节约量 水/亿 m^3	国内资源节约量 土地/万 hm^2	全球资源节约量 水/亿 m^3	全球资源节约量 土地/万 hm^2
2000	183	360	114	190
2005	614	1410	288	490
2010	1401	3100	620	1170
2015	2155	4670	954	1520

我国食物贸易也对全球的资源安全有所贡献。其原因是我国每生产一单位的食物所需要的水资源和土地资源都超过主要贸易伙伴国。表 7-10 显示 2000~2015 年，我国食物贸易使全球水资源的节约量增加了 7 倍多，全球水资源节约量从 2000 年的 114 亿 m^3 到 2015 年的 954 亿 m^3。中国食物贸易使全球的土地资源节约量从 2000 年的 190 万 hm^2 增加到 2015 年的 1520 万 hm^2。

2）未来食物贸易与水土资源安全

在基准情景基础上，构建了两个政策情景：①情景 S1，我国的灌溉效率每年提高 0.5%；②情景 S2，我国的灌溉效率每年提高 1.0%。预测表明，国内和全球未来都将保持虚拟水资源、虚拟土地资源节约的趋势。未来 20 年，随着农产品供需结构的变化，我国农产品进出口数量将发生显著变化。农产品贸易中隐含的虚拟水资源和土地资源净进口也将为我国节约大量的水资源和土地资源。

在基准情景下，未来 20 年虚拟水的进口将为我国节约水资源 3018 亿 m^3（表 7-11）；未来 20 年我国食物贸易也显著地节约了我国的土地资源（节约 6620 万 hm^2）。如果这些农产品在国内生产，所需耕地面积达 2015 年全国耕地面积的 49%。

表 7-11 未来 20 年我国农产品进口对我国和全球资源节约预测

情景	水资源节约量/亿 m³		土地资源节约量/万 hm²	
	我国	全球	我国	全球
基准情景	3018	1436	6620	1680
情景 S1	2879	1295	—	—
情景 S2	2790	1204	—	—

2015 年我国的食物贸易为全球节约了 954 亿 m³ 的虚拟水资源和 1520 万 hm² 的虚拟土地，预测表明，未来 20 年由于我国增加了食物的进口，将为全球节约 1436 亿 m³ 的水资源和 1680 万 hm² 的耕地资源。我国未来食物的适度进口不但保障了我国的水土资源安全，还将为全球农业可持续发展作出重要贡献。

灌溉效率的提高会改变我国农产品贸易对我国和全球虚拟水资源节约的影响，但总体而言未来 20 年农产品进口将帮助我国节约 30%～40%的灌溉水，将节约全球水资源 1200 亿～1440 亿 m³。具体来讲，假如我国每年提高灌溉效率 0.5%（情景 S1），国内虚拟水资源节约量将下降到 2879 亿 m³，较灌溉效率没有提高的基准情景低 4.6%。灌溉效率的提高对全球虚拟水资源节约的影响更加明显，下降 9.8%（从基准情景的 1436 亿 m³ 下降到情景 S1 的 1295 亿 m³）（表 7-11）。在情景 S2 下，假如我国在未来 20 年每年提高灌溉效率 1.0%，相对于基准情景，国内和全球虚拟水节约量将分别下降 7.6%和 16.2%。同时，我国农业灌溉效率的提高将显著节约国内农业生产需要的灌溉水。

7.6 现代农业转型与食物安全战略重点和政策建议

我国农业发展已经进入新时代，农业发展需要新的思路和新的发展战略。虽然过去几十年我国农业生产持续增长，但农业增长是以巨大的环境和可持续发展为代价的，我国农业已进入"总量难以平衡，结构明显短缺"的新阶段；同时，过去的农业生产方式已不能适应未来保障食物安全和农业可持续发展要求。在此背景下，要对未来我国农业生产结构调整目标作出实事求是的科学判断，探讨现代农业生产方式的转变路径。在此基础上，提出现代农业转型的战略目标、战略重点和重大政策。

7.6.1 总体目标和战略重点

1. 总体目标

经过长期的努力，基本实现富有竞争、高值安全、永续发展的现代农业转型，提高国家食物安全的总体保障能力。

2. 四大战略重点

a. 现代农业转型的结构调整与比较优势发展战略。

b. 现代农业转型的科技创新与生产力提升战略。
c. 现代农业转型的制度创新与生产力提升战略。
d. 现代农业转型的绿色、多功能与永续发展战略。

7.6.2 主要政策保障

1. 现代农业转型的结构调整与比较优势发展战略：主要政策保障

a. 坚持基于市场配置资源和农产品比较优势，提高主要农产品生产力和市场竞争力，使现代农业成为一个优势的产业。

b. 未来农业发展要有所为、有所不为，确保国内口粮，支持有国际竞争力的农产品（如蔬菜、水果和养殖业等）的生产，支持在国际市场上难以贸易的农产品（如特色产品）和多功能农业服务产品的发展。

c. 放开玉米等饲料市场，促进养殖业的发展，保障国家食物安全。我国未来食物安全主要是畜产品的供给安全，保护国内饲料生产必将影响畜产品供给。另外，畜产品的国际贸易有限，一旦世界任何国家发生畜禽食品安全等问题，将会引起全球贸易的连锁反应和禁运。

d. 调整目前以粮棉油糖为主的财政支农政策体系，加大对优势、特色、绿色农产品的生产以及多功能农业的公共物品投入，加大对这些产品和服务的市场建设，提升我国农业的综合生产力和市场竞争力。

2. 现代农业转型的科技创新与生产力提升战略：主要政策保障

a. 在关注种子推广发展的同时，加大对节肥、节农药、节水等节本技术和对机械装备等增效技术的创新力度。

b. 加快现代生物技术（特别是转基因生物技术）和现代信息与通信技术在农业中的推广。

c. 关注适应农地不同经营规模的生产者对农业机械的需求，关注农业保护性耕作的机械技术创新。

3. 现代农业转型的制度创新与生产力提升战略：主要政策保障

a. 加快农村生产要素（土地、劳动力、水资源和资本等）制度创新，提高农业全要素生产率。

b. 建议在农业生产领域按产品分类实施新型经营主体的发展政策。按农产品的生产特性分类如下：①大田农作物生产；②非大田农作物生产（如蔬菜与花卉设施农业和果园等）；③养殖业（如畜牧业和水产业等）。创造良好的市场环境，让市场自主确定非大田农作物和养殖业的适度规模；对于大田农作物，应以大户（如专业大户和家庭农场）作为新型经营主体，因地制宜地发展适度经营规模的生产，以提高全要素生产率和产品竞争力（降低单位产品生产成本，元/kg）以及广大农民的增收作为政策目标。

c. 要同城镇化的实际进程同步发展，稳妥地推进规模化经营。如果全国农地平均经营规模达 100 亩，全国只需要 1800 万个家庭农场；如果平均规模达到 250 亩，全国只需 720 万农场。数以亿计的农民如何就业是一个值得考虑的社会问题，推进新型农业经营主体和规模经营是个长期的发展过程。

d. 政策支持对象不宜以经营规模指标来衡量，要关注生产者的生产力（特别是全要素生产率）的提高，要把培育家庭农场和有能力的高素质农民等作为农业生产方式转变中的农业新型主体建设的主要内容。

e. 通过生产各环节社会化服务体系建设，提升农业生产技术装备水平，在提高劳动力生产效率的同时提升资本利用率和技术采用率。

4. 现代农业转型的绿色、多功能与永续发展战略：主要政策保障

a. 坚持降本增效、绿色少污、资源可持续利用的农业发展方向。

b. 充分利用好两个市场、两种资源，提高食物的供给（包括国内生产和国外进口）能力，通过食物的适度进口，减缓水土资源安全胁迫的压力，协调国家食物安全和资源安全，实现农业永续发展。

c. 使难以永续发展或生产力低的农区转向多功能农业发展。

主要参考文献

陈锡文. 2016. 推进粮食供给侧结构改革势在必行. 农村工作通讯, (5): 28.
党国英. 2016. 中国农业发展的战略失误及其矫正. 中国农村经济, (7): 2-14.
董志强, 张丽华, 李谦, 等. 2016. 微喷灌模式下冬小麦产量和水分利用特性. 作物学报, 42(5): 725-733.
韩长赋. 2012. 我国到了必须更加依靠科技促进农业发展阶段. 中国农业信息, (2): 3.
韩俊. 2016. 农业供给侧改革要求提高粮食产能. 农村工作通讯, (3): 42.
黄季焜. 2013a. 新时期的中国农业发展: 机遇、挑战和选择. 中国科学院院刊, (3): 295-300.
黄季焜. 2013b. 深化农业科技体系改期, 提高农业科技创新能力. 农业经济与管理, (2): 5-8.
黄季焜, 王晓兵, 智华勇, 等. 2011. 粮食直补和农资综合补贴对农业生产的影响. 农业技术经济, (1): 4-12.
黄季焜, 杨军, 仇焕广. 2013. 中国未来主要粮食及其他农产品供需预测及政策建议. 中国科学院农业政策研究中心(未公开发表资料).
贾兴鹏, 夏晓伦. 2016. 高成本扼杀中国粮食竞争力. (2016-12-05)[2023-04-25]. http://finance.people.com.cn/n1/2016/1205/c1004-28924428.html.
李颖明. 2007. 粮食主产区农业水资源可持续利用分析. 中国农村经济, (9): 45-52.
李政通, 姚成胜, 梁龙武. 2018. 中国粮食生产的区域类型和生产模式演变分析. 地理研究, 37(5): 937-953.
刘乃郗, 韩一军. 2017. "一带一路"农业合作发展的意义与前景. 人民论坛·学术前沿, (24): 82-85.
刘晓敏, 王慧军, 李运朝. 2010. 太行山前平原区农户采用小麦玉米农艺节水技术意愿影响因素的实证分析. 中国生态农业学报, 18(5): 1099-1105.
刘旭. 2013. 新时期我国粮食安全战略研究的思考. 中国农业科技导报, 15(1): 1-6.
吕丽华, 梁双波, 王慧军, 等. 2016. 太行山山前平原节水技术模式推广应用潜力研究. 河北农业科学, 20(5): 94-97, 108.
吕丽华, 王慧军. 2010. 太行山前平原区节水技术模式适应性模糊评价. 节水灌溉, 35(8): 4-7.
王志敏, 王璞, 李绪厚, 等. 2006. 冬小麦节水省肥高产简化栽培理论与技术. 中国农业科技导报, 8(5): 38-44.
魏后凯, 刘同山. 2017. 论中国农村全面转型——挑战及应对. 政治经济学评论, 8(5): 84-116.
吴孔明, 梅旭荣, 袁龙江. 2022. 加快农业农村现代化发展战略研究. 北京: 科学出版社.
吴普特, 赵西宁, 操信春, 等. 2010. 中国"农业北水南调虚拟工程"现状及思考. 农业工程学报, 26(6): 1-6.
闫琰, 宋莉莉, 王秀东. 2016. 我国粮食"十一连增"主要因素贡献分析及政策思考. 中国农业科技导报, 18(6): 1-8.
朱晶, 晋乐. 2017. 农业基础设施、粮食生产成本与国际竞争力——基于全要素生产率的实证检验. 农业技术经济, (10): 14-24.
FAO. 2014. Household income and expenditure survey of FAOSTAT. [2017-09-10]. http://faostat3.fao.org/search/*/E.
FAOSTAT. 2016. FAOSTAT online database. [2016-09-05]. http://faostat3.fao.org/home/E.
Population Reference Bureau (PRB). 2012. World population data sheet 2012. [2017-08-10]. http://www.prb.org/Publications/Datasheets/2012/world-population-data-sheet/data-sheet.aspx.

World Bank. 2010. The world bank global consumption database. [2017-09-09]. https://datatopics.worldbank.org/consumption/.

World Resources Institute (WRI). 2014a. Aqueduct overall water risk map launched on bloomberg. (2014-05-09)[2018-09-03]. http://www.wri.org/news/2014/05/release-wri-aqueduct-overall-water-risk-map-launched-bloomberg.

World Resources Institute (WRI). 2014b. Creating a Sustainable Food Future: A Menu of Solutions to Sustainably Feed More Than 9 Billion People by 2050. Washington: World Resources Institute.

Zhang X Y, Chen S Y, Liu M Y. 2005. Evapotranspiration, yield and crop coefficient of irrigated maize under straw mulch conditions. Pedosphere, 15(5): 576-584.